STUDIENREIHE ROMANIA

Herausgegeben von Martina Drescher, Ingrid Neumann-Holzschuh,
Silke Segler-Meßner und Roland Spiller

Band 30

Das akadische Französisch an der Baie Sainte-Marie/ Neuschottland/Kanada

Ausgewählte soziolinguistische, morphosyntaktische und lexikalische Aspekte in einem jugendsprachlichen Korpus

Von

Stefanie Fritzenkötter

ERICH SCHMIDT VERLAG

Bibliografische Information der Deutschen Nationalbibliothek

Die Deutsche Nationalbibliothek verzeichnet diese Publikation
in der Deutschen Nationalbibliografie;
detaillierte bibliografische Daten sind im Internet
über http://dnb.d-nb.de abrufbar.

Weitere Informationen zu diesem Titel finden Sie im Internet unter
ESV.info/978 3 503 15569 9

Umschlaggestaltung unter Verwendung
einer Fotografie von Stefanie Fritzenkötter

Gedruckt mit freundlicher Unterstützung der Gesellschaft für Kanada-Studien
und der Geschwister Boehringer Ingelheim Stiftung für Geisteswissenschaften
in Ingelheim am Rhein.

Vorliegende Arbeit wurde im Jahr 2014 am Fachbereich II der Universität Trier
als Dissertation angenommen.

Gedrucktes Werk: ISBN 978 3 503 15569 9
eBook: ISBN 978 3 503 15570 5

Alle Rechte vorbehalten
© Erich Schmidt Verlag GmbH & Co. KG, Berlin 2015
www.ESV.info

Dieses Papier erfüllt die Frankfurter Forderungen der Deutschen Nationalbibliothek und der Gesellschaft für das Buch bezüglich der Alterungs-
beständigkeit und entspricht sowohl den strengen Bestimmungen
der US Norm Ansi/Niso Z 39.48-1992 als auch der ISO-Norm 9706.

Druck und buchbinderische Verarbeitung: BELTZ, Bad Langensalza

Inhaltsverzeichnis

Danksagung 9

1 Einleitung 13
   1.1 Fragestellung und Aufbau 13
   1.2 Zum jugendsprachlichen Korpus 16
   1.3 Forschungsstand 17

2 Soziolinguistische Situation der Akadier in Neuschottland 21
   2.1 Übersicht der demolinguistischen Situation in Neuschottland 21
      2.1.1 Die Zensus 2006 und 2011 23
      2.1.2 Die Entwicklung der Sprecherzahlen von 1931 bis 2011 24
   2.2 Akadische Gebiete in Neuschottland gestern und heute 26
      2.2.1 Kurzer Abriss der akadischen Geschichte 26
      2.2.2 Zum Status der französischen Sprache im neuschottischen Bildungssystem 32
      2.2.3 Die neuschottische Akadie heute 40
         2.2.3.1 Baie Sainte-Marie 40
         2.2.3.2 Pubnico (Argyle) 44
         2.2.3.3 Chéticamp 47
         2.2.3.4 Isle Madame 48
         2.2.3.5 Pomquet 49
   2.3 Zwischenfazit 50

3 Erhebungsmethode und Untersuchungskorpus 51
   3.1 Studienteilnehmer und -teilnehmerinnen 51
   3.2 Die mündlichen Interviews 54
   3.3 Der schriftliche Fragebogen 57
   3.4 Hinweise zur Transkription 57

4 Die Jugendlichen der Baie Sainte-Marie und ihre Sprache(n) 61
   4.1 *Pour moi, être acadien ça veut dire ...* Sprache und Identitätsbildung 61

4.2 Bilingualismus und Diglossie 66
4.3 Bilingualismus und Diglossie an der Baie Sainte-Marie 72
    4.3.1 Sprachgebrauch im Nähebereich 75
    4.3.2 Sprache und Mediennutzung 76
4.4 Zur Rolle des Französischen in Kanada und Neuschottland 80
4.5 Sprachliche Unsicherheit und ihre Konsequenzen 81
    4.5.1 Der Stellenwert einer exogenen Norm 84
    4.5.2 Einschätzung der eigenen Sprachqualität 86
    4.5.3 Einschätzung der eigenen Sprachkompetenz 90
    4.5.4 Sprachliche Unsicherheit im Kontakt mit anderen Frankophonen 92
4.6 Zukunftsprognosen für das Akadische Neuschottlands 95

5 *Une variété archaïque?* Ausgewählte morphosyntaktische und lexikalische Charakteristika 101

5.1 Zur Bedeutung des akadischen Elements 101
5.2 Die Personalpronomina 105
5.3 Die Relativpronomina 114
    5.3.1 *qui* 114
    5.3.2 *que* 115
    5.3.3 *où* 116
    5.3.4 *ce qui* und *ce que* 117
    5.3.5 Weitere Relativkonstruktionen 118
5.4 Die Negation 119
    5.4.1 Die Negatoren *point* und *pas* 119
    5.4.2 Doppelte Negatoren 123
5.5 Das Verb 124
    5.5.1 Die Endung *-ont* in der dritten Person Plural (*présent, imparfait, conditionnel*) 124
    5.5.2 Das *passé simple* 129
    5.5.3 Der *conditionnel* nach *si (que)* 131
    5.5.4 Der *subjonctif* 134
    5.5.5 Die Verbalperiphrasen *être après de faire* und *être en fait de faire* 136
    5.5.6 Die Auxiliare *avoir* und *être* 138
5.6 Ausgewählte lexikalische Besonderheiten 140
    5.6.1 Substantive 141
    5.6.2 Verben 143

5.6.3 Adjektive und Adverbien ... 145
5.6.4 Andere Wortarten ... 146
5.7 Zusammenfassung ... 147

6 Moitié anglais moitié français? Der englische Einfluss ... 149

6.1 Einleitung ... 149
6.2 Sprachen in Kontakt: Theoretischer Hintergrund ... 153
  6.2.1 Codeswitching und Borrowing ... 154
  6.2.2 Codeswitching im vorliegenden Korpus ... 160
  6.2.3 Calques/Lehnübersetzungen ... 161
6.3 Stellungnahme der Jugendlichen zum englischen Einfluss in ihrer Sprache ... 163
6.4 Zur phonetischen Eingliederung der englischen Elemente ... 166
6.5 Das Nominalsyntagma ... 167
  6.5.1 Die Substantive ... 167
    6.5.1.1 Genus ... 178
    6.5.1.2 Numerus ... 180
    6.5.1.3 Nullartikel ... 183
  6.5.2 Die Adjektive ... 185
    6.5.2.1 *WHOLE* ... 188
    6.5.2.2 *OWN* ... 189
    6.5.2.3 Zur Eingliederung der englischen Adjektive ... 191
6.6 Das Verbalsyntagma ... 193
  6.6.1 Die Verben ... 193
  6.6.2 Verben mit Adverbialpartikeln ... 201
    6.6.2.1 Englisches Verb + englische Partikel ... 202
    6.6.2.2 Französisches Verb + englische Partikel ... 208
  6.6.3 Die Adverbialpartikel *BACK* ... 211
  6.6.4 Präpositionen ... 219
  6.6.5 Adverbien ... 222
6.7 Konnektoren und Diskursmarker ... 227
  6.7.1 *BUT/mais* ... 230
  6.7.2 *SO/ça fait que* ... 233
  6.7.3 *WELL/ben* ... 238
  6.7.4 *YOU KNOW/tu sais* und *I KNOW/je sais* ... 243
  6.7.5 *I MEAN/I GUESS/je pense/je crois* ... 245
  6.7.6 *ANYWAY/ANYWAYS* ... 246
  6.7.7 *RIGHT* ... 247
  6.7.8 Weitere Konnektoren ... 247

Inhaltsverzeichnis

6.8 Verstärkungspartikeln 252

6.9 *WHICH que* und die Struktur *WH-ever* 256
    6.9.1 *WHICH que* 256
    6.9.2 Die Struktur *WH-ever* 256

6.10 *Calques* 257
    6.10.1 Preposition stranding/prépositions orphelines 257
    6.10.2 *comme/LIKE* 263
    6.10.3 Die Einleitung der direkten Rede mit *être comme* und *aller* .. 269
    6.10.4 *manière (de)/KIND OF* 272
    6.10.5 Weitere Calques 274

7 Zusammenfassung und Ausblick 277

Anhang A: Fragebögen 283
    A.1 Mündlicher Fragebogen 283
    A.2 Schriftlicher Fragebogen 284

Anhang B: Alter, Geschlecht und Muttersprache(n) der StudienteilnehmerInnen 291

Anhang C: Detaillierte Studienergebnisse 293
    C.1 Schriftlicher Fragebogen: Einschätzung der eigenen Sprachkompetenz, Französisch 293
    C.2 Schriftlicher Fragebogen: Einschätzung der eigenen Sprachkompetenz, Englisch 294
    C.3 Einfachnennungen englischer Substantive 295
    C.4 Einfachnennungen englischer Adjektive 298
    C.5 Einfachnennungen englischer Verben 299
    C.6 Einfachnennungen englischer Adverbien 300

8 Tabellenverzeichnis 301

9 Bibliographie 303
    9.1 Sekundärliteratur 303
    9.2 Internetquellen 318

Danksagung

Zunächst gilt mein Dank meiner Doktormutter Prof. Dr. Beatrice Bagola, die in mir nicht nur die Liebe zu Kanada geweckt hat, sondern ebenso von Beginn an an mich und mein Dissertationsprojekt geglaubt hat. Ihrer Unterstützung ist es ebenfalls zu verdanken, dass mir für die vorliegende Arbeit der Preis für die beste Dissertation im Bereich Kanada-Studien des *International Council for Canadian Studies/Conseil international d'études canadiennes* (*ICCS/CIEC*) zuerkannt wurde. Weiterhin danke ich Prof. Dr. Hans-Josef Niederehe, der ohne zu zögern die Zweitkorrektur dieser Arbeit übernommen hat. Zudem bedanke ich mich bei Prof. Dr. Ingrid Neumann-Holzschuh sowie Prof. Dr. Martina Drescher für die Aufnahme der Arbeit in die *Studienreihe Romania*.

Die vorliegende Arbeit wäre ohne die überwältigende Unterstützung im Zielland nicht möglich gewesen. Während meines Aufenthalts im kanadischen Winter an der Baie Sainte-Marie habe ich gastfreundliche und hilfsbereite Menschen kennenlernen dürfen, die mich und mein Projekt während meiner Zeit dort und darüber hinaus unterstützt haben:

- Diane Besner und Robert Frappier, die mich bei sich aufnahmen, mir ihre Heimat zeigten und mich auch in schwierigen Phasen unterstützten;
- Kenneth Deveau (*Université Sainte-Anne*), der mir wichtige Tipps beim Erstellen der Fragebögen gab und dessen Kontakte mir Interviews an der *École Secondaire de Clare* sowie der *École Secondaire de Par-en-Bas* ermöglichten;
- Mary-Ann, Jean und Josée Gauvin sowie Elaine Thimot, die mich bei der Suche nach Interviewpartnern unterstützten;
- die 44 Jugendlichen und jungen Erwachsenen, die mir Einblick in ihre Sprache gaben und ohne die diese Studie nicht durchführbar gewesen wäre.

Ich danke darüber hinaus dem Deutschen Akademischen Austauschdienst für die finanzielle Unterstützung meines Kanadaaufenthalts im Rahmen eines Promotionsstipendiums, sowie der Geschwister Boehringer Ingelheim Stiftung für Geisteswissenschaften und der Gesellschaft für Kanada-Studien für die Förderung der Drucklegung.

Ebenso danke ich meinen Freundinnen Mareike, Annika und Stefanie für die Übernahme des Lektorats. Der größte Dank gebührt jedoch meinen Eltern Hiltrud und Jürgen, die immer für mich da waren, sowie meinem Mann Erik. Letzterer hat das Manuskript nicht nur gegengelesen und war mir eine Hilfe bei technischen Fragen, sondern er hat mich auch immer wieder aufgemuntert und angespornt.

i y a plus en plus de langues/qui meurent/ehm/d'année à d'année/et pis ej trouve que ça c'est une tragédie/à cause/ehm/la langue c'est l'identité/c'est la culture ehm/c'est vraiment/c'est quelque chose d'êt' fiar de. (P12)

1 Einleitung

1.1 Fragestellung und Aufbau

L'accent que j'parle
Mon slang c'est l'*Chiac*
Entouré d'anglais, damn
Donne-moi d'la slack
J't'avais dit, j't'le dis
J'te dirais back
Si t'agree pas avec moi
Tu peux avoir une heart attack.

(Radio Radio, *Bingo*)

Die akadischen Varietäten, allen voran das *Chiac*, eine oft als *moitié anglais moitié français* betitelte akadische Varietät, die vor allem von Jugendlichen in und um Moncton/Neubraunschweig gesprochen wird,[1] stehen heute mehr als zuvor im Zentrum des Interesses. Das akadische Raptrio[2] *Radio Radio*, bestehend aus Alexandre Arthur Bilodeau, Jacques Alphonse Doucet und Gabriel Louis Bernard Malenfant, hat die in ihren Liedern verwendete Varietät über die Grenzen der Akadie hinaus bekannt gemacht. Trotz der Behauptung, *Chiac* zu verwenden, stammt nur ein Bandmitglied – Malenfant – tatsächlich aus Neubraunschweig. Bilodeau und Doucet sind an der Baie Sainte-Marie aufgewachsen, eine akadische Region im Süd-

---

[1] Zur Etymologie vgl. Babitch: „It is held that *Chiac* [...] is derived from the word *Shédiac*" (Babitch 1996: 455). Als erste für diese Arbeit herangezogene Definition kann folgende von Perrot dienen (Hervorhebung im Original): „Le *chiac* de la ville de Moncton, dans la région Sud-Est du Nouveau-Brunswick (Canada) est une variété linguistique mixte issue du contact intensif du français acadien avec l'anglais en milieu francophone minoritaire" (Perrot 1995b: 79).

[2] Im Frühjahr 2014, nach Fertigstellung dieser Arbeit, hat Bilodeau die Band verlassen. *Radio Radio* sind seit dem als Duo weiter erfolgreich. Die biographischen Angaben stammen von der Internetpräsenz der Band: <http://www.laradioradio.com/>, 30.12.2012.

1 Einleitung

westen Neuschottlands, die in der Forschungsliteratur bisher kaum mit *Chiac* oder *franglais* in Verbindung gebracht wurde, sondern im Gegenteil eher für ihren archaischen Charakter bekannt ist. Trotzdem findet sich der englische Einfluss auch in der Sprache der von der ländlichen Baie Sainte-Marie stammenden Bandmitglieder.[3]

Die Baie Sainte-Marie ist die Region, in welcher *Radio Radio* gegründet wurde und in der die in dieser Arbeit untersuchte Varietät gesprochen wird. Sie ist in zweierlei Hinsicht das wichtigste akadische Gebiet Neuschottlands: Erstens nutzten 2011 noch immerhin 4.710 der 8.155 Einwohner das Französische als Familiensprache (57,8 %) – auf provinzieller Ebene waren es im selben Jahr nur noch 1,8 %[4] – und zweitens befindet sich hier die *Université Sainte-Anne*, die einzige frankophone Universität Neuschottlands. Trotz dieser auf den ersten Blick stabilen Situation gehen die Sprecherzahlen zurück: Das Französische ist zwar die dominante Familien- und Schulsprache, doch außerhalb des schmalen Küstenstreifens dominiert das Englische.

Beschäftigten sich die meisten Sprachkontaktstudien bisher mit dem *Chiac* Monctons, so richtete sich der Fokus in den letzten Jahren auch auf die anderen, ruralen akadischen Varietäten. Ruth King, Sprachwissenschaftlerin, die vor allem Arbeiten zu den akadischen Varietäten Neufundlands sowie der Prinz-Edward-Insel veröffentlicht hat, schreibt 2008:

> I argue that there is little evidence that *chiac*, an often stigmatized variety of Acadian French spoken in the urban area of Moncton, New Brunswick, differs dramatically from a number of lesser known Acadian varieties in terms of the effects of language contact. (King 2008: 137)

Das *Chiac* soll sich also, wenn man King Glauben schenken darf, in Bezug auf die vorgefundenen Sprachkontaktphänomene nicht wesentlich von anderen akadischen Varietäten unterscheiden. Sie geht von der Annahme aus, dass sich vor allem die ruralen Varietäten im Umbruch befinden. Doch es ist nicht nur das Englische, welches diesen Wandel initiiert: Auch das Standardfranzösische, mit dem vor allem junge Akadier aufgrund franko-

---

[3] Thibault konnte zeigen, dass die Liedtexte von *Radio Radio* eine große Anzahl archaischer und dialektaler Züge der an der Baie Sainte-Marie gesprochenen Varietät enthalten, was sie deutlich vom *Chiac* unterscheidet und die Herkunft der Bandmitglieder widerspiegelt (vgl. Thibault 2011).

[4] Bei der vorletzten Volkszählung 2006 nutzten 5.545 von insgesamt 8.650 Einwohnern der Region eine französische Varietät als Familiensprache (64,1 %). Man sieht also beim Vergleich der Zahlen von 2006 und 2011 bereits, dass der Gebrauch des Französischen auch an der Baie Sainte-Marie abnimmt.

1.1 Fragestellung und Aufbau

phoner Bildungsinstitutionen in Kontakt stehen, soll diesen Wandel beschleunigen (vgl. Péronnet 1995: 415).

Aus diesen Beobachtungen ergibt sich das Ziel der vorliegenden Arbeit: Die synchrone Beschreibung der an der Baie Sainte-Marie im Südwesten der kanadischen Provinz Neuschottland gesprochenen akadischen Varietät unter lexikalischen und morphosyntaktischen Gesichtspunkten. Im Zentrum der Dokumentation stehen englisch-französische Sprachkontaktphänomene in der Varietät, jedoch soll der Fokus auch auf dialektale und archaische Merkmale und deren mögliche Verdrängung durch standardfranzösische Charakteristika gelegt werden.

Zu Beginn der Arbeit wird eine demolinguistische Übersicht über die neuschottische Frankophonie gegeben, innerhalb derer die einzelnen akadischen Regionen vorgestellt werden (Kapitel 2: Soziolinguistische Situation der Akadier in Neuschottland).

Das Folgekapitel (Kapitel 3) befasst sich mit der Erhebungsmethode und dem der Arbeit zugrunde liegenden Untersuchungskorpus und Fragebogen. Darauf folgt die Analyse der soziolinguistischen Situation der Sprecherinnen und Sprecher, die an dieser Studie teilgenommen haben (Kapitel 4: Die Jugendlichen der Baie Sainte-Marie und ihre Sprache(n)). Die Angabe soziolinguistischer Fakten in korpuslinguistischen Arbeiten zu Sprachkontaktphänomenen fordert auch Weinreich:

> Purely linguistic studies of languages in contact must be coordinated with extra-linguistic studies on bilingualism and related phenomena. [...] Similarly, the linguist who makes theories about language influence but neglects to account for the socio-cultural setting of the language contact leaves his study suspended, as it were, in mid-air. (Weinreich [7]1970: 4)

In einem nächsten Schritt folgt die Beschreibung ausgewählter morphosyntaktischer und lexikalischer Charakteristika dieser akadischen Jugendsprache vor dem Hintergrund der Frage, ob dialektale und archaische Charakteristika wie beispielsweise das *je collectif*, der Negator *point* oder die Verbalendung der dritten Person Plural *-ont* zugunsten von standardfranzösischen Charakteristika aufgegeben werden. Hier wird punktuell ein diachroner Vergleich mit Karin Flikeids Studien (Flikeid/Péronnet 1989, Flikeid 1991) durchgeführt, die auf einem zwischen 1984 und 1987 in allen akadischen Regionen Neuschottlands aufgenommenen Gesprächskorpus basieren (Kapitel 5: *Une variété archaïque?* Ausgewählte morphosyntaktische und lexikalische Charakteristika).[5]

---

[5] Vgl. zum erwähnten Korpus u.a. Flikeid/Péronnet (1989: 220), Perrot (2003: 269).

1 Einleitung

Im Zentrum der Arbeit steht die Beschreibung und Analyse ausgewählter englisch-französischer Sprachkontaktphänomene in der an der Baie Sainte-Marie verwendeten Jugendsprache (Kapitel 6: *Moitié anglais moitié français?* Zum englischen Einfluss). Im Fokus stehen vor allem morphosyntaktische und lexikalische Gesichtspunkte. Es erfolgt ferner ein Vergleich ausgewählter morphosyntaktischer Phänomene der vorliegenden Varietät mit dem von Marie-Ève Perrot beschriebenen *Chiac* Monctons (vgl. Perrot 1995a). Ihre Arbeit basiert auf einem Gesprächskorpus mit Jugendlichen einer frankophonen *École Secondaire*. Damit der Vergleich mit Perrots Ergebnissen aussagekräftig ist, ist auch das vorliegende Korpus ein jugendsprachliches.

Das *Chiac* gilt in vielen Punkten als „autonome par rapport aux deux langues en contact dont il est issu" (Perrot 1994: 237), es ist also weit mehr als ein ‚Mix' aus Englisch und akadischem Französisch. Es muss also ebenfalls der Frage nachgegangen werden, ob die vorliegende Varietät ebenso als hybrid zu bezeichnen ist.

1.2 Zum jugendsprachlichen Korpus

Die Basis der vorliegenden Studie bildet ein jugendsprachliches Gesprächskorpus. Doch was versteht man unter *Jugendsprache*? Neuland gibt eine Definition des Terminus:

> Jugendsprache wird heute vorwiegend als ein mündlich konstituiertes, von jugendlichen in bestimmten Situationen verwendetes Medium der Gruppenkommunikation definiert und durch die wesentlichen Merkmale der gesprochenen Sprache, der Gruppensprache und der kommunikativen Interaktion gekennzeichnet. (Neuland 2008: 56f.)

Neuland beschreibt darüber hinaus treffend, dass es *die Jugendsprache* nicht gibt, sondern dass vielmehr von einem Kontinuum gesprochen werden muss, worunter die verschiedenen *Jugendsprachen* subsumiert werden. Diese unterscheiden sich beispielsweise je nach Alter, Geschlecht, Herkunft, Bildungsstand bzw. nach Gesprächspartner. Die jeweiligen jugendsprachlichen Idiolekte unterscheiden sich so unter Umständen kaum von der Sprache der übrigen Bewohner einer Region (vgl. Neuland 2008: 66ff.). Zimmermann fügt dem hinzu: „Man ist sich darüber einig, daß die Jugend keine eigene, separate Sprache besitzt, sondern daß deren Sprache durch bestimmte Merkmale gekennzeichnet ist."[6] Hauptsächlich dienen die ver-

---

[6] Vgl. für eine knappe Beschreibung der französischen Jugendsprache Frankreichs Zimmermann (1990: 240f.).

schiedenen Jugendsprachen dazu, sich „von der Erwachsenenwelt bzw. als Gruppenmitglied von anderen Jugendgruppen abzugrenzen" (Zimmermann 1990: 240f.). Darüber hinaus machen auch Erwachsene bzw. Kinder Gebrauch von den der Jugendsprache zugeschriebenen Merkmalen (vgl. Neuland 2008: 55).

Infolge dieser Ausführungen sind nicht alle in dieser Arbeit besprochenen Charakteristika ausschließlich der Sprache der Jugendlichen der Baie Sainte-Marie zuzuschreiben, trotzdem bietet sich die Aufnahme und Untersuchung eines jugendsprachlichen Korpus besonders an, da die Jugendlichen einerseits besonders von dem englischen Einfluss auf das akadische Französisch betroffen sind. Anderseits stehen sie durch das frankophone Schulsystem mehr als ihre Eltern oder Großeltern in Kontakt zu einem standardnahen Französisch. Durch die Untersuchung eines jugendsprachlichen Gesprächskorpus können Zukunftsprognosen über die weitere Entwicklung der Varietät angestellt werden, denn „Jugendsprachen sind und waren zu jeder Zeit eine Quelle von Sprachwandel und Innovation, gerade auch der Allgemeinsprache" (Neuland 2008: 75).

1.3 Forschungsstand

Trotz einiger Ansätze ist eine umfassende Behandlung der englisch-französischen Sprachkontaktphänomene in der Jugendsprache der Provinz Neuschottland bis heute ein Forschungsdesiderat. Die meisten veröffentlichten Studien beziehen sich auf das benachbarte offiziell zweisprachige Neubraunschweig, wo etwa ein Drittel der Bevölkerung das Französische als Muttersprache spricht.

Zunächst finden Studien zu Morphosyntax und Lexik der akadischen Varietäten Neuschottlands Erwähnung:[7] Im Bereich der Morphosyntax finden sich hauptsächlich ältere Studien wie Robert W. Ryans *Analyse morphologique du groupe verbal du parler franco-acadien de la région de la baie Sainte-Marie, Nouvelle-Écosse (Canada)* (Ryan 1982), welche auf Interviews mit einer einzigen über 90 Jahre alten Dame basiert. Darüber hinaus sind Edward B. Gesners 1979 beziehungsweise 1985 erschienenen Werke *Étude morphosyntaxique du parler acadien de la baie Sainte-Marie, Nouvelle-Écosse (Canada)* sowie *Description de la morphologie verbale du parler acadien de Pubnico (Nouvelle-Écosse) et comparaison avec le français standard* zu erwähnen (Gesner 1979a, 1985). Die für mein Vorhaben wichtigste Studie zur akadischen Morphosyntax ist die bereits ange-

---

[7] Für Hinweise zu Phonetik und Phonologie der vorliegenden Varietät siehe Gesner (1981).

1 Einleitung

sprochene Arbeit von Karin Flikeid, in welcher sie die Verwendung morphologischer Besonderheiten des akadischen Französisch wie beispielsweise das *je collectif* in den akadischen Regionen Neuschottlands vergleicht. Basis ihres Korpus sind 227 Sprecher zwischen 12 und 91 Jahren (Flikeid/Péronnet 1989, Flikeid 1991).

Für die Lexik bietet die französische Sprachwissenschaftlerin Geneviève Massignon ein Werk zum Wortschatz der akadischen Varietäten (Kanada, Neuenglandstaaten und Louisiana). Ihr 1962 erschienenes *Les parlers français d'Acadie: Enquête linguistique* stellt den Anspruch, die Lexik aller akadischen Varietäten zu umfassen. Massignons Umfragen fanden in 41 Ortschaften der akadischen Diaspora statt, von denen sich elf in Neuschottland befinden (Massignon 1962).

Eine Studie zur Lexik neuschottischer Kinder im Alter von sieben bis zwölf Jahren wurde unter der Regie von Moshé Starets durchgeführt. 1982 erschienen, bezieht sich die *Étude lexicale comparée du français acadien néo-écossais et du français standard* auf vier Regionen in Neuschottland (Chéticamp, Isle Madame, Baie Sainte-Marie sowie Pubnico), in denen jeweils sechs Kinder befragt wurden. Auf der gleichen Umfrage basiert die 1986 veröffentlichte Studie *Description des écarts lexicaux, morphologiques et syntaxiques entre le français acadien des enfants acadiens néo-écossais et le français standard*. Beide Arbeiten beinhalten darüber hinaus von den Kindern verwendete Anglizismen, die für die vorliegende Arbeit Aufschluss über das Alter der englischen Lexeme im akadischen Französisch geben können (Starets 1982, 1986). Das bisher einzige Werk, welches sich ausschließlich mit der Lexik an der Baie Sainte-Marie beschäftigt, ist *Le parler de la Baie Sainte-Marie (Nouvelle-Écosse)* von Félix E. Thibodeau, welches 1988 erschienen ist (Thibodeau 1988).

Die erste größere Arbeit, die sich ausschließlich mit dem englischfranzösischen Sprachkontakt in der Akadie befasst, ist die bereits erwähnte Dissertation der Französin Marie-Ève Perrot zur Jugendsprache in der zweisprachigen Stadt Moncton in Neubraunschweig. Die Arbeit *Aspects fondamentaux du métissage français/anglais dans le chiac de Moncton* behandelt englisch-französische Sprachkontaktphänomene im *Chiac*. Ihr Korpus setzt sich aus Daten von 13 Zweierinterviews von Jungen und Mädchen der *Acadian High School* in Moncton im Alter von 16 bis 18 Jahren zusammen. Die Korpuslänge beträgt etwa sieben Stunden (Perrot 1995a: 31f.).

Neben dieser größeren Arbeit sollen noch drei kleinere Studien zum englisch-französischen Sprachkontakt im *Chiac* Monctons vorgestellt werden. Zunächst sei Marie-Marthe Roys M.A.-Arbeit *Les conjonctions anglaises BUT et SO dans le français de Moncton* aus dem Jahr 1979 zu nennen. Sie ist die erste Arbeit, die sich intensiver mit dem Thema Sprachkontakt in der Akadie befasste. Das 1976 aufgenommene Korpus

1.3 Forschungstand

basiert auf Aufnahmen von zwölf in Moncton geborenen Jugendlichen im Alter von 15 bis 27 Jahren (Roy 1979). Louise Péronnet verfasste 1989 eine kleinere Studie, in der sie die Anglizismen in dem für ihre Dissertation (Péronnet 1989a)[8] erstellten Korpus erfasst, um den Prozentsatz der anglophonen Lexeme im Korpus zu bestimmen (Péronnet 1989b).[9] Darüber hinaus zu erwähnen ist Gisèle Chevaliers 2002 erschienene Studie zu den Abtönungspartikeln *ben* und *well* im *Chiac*. Ihr Korpus umfasst sechs Aufnahmen zu je zehn bis fünfzehn Minuten, aufgenommen unter zwölf Jugendlichen im Alter von 14 Jahren in der Stadt Dieppe nahe Moncton (Chevalier 2002).

Für die auf der Prinz-Edward-Insel gesprochenen Varietäten hat Ruth King in den letzten Jahren Pionierarbeit auf dem Gebiet englisch-französischer Sprachkontaktphänomene geleistet. Exemplarisch soll hier ihre Monographie *The Lexical Basis of Grammatical Borrowing* genannt werden, in der u.a. die Rolle von *BACK* und den mit *wh* beginnenden Wörtern (beispielsweise *WHEREVER* oder *WHOEVER*) beleuchtet wird (King 2000). 2012 veröffentlichte King zudem *Acadian French in Time and Space*. In diesem Werk zeigt sie die diatope Varianz in den einzelnen akadischen Varietäten auf. Thematisiert werden hauptsächlich typische dialektale Charakteristika wie beispielsweise der Gebrauch der Negatoren *point* und *pas*, der *non-accord* des Verbs oder der Gebrauch des Personalpronomens *je* anstelle von *on/nous* bzw. das *preposition stranding*. Darüber hinaus befasst sie sich mit dem Gebrauch englischer Verstärkungspartikeln sowie einiger Diskursmarker in den akadischen Varietäten (King 2012).

Wie bereits angedeutet findet man nur wenige Publikationen zum englisch-französischen Sprachkontakt in Neuschottland. Zwei kleinere Veröffentlichungen zu englischen Lexemen in den neuschottischen Varietäten stammen von der bereits erwähnten Sprachwissenschaftlerin Karin Flikeid (Flikeid 1989a, 1989b). Eine neuere Arbeit zu *BACK*, *ABOUT* und *TIGHT* in einem 1990 an der Baie Sainte-Marie aufgenommenen Korpus wurde 2005 von Philip Comeau veröffentlicht (Comeau 2005). Julia Hennemanns 2014 erschienene Dissertation *Le parler acadien de l'Isle Madame/Nouvelle-Écosse/Canada* enthält, obwohl der englisch-französische

---

[8] Das Korpus umfasst Interviews mit sieben Personen aus Neubraunschweig ab einem Alter von 65 Jahren.

[9] Vgl. ebenso: Péronnet (1990: 81f.); es handelt sich bei den Umfrageorten von Norden nach Süden um Kouchibougouac, Acadieville, Richibouctouvillage, Ste-Marie de Kent, Shédiac und Cap-Pelé (vgl. Péronnet 1990: 82). In diesem Korpus finden sich 45 Entlehnungen, davon 25 Verben, von denen wiederum acht mehr als ein Mal genannt werden (vgl. ebd. 1990: 111); vgl. ebenfalls Giancarli (2000: 87, 2003: 231f.).

1 Einleitung

Sprachkontakt nicht im Mittelpunkt ihrer Arbeit steht, u.a. ab Seite 242 Informationen zur Eingliederung der englischen Präpositionen im Akadischen der Isle Madame (Hennemann 2014).

Für die an der Baie Sainte-Marie gesprochene akadischen Varietät liegen die letzten größeren Untersuchungen zu morphosyntaktischen Charakteristika mittlerweile mehr als 20 Jahre zurück. Ferner stellt die synchrone Beschreibung englisch-französischer Sprachkontaktphänomene in der Region, unterfüttert mit diachronen Vergleichen, ein grundsätzliches Forschungsdesiderat dar, dem mit dieser Arbeit nachgegangen wird. Der Vergleich mit dem von u.a. Roy und Perrot beschriebenen *Chiac* rundet die Arbeit ab.

2 Soziolinguistische Situation der Akadier in Neuschottland

Im Gegensatz zur Nachbarprovinz Neubraunschweig, in der das Französische neben dem Englischen seit 1969 die offizielle Sprache ist und bei der letzten Volkszählung aus dem Jahr 2011 die Muttersprache von 233.530 (31,6 %) Menschen war, bilden die 31.110 frankophonen Muttersprachler der de facto anglophonen Provinz Neuschottland nur 3,4 % der Gesamtbevölkerung.[10] Dieses schwache demographische Gewicht der Akadier in dieser westlichsten maritimen Provinz rührt von der Geschichte ihrer (Wieder-) Besiedlung nach dem *Grand Dérangement*, der gewaltsamen Vertreibung der Akadier durch die Engländer ab 1755.

Im Folgenden wird ein Überblick über die neuschottische Frankophonie gegeben. Zunächst erfolgt die Beschreibung der demolinguistischen Situation der Provinz, wobei auch die diachrone Entwicklung der Sprecherzahlen beleuchtet wird. Es folgt ein knapper Überblick über die Geschehnisse bis zum *Grand Dérangement* sowie über die Geschichte der französischsprachigen Bildungseinrichtungen der Provinz. Im Anschluss daran werden die akadischen Gebiete Neuschottlands, die Baie Sainte-Marie, Pubnico (Argyle), Chéticamp, die Isle Madame sowie Pomquet vorgestellt.

2.1 Übersicht der demolinguistischen Situation in Neuschottland

Trotz der Unterstützung des Französischen auf föderaler Ebene – Kanada ist seit 1969 ein offiziell zweisprachiges Land – nimmt der Anteil der Frankophonen an der Gesamtbevölkerung in der kanadischen Konföderation stetig ab:

> The proportion of Canadians who are francophone has slipped to the lowest level ever. The 1996 census showed that even though the percentage of francophones is decreasing, the actual number rose 2 percent from 1991 to 1996. That was less than half the rate of growth for the anglophone population – 4.7 percent [...]. The trend is even more significant when one looks at a

---

[10] Die Zensusdaten sind, wenn nicht anders angegeben, der Internetpräsenz von *Statistics Canada/Statistique Canada* entnommen. Sie lautet wie folgt: <http://www.statcan.gc.ca/>, 30.12.2012.

longer time frame. Between 1971 and 1996, the anglophone population grew by about 33 percent, compared with only 16 percent for the francophone population. (Schmid 2001: 109)

Sowohl die föderalen als auch die zum Teil auf provinzieller Ebene durchgeführten sprachpolitischen Maßnahmen zur Stärkung der kanadischen Frankophonie konnten die Assimilation der frankophonen Bevölkerung, vor allem außerhalb Québecs, an die anglophone Mehrheitsgesellschaft nicht aufhalten. Pelletier formuliert treffend: „[L]e bilinguisme individuel de type égalitariste dans un contexte d'inégalité linguistique ne peut que conduire à la domination de la langue la plus forte sur l'ensemble du territoire" (Pelletier 2003: 363).

Das Französische steht weiter im Schatten der dominanten Sprache, deren Beherrschen vor allem für die jüngeren Generationen ein Muss ist. Gesellschaftliche Teilhabe fordert in Nordamerika das Erlernen des Englischen, sodass immer auch ein Teil der Bevölkerung beschließt, seine Sprache zugunsten der dominanten Sprache aufzugeben.

Für die vorliegende Studie ist nicht nur die Anzahl der frankophonen Sprecher Neuschottlands wichtig, sondern auch die Entwicklung der Sprecherzahlen in den letzten Jahrzehnten, damit Zukunftsprognosen für die Sprachverwendung gemacht werden können. Hilfreiche Informationen über die Vitalität der französischen Sprache in Kanada bietet der alle fünf Jahre durch *Statistics Canada/Statistique Canada* durchgeführte Zensus. Die Daten für 2006 und 2011 werden im Folgenden vorgestellt.

Der Vollständigkeit halber sei noch angemerkt, dass der Zensus nicht zwischen den einzelnen Varietäten des Französischen unterscheidet. Darüber hinaus sind alle Informationen subjektive Selbsteinschätzungen der Befragten und geben somit nur Richtwerte wieder. Nichtsdestotrotz dienen sie der kanadischen Regierung als wichtige Informationsquelle zur Erfüllung bedeutsamer Zugeständnisse an die jeweilige sprachliche Minderheit – Anglophone in Québec und Frankophone außerhalb Québecs – im Rahmen der Sprachgesetze,[11] da sie die Entscheidungsbasis dafür bilden, in welchen Gebieten beispielsweise zweisprachiger Unterricht anzubieten ist (vgl. Conrick/Regan 2007: 82).

---

[11] Genannt sei hier die *Canadian Charter of Rights and Freedoms/La Charte canadienne des droits et libertés* (1982) oder auch der *Official Languages Act/Loi sur les langues officielles* (1969).

2.1 Demolinguistische Übersicht

2.1.1 Die Zensus 2006 und 2011

Die Tabelle 1 zeigt die Anzahl der Sprecher in der kanadischen Provinz Neuschottland, die das Französische, das Englische oder beide Sprachen im Jahr 2006 als Muttersprache[12], als Familiensprache[13] oder als Zweitsprache[14] benutzten:

	Muttersprache (MS)	Familiensprache (FS)	Kenntnis offizieller Sprachen (OS)
Gesamtbevölkerung	903.090	903.030[15]	903.030
Englisch	832.105 (92,1 %)	866.690 (96 %)	805.690 (89,2 %)
Französisch	32.540 (3,6 %)	17.165 (1,9 %)	1.005 (0,1 %)
Englisch und Französisch	2.100 (0,2 %)	1.310 (0,1 %)	95.015 (10,5 %)

Tabelle 1: Zensus 2006: Französisch in Neuschottland

Der Tabelle zu entnehmen ist, dass Neuschottland eine mehrheitlich anglophone Provinz ist: Das Englische ist nicht nur die alleinige Muttersprache von 92,1 % der Bevölkerung, es ist auch für 96 % der dort lebenden Menschen die einzige Familiensprache. Darüber hinaus geben 89,2 % von ihnen an, über keine Französischkenntnisse zu verfügen.

Nur 53,4 % derer, die das Französische als Muttersprache angeben, nutzen es noch als Familiensprache, was einer Assimilationsrate[16] von 47,2 % entspricht. Auch ist der Anteil der monolingualen Sprecher mit 0,1 % der Gesamtbevölkerung verschwindend gering.

---

[12] Die offizielle Definition lautet hier: *First Language learned and still understood/Première langue apprise et encore comprise.*

[13] Die Familiensprache ist wie folgt definiert: *Language spoken most often at Home/Langue parlée le plus souvent à la maison.*

[14] Bei der Frage nach der Kenntnis einer offiziellen Sprache als Zweitsprache greifen die Statistiker auf folgende Definition zurück: *Knowledge of Official Languages/Connaissance des langues officielles.*

[15] Die unterschiedlichen Werte in den verschiedenen Kategorien finden sich so auf der Internetpräsenz von Statcan.

[16] Die Assimilationsrate umfasst die Sprecher, die ihre Muttersprache (hier Französisch) zugrunsten einer weiteren Sprache (hier Englisch) aufgegeben haben. Sie berechnet sich wie folgt: (Muttersprache Französisch - Familiensprache Französisch)/Muttersprache Französisch.

2 Soziolinguistische Situation der Akadier in Neuschottland

Ein Grund für die Zweisprachigkeit der meisten Akadier liegt darin, dass das Beherrschen des Englischen für viele frankophone Sprecher der Provinz spätestens bei ihrem Berufseintritt Pflicht ist. 98,2 % der Bevölkerung gaben 2006 an, englische Sprachkenntnisse am Arbeitsplatz zu benötigen. Dem gegenüber stehen nur 1,4 % der Bevölkerung, deren Arbeit keinerlei englische Sprachkenntnisse erfordert. Zum Vergleich die folgenden Angaben der Volkszählung 2011:

	MS	FS	OS
Gesamtbevölkerung	910.615	910.615	910.615
Englisch	836.090 (91,8 %)	868.765 (95,4 %)	814.670 (89,5 %)
Französisch	31.110 (3,4 %)	15.940 (1,8 %)	875 (0,1 %)
Englisch und Französisch	3.030 (0,3 %)	1.815 (0,2 %)	93.435 (10,3 %)

Tabelle 2: Zensus 2011: Französisch in Neuschottland

Aus dieser Tabelle wird ersichtlich, dass die Anglisierung der Provinz zwischen 2006 und 2011 weiter zugenommen hat: Nur noch 3,4 % der Bevölkerung sprechen im Jahr meiner Umfrage das Französische als alleinige Muttersprache, nur 1,8 % (ungerundet sind es sogar nur 1,75 %) nutzen es noch zu Hause. Nur noch 875 frankophone Bewohner der Provinz sprechen kein Englisch.[17]

2.1.2 Die Entwicklung der Sprecherzahlen von 1931 bis 2011

Die folgende Tabelle zeigt die Gesamtbevölkerung der Provinz, die Anzahl der französischen Muttersprachler von 1931 bis 2011 sowie die Anzahl derer, die das Französische als Familiensprache verwenden (von 1971 bis

---

[17] Nicht vergessen werden darf hier jedoch, dass auch das Englische in Neuschottland von 2006 bis 2011 ein wenig an Boden verloren hat: War es 2006 noch die alleinige Muttersprache von 92,1 % und die Familiensprache von 96 % der Bevölkerung, so ist die Anzahl der allophonen Bevölkerung an der Gesamtbevölkerung 2011 gestiegen.

2.1 Demolinguistische Übersicht

2011).[18] Darüber hinaus ist ihr die Assimilationsrate der frankophonen Bevölkerung ab 1971 zu entnehmen.[19]

Jahr	Gesamtbevölkerung	MS	FS	Assimilationsrate
1931	512.846	39.018 (7,6 %)	---	---
1941	577.962	41.350 (7,2 %)	---	---
1951	642.584	38.945 (6,1 %)	---	---
1961	737.007	39.568 (5,4 %)	---	---
1971	788.960	39.335 (5 %)	27.220 (3,5 %)	30,8 %
1981	847.442	35.690 (4,2 %)	24.450 (2,9 %)	31,5 %
1991	899.940	39.425 (4,4 %)	23.120 (2,6 %)	40,9 %
2001	897.570	35.400 (4 %)	19.800 (2,2 %)	44,1 %
2006	903.090	32.540 (3,6 %)	17.165 (1,9 %)	47,3 %
2011	910.615	31.110 (3,4 %)	15.940 (1,8 %)	48,8 %

Tabelle 3: Muttersprache und Familiensprache Französisch in Neuschottland, 1931-2011

Nicht nur die Anzahl der französischen Muttersprachler ist stetig gesunken, sondern auch ihr Anteil an der Gesamtbevölkerung. Die Assimilationsrate der frankophonen Bevölkerung näherte sich 2006 erstmals der 50 %-Marke.

Ein Mittel zur ‚Zwangsassimilation' der Akadier war lange Zeit die Schule, in der das Englische bis vor etwa fünfzehn Jahren die wichtigste

---

[18] Die Angaben für die Jahre 1931 bis 1991 stammen aus Roy (1993). Die Zahlen für die Jahre 1996 bis 2011 sind der Internetpräsenz von *Statistics Canada/Statistique Canada* entnommen.

[19] Erst seit 1971 fragt der Zensus, auf Anraten der Laurendeau-Dunton Kommission, nach der Familiensprache, da sie die Frage nach der Muttersprache als zu ungenau empfand: Die Muttersprache sage nichts über den wirklichen Sprachgebrauch aus (vgl. Joy 1992: 19, ebd. 1972: 141).

Schulsprache für die akadischen Kinder war. Aufgrund dessen soll noch in diesem Kapitel die Entwicklung der Sprachenfrage in den akadischen Schulen geklärt werden. Dies bietet sich vor allem deswegen an, da ein bedeutender Teil der Interviews an der *École Secondaire de Clare* sowie der *École Secondaire de Par-en-Bas* durchgeführt wurden.

2.2 Akadische Gebiete in Neuschottland gestern und heute

2.2.1 Kurzer Abriss der akadischen Geschichte[20]

Nach einigen vorangegangenen Entdeckungsfahrten starteten 1604 von Le Havre aus vier Schiffe nach Nordamerika. Zwei steuerten Tadoussac an, wo sich bereits ein französischer Stützpunkt befand. Die anderen beiden, Pierre du Gua, Sieur de Monts, „vice-roy et capitaine général" (zitiert aus: Arsenault 1994: 21) unter Heinrich IV., auf einem von ihnen, hatten die Akadie zum Ziel, um dort eine dauerhafte französische Niederlassung zu gründen. Die Gruppe überwinterte auf der Ile Sainte-Croix, wo 36 Männer während des kalten und nassen Winters an Skorbut starben. Im Frühjahr 1605 gab man die Niederlassung auf der Insel auf und zog nach Port Royal weiter. 1606 verlor de Monts sein Handelsmonopol und verließ Port Royal mit seinen Begleitern. Erst 1610 betraten die Franzosen das Gebiet wieder, und fanden Port Royal genau so vor, wie sie es zurückgelassen hatten (vgl. Arsenault 1994: 2ff., Clark 1968: 78ff., Maurois 1947: 61).

Die englische Bevölkerung des 1607 gegründeten Virginia glaubte aufgrund der Entdeckungen des Italieners John Cabot (Giovanni Caboto) und seines Sohnes Sébastien in den Jahren 1497 und 1498 an ein Anrecht der englischen Krone auf die französischen Gebiete, da beide für die englische Krone gesegelt waren. Da die akadischen Siedlungen auf der neuschottischen Halbinsel zudem an einem strategisch wichtigen Punkt lagen, wurden die Akadier schnell zum Spielball der damaligen Großmächte England und Frankreich, sodass es immer wieder zu Übergriffen der Engländer auf die französischen Siedler kam. Nachdem die Brüder Kirke 1629 Québec in ihre Gewalt gebracht hatten, nannte Sir William Alexander die heutige neuschottische Halbinsel zum ersten Mal *Nova Scotia*. Einige hundert schottische Kolonisten zogen infolge dessen in das Gebiet, doch schon 1632 wurde Port Royal durch den Vertrag von Saint-Germain-en-Laye wieder an

---

[20] Siehe für eine detaillierte Darstellung der akadischen Geschichte u.a. folgende Literaturauswahl: Arsenault (1994), Clark (1968), Griffiths (1992), Louis-Jaray (1938) sowie Maurois (1947).

2.2 Akadische Gebiete in Neuschottland gestern und heute

Frankreich zurückgegeben (vgl. Arsenault 1994: 34f., Maurois 1974: 62, Clark 1968: 83f.).

1654 fiel die Akadie erneut an England, mit dem Vertrag von Bréda am 31. Juli 1667 wurde sie jedoch wieder an Frankreich abgetreten. In dem Gebiet lebten zu diesem Zeitpunkt etwa 450 bis 500 Menschen, davon rund 350 in Port Royal (vgl. Clark 1968: 121).

Nach zwei friedvollen Jahrzehnten brach 1688 in Europa der Pfälzer Erbfolgekrieg (1688-1697) aus. 1690 startete Sir William Phipps, ein reicher Händler und Schiffsbesitzer aus Boston, eine Expedition in Richtung Akadie, was dazu führte, dass die englischen Behörden das Gebiet an Massachusetts annektierten. Am 25. September 1697 wurde mit dem Vertrag von Rijswijk die Akadie erneut offiziell Frankreich zugesprochen. Die Kolonie hatte zu diesem Zeitpunkt etwa 1.450 Einwohner (vgl. Arsenault 1994: 98, Maurois 1947: 69, Clark 1968: 112ff.).

Während des Spanischen Erbfolgekriegs (1701-1714) ahnte Daniel d'Auger de Subercase, Gouverneur der Akadie, dass die Angloamerikaner erneut angreifen würden, sodass er beim französischen Hof um Hilfe bat: „Il est de la dernière importance que nous soyons secourus au plus tôt" (zitiert nach: Arsenault 1994: 102). Ludwig XIV. konnte der Akadie jedoch kaum Unterstützung gewähren. Lediglich zwei Schiffe mit ungefähr einhundert Parisern im Alter von 13 bis 16 Jahre kamen 1708 in der Akadie an. Subercase schrieb am ersten Oktober 1709 erneut einen Bittbrief an den König, wiederum vergebens. Am 24. September 1710 erreichten die englischen Truppen Port Royal mit 3.400 Soldaten, die Franzosen hatten lediglich 160 Männer entgegenzusetzen. Am 13. Oktober mussten sich die Franzosen geschlagen geben und unterzeichneten die Kapitulation. Port Royal bekam zu Ehren der Königin Anne von England den Namen Annapolis Royal. 1713 beendete der Vertrag von Utrecht den Spanischen Erbfolgekrieg in Europa. Die Akadie und Neufundland wurden damit endgültig an England abgetreten, Frankreich behielt jedoch die Kontrolle über Cap Breton (vgl. Griffiths 1992: 34, Arsenault 1994: 102ff.).

Trotz des Vertrags von Utrecht, der den Akadiern das Recht der freien Religionsausübung zugestand, kam es weiterhin zu Konflikten zwischen Engländern und Franzosen. Immer wieder forderten die Engländer einen Treueid auf Seiten der frankophonen Bevölkerung, den diese auch ab 1727 mehrmals schwor. Ein 1630 geschworener Treueid auf die englische Krone führte dazu, dass die Akadier den Status der *français neutres/French Neutrals* zugeschrieben bekamen, sodass sie im Falle eines Krieges weder für die englische noch für die französische Seite kämpfen mussten (vgl. Arsenault 1994: 112ff., Maurois 1947: 70f.).

Die Ankunft französischer Truppen aus Cap Breton zur Rückgewinnung der Akadie während des Österreichischen Erbfolgekrieges (1744-

1748) rief auf Seiten der englischen Behörden das ungute Gefühl hervor, dass die Akadier sich gegen die englische Krone auflehnen könnten. Vor allem Massachusetts' Gouverneur William Shirley war durch die Präsenz der katholischen Akadier beunruhigt (vgl. Arsenault 1994: 137ff.). So schrieb er:

> L'ennemi [...] trouvera bientôt de moyen de nous arracher brusquement l'Acadie, si nous n'enlevons pas les plus dangereux habitants français pour les remplacer par des familles anglaises. [...] La province de la Nouvelle-Écosse ne sera jamais hors de danger, tant que les habitants français y seront tolérés dans le mode actuel de soumission. (Zitiert nach: Arsenault 1994: 147f.)

Unter den Akadiern, die um Shirleys Einfluss in Nova Scotia wussten, machte sich bald die Angst breit, man könne sie aus dem Gebiet vertreiben, was Shirley aber in einem Brief am 16. September 1746 verneinte. In einer Proklamation vom 21. Oktober 1747 sicherte er den Akadiern erneut zu, dass sie nicht vertrieben werden würden, sondern im Gegenteil unter dem Schutz der englischen Krone stünden (vgl. Arsenault 1994: 148f.).

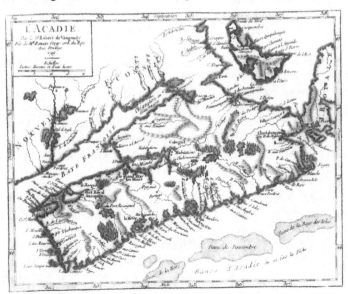

Die Akadie 1749 (King, Ruth: *Acadian French in Time and Space*, 2012, 4)

Trotz dieser Zugeständnisse und den Schwüren auf die englische Krone verlangte Gouverneur Charles Lawrence 1755 erneut einen Treueid. Am

2.2 Akadische Gebiete in Neuschottland gestern und heute

16. Juli versammelten sich die Frankophonen Port Royals und am 22. Juli die der Regionen Grand-Pré, Pisiguit und Cobequid, um Lawrence erneut vorzutragen, unter welchen Bedingungen sie bereit seien, den Treueid zu leisten:

> Nous et nos pères, ayant pris pour eux et pour nous un serment de fidélité que nous a été approuvé plusieurs fois, au nom du Roy, notamment par le gouverneur Richard Philipps en 1730, et sous les privilèges duquel nous sommes demeurés fidèles et soumis à Sa Majesté Britannique et avons été protégés, suivant les lettres et proclamation du gouverneur Shirley, en date du 16 septembre 1746 et du 21 octobre 1747, nous ne commettrons jamais l'inconstance de prendre un serment qui change tant soit peu les conditions et privilèges dans lesquels nos Souverains et nos pères nous ont placé dans le passé... (Zitiert nach: Arsenault 1994: 170)

Die Akadier verlangten von Lawrence, dass die Bedingungen, zu denen 1730 der Treueid gesprochen wurde, auch dieses Mal gelten müssten. Ebenfalls wähnten sie sich aufgrund von Shirleys Zugeständnissen aus den Jahren 1746 und 1747 sicher. Die Angst davor, in einem Krieg die Waffe gegen Frankreich oder die Québecer halten zu müssen, war erneut der Hauptgrund für die Verweigerung des Treueids. Lawrence jedoch sah in der frankophonen Bevölkerung eine Gefahr:

> Ils n'ont rien apporté sur nos marchés depuis longtemps. Mais d'un autre côté, ils ont toujours transporté chez les Français [...] et les sauvages [...]. En vérité, tant qu'ils n'auront pas prêté serment à Sa Majesté, ce qu'ils ne feront jamais sans y être forcés [...]. (Zitiert nach: Arsenault 1994: 171)

1755 fasste man aufgrund der vorangegangenen Überlegungen den folgenschweren Entschluss, die Akadier aus ihrer Heimat zu vertreiben:

> Nous formons maintenant le noble et grand projet de chasser les Français Neutres (Acadiens) de cette province. Ils ont toujours été nos ennemis secrets et ont encouragé nos sauvages à nous couper le cou. Si nous pouvons accomplir cette expulsion, cela aura été l'une des plus grandes actions qu'aient jamais accomplies les Anglais d'Amérique. (John Winslow, zitiert nach: Arsenault 1994: 174)

Die Deportation der Akadier (*Le Grand Dérangement*, *The Great Upheaval/Expulsion*) war beschlossen. Bereits im Sommer 1755 bekam Lawrence ausreichend Schiffe, um 7.000 Menschen transportieren zu können.

Von den ursprünglich 13.000 bis 18.000 Akadiern[21] waren bereits 6.000 zwischen 1749 und 1752 geflohen, und mehrere Tausend haben nach 1752 das Gebiet verlassen. Lawrences Plan war es nun, von den zurückgebliebenen Akadiern so viele wie nur möglich in die anglophonen Kolonien im Süden, zwischen Massachusetts und Georgia, zu transportieren (vgl. Arsenault 1994: 177f., Griffiths 1992: 64).

Am 10. August 1755 wurden infolgedessen von Beaubassin die ersten Akadier umgesiedelt. Die folgenden Zahlen verdeutlichen, welche Tragweite Lawrences Entscheidung hatte: Am 27. Oktober 1755 machten sich 14 Schiffe mit insgesamt 1.600 Akadiern aus den Regionen Grand-Pré und Rivière-aux-Canards und 1.300 aus Pisiquid und Cobequid auf den Weg. In der Baie de Fundy trafen diese auf weitere sechs Schiffe mit insgesamt 1.900 Akadiern aus Beaubassin. Am 9. Dezember des Jahres wurden 1.800 Akadier aus Port Royal deportiert (vgl. Arsenault 1994: 189f.).

Zusammengepfercht auf viel zu kleinen Schiffen überlebten viele die Fahrt aufgrund der mangelnden Hygiene nicht (vgl. Griffiths 1992: 93). Denjenigen, die nicht verschifft wurden, sondern es vorzogen zu fliehen, bot sich bei ihrer Rückkehr ein kaum besseres Bild: Lawrence hatte befohlen, die akadischen Dörfer niederzubrennen (vgl. Arsenault 1994: 192).

Nach dem Pariser Frieden (1763) kehrten die ersten Akadier in ihre alte Heimat zurück. Während es viele Kriegsgefangene bereits 1764 nach Saint-Pierre et Miquelon, nach Québec, auf die Antillen sowie nach Louisiana zog, kehrten vor allem die Flüchtlinge, die sich in den Wäldern Neuschottlands versteckt hatten, mit dem Versuch zurück, ihr Land zurück zu bekommen. Dies wurde ihnen jedoch nur ermöglicht, wenn sie einen Treueschwur auf die englische Krone leisteten sowie in entlegenen Gebieten siedelten (vgl. Ross/Deveau 1995: 112, Kolboom 2005: 128). Ebenfalls bekamen in dieser Zeit lediglich Protestanten Land zum Bewirtschaften, sodass die Rückkehr der Akadier sehr langsam erfolgte (vgl. Clark 1968: 265f.). Ernüchtert mussten viele Akadier bei der Rückkehr feststellen, dass ihr altes Land an englische Siedler übergeben worden war, und so beschloss die Mehrheit, sich im heutigen Neubraunschweig niederzulassen, wo der Großteil der frankophonen Bevölkerung der maritimen Provinzen bis heute lebt (vgl. Kolboom 2005: 130).

Um ein Erstarken des akadischen Elements zu vermeiden, wurde ihnen kein zusammenhängendes Siedlungsgebiet zugeteilt, sondern es wurden viele kleine Landstriche zum Besiedeln bewilligt. Dies hat zur Folge, dass die fünf bestehenden akadischen Regionen Neuschottlands – Baie Sainte-

---

[21] Die genaue Anzahl der Akadier kurz vor der Deportation ist unklar. Arsenault spricht von 18.000 Akadiern, Griffiths von 13.000 bis 18.000 (vgl. Arsenault 1994: 177, Griffiths 1992: 89).

2.2 Akadische Gebiete in Neuschottland gestern und heute

Marie, Pubnico (Argyle), Chéticamp, Isle Madame sowie Pomquet – in der Provinz verstreut anzutreffen sind.

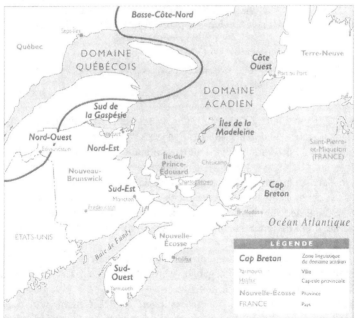

Akadische Gebiete in den maritimen Provinzen Kanadas heute
(Cormier, Yves: *Dictionnaire du français acadien*, 1999, 50)

2 Soziolinguistische Situation der Akadier in Neuschottland

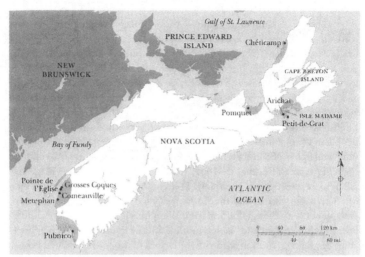

Akadische Gebiete in Neuschottland heute
(King, Ruth: *Acadian French in Time and Space*, 2012, 15)

2.2.2 Zum Status der französischen Sprache im neuschottischen Bildungssystem

Das 1755 begonnene *Grand Dérangement* führte zu einer Zersplitterung der akadischen Diaspora, die infolge dessen sowohl auf dem amerikanischen als auch dem europäischen Kontinent verstreut wurde. Nach der langsamen Rückkehr aus dem Exil war die akadische Bevölkerung lange gesellschaftlich und politisch unterrepräsentiert, was sich mit Ausnahme von Neubraunschweig bis heute nicht wesentlich verändert hat. Vor allem im Bereich der Schulpolitik zeigen sich die Ungleichbehandlung der anglound der frankophonen Bevölkerung Neuschottlands und der Versuch, letztere zu assimilieren.

1811 wurde beschlossen, dass in jeder Ortschaft, die mindestens 30 Familien zählt, eine Schule gebaut werden soll. Finanziert werden sollten diese Schulen zu 50 % von den Eltern der Kinder, sodass es in den ländlichen, sehr armen frankophonen Regionen zunächst nicht zum Schulbau kam (vgl. Ross 2001: 18). War Schulbildung bis 1864 hauptsächlich Privatsache und oft teuer, so ist doch belegt, dass diese Privatschulen später unter Akadiern sehr beliebt waren. An der Baie Sainte-Marie beispielsweise sollen zwei Drittel aller Schüler eine Privatschule besucht haben, mehr als im benachbarten, anglophonen Digby (vgl. Deveau 1983: 142, ebd.

2.2 Akadische Gebiete in Neuschottland gestern und heute

1985: 421). Dies war trotz der Armut der Akadier möglich, weil per Gesetz eine kleine Anzahl armer Kinder, deren Eltern sich die Schulbildung nicht leisten konnten, aufgenommen werden musste (vgl. Ross 2001: 24). Wieso ausgerechnet an der Baie Sainte-Marie mehr als die Hälfte der Kinder in den Genuss dieser Bildung kam, geht aus den Quellen nicht hervor (vgl. Ross 2001: 45).

1864 kam es aufgrund der *Loi Tupper/Free School Act*, benannt nach Dr. Charles Tupper, damaliger Regierungschef in Halifax, zur Einführung der öffentlichen, kostenlosen Pflichtschule. Schulsprache wurde das Englische (vgl. Deveau 1983: 144).[22] Deveau beschreibt die Folgen für die frankophone Bevölkerung:

> C'était une loi très bénéfique pour les régions anglophones, mais désastreuse pour les régions francophones. Désormais seuls les enseignants munis d'un brevet de la province pouvaient y enseigner et il n'y avait aucune provision pour des manuels scolaires français. (Deveau 1983: 144)

Lehrkräfte wurden von nun an im anglophonen Truro an der *École normale de Truro/Provincial Normal School* in englischer Sprache ausgebildet. Englischsprachige Lehrbücher wurden eingeführt.[23] Trotz aller Restriktionen ist es einigen frankophonen Schulen gelungen, frankophone Lehrkräfte ausbilden zu lassen, sodass beispielsweise für die Region Clare belegt ist, dass weiter auf Französisch unterrichtet wurde (vgl. Deveau 1993: 144, Rawlyk/Hafter 1970: 15).[24]

In die gleiche Zeit, die 1860er Jahre, fiel die Staatsgründung Kanadas. 1867 kam es mit der *Acte de l'Amérique du Nord Britannique/British North America Act* zur Gründung des *Dominion of Canada*, zum Zusammenschluss der Provinzen Neuschottland, Neubraunschweig, Québec und Ontario.[25] Bildung wurde zum Aufgabengebiet der einzelnen Provinzen erklärt, sodass den Akadiern im hauptsächlich anglophonen Neuschottland keine

---

[22] Vgl. auch: Chiasson (1986: 148f.) und Rawlyk/Hafter (1970: 13).

[23] In den 1880er Jahren waren auch so genannte *bilingual reader* im Einsatz (vgl. Rawlyk/Hafter 1970: 20).

[24] Vgl. auch Deveau (1985: 422): „...les écoles de Clare n'ont jamais abandonné l'enseignement de la langue maternelle"; Gesner (1979a: 6) schreibt: „Fort heureusement, cette loi n'a jamais été rigoureusement appliquée dans la Baie Sainte-Marie"; Ross (2001: 45) fügt hinzu: „La loi Tupper ne semble pas avoir affecté l'utilisation du français comme langue d'instruction dans les écoles acadiennes."

[25] Québec und Ontario wurden nun also wieder geteilt, nachdem sie 1840 als Oberkanada (Ontario) und Unterkanada (Québec) vereinigt worden waren.

besonderen Rechte bezüglich der Schulsprache zukamen (vgl. Tremblay 1962: 545, Schmid 2001: 104).

1890 wurde in Pointe-de-l'Église das *Collège Sainte-Anne* gegründet (vgl. Gesner 1979a: 6, Rawlyk/Hafter 1970: 19), die heutige *Université Sainte-Anne*, an der die Interviews mit den Studierenden für die vorliegende Studie durchgeführt wurden. Damals wie heute ist sie das sprachliche und kulturelle Zentrum der Baie Sainte-Marie sowie des gesamten akadischen Neuschottlands.

Ab 1902 wurde den Akadiern zugestanden, zumindest teilweise wieder auf Französisch unterrichtet zu werden. Von nun an sollten in den wahlweise *école bilingue, école acadienne* oder *école française* (vgl. Ross 2001: 67) genannten Einrichtungen in den akadischen Gebieten während der ersten vier Schuljahre alle Fächer in der Muttersprache unterrichtet werden. Es sollte jedoch auch Englischunterricht durchgeführt werden, sodass der Unterricht ab dem fünften Schuljahr komplett auf Englisch stattfinden konnte (vgl. Tremblay 1962: 545, Rawlyk/Hafter 1970: 22, Ross 2001: 65f.). Auch waren französischsprachige Lehrmittel wieder erlaubt, problematisch war jedoch, dass diese nicht existierten und zunächst entwickelt werden mussten (vgl. Gesner 1979a: 6).

1939/1940 wurde der Unterricht auf Französisch mit Ausnahme des Mathematikunterrichts auf die ersten sechs Schuljahre ausgeweitet. Vom siebten bis zum neunten Schuljahr sollten die nichtsprachlichen Fächer in beiden Sprachen unterrichtet werden, mit Ausnahme der Fächer Geschichte und Geographie, die ausschließlich auf Französisch unterrichtet wurden. Ab der zehnten Klasse wurde Englisch die alleinige Unterrichtssprache (vgl. Tremblay 1962: 546, Rawlyk/Hafter 1970: 26). Ross zieht trotz dieser Zugeständnisse eine negative Bilanz, da frankophone Lehrer weiterhin nur unzureichend in ihrer Muttersprache ausgebildet waren: „En fin de compte, les élèves se trouvent privés d'une scolarisation dans leur langue maternelle, faute de maîtres ou maîtresses capables de la leur donner" (Ross 2001: 75). Die Schule diente, trotz einiger Kurse in der Muttersprache, der Anglisierung der Akadier:

> Il est évident [...] que le système scolaire était foncièrement assimilateur. Même si le français était la langue de la communication orale et même s'il y avait des cours de catéchisme en français, ainsi que des cours de grammaire et de lecture françaises, le système en soi était axé sur l'anglais. Donc, plus les élèves avançaient dans le système, plus leurs connaissances de l'anglais devenaient solides. (Ross 2001: 92)

Sie geht in ihren Ausführungen noch weiter:

2.2 Akadische Gebiete in Neuschottland gestern und heute

> La grande majorité des élèves sortait de l'école sans avoir obtenu les rudiments du français écrit. En contribuant à l'insécurité linguistique de l'élève en français, l'école le poussait indirectement à s'exprimer de plus en plus en anglais parce que l'on se sent habituellement moins humilié quand on fait des fautes dans la langue de l'autre. Il va sans dire qu'on enseignait aux élèves les valeurs véhiculées par les programmes d'études élaborés pour la majorité anglophone de la province. Le résultat était que les élèves acadiens sentaient qu'ils appartenaient à une culture inférieure à celle de la majorité. (Ross 2001: 92f.)

Ende der 1950er beziehungsweise Anfang der 1960er Jahre wurden die kleinen Dorfschulen nach und nach durch größere Schulzentren ersetzt. Dies hatte vor allem für die kleineren, sich in anglophoner Nachbarschaft befindlichen akadischen Ortschaften sprachliche Folgen, da sie nun mehr als zuvor in Kontakt zu ihrem Umfeld traten. Sobald ein anglophoner Schüler sich einer frankophonen Gruppe näherte, wechselte diese ins Englische (vgl. Ross 2001: 100ff.) – eine Tatsache, die ich auch 2011 in allen Altersgruppen, jedoch vor allem unter Jugendlichen, feststellen konnte.

Die 1960er Jahre waren darüber hinaus die Zeit der großen Sprachgesetze sowohl auf föderaler als auch auf provinzieller Ebene, hier vor allem in Québec und Neubraunschweig. Es ist hier nicht der Ort, detailliert auf die kanadische oder gar die québecer und neubraunschweiger Sprachpolitik einzugehen. Erwähnt werden muss jedoch, dass Kanada seit 1969, auf Empfehlung der 1963 gegründeten *Commission royale d'enquête sur le bilinguisme et le biculturalisme/Royal Commission on Bilingualism and Biculturalism*[26] zwei Amtssprachen, das Englische und das Französische, hat.[27]

Auch in Neuschottland wurden in dieser Zeit wirksame Versuche unternommen, das akadische Element der Provinz zu stärken: 1968 kam es zur Gründung der *FANE (Fédération acadienne de la Nouvelle-Écosse)*. 1970 wurde, auf Anraten der *FANE*, die Zeitung *Le Courrier* zum Sprachrohr der Frankophonen in allen Regionen der Provinz (bis zu diesem Zeitpunkt wirkte diese Zeitung nur im Südwesten) (vgl. Ross/Deveau 1995: 220, Ross 2001: 118). *Le Courrier de la Nouvelle-Écosse* gibt es bis heute und ist die einzige frankophone Zeitung der Provinz. Sie erscheint wö-

---

[26] Die Kommission ist auch als *Commission Laurendeau/Dunton*, nach ihren Vorsitzenden André Laurendeau und Davidson Dunton, sowie unter der Abkürzung *B&B Commission* bekannt.

[27] Informationen zur Sprachpolitik Kanadas ab den 1960er Jahren finden sich bei Conrick/Regan (2007) sowie bei: Vollmer (1992), Cardinal/Lapointe/Thériault (1994), Saint-Jacques (1976), Commissariat aux Langues Officielles/Office of the Commissioner of Official Languages (1990).

chentlich, ihre Redaktion befindet sich in Meteghan, an der Baie Sainte-Marie.

Bis zur Gründung der *FANE* gab es in Neuschottland selbst keine akadische Interessenvertretung.[28] Sofort nach ihrer Gründung fassten die Verantwortlichen das Ziel ins Auge, die Anglisierung aufzuhalten. Neben Verbesserungsempfehlungen im Bereich des Radio- sowie Fernsehangebotes in französischer Sprache zielten sie vor allem auf eine Erhöhung der französischsprachigen Unterrichtsstunden in den Schulen ab, sahen sich jedoch mit einer Elternschaft konfrontiert, die sich zum Großteil dagegen aussprach:

> Les réalités économiques et les habitudes scolaires de longue date avaient contribué à endurcir la position de la plupart des parents. Ayant vécu eux-mêmes une école où [...] les classes, les manuels, les examens et même les bulletins de l'école étaient en anglais, les parents n'avaient aucune raison de croire que les cours en français seraient dans l'intérêt de leurs enfants. (Ross 2001: 119)

Vor allem dank der Geschehnisse in Québec und im benachbarten Neubraunschweig und dem damit einhergehenden aufkommenden Nationalitätsgefühl sowohl bei Québecern als auch bei Akadiern begann langsam die „refrancisation" (Ross 2001: 120) in den Schulen der akadischen Gebiete: Bis zur sechsten Klasse wurde wieder Unterricht auf Französisch angeboten, und auch in den oberen Klassenstufen wurde Französisch wieder für Muttersprachler unterrichtet (vgl. Ross 2001: 120).

1982 wird die *Charte canadienne des droits et libertés/Canadian Charter of Rights and Freedoms* als integraler Bestandteil der *Loi constitutionelle de 1982/Constitution Act* verabschiedet (vgl. Commissariat aux Langues Officielles 1990: 28f.). Die Sprachenfrage wird in den Artikeln 16 bis 23 behandelt.

Die wichtigste Passage ist Artikel 23, Abschnitt 23, die sich wie folgt zusammenfassen lässt:

> 1) Der englischen beziehungsweise französischen Minderheit der jeweiligen Provinz sowie denjenigen, die in Kanada eine anglo- oder frankophone Schule besucht haben, wird das Recht gegeben, ihre Kinder in ihrer Muttersprache beziehungsweise Schulsprache ausbilden zu lassen.

---

[28] Überregional agierten jedoch die *Société nationale l'Assomption* sowie die *Société mutuelle l'Assomption*. Erstere wurde 1880 gegründet und geht ihrer Funktion heute unter dem Namen *Société nationale de l'Acadie* (*SNA*) nach.

2.2 Akadische Gebiete in Neuschottland gestern und heute

2) Sobald ein Kind in einer der beiden offiziellen Sprachen ausgebildet wurde, dürfen alle weiteren Geschwister ebenfalls Schulen dieser Sprache besuchen.
3) All dies tritt in Kraft, wenn es eine geeignete Anzahl an Interessenten gibt. Ist dies der Fall, wird der Schulunterricht aus staatlichen Mitteln gezahlt.

In Neuschottland wurden mit der *Loi sur l'éducation/Education Act*, auch als *Loi 65* bekannt, im Juni 1981 akadische Schulen gesetzlich anerkannt.[29] Diese gewährleisteten zwar einen die Geschichte und die Kultur der Akadier umfassenden Lehrplan (vgl. Ross/Deveau 1995: 233), jedoch bedeutete die *Loi 65* keinesfalls, dass die alleinige Schulsprache in den akadischen Bildungseinrichtungen das Französische wurde, im Gegenteil: In den ersten beiden Schuljahren wurde der Unterricht ausschließlich auf Französisch gehalten, ab dem dritten Schuljahr kam das Unterrichtsfach *Englisch* hinzu. Ab der siebten Klasse wurde eine Mindestkursanzahl festgeschrieben, die in französischer Sprache zu besuchen war (Hervorhebung im Original):

> De la maternelle à la sixième année, toutes les matières sont enseignées en français, sauf le cours d'anglais qui est introduit au début de la troisième année.
> Da la septième à la neuvième année les étudiants suivront un minimum de 10 cours en français avec au moins 3 cours en français par année scolaire.
> De la dixième à la douzième année les étudiants suivront un minimum de 8 cours en français avec au moins 2 cours en français par année scolaire.
> (übernommen aus: Ross 2001: 127)

Obwohl das Englische noch immer die dominante Schulsprache blieb, stellten sich viele Eltern gegen den neugewonnenen Status des Französischen:

> [I]l y avait un écart entre ce que les parents estimaient utile pour leurs enfants et ce que les autorités acadiennes responsables de l'éducation considéraient comme une mesure essentielle afin de freiner le taux d'assimilation. Jusqu'à un certain point, cet écart n'était pas surprenant; les activités de la FANE au sein de la population dans les années 1970 avaient fait ressortir une forte apathie chez les parents acadiens à propos de l'augmentation de l'instruction en français. Toutefois, les projets de réforme du système scolaire révélèrent au grand jour beaucoup d'attitudes réflétant des siècles de domination par la majorité anglophone. (Ross/Deveau 1995: 234, vgl. ebenso Ross 2001: 125ff., Starets 1986b)

---

[29] Vgl. für eine einseitige Zusammenfassung zu den *écoles acadiennes*: Wolf (1987: 230f.), Ross/Deveau (1995: 233).

2 Soziolinguistische Situation der Akadier in Neuschottland

Die Eltern der akadischen Schüler hatten Angst, dass zu viel Französisch ihren Kindern in einer anglophonen Provinz schaden könnte, haben sie doch erlebt, dass die englische Sprache in der Arbeitswelt unverzichtbar ist. Auch eine aktuellere Studie aus dem Jahr 2004 zeigt, dass in den akadischen Regionen Neuschottlands noch immer weniger als ein Drittel derjenigen, die ihre Kinder auf eine französische Schule schicken könnten, die Schulbildung auf Französisch derjenigen in englischer Sprache vorziehen (vgl. Deveau/Clarke/Landry 2004: 99).

1996 bekamen die Akadier ein vom anglophonen System unabhängiges Schulsystem: Der *CSAP* (*Conseil scolaire acadien provincial*) wurde gegründet, an dessen *Écoles Secondaires* im Südwesten der Provinz die Daten für das Korpus und den Fragebogen der vorliegenden Arbeit gesammelt wurden. Ziel des *CSAP* war es, bis spätestens 2000 ein bis auf den Englischunterricht komplett französisches Unterrichtsprogramm zur Verfügung stellen zu können. Doch auch hier gab es, neben der bereits geschilderten Ablehnung des Französischen als Schulsprache durch einige Teile der Bevölkerung, das Problem, dass die Mehrheit der an akadischen Schulen arbeitenden Lehrer ihre Ausbildung in englischer Sprache abgelegt hat und nicht fähig war, auf Standardfranzösisch zu unterrichten. Deren Ersetzen durch in Französisch ausgebildete Lehrkräfte konnte also nur auf lange Sicht ins Auge gefasst werden (vgl. Ross 2001: 151f.).

Als im Jahr 2000 noch immer keine rein französischsprachige Schule in den akadischen Regionen existierte, entschlossen sich die in der *FPANE* (*Fédération des parents acadiens de la Nouvelle-Écosse*) engagierten Eltern dazu, mit Blick auf den Artikel 23 der *Charte canadienne des droits et libertés* und die steigenden Assimilationsraten in ihrer Provinz, gegen die Provinz Neuschottland zu klagen, um eine einsprachige, französische Schulform für ihren Nachwuchs durchzusetzen (vgl. Ross 2001: 156ff.). Die Entscheidung fiel zugunsten der Kläger aus: Die Provinz habe auch dann einsprachigen Unterricht in der Minderheitensprache anzubieten, wenn die Mehrheit der akadischen Eltern gegen diesen ist.[30] Bis Ende 2001 wurden so alle akadischen Schulen, bis auf den Englischunterricht, französischsprachige Schulen (vgl. Ross 2001: 168), was sie bis heute geblieben sind:

> L'année scolaire 2000-2001 marque le commencement d'une nouvelle étape dans l'histoire de l'école acadienne en Nouvelle-Écosse parce que c'est la première fois, depuis l'établissement des écoles publiques en milieu acadien,

---

[30] Vgl. Ross (2001: 160): „Le juge [...] note que le ministère n'est pas obligé d'obtenir l'accord de tous les ayants droit avant d'appliquer l'article 23, au contraire."

2.2 Akadische Gebiete in Neuschottland gestern und heute

que tous les programmes scolaires, sauf le cours d'anglais, sont officiellement en français, de la maternelle à la 12e année. (Ross 2001: 168)

Zum gegenwärtigen Zeitpunkt finden sich in Neuschottland 22 Schulen des *CSAP*, die in drei Verwaltungsbereiche aufgeteilt sind: *Région Nord-Est*, *Région Centrale* und *Région Sud-Ouest*. Die Baie Sainte-Marie fällt mit ihren vier Grundschulen und der *École Secondaire de Clare* in die *Région Sud-Ouest*.[31]

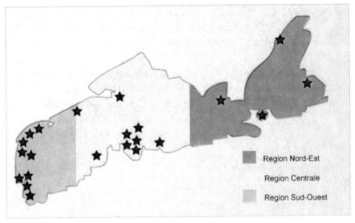

Schulen des CSAP in Neuschottland 2014
(Screenshot: http://csap.ednet.ns.ca/nos_ecole.php, 27.12.2014)

---

[31] Vgl. <http://csap.ednet.ns.ca//nos_ecole.php>, 27.12.2014.

2 Soziolinguistische Situation der Akadier in Neuschottland

2.2.3 Die neuschottische Akadie heute

2.2.3.1 Baie Sainte-Marie

Die Baie Sainte-Marie, auch *Ville Française* oder *Clare*[32] genannt, ist heute die größte und die bevölkerungsreichste akadische Region der Provinz. Das Gebiet umfasst die akadischen Ortschaften, die sich im Südwesten der Provinz an der Baie Sainte-Marie zwischen Saint Bernard im Norden und Salmon River/Rivière-aux-Saumons im Süden entlang ziehen und von denen sich einige auch im Landesinneren befinden.[33] Von der älteren Generation noch heute eher *Ville Française* genannt, beginnt die Geschichte der Ortschaften erst nach der Deportation der Akadier,[34] obwohl der Küstenstreifen schon unter französischen Entdeckern bekannt war. Champlain selbst soll die etwa 50 Kilometer lange Bucht während einer seiner Entdeckungsreisen *Baie Sainte-Marie* genannt haben (vgl. Deveau 1983: 7, Lauvrière 1924: 360).

1755 kamen die ersten akadischen Flüchtlinge unter der Führung von Pierre ‚Piau' Belliveau im heutigen L'Anse-des-Belliveau an und überwinterten auf einer Insel, wobei mehrere Flüchtlinge ihr Leben verloren.

---

[32] Der Name *Clare* stammt von einem Dokument des Landvermessers John Morrison, der das Land an der Baie Sainte-Marie unter der akadischen Bevölkerung aufteilte. Die akadische Bevölkerung bevorzugt jedoch bis heute die Bezeichnung *Ville Française* oder *Baie Sainte-Marie* (vgl. Deveau 1983: 14f.).

[33] Die Ortschaften an der Küste sind von Norden nach Süden Saint Bernard, Belliveaus Cove/L'Anse-des-Belliveau, Grosses Coques, Church Point/Pointe-de-l'Église, Little Brook/Petit-Ruisseau, Comeauville, Saulnierville, Lower Saulnierville/Saulnierville-le-Bas, Meteghan River/La Butte, Meteghan, Saint-Alphonse, Mavillette, Cape Saint Marys/Cap Sainte-Marie und Salmon River/Rivière-aux-Saumons. Im Landesinneren befinden sich u.a. Concessions, Corberrie und Bangor.

[34] Argyle, ein weiteres wichtiges akadisches Gebiet, war schon vor der Deportation von Akadiern besiedelt (vgl. Ross/Deveau 2001: 133, Flikeid 1997: 258).

2.2 Akadische Gebiete in Neuschottland gestern und heute

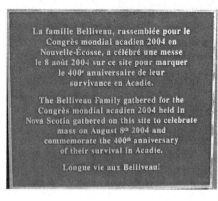

Inschriften zu Ehren von Pierre ‚Piau' Belliveau und seiner Familie in Clare (Fotos: S. Fritzenkötter)

Besiedelt wurde das Gebiet erst ab 1768, nachdem mehrere akadische Gruppen, die damals vorübergehend in Annapolis Royal, Windsor und Halifax untergekommen waren, den Gouverneur Michael Francklin darum gebeten hatten, an der Baie Sainte-Marie siedeln zu dürfen (vgl. Ross/Deveau 1995: 133, Ryan 1982: 14, Lauvrière 1924: 361). So wurde mehreren Familien Land in den heutigen Ortschaften L'Anse-des-Belliveau, Grosses Coques und Pointe-de-l'Église, alle im Norden der Region, zugeteilt (vgl. Ross/Deveau 1995: 135).

Genealogische Register sowie weitere Dokumente zeigen, dass die meisten in dieser Region ansässigen Akadier vor 1755 im Annapolis Valley lebten, und auch vor dem Umsiedeln an die Baie Sainte-Marie nach der Rückkehr aus dem Exil lebte ein Großteil wieder dort. Einige kamen auch über Land oder die See aus Massachusetts zurück (vgl. Gesner 1979a: 2).[35] Bis 1770 waren bereits dreißig Familien an der Baie Sainte-Marie ansässig,[36] bis 1771 wurden 98 Personen gezählt (vgl. Deveau 1983: 56), 1803 waren es bereits 1.080 Menschen (vgl. Ross/Deveau 1995: 138).

---

[35] Flikeid (1997: 259) gibt an, dass der Großteil der Siedler aus dem Exil in Massachusetts zwischen 1768 und 1775 zurückkam.

[36] Informationen zu den einzelnen Familien und Ortschaften finden sich bei Ross/Deveau (1995: 135) bzw. Deveau (1983: 48ff.).

2 Soziolinguistische Situation der Akadier in Neuschottland

Die homogene Herkunft der Siedler hat bis heute Auswirkungen auf die Sprache der Bewohner, die, wie noch dargelegt werden wird, sprachlich besonders konservativ ist. Flikeid schreibt hierzu:

> [L]e caractère particulièrement conservateur des parlers du Sud-Ouest de la Nouvelle-Écosse est à rapprocher du fait que ces communautés ont été constituées très tôt, dès l'année 1768, par des familles et des individus revenus dès que possible des colonies anglo-américaines, par terre et par mer, ou ayant été en captivité dans les prisons et les forts de la Nouvelle-Écosse. Les familles fondatrices de la baie Sainte-Marie étaient originaires surtout de Port-Royal, la plus ancienne et vraisemblablement la plus conservatrice des communautés de l'ancienne Acadie, du point de vue linguistique […]. (Flikeid 1991: 298)[37]

In der Region gibt es vier frankophone Grundschulen sowie eine weiterführende Schule, die *École Secondaire de Clare*, die alle dem oben erwähnten *CSAP* unterstehen. Sie sind nach Ortschaft und Schülerzahl (Stand: Schuljahr 2009-2010) in der folgenden Tabelle eingetragen:[38]

Schule	Ort	Klassenstufen	Schülerzahl
École Joseph-Dugas	Pointe-de-l'Église	Bis Klassenstufe 7	154
École Jean-Marie-Gay	Saulnierville	Bis Klassenstufe 7	109
École Stella Maris	Meteghan	Bis Klassenstufe 7	147
École Saint-Albert	Rivière-aux-Saumons	Bis Klassenstufe 7	40
École Secondaire de Clare	La Butte	Klassenstufen 8-12	269

Tabelle 4: Schulen des *CSAP* an der Baie Sainte-Marie

---

[37] Vgl. ebenfalls Neumann-Holzschuh (2005b: 805, Hervorhebung im Original): „In dieser Gegend wird z.B. neben dem *passé simple* auch noch die Negationspartikel *point* bewahrt […]. In dieser Gegend finden sich auch die meisten lexikalischen Regionalismen aus dem Haut-Poitou." Vgl. ebenso King (2012: 42): „[…] Baie Sainte-Marie is home to the most conservative of Acadian varieties, preserving a number of features lost in the Acadian French of, say, southeastern New Brunswick." Vgl. ebenfalls Flikeid (1997: 264) sowie King (2008: 38).

[38] Die in dieser Tabelle zusammengetragenen Zahlen stammen ebenso wie alle weiteren Angaben zu den Schülerzahlen der einzelnen Schulen des *CSAP* von der Internetpräsenz des *CSAP*: <http://ns-schools.ednet.ns.ca/pdf/directory_of_public_schools_NS.pdf>, 03.03.2011.

2.2 Akadische Gebiete in Neuschottland gestern und heute

Zweisprachiges Ortsschild in Church Point/Pointe-de-l'Église und Hinweisschild der École Joseph-Dugas/CSAP (Fotos: S. Fritzenkötter)

In dieser Region befindet sich auch die *Université Sainte-Anne*, die einzige frankophone Universität der Provinz, die jedoch vier kleinere Campus auch in Tusket/Pubnico (Argyle), Halifax, Petit-de-Grat/Isle Madame sowie Saint-Joseph-du-Moine/Chéticamp hat.[39] Vor der Gründung des *Collège Sainte-Anne* im November 1890 gab es in der Region keine weiterführende Bildungseinrichtung in französischer Sprache. 1977 wurde das *Collège* zur *Université Sainte-Anne* (Ross/Deveau 1995: 146, Tremblay 1962: 533ff.). Dieses „centre intellectuel et culturel de la région" (Tremblay 1962: 534) leistet bis heute wichtige Arbeit:

> En effet […] le Collège a rendu possible le remplacement complet de l'élite anglo-saxonne et irlandaise catholique par des Acadiens (prêtres, professionnels et hommes d'affaires). […] Il a mis l'accent sur l'importance de l'éducation dans l'œuvre de redressement économique, politique et sociale. Il a valorisé la beauté et l'utilité de la langue française, la nécessité de s'exprimer correctement. Enfin, par ses activités extracurriculaires (conférences, concerts, films, congrès, etc….) il a exercé une influence directe sur les adultes. Il a été un des éléments dynamiques dans la conception et la réalisation d'associations qui visent à faire respecter les droits et à promouvoir les intérêts du groupe. (Tremblay 1962: 534f.)

Seit 1990 sendet an der Baie Sainte-Marie sowie in Pubnico (Argyle) darüber hinaus der frankophone Radiosender *Radio CIFA*,[40] auf dem die lokale Varietät verbreitet wird.

---

[39] <https://www.usainteanne.ca/nos-5-campus>, 07.10.2012.
[40] <http://cifafm.com/>, 07.10.2012.

2 Soziolinguistische Situation der Akadier in Neuschottland

Die Region ist mit einem Anteil von knapp zwei Dritteln französischer Muttersprachler an der Gesamtbevölkerung die wichtigste frankophone Region in Neuschottland. Trotz dieses demographischen Gewichts und der Präsenz der *Université Sainte-Anne* und den damit einhergehenden kulturellen Angeboten in französischer Sprache ist auch hier die Assimilation an die dominante Sprache, das Englische, festzustellen:

	MS	FS	OS
Gesamtbevölkerung		8.650	
Englisch	2.745 (31,7 %)	3.090 (35,7 %)	1.930 22,3 %
Französisch	5.690 (65,8 %)	5.430 (62,8 %)	240 (2,8 %)
Englisch und Französisch	130 (1,5 %)	105 (1,2 %)	6.480 (74,9 %)

Tabelle 5: Zensus 2006: Baie Sainte-Marie

Französisch ist 2006 die Muttersprache von insgesamt 5.820 Personen, davon 130, die neben dem Französischen auch das Englische zu ihren Muttersprachen zählen. Während die Assimilationsrate in Neuschottland 47,7 % beträgt, beträgt sie an der Baie Sainte-Marie lediglich 4,9 %. Dies mag zwar auf den ersten Blick, vor allem im Vergleich mit den ernüchternden Zahlen auf gesamtprovinzieller Ebene, positiv erscheinen, doch muss man sich vor Augen halten, dass auch hier das Englische, wenn auch langsamer, an Boden gewinnt.

2.2.3.2 Pubnico (Argyle)

Pubnico (Argyle), heute eine neuschottische *Municipalité* im Süden der Provinz, hieß vor der Deportation der Akadier *Cap Sable* und war zu dieser Zeit, im Gegensatz zu der Baie Sainte-Marie, schon bewohntes Gebiet (vgl. Ross/Deveau 1995: 117, Flikeid 1997: 258). Die meisten frankophonen Akadier leben heute noch in den Orten Pubnico-Ouest, Pointe-du-Sault, Buttes-Amirault, Sainte-Anne-du-Ruisseau, Belleville, Quinan, Wedgeport, Pointe-à-Pinkney sowie auf der Île Surette (vgl. Ross/Deveau 1995: 117).

Das Gebiet wurde ab den 1620er Jahren besiedelt, die erste dauerhafte Siedlung war das 1653 bevölkerte Pubnico (vgl. Ross/Deveau 1995: 118, D'Entremont 1984: 7).

2.2 Akadische Gebiete in Neuschottland gestern und heute

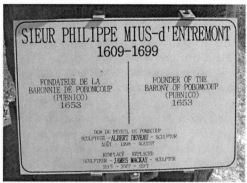

Holzstatue zu Ehren von Sieur Philippe Mius-d'Entremont, Gründer von Pubnico (Fotos: S. Fritzenkötter)

Nach dem Vertrag von Utrecht und dem Verlust der Kolonie an die Engländer ist das gute Verhältnis der akadischen Bevölkerung zu den Engländern überliefert:

> L'histoire de Pobomcoup [Pubnico, Anm. d. Verf.] de la première moitié du 18me siècle nous révèle que ses habitants menaient un train de vie paisible, sans heurt, se tenant toujours en bonne relation avec les autorités de l'occupation anglaise, qui ne manquèrent pas d'octroyer à ces Acadiens un certificat de loyauté pour leur bonne conduite. Aussi, on dit qu'ils étaient si étroitement en relation avec les Micmacs, que les Anglais, surtout les pêcheurs de la Nouvelle-Angleterre, n'osaient même pas venir dans le havre, par crainte de ces amis des Acadiens, ennemis des Anglais. (D'Entremont 1984: 12)

Die in diesem Gebiet ansässige Bevölkerung wurde nicht während des *Grand Dérangement* deportiert, sondern Opfer späterer Attacken.[41] Obwohl die Menschen zunächst fliehen konnten, wurden sie gefangen genommen und im Juni 1759 nach Halifax und im November 1760 nach Cherbourg (Frankreich) deportiert. 1766 kamen neun Familien aus Boston zurück in das Gebiet, und ab 1767 wurde ihnen die Erlaubnis gegeben, in ihrer alten Heimat zu siedeln. Die ehemaligen Grundstücke waren von englischen Familien übernommen, sodass sich die akadischen Familien neue Grundstücke suchen mussten. Bis 1780 war das Gebiet wieder besiedelt. 1803

---

[41] Vgl. für weitere Informationen Ross/Deveau (1995: 118f.) sowie D'Entremont (1984: 15).

lebten dort wieder 400 Akadier (vgl. Ross/Deveau 1995: 119ff., D'Entremont 1984: 15ff.).
1937 wurde hier der wöchentlich erscheinende *Le Petit Courrier* von Désiré d'Éon gegründet.[42] Zunächst nur für die frankophone Bevölkerung des Südwestens bestimmt, richtet er sich seit 1972 an die frankophone Bevölkerung der gesamten Provinz und wurde in *Le Courrier de la Nouvelle-Écosse* umbenannt (vgl. Ross/Deveau 1995: 129ff.).

In der Region gibt es drei Grundschulen und eine weiterführende Schule, die *École Secondaire de Par-en-Bas*, an der die Interviews mit den Schülern dieser Region durchgeführt wurden (Stand Schuljahr 2009-2010):

Schule	Ort	Klassenstufen	Schülerzahl
École Wedgeport	Wedgeport	Bis Klassenstufe 6	106
École Belleville	Belleville	Bis Klassenstufe 6	149
École Pubnico-Ouest	Pubnico-Ouest	Bis Klassenstufe 6	184
École Secondaire de Par-en-Bas	Tusket	Klassenstufen 7-12	326

Tabelle 6: Schulen des *CSAP* in Pubnico (Argyle)

Die akadischen Ortschaften in Pubnico (Argyle) bilden keine Einheit wie an der Baie Sainte-Marie, sondern finden sich in direkter Nachbarschaft anglophoner Ortschaften, was sich an dem demolinguistischen Gewicht der Frankophonen zeigt:

	MS	FS	OS
Gesamtbevölkerung		8.595	
Englisch	4.445 (51,7 %)	5.570 (64,8 %)	3.255 (37,9 %)
Französisch	4.005 (46,6 %)	2.895 (33,7 %)	40 (0,5 %)
Englisch und Französisch	95 (1,1 %)	25 (25 %)	5.300 (61,7 %)

Tabelle 7: Zensus 2006: Argyle (Municipal District)

Etwas mehr als die Hälfte der Bevölkerung spricht ausschließlich Englisch als Muttersprache (51,7 %), nahezu zwei Drittel (64,8 %) sprechen es als Familiensprache. Das Französische, alleinige Muttersprache von etwas we-

---

[42] Eine weitere wichtige frankophone Zeitung war lange Zeit *L'Évangeline*. 1887 von Valentin Landry gegründet, wurde sie zunächst in Digby, dann in Weymouth und zuletzt in Moncton verlegt. 1982 wurde die Produktion eingestellt (vgl. Ross/Deveau 1995: 129f.).

2.2 Akadische Gebiete in Neuschottland gestern und heute

niger als der Hälfte der Bevölkerung (46,6 %), wird lediglich von einem Drittel (33,7 %) der Bewohner noch zu Hause gesprochen. Die Assimilationsrate beträgt 28,8 %. Nur einer von zweihundert frankophonen Bewohnern der Region (0,5 %) gibt bei der Kenntnis der offiziellen Sprachen ausschließlich Französischkenntnisse an. Nur knapp einer von einhundert (1,1 %) hat beide offiziellen Sprachen als Muttersprache.

2.2.3.3 Chéticamp

An der Westküste Cap Bretons gelegen, wurde die Region um Chéticamp[43] erst ab 1782 besiedelt, obwohl das Gebiet vorher bereits französischen, bretonischen und baskischen Fischern und einigen Entdeckern bekannt war. Mehrere Familien sollen schon vor dem *Grand Dérangement* versucht haben, sich hier niederzulassen, verließen die Region jedoch wieder. Nach dem Vertrag von Paris (1763) mussten die französischen Fischer das Gebiet verlassen und protestantische Händler von den Kanalinseln erhielten das Recht, in dem Gebiet fischen zu lassen. Diese Händler waren oft Nachfahren der mit dem Widerruf des Edikts von Nantes (1685) aus Frankreich vertriebenen Hugenotten, die, des Französischen mächtig, die Rückkehr der nach Frankreich verschifften Akadier in das Gebiet um Chéticamp förderten und ihnen Arbeit als Fischer gaben. 1829 war die Besiedlung des Gebietes abgeschlossen. Die bis heute akadischen Ortschaften sind, von Norden nach Süden, Cap-Rouge, Petit-Étang, Chéticamp, Belle-Marche, Plateau, Point Cross, Grand-Étang, Saint-Joseph-du-Moine, Cap-le-Moine, Terre-Noire, Belle-Côte und Margaree (vgl. Ross/Deveau 1995: 154ff., Chiasson 1986: 23).[44]

Auch in dieser Region gibt es, ähnlich wie im Südwesten, seit 1991 einen akadischen Radiosender, *CKJM Radio* Chéticamp (vgl. Ross/Deveau 1995: 160).

Die *École NDA* ist die einzige akadische Schule des Gebiets. Sie umfasst alle Klassenstufen bis einschließlich des zwölften Schuljahres. Insge-

---

[43] Wie für die damalige Zeit üblich, veränderte sich der Name sowie die Aussprache des heutigen Toponyms Chéticamp mit den Jahren: Auf Lateinisch zunächst unter *I. Ochatisia* beziehungsweise *Ochatis* unter den Jesuiten bekannt, wurde es von den Franzosen und den Akadiern *Le Chady, Le Grand Chady, Le Chady Grand, I. de Chedagan* beziehungsweise *Chatican* genannt. *Chéticamps* findet man in Dokumenten ab 1752. *Chéticamp* ist erstmals 1815 dokumentiert (vgl. Chiasson 1986: 17).

[44] Detaillierte Informationen über die Familien, ihre genaue Herkunft sowie die Entwicklung der Siedlung bis 1800 gibt Chiasson (1986: 26ff.).

samt besuchten im Schuljahr 2009-2010 213 Schülerinnen und Schüler die Schule. Zur demolinguistischen Situation dieser nordwestlichen akadischen Region Neuschottlands gibt die folgende Tabelle Informationen:

	MS	FS	OS
Gesamtbevölkerung		5.775	
Englisch	3.190 (55,2 %)	3.675 (63,6 %)	2.695 (46,7 %)
Französisch	2.450 (42,2 %)	1.990 (34,5 %)	150 (2,6 %)
Englisch und Französisch	30 (0,5 %)	50 (0,9 %)	1.375 (23,8 %)

Tabelle 8: Zensus 2006: Chéticamp (Inverness, Subd. A)

Die Assimilationsrate von 17,7 % führt in Chéticamp dazu, dass von 2.480 Muttersprachlern (42,2 % und 0,5 %) nur noch 2.040 (34,5 % und 0,9 %) das Französische zu Hause sprechen. Das Englische, ohnehin dominante Sprache der Region mit 55,2 % aller alleinigen Muttersprachler, wird von 63,6 % der Bevölkerung als alleinige Familiensprache verwendet.

2.2.3.4   Isle Madame

Ebenso wie das Gebiet um Pubnico (Argyle) war auch Petit-de-Grat, eines der Dörfer auf der Isle Madame, schon vor der Deportation bewohnt. Die erste, wenn auch temporäre, Siedlung wurde 1640 gegründet.[45]
Nach dem Verlust der Halbinsel Neuschottland an die Engländer im Jahr 1713 versuchten die Franzosen, die an der Bay of Fundy/Baie de Fundy siedelnden Akadier von einem Umzug auf das noch französische Cap Breton zu überzeugen, wozu sich aber nur 67 Familien überreden ließen, von denen einige die Insel wieder verließen. Nach dem Fall der Festung Louisbourg 1758 wurden die meisten Einwohner Cap Bretons, also auch die der Isle Madame, nach Frankreich deportiert, es ist jedoch belegt, dass die Insel auch nach diesem Datum noch bewohnt war. 1774 hatte sie wieder 400 Einwohner, 1811 waren es 1.200, davon 90 % Akadier (vgl. Ross/Deveau 1995: 169ff.).
Heute gibt es auf der Insel ein *radio communautaire*, *Radio CITU*, sowie das *Centre Culturel „La Picasse"*, eröffnet 1997 in Petit-de-Grat.[46]

---

[45] Vgl. für weiterführende geschichtliche und soziolinguistische Informationen zur Isle Madame Hennemann (2014).

2.2 Akadische Gebiete in Neuschottland gestern und heute

Darüber hinaus gibt es eine frankophone Schule des *CSAP*, die *École Beau-Port* in Arichat. Im Schuljahr 2009-2010 besuchten 253 Schülerinnen und Schüler diese Schule.
Zur Klärung der Sprachenverteilung in dieser Region dient die folgende Tabelle:

	MS	FS	OS
Gesamtbevölkerung		3.425	
Englisch	1.770 (51,7 %)	2.370 (69,2 %)	1.255 (36,6 %)
Französisch	1.550 (45,3 %)	975 (28,5 %)	15 (0,4 %)
Englisch und Französisch	85 (2,5 %)	75 (2,2 %)	2.155 (62,9 %)

Tabelle 9: Zensus 2006: Isle Madame (Richmond, Subd. C)

Französisch wird hier von 45,3 % der Bevölkerung als Muttersprache gesprochen, doch mit einer vergleichsweise hohen Assimilationsrate von 35,8 % sprechen lediglich 975 Bewohner des Gebiets ausschließlich das Französische zu Hause. Nur 0,4 % der Bevölkerung gibt an, kein Englisch zu beherrschen.

2.2.3.5 Pomquet

Die Orte Pomquet, Tracadie sowie Havre-Boucher wurden zwischen 1772 und 1790 von aus dem Exil zurückkehrenden Akadiern sowie französischen Einwanderern gegründet. Die meisten Einwohner sind Nachfahren der ab 1755 nach Cap Breton geflohenen Akadier, einige kehrten auch von Frankreich aus auf Werben der auf der Kanalinsel Jersey ansässigen Händler zurück (vgl. Ross/Deveau 1995: 186ff.).
Da die akadische Bevölkerung in diesem Gebiet nicht, wie etwa an der Baie Sainte-Marie, isoliert lebt, ist diese Region mehr noch als die bereits vorgestellten von Sprachwechsel betroffen. 2006 gaben in der Region 355 von insgesamt 6.505 Einwohnern das Französische als ihre alleinige Muttersprache an (5,5 % der Gesamtbevölkerung). Alle französischen Muttersprachler gaben darüber hinaus an, Englisch zu sprechen. Nur 75 gaben an, ausschließlich das Französische zu Hause zu sprechen, was eine Anglisie-

---

[46] Vgl. die Internetpräsenz des Zentrums: <http://www.lapicasse.ca/la_picasse/index.cfm>, 07.10.2012.

rungsrate von 78,9 % und eine hochgradige Gefährung der dortigen Varietät bedeutet.

Die einzige frankophone Schule der Region ist die *École acadienne de Pomquet*. Sie umfasst alle Klassenstufen und wurde 2009-2010 von 241 Schülerinnen und Schülern besucht.

2.3 Zwischenfazit

Das obige Kapitel hat neben einem diachronen und synchronen demolinguistischen Überblick vor allem die akadischen Regionen Neuschottlands, die Baie Sainte-Marie, Pubnico (Argyle), Chéticamp, die Isle Madame und Pomquet, vorgestellt. Sowohl in Neuschottland insgesamt als auch in allen fünf akadischen Regionen nimmt die Sprecherzahl des Französischen durch den Sprachwechsel vieler Muttersprachler zugunsten des Englischen ab.

An der Baie Sainte-Marie, der hier hauptsächlich untersuchten Region, fällt die Assimilationsrate zwar vergleichsweise gering aus, trotzdem wird auch hier die englische Sprachgemeinschaft immer größer, während die frankophone Gemeinschaft weiter stark schrumpft. Der Hauptgrund für diese Tendenz ist die bis heute ungebrochen starke Anziehungskraft des Englischen, dessen Kenntnis für die frankophone Bevölkerung vor allem im Berufsleben unabdingbar ist, wie Saint-Jacques schon 1976 schreibt: „[L]a poursuite d'une promotion sociale et économique ne peut s'achever sans une certaine identification avec le groupe anglophone" (Saint-Jacques 1976: 34). Nur etwa ein Frankophoner von 1.000 verneint in Neuschottland die Frage nach Englischkenntnissen.

Auf der anderen Seite steht die anglophone Bevölkerung Neuschottlands, von denen das Französische kaum erlernt wird, da Französischkenntnisse für sie nicht unmittelbar nötig sind: „[P]our l'anglophone, le bilinguisme est un luxe [...] et pour le francophone, c'est une nécessité" (Saint-Jacques 1976: 34).

Im nächsten Schritt der Arbeit stehen die Erhebungsmethode und das Untersuchungskorpus dieser Studie im Mittelpunkt.

3 Erhebungsmethode und Untersuchungskorpus

3.1 Studienteilnehmer und -teilnehmerinnen

Grundlage der vorliegenden Arbeit ist ein elf Stunden umfassendes Gesprächskorpus, welches von mir selbst im März 2011 in den Regionen Clare und Pubnico (Argyle) aufgenommen wurde. Hinzu kommt ein sechs Seiten starker Fragebogen, der von allen Studienteilnehmern ausgefüllt wurde. Insgesamt haben sich 44 Jugendliche bereit erklärt, an der Befragung teilzunehmen. Diese verteilen sich wie folgt auf die beiden Regionen:

1) Baie Sainte-Marie: 24 weibliche Teilnehmerinnen, sieben männliche Teilnehmer, Durchschnittsalter 17,71
2) Pubnico (Argyle): fünf weibliche Teilnehmerinnen, vier männliche Teilnehmer, Durchschnittsalter 16,78
3) Weitere Teilnehmer:
    a. zwei Teilnehmer von der Baie Sainte-Marie, die jedoch die meiste Zeit ihres Lebens in Greenwood, Neuschottland verbrachten (P2+P3)
    b. zwei Teilnehmer sind frankophone Migranten, ein Mädchen aus Québec und ein Junge mit frankoafrikanischen Vorfahren (EC8+EC10)

Die Beiträge von P2, P3, EC8 und EC10 werden nur auf inhaltlich weiterführende Beiträge hin untersucht, da P2 und P3 zwar Eltern aus der untersuchten Region haben, die jedoch aufgrund des kanadischen Militärs länger in Greenwood stationiert waren, wo die Jugendlichen auch vermehrt mit dem québecer Französisch in Kontakt kamen. EC8 und EC10 sind Migranten und sprechen andere französische Varietäten. Von diesen Studienteilnehmern wurden auch aus den genannten Gründen die Ergebnisse des schriftlichen Fragebogens nicht für die Analyse im Folgekapitel (Kapitel 4) mit einbezogen.[47]

---

[47] Während bei P2 und P3 erst nach Einsicht in den Fragebogen klar wurde, dass sie nicht die meiste Zeit ihres Lebens in der Region verbracht hatten, gestaltete sich die Umfrage an den Schulen schwieriger: Obwohl dem Direktor der *École Secondaire de Clare* erklärt wurde, welche Jugendlichen die Kriterien für die Umfrage erfüllen, waren am Umfragetag auch EC8 und EC10 am Umfrageort, weil der Direktor meinte, sie wollten auch unbedingt

3 Erhebungsmethode und Untersuchungskorpus

Die Umfrage wurde an verschiedenen Orten durchgeführt und jedem Teilnehmer wurde ein Kürzel zugewiesen, welches aus einem Buchstabencode und einer Zahl besteht. Dieser Code dient der besseren Identifikation des Interviews und des Interviewortes. Es wird hier zwischen EC, EP, UC, UP, sowie P unterschieden:

1) EC1-EC12, Aufnahmeort: *École Secondaire de Clare* in Meteghan
   (= École Clare)
2) EP1-EP6, Aufnahmeort: *École Secondaire de Par-en-Bas*, Tusket
   (= École Par-en-Bas)
3) UC1-UC6, UP1+UP2: Aufnahmeort: *Université Sainte-Anne*, Church Point
   (= Université Clare, Université Par-en-Bas)
4) Private Interviews. Diese wurden entweder an der *Université Sainte-Anne*, in der Bibliothek in Meteghan oder in einem Restaurant in Meteghan aufgenommen. Es handelt sich hier um Schüler (P1-P11, P14-P16, P18), zwei Studierende der *Université Sainte-Anne* (P12 und P17) und eine Köchin, die älteste Teilnehmerin der Studie (P13, 26 Jahre)

Für die mit den Teilnehmern EC, EP, UC, UP durchgeführten Interviews liegt die offizielle Erlaubnis des *Conseil Scolaire Acadien Provincial* bzw. der *Université Sainte-Anne* (*certificat d'éthique*) vor.

EC und EP: Offizielle Zusage des *Conseil Scolaire Acadien Provincial* (*CSAP*):
Vor Studienbeginn erteilte mir der für den Südwesten Neuschottlands zuständige *directeur régional* des *CSAP* die Erlaubnis, die Studie den Direktoren der beiden *Écoles Secondaires* des Südwestens der Provinz, der *École Secondaire de Clare* sowie der *École Secondaire de Par-en-Bas*, vorzustellen. Ein Gespräch mit beiden Direktoren führte zu der Zustimmung ihrerseits, die Studie an ihrer Schule durchzuführen. Die Direktoren sprachen das Projekt entweder selbst in den jeweiligen Klassen an (an der Baie Sainte-Marie) oder luden mich ein, es persönlich in den Klassen vorzustellen, Fragen zu beantworten und Informationszettel zu verteilen (in Pubnico (Argyle)). Leider waren nur sehr wenige Jugendliche auf diesem Weg für die Studie zu begeistern (12 an der Baie Sainte-Marie und sechs in Pubnico; die Studienteilnehmer, deren Kürzel mit EC oder EP beginnt). Die noch minderjährigen Schüler benötigten für die Teilnahme eine Einverständniserklärung ihrer Eltern und füllten darüber hinaus eine persönliche Einverständniserklärung aus.

---

teilnehmen. Um sowohl den Direktor als auch die Kinder nicht vor den Kopf zu stoßen, durften diese Kinder teilnehmen.

3.1 Studienteilnehmer und -teilnehmerinnen

UC, UP:
Um die Befragung unter Studierenden der *Université Sainte-Anne* durchführen zu können, muss zunächst ein *certificat d'éthique* beantragt werden, welches an den kanadischen Universitäten vom *Comité d'éthique de la recherche/Research Ethics Board* ausgestellt wird und nach eingehendem Studium der eingereichten Unterlagen bezeugt, dass es sich um ein ethisch einwandfreies Forschungsprojekt handelt. Nach dem Erhalt dieses Zertifikats schickte eine Universitätsmitarbeiterin eine Rundmail an alle eingeschriebenen Studierenden der akadischen Regionen Neuschottlands. Auch hier war die Resonanz gering, sodass sich auch nach weiteren Kontaktversuchen nur die oben genannten acht Studierenden (sechs aus Clare, zwei aus Argyle) meldeten.

Private Interviews (P):
Dank meiner Gastfamilie und deren Kontakten beispielsweise zur *Société Acadienne de Clare* konnten weitere 18 Studienteilnehmer gewonnen werden: zwei Studierende (P12, P17), 15 Schülerinnen und Schüler (P1-P11, P14-P16, P18) sowie eine junge Frau, die bereits im Berufsleben steht (P13). Auch hier wurde, wie in den Schulen, von den Minderjährigen eine Einverständniserklärung der Eltern eingefordert.

Zum Verlauf der Interviews bei den minderjährigen Studienteilnehmern und Studienteilnehmerinnen:
Mindestens einen Tag vor Beginn der Studie wurden den Minderjährigen zwei schriftliche Erklärungen des Forschungsprojektes in jeweils zwei Exemplaren vorgelegt: Erstere erklärte die Studie den Eltern und die zweite den Schülerinnen und Schülern. Von beiden Exemplaren sollte eines unterschrieben an mich zurückgegeben werden, die Zweitschrift war für die persönlichen Unterlagen bestimmt, sodass auch bei nach der Studie auftretenden Fragen noch eine Kontaktadresse auf dem Formular zu finden war. Vor unmittelbarem Studienbeginn war zudem noch einmal Zeit für Fragen. Den volljährigen Teilnehmern wurde die Studie mithilfe des Formulars erklärt, hier genügte jedoch die mündliche Zustimmung.

Zur Auswahl der Studienteilnehmer – kritische Betrachtung der „en boule de neige"[48]-Methode:
Wie oben beschrieben ist es für einen Sprachwissenschaftler, der nicht aus der Region kommt, unter Umständen schwierig, Kontakt zu einer ausreichenden Anzahl an Studienteilnehmern herzustellen. Kritisch zu sehen ist die Anwendung der häufig verwendeten „en boule de neige"-Methode für

---

[48] Für eine Beschreibung der Methode vgl. Falkert (2010: 133).

das vorliegende Forschungsvorhaben: Bei dieser Methode werden die Informanten von den Forschern gebeten, Kontakt zu weiteren, möglichen Studienteilnehmern herzustellen.[49] Man riskiert hier jedoch, dass alle Studienteilnehmer aus einem bestimmten soziokulturellen Milieu stammen und das Korpus so nicht auf die Gesamtheit der Sprecher einer Region übertragen werden kann. Der Versuch, über Schule und Universität Interviewpartner zu rekrutieren, sollte dem gegenwirken. Bei den privaten Interviews wurde aus oben genannten Gründen vermieden, die Teilnehmer nach Freunden und Bekannten zu fragen, die ebenfalls teilnehmen könnten. Die Interviewpartner wurden hier von der Vorsitzenden der *Société Acadienne de Clare* angeschrieben und haben mich bei Interesse kontaktiert. Es stand also ein Mittler zwischen mir und den Interviewpartnern.

Das beschriebene Vorgehen war entsprechend mühsam und es ließen sich vergleichsweise wenige Teilnehmer finden. Jedoch kann bei einem solchen Verfahren eher davon ausgegangen werden, dass die Ergebnisse auf die gesamte Sprechergruppe übertragen werden können.

3.2 Die mündlichen Interviews

Stubbs formuliert die Probleme der Sammlung von authentischem Sprachmaterial wie folgt:

> Ideally we want to know how people use language when they are not being observed. When speakers know they are being observed, their language shifts toward more formal styles [...]. So the most casual language is the most difficult to observe. (Stubbs 1983: 224)

Sobald Studienteilnehmer wissen, dass ihre Sprache analysiert und bewertet wird – und dies vor allem in einem Umfeld, in dem ihre Sprache eine Minderheitensprache ist, die sie womöglich als unzureichend einstufen – bemühen sie sich um eine standardnahe Sprache. Gewünscht ist nach Labov die Aufnahme des wie folgt beschriebenen Sprachmaterials:

> D'une façon ou d'une autre, il nous faut être témoins du discours quotidien auquel l'informateur reviendra dès qu'il aura refermé la porte derrière nous, du style qu'il emploie pour discuter avec sa femme, gronder ses enfants ou passer le temps avec ses amis. C'est là un problème d'une difficulté considérable. (Labov 1976: 145)

---

[49] Vgl. hierzu Falkert (2010: 134): „[L]e chercheur ‚délègue' la sélection des témoins potentiels aux informateurs déjà interrogés."

3.2 Die mündlichen Interviews

Er beschreibt als ideales Sprachmaterial für eine sprachwissenschaftliche Untersuchung „le discours quotidien, tel qu'il est employé dans les situations ordinaires où le langage n'est pas un objet d'attention", fügt jedoch hinzu, dass „[i]l est assez probable qu'aucune conversation au sein d'une interview ne sera jamais aussi libre et spontanée [qu'une conversation dans les situations ordinaires, Anm. d. Verf.]" (Labov 1976: 146).

Im weiteren Verlauf wird mein Vorgehen beschrieben, das die Aufnahme möglichst authentischen Sprachmaterials sicherzustellen versucht.

Den Studienteilnehmern wurde ein Fragebogen mit Fragen zur Auswahl gestellt (siehe Anhang A.1), die ihr tägliches Leben wie Hobbys und Gewohnheiten ebenso abdecken wie ihre Zukunftspläne und auch ihre Einstellung und Gedanken zum *fait français* in ihrer Region sowie zur Frankophonie im Allgemeinen. Die Fragen mussten nicht chronologisch abgearbeitet werden, sondern konnten je nach Belieben beantwortet werden, was den Jugendlichen vor Beginn der Studie erklärt wurde.

Da ich als deutsche Muttersprachlerin die Norm, also das Französische Frankreichs, gelernt habe und auch spreche, habe ich die Interviews nicht selbst durchgeführt. Die Jugendlichen, die durch die Schule mit dem Standardfranzösischen vertraut sind, hätten sich ansonsten meinem Französisch angepasst und unauthentisch gesprochen, was die Ergebnisse verfälscht hätte. Dieses Verfahren wird jedoch in einer Vielzahl auch aktueller Studien gewählt, obwohl sich die Forscher dieses Nachteils bewusst sind, wie Falkert schreibt: „Il est évident que un certain degré de formalité du discours est inhérent à la situation d'entretien" (Falkert 2010: 135).

Um das Anpassen der Sprache der Jugendlichen an mein Französisch zu vermeiden, wurde das bei u.a. Marie-Ève Perrots Dissertation zum *Chiac* erprobte Verfahren übernommen (vgl. Perrot 1995a: 26ff.).[50] Perrot ließ die Studienteilnehmer in Gruppen von zwei bis drei Jugendlichen in einem Raum mit dem Fragebogen und einem Diktiergerät allein, um möglichst authentisches Sprachmaterial zu sammeln. Dieses Verfahren hält auch Stubbs für plausibel, da der Zwang der Peer-Group auf die Sprachproduktion stärker sei als der der Interviewsituation (vgl. Stubbs 1983: 225).

---

[50] Ferner wurde das Verfahren ebenfalls bei der Erstellung des *Chiac*-Korpus „Anna-Malentfant" durch Gisèle Chevalier und Karine Gauvin im Jahr 1994 verwendet. Dieses Korpus umfasst sechs Zweierinterviews mit Jugendlichen zwischen 13 und 15 Jahren, die ebenfalls einen Fragenkatalog zu Hobbys und Alltag bereitgestellt bekommen haben. Aufgenommen wurde es in Dieppe/Neubraunschweig (Beschreibung des Vorgehens u.a. bei Chevalier (2001: 14) sowie Chevalier/Cossette (2002: 70)).

3 Erhebungsmethode und Untersuchungskorpus

Bei meinen Interviews waren in der Regel zwei Studienteilnehmer, in zwei Interviews auch drei (EC5, EC6, EC7 und EC8, EC9, EC10, auf Wunsch des Schulleiters), zusammen. Die Analyse des Materials hat gezeigt, dass die Jugendlichen meist nach einer kurzen Zeit von zwei bis drei Minuten nach Aufnahmebeginn in ihre Alltagssprache verfallen. Lediglich in zwei Interviews, EC1+EC2 sowie P9+P10, ist dies nicht der Fall. Diese Interviews wurden aufgrund dessen nicht für die quantitativen Analysen verwendet. Die Interviews dauerten zwischen zwanzig und vierzig Minuten, wobei bei den Schülern dreißig Minuten nicht überschritten wurden.

Die Fragen des mündlichen Fragebogens sind teils selbst formuliert, teils orientieren sie sich an bereits verwendeten Fragebögen von Perrot (1995a) sowie Boudreau und Dubois (1991, 1993).[51]

Das Ausfüllen des schriftlichen Fragebogens folgte nach den mündlichen Interviews, damit die Studienteilnehmer vor den mündlichen Interviews möglichst wenig Kontakt zum Standardfranzösischen hatten, was ihre Sprachproduktion eventuell hätte beeinflussen können.

Trotz all meiner Überlegungen soll erneut Stubbs zitiert werden, der schreibt: „[I]t is never possible to guarantee that there are no effects" (Stubbs 1983: 227). Die Studienteilnehmer befinden sich in einer Interviewsituation, und die aufgenommene Sprache ist so unter Umständen trotz aller Vorüberlegungen nicht so authentisch, wie der Sprachwissenschaftler sie sich wünschen würde.

Wichtig zu betonen ist noch, dass die Studienteilnehmer nicht wussten, dass ihre Äußerungen für eine Korpusanalyse benutzt werden. Ihnen wurde vorab erklärt, dass ihr Alltagsleben und ihre Sprache im Mittelpunkt des Interesses stehen, worauf die Fragen im mündlichen Fragebogen abzielen. Ein ähnliches Vorgehen hat sich schon bei Roys Studie (1979) zu den Konjunktionen *BUT* und *SO* im *Chiac* als hilfreich erwiesen.[52] Den Teilnehmern war zu keinem Zeitpunkt klar, dass neben der Inhaltsseite auch der formelle Aufbau ihrer Sprache im Zentrum des Interesses stand. Wären sie darüber informiert gewesen, hätten sie ihre Sprache an das Standardfranzösische adaptiert und wären gegebenenfalls gehemmt gewesen, sich zu äußern. Dank des hier beschriebenen Vorgehens konnte bei den meisten Studienteilnehmern authentisches Sprachmaterial aufgenommen werden, was von Sprechern der Varietät in der Region bestätigt wurde.

---

[51] Die Frage „Est-ce que la langue française est importante pour toi?" beispielsweise stammt von Boudreau/Dubois (1991: 44).
[52] Roy schreibt hierzu: „Les informateurs savaient qu'ils étaient enregistrés, cependant ils ne savaient pas que j'étudiais le langage de façon spécifique" (Roy 1979: 43).

3.3 Der schriftliche Fragebogen

Der Fragebogen ist in mehrere Bestandteile unterteilt, die darauf abzielen, die Sprachverwendung der Studienteilnehmer einerseits sowie die Beziehung zu ihrer Sprache/ihren Sprachen andererseits auszuloten. Die Ergebnisse des schriftlichen Fragebogens werden in Kapitel 4 ausgewertet. Beim Sprachgebrauch geht es vor allem um den Nähebereich, d.h. Sprachgebrauch innerhalb der Familie und der Sprachgemeinschaft, bevor analysiert wird, welche Sprache bei der Nutzung welcher Medien die Hauptrolle spielt.

Neben kleineren Themenblöcken, beispielsweise die (von den Jugendlichen erwünschte) Rolle des Französischen in Neuschottland und Kanada oder ihr Sprachstolz liegt ein weiterer Schwerpunkt des Fragebogens und so auch des folgenden Kapitels auf dem Konzept der sprachlichen Unsicherheit (*insécurité linguistique*): Hier wird der Stellenwert einer exogenen Norm für die jungen Akadier beleuchtet, bevor ihre Einschätzung der eigenen Sprachqualität beziehungsweise -kompetenz in den Mittelpunkt rückt. Den Abschluss bildet die Analyse einiger zu bewertender Aussagen zur sprachlichen Unsicherheit.

3.4 Hinweise zur Transkription

Die Verschriftlichung gesprochener, aufgenommener Sprache bringt einige Herausforderungen mit sich:

> Only someone who has regularly worked with audio-recorded conversational data, even with good, clear recordings knows the tricks his ears can play: how whole words can simply not be heard, even after repeated listening, how overlaps are similarly not heard, and how one person can sometimes transcribe at first hearing a phrase that a colleague has failed to make sense of after hearing it 50 of [sic] 100 times on a loop-repeater. (Stubbs 1983: 228)

Weitere Probleme können bei der Transkription von Homophonen auftreten, z.B. *ça* und *ça a*, *je te dis* und *je t'ai dit*, *je dis* und *j'ai dit* (Beispiele entnommen aus: Blanche-Benveniste/Jeanjean 1987: 108).

Im Folgenden wird kurz mein Transkriptionsverfahren anhand von Beispielen aus dem Interview EC3+EC4 erklärt. Da es bei zwei oder sogar drei Sprechern pro Interview nicht ausbleibt, dass sich gegenseitig ins Wort gefallen wird, ist die Transkription an die so genannte Halbinterpretative Arbeitsmethode (HIAT) nach Konrad Ehlich und Jochen Rehbein (1976) angelehnt, die Sprecheraussagen nicht nacheinander auflistet, wie Perrot dies in ihren Transkriptionen macht, sondern untereinander. Dies ermöglicht es, parallele Äußerungen zu verorten:

EC3   ej sais/
EC4   le monde 'garde plus familier/tout le monde 'garde/coumme tu/coumme
261

Es ist in dem oben zitierten Beispiel ersichtlich, welche Passagen gleichzeitig gesprochen werden. Die Zeilenzuweisung am linksunteren Rand macht die exakte Verortung jeder Äußerung möglich, sodass nicht etwa, wie bei Perrot oder Roy, nur auf die jeweilige Transkriptionsseite verwiesen wird. Die Querstriche (/) markieren Unterbrechungen im Redefluss. In der HIAT-Transkriptionsmethode werden Punkte (.;...) für die Länge der Redepausen aneinandergereiht. Da die Pausenlänge für die Analyse der in dieser Arbeit präsentierten Ergebnisse nicht von Relevanz ist, werden der Einfachheit halber Querstriche gesetzt.

Vorgelesene Fragen des Fragebogens werden fettgedruckt wiedergegeben:

(1) moi je suis EC4/**qu'est-ce que tu veux faire après l'école secondaire/SLASH université?** (EC4)

Bei allen Fragen, also dann, wenn die Stimme am Ende des Satzes hochgeht, steht das Fragezeichen:

(2) et pis ouais/j'travaille/je mange mais/j'fais du STUFF de même/ABOUT toi? (EC3)

Unverständliche Elemente sind mit xxx für französische und XXX für englische Elemente gekennzeichnet, Namen sind anonymisiert mit N wiedergegeben:

(3) juste asteure c'est **xxx** lire en français. (EC3)
(4) i y a pas mal des EXPLOSION et des/TSUNAMI dans les **XXX** que/2012 c'est la fin du mounde. (EC3)
(5) h'ai les cours que prends c'est vraiment les plus difficiles avec Monsieur **N**. (EC4)

Lachen oder Flüstern der Teilnehmer wird folgendermaßen transkribiert, wobei im unteren Beispiel die Worte zwischen den eckigen Klammern geflüstert werden:

3.4 Hinweise zur Transkription

(6) **((rires))** h'aime tous les films. (EC4)
(7) **[chuchote]** point nous-aut' **[/chuchote]** (EC3)

Obwohl phonetische Gegebenheiten in dieser Arbeit nicht thematisiert werden, wurde doch versucht, typische Phänomene schriftlich wiederzugeben. Zu diesen gehören:

1) [h] statt [ʒ]: **h**'aime, **h**'avons, **h**'allons
2) [a] vor [r] statt [e] vor [r]: p**a**rsounne, m**a**rde
3) [u] statt [ɔ]: pars**ou**nne, c**ou**mmencer, c**ou**mme
4) [tʃ] statt [k]: **tch**equ', amari**tch**onne
5) das auslautende [t]: tou**T**

Wird der *accord* nicht realisiert, wird dies auch nicht transkribiert (hier *tous* statt *toutes*):

(8) h'aime/PRETTY MUCH coumme **tous** ses chansons parce que/h'aime rinque/sa voix coumme la quoi c'qu'a chante. (EC3)

Die englischen Elemente sind immer großgeschrieben, auch dann, wenn es sich wie bei *FUN* oder *CHUM* um seit langem entlehnte, auch im québecer Französisch vorgefundene Anglizismen handelt, die unter Umständen sogar in frankokanadischen Lexika erwähnt werden. Bei den Verben wurde darauf geachtet, dass die französische beziehungsweise die akadische Flexionsendung deutlich kenntlich gemacht wird (*j'WATCH-e; i WATCH-ont*). Englische Pluralformen, wie hier *SHOWS* und *BANDS*, die ohne hörbares Plural -s in die Matrix integriert werden, werden auch ohne dieses Plural -s transkribiert:

(9) h'étais su' ma cousine pis zeux i WATCH-**ont** la télévision en français. (EC3)
(10) i y a des **SHOW**/que j'WATCH-**e** USUALLY en anglais qui sont dessus. (EC3)
(11) h'ai point coumme/des spécifiques **BAND** que j'trouve que c'est les meilleures parce que h'aimerais coumme des spécifiques chansons. (EC4)

Hier ein Beispiel für ein ausgesprochenes Plural -s, welches transkribiert wird:

(12) ej pourrais rien comprend' des NEWS. (EC3)

3 Erhebungsmethode und Untersuchungskorpus

Im vierten Kapitel dieser Arbeit kommt diese theoretische Einführung nun zur Anwendung, wenn die Ergebnisse des schriftlichen Fragebogens ausgewertet und mit ausgewählten Inhalten der mündlichen Interviews unterfüttert werden.

4 Die Jugendlichen der Baie Sainte-Marie und ihre Sprache(n)

In diesem Kapitel werden die Ergebnisse des schriftlichen Fragebogens ausgewertet, wobei die sie mit Auszügen aus dem mündlichen Korpus unterfüttert werden. Das Kapitel liefert u.a. wichtige Informationen über die Rolle der verwendeten Sprache(n), akadisches Französisch und Englisch, im Alltag der Studienteilnehmer, und deren Rolle bei der Identitätsbildung der einzelnen Sprecher. Darüber hinaus zeigt sich, ob die Schüler und die Studierenden dem akadischen Französisch gegenüber sprachliche Unsicherheit (*insécurité linguistique*) zeigen und wie sich diese äußert. Diese soziolinguistische Analyse gibt wichtige Hintergrundinformationen über die Situation der akadischen Varietät an der Baie Sainte-Marie, vor deren Hintergrund die Ergebnisse der Folgekapitel gedeutet werden müssen.

Bei den Ergebnissen werden Schülerinnen und Schüler den Studierenden gegenübergestellt. Dies erlaubt einen Blick auf den möglichen Zusammenhang zwischen einem längeren Verbleib in dem französischsprachigen Bildungssystem der Provinz und der Rolle der französischen Sprache für die jeweils untersuchte Gruppe.

4.1 *Pour moi, être acadien ça veut dire ...* Sprache und Identitätsbildung

Der Begriff ‚Identität' stammt vom lateinischen *idem*, ‚dasselbe'. Die kulturelle Identität wird in der Fachliteratur wie folgt definiert (Hervorhebung im Original):

> **Identität, kulturelle,** kollektive Identität von Kulturen, Gesellschaften und deren Untereinheiten. Identitätsstiftend wirken u.a. Religion, Sprache, Dialekt, Geschlechtszugehörigkeit [...]. (Fuchs-Heinritz et al. [4]2007: 283)

Sprache und Dialekt werden also bereits in diesem Lexikoneintrag neben beispielsweise der Religion oder dem Geschlecht zu einem Teilbereich der kulturellen Identität eines Menschen ernannt. Trägt Sprache zur Identitätsbildung und zu unserem Selbstverständnis bei? Wenn ja, in welchem Maße? Mit diesen Fragen beschäftigen sich Soziolinguisten bis heute, doch eine genaue Antwort darauf ist noch nicht gefunden. Fishman schreibt, dass unsere Identität in zwei gleichwertige Teile unterteilt werden kann: *paterni-*

4 Die Jugendlichen der Baie Sainte-Marie und ihre Sprache(n)

ty und *patrimony* (vgl. Fishman 1989: 24ff., Coulombe 1995: 56). Das eine ist unsere biologische Herkunft, während das andere mit der Zeit angeeignetes Verhalten ist. Hierzu gehört auch die Sprache. Wenn also Sprache unsere Identität formt, dann kann sie nur einen Teil davon prägen. Doch wie wichtig ist dieser Teil?

Die Frage, wie sehr Sprache unsere Denkweise und somit auch unsere Identität beeinflusst, wird meist auf zweierlei Arten beantwortet: Die eine Seite behauptet, es gebe keine Verbindung zwischen Sprache und Identität. Wieso sonst haben Einwanderer in den USA meist zuerst ihre Sprache abgelegt, aber ihre Religion und andere Traditionen beibehalten, fragen sie. Ist das nicht ein Beweis dafür, dass Sprache als eher unwichtig angesehen werden sollte, und beispielsweise die Religion als wichtiger? Diese Seite geht ferner davon aus, dass bei einem Sprachverlust lediglich die Sprache, nicht aber ein Teil der Identität verloren geht (vgl. Coulombe 1995: 58). Die Akadier beispielsweise könnten das akadische Französische aufgeben und sich trotzdem noch als vollwertige Akadier sehen, ebenso wie diejenigen, die ihre Sprache beibehalten haben.

Die andere Seite vertritt den Standpunkt, dass vor allem dann ein unbestreitbarer Zusammenhang zwischen unserer Sprache und unserer Identität besteht, wenn wir unsere Identität über die Zugehörigkeit zu einer bestimmten Sprachgruppe definieren: „The language we speak can be crucial to our identity if we define ourselves by it, or it can be a superficial marker of our identity, one that can be abandoned without any real loss of the sense of who we are" (Coulombe 1995: 60). Nur wenn sich eine Minderheit also ganz oder teilweise über die Sprache definiert, bringt ein Sprachverlust auch einen (teilweisen) Identitätsverlust mit sich. Tut sie dies nicht, kann sie ihre Identität auch bei einem Sprachverlust beibehalten. Valdman bringt dies auf den Punkt (meine Hervorhebung): „[L]anguage is **not necessarily** the central element of ethnic or national identity, and the latter **may** survive long after a social group has ceased to use its traditional language" (Valdman 1990: 23). Sprache kann also die Hauptkonstituente unserer Identität sein, dies ist aber nicht zwingend notwendig.[53] Ein Beispiel für ein Volk, welches trotz Sprachverlusts seine Identität beibehalten hat, sind die Iren. Die heute in der Mehrzahl englischsprachigen Iren grenzen sich vor allem durch ihre Religion, den Katholizismus, von den Engländern, hauptsächlich Protestanten, ab. Auch die Basken, von denen längst nicht mehr alle das Baskische beherrschen, definieren sich nicht (ausschließlich) über

---

[53] Diese Argumentation findet sich auch bei Edwards wieder: „[I]dentity is not indissolubly linked to any given marker, including language. […] [T]he erosion of an original language […] does not inevitably mean the erosion of identity itself" (Edwards 1985: 48).

4.1 Pour moi, être acadien ça veut dire

ihre Sprache und haben ihre Identität trotz Sprachverlust nicht verloren (vgl. Wardhaugh 1987: 20).

Ein Sprachwechsel bedeutet also nicht zwangsläufig Identitätsverlust, wenngleich er die Identität sehr wohl verändert.[54] Der Grad der Veränderung hängt davon ab, inwiefern die Sprecher sich mit ihrer Sprache identifizieren. Laut Neumann-Holzschuh identifizieren sich die Frankophonen Louisianas beispielsweise nicht so stark mit ihrer Sprache wie beispielsweise mit ihrer Geschichte, der Abstammung und anderen Bestandteilen ihrer Kultur, wie der regionalen Küche und der Musik (vgl. Neumann-Holzschuh [2]2008: 115). Dieser Frage nach dem Stellenwert der Sprache für die Identität ist neben der bereits erwähnten Neumann-Holzschuh auch Dubois in Louisiana unter *Cadiens* nachgegangen, wobei sie ebenfalls herausfinden konnte, dass anglophone *Cadiens* nichtsprachlichen Identitätskonstituenten mehr Wert zuzuschreiben scheinen als das *Cadien* beherrschende Sprecher des Staates tun (vgl. Dubois 1998: 341ff.).

Die eigene Sprache dient für den Großteil der kanadischen Akadier als „élément rassembleur" beziehungsweise „élément de division", d.h. die akadische Sprachgemeinschaft definiert sich einerseits über ihre Sprache, andererseits grenzt sie sich über die Sprache von der umgebenden anglophonen Sprachgemeinschaft ab (vgl. Boudreau 1995: 136ff.).

Um herauszufinden, welchen Zusammenhang Sprache und Identität bei den Studienteilnehmern der vorliegenden Arbeit haben, wurde das Vorgehen an das von Dubois in der bereits erwähnten Studie angelehnt.[55] Dubois hat ihren Fragebogen allerdings auf Englisch konzipiert, da der Sprachverfall und -tod des Französischen in Louisiana weiter fortgeschritten ist als an der Baie Sainte-Marie.

In der folgenden Tabelle finden sich die Äußerungen, denen die Studienteilnehmer entweder zustimmen oder nicht zustimmen konnten. Mehrfachantworten waren möglich und es war darüber hinaus Platz für eigene Angaben. Hinter den Äußerungen finden sich in der Tabelle die Prozentangaben der Zustimmung:

---

[54] Wardhaugh (1987: 20): „It is not therefore inevitable that identity is lost when language is lost, but many people believe that some part of their identity does disappear in such circumstances."

[55] Für einen Überblick über die Fragen siehe Dubois (1998: 341ff.) sowie Dubois/Melançon (1997: 79ff.).

4 Die Jugendlichen der Baie Sainte-Marie und ihre Sprache(n)

Être Acadien signifie…	ø insgesamt	ø Schüler	ø Studierende
a) Parler le français acadien	90 %	100 %	62,5 %
b) Parler une variété de français	70 %	76,2 %	50 %
c) Avoir des ancêtres acadiens	90 %	90,5 %	87,5 %
d) Avoir des parents ou des grands-parents qui parlent le français acadien	76,7 %	81 %	62,5 %
e) Habiter en Acadie	56,7 %	66,7 %	37,5 %

Tabelle 10: Schriftlicher Fragebogen: Bedeutung des Akadier-Seins für die Jugendlichen

Für die Jugendlichen aus Clare ist vor allem das Beherrschen des akadischen Französisch in Kombination mit akadischen Vorfahren ausschlaggebendes Indiz dafür, ob sie jemanden als Akadier bezeichnen. Es ist dabei zu betonen, dass nicht irgendeine Varietät des Französischen gesprochen werden muss, um sich als Akadier bezeichnen zu dürfen, sondern dass die meisten Studienteilnehmer auf das akadische Französisch als Kriterium Wert legen. Ein wichtiger Unterschied in der Einschätzung, was Akadier-Sein bedeutet, kann zwischen den Schülern und den Studierenden in Clare konstatiert werden: Bei den Studierenden werden akadische Vorfahren als wesentlich wichtiger eingestuft als das Beherrschen des akadischen Französisch oder einer anderen Varietät des Französischen, bei den Schülern ist das Sprechen des akadischen Französisch das Hauptkriterium. Im Fragebogen wurde den Jugendlichen bei dieser Frage darüber hinaus Raum gegeben, eigene Einschätzungen darüber zu notieren, was Akadier-Sein für sie bedeutet. Vier Faktoren wurden hier von mehreren Jugendlichen angemerkt, in absteigender Reihenfolge sind dies: 1. Der Stolz, Akadier zu sein (fünf Nennungen), 2. Die Kenntnis der akadischen Geschichte (vier Nennungen), 3. Die akadischen Spezialitäten kennen und mögen, wie beispielsweise *râpure* und *fricot* (drei Nennungen) sowie 4. Die Kenntnis der akadischen Kultur[56] (zwei Nennungen).

Auch im mündlichen Fragebogen wurden die Teilnehmer dazu aufgefordert, zu definieren, was „l'Acadie" sowie „être Acadien" für sie bedeuten. Auch hier sind es die Geschichte und die akadischen Spezialitäten, welche von den Jugendlichen genannt werden:

(13) ahm/c'est [être Acadien, Anm. d. Verf.]/d'êt' unique/dans/Canada/((rires)) et la Louisiane/ej sais pas/ahm/I GUESS coumme à cause h'avons si tant/h'avons passé à travers d'si

---

[56] Präzisiert wurde das, was unter „akadischer Kultur" gemeint ist, jedoch nicht.

4.1 Pour moi, être acadien ça veut dire

tant/coumme avec la déportation/et pis/coumme/ehm/ah/coumme assimilation/coumme ils avont essayé d'nous assimiler/et pis comme tout l'STUFF icitte h'avons si tant comme une RICH/HISTORY/que ça t'fait coumme/êt' SUPER PROUD d'êtr' AcadioN/CAUSE j'sons/icitte à cause de quoi/coumme/nos/ANCESTORS avont fait pour nous-aut'/coumme/i s'avont sauvé/THEY LIKE/SET UP FOR THEMSELVES. (UC6)

(14) d'aut' que moi/j'suis une vraiment BIG FAN de c'est/le manger/moi/ej pourrais point viv' sans râpure. (UC5)

Interessant zu beobachten ist, dass in den dem schriftlichen Fragebogen vorgeschalteten mündlichen Interviews kein Studienteilnehmer die von mir im schriftlichen Fragebogen angegebenen Punkte zum Akadier-Sein genannt hat. Sie verbinden also das Beherrschen der akadischen Varietäten nicht automatisch mit dem Attribut *être Acadien*, sondern vielmehr eine gemeinsame Geschichte und kulturelle Gegebenheiten.

Boudreau und Dubois stellten in ihrer Studie für die Akadier Neubraunschweigs fest, dass die Befragten häufig von *notre langue* Sprechen, wenn sie auf ihre Beziehung zu ihrer Sprache hingewiesen werden, um sich von den in der Umgebung lebenden Anglophonen abzugrenzen (vgl. Boudreau/Dubois 1993: 158f.). Diese fast liebevolle Formulierung zeigt den Stellenwert der eigenen Sprache für die Konstruktion der Identität, die auch im vorliegenden Korpus gefunden wird:

(15) SO le plus qu'on est/ehm/coumme exposé/et pis/entouré d'anglais/ej crois/que ça va changer **not' langue**. (P12)
(16) ej devrions/apprécier **not' langue** française. (EC1)
(17) ils [die Ureinwohner Kanadas, Anm. d. Verf.] étaient à la forêt/pis ils avont/inventé **not' langue**. (EC3)
(18) j'sais point vraiment quoi d'aut' dire ABOUT **not' langue**. (UC6)

Ebenso findet man dieses Possessivpronomen mit dem Substantiv *culture*:

(19) la langue française est importante pour moi parce que ça représente partie de **not' culture** acadienne dans Clare. (P6)

Für den weiteren Verlauf der Arbeit kann festgehalten werden, dass die Jugendlichen einerseits nach Bewusstmachung (durch den Fragebogen) die Meinung vertreten, das Beherrschen des akadischen Französisch sei wichtig für die Identitätsbildung. Anderseits hat im Rahmen des mündlichen Fragebogens niemand bei der Frage, was Akadier-Sein bedeute, die Sprache angesprochen. Hier waren geschichtliche und kulturelle Aspekte den Jugendlichen wichtiger. Dem (akadischen) Französisch wohlwollende und positive Antworten brachten die Jugendlichen vor allem bei der Frage nach der Wichtigkeit des Französischen für sie („Est-ce que la langue française est importante pour toi?"[57]) sowie nach der Frage, ob sie stolz seien, frankophon zu sein („Est-ce que tu es fier/fière d'être Francophone?"), also dann, wenn sie explizit auf die französische Sprache hingewiesen wurden:

(20) c'est vraiment important/à avoir plusieurs/langues connues/à cause que/ça t'aide dans/dans l'mounde comme/avoir des/des JOB et eh/connaître quoi c'que d'autre mounde/parle de/((rires)) eh/si tu vas coumme/à une/à une place/coumme la France tu peux/tu peux/((rires)) ah/connaît'/plus qu'i disont. (EC5)
(21) eh pour moi c'est beaucoup important/ehm/à cause ça/ça donne plus d'opportunités à avoir des/des emplois pis eh/ça donne un avantage/auprès des uns qui sont unilingues/[...] êt' bilingue/eh/ça m'aide aussi à pouvoir communiquer avec plus de gens. (EC12)
(22) P16: WELL/la/si la langue française est si tant important c'est à cause que/c'est depuis/
P15: WHATEVER/quand on le dit/
P16: [...] que tout le monde parle/coumme nos ancêtres dans la France/et pis eh/et pis/ouais/h'avons/nos a/les Acadiens avont été déportés et pis amenés BACK/pis dans tout c'temps-là ils avont point perdu leur langue/SO/j'crois qu'on qu'on est fiar d'ça. (P15+P16)

Die bisherigen Erkenntnisse bringen mich zu einem weiteren Punkt, der im Folgenden erarbeitet wird: Wie bereits gezeigt wurde, sind die Jugendlichen in den akadischen Gebieten meist zweisprachig. Es stellt sich nun die Frage, wie es sich mit der individuellen und institutionellen Zweisprachigkeit an der Baie Sainte-Marie verhält. Welche Sprache wird wann im Gespräch mit wem von den Jugendlichen verwendet?

4.2 Bilingualismus und Diglossie

Bei der weiteren Beschäftigung mit Sprachkontaktphänomenen im Rahmen der kanadischen Frankophonie gilt es nach der im zweiten Kapitel erfolgten demolinguistischen Übersicht, die Beziehung der Sprachen innerhalb der komplexen Sprachkontaktsituation in den akadischen Gebieten zu beschreiben. Es handelt sich um einen Kontakt zwischen akadischem Französisch, Standardfranzösisch und Englisch.

Bei der Lektüre einschlägiger Arbeiten, die im weiteren Verlauf zitiert werden, stößt der an Sprachkontaktphänomenen interessierte Leser auf die

---

[57] Diese Frage wurde von Boudreau/Dubois (1991: 44) ebenfalls gestellt.

4.2 Bilingualismus und Diglossie

Begriffe *Bilingualismus* und *Diglossie*, die es im Folgenden zu klären und auf die hier untersuchte Region, die Baie Sainte-Marie, anzuwenden gilt. Obwohl als Beispiele für die einzelnen Termini häufig ganze Länder angeführt werden – so spricht man häufig von Kanada wenn man den Diglossiebegriff verwendet – muss doch mit Nachdruck darauf hingewiesen werden, dass diese Phänomene wesentlich häufiger als auf ganze Länder auf einzelne Sprachgemeinschaften innerhalb der Länder angewendet werden können. Gumperz definiert eine Sprachgemeinschaft (*speech community*) als

> a social group which may be either monolingual or multilingual, held together by frequency of social interaction patterns and set off from the surrounding areas by weaknesses in the lines of communication. Linguistic communities may consist of small groups bound together by face-to-face contact or may cover large regions, depending on the level of abstraction we wish to achieve. (Gumperz 1971a: 101)

Eine weitere, ebenfalls von Gumperz stammende Definition ist die folgende:

> [A speech community is, Anm. d. Verf.] any human aggregate characterized by regular and frequent interaction by means of a shared body of verbal signs and set off from similar aggregates by significant differences in language use.
> Most groups of any permanence, be they small bands bounded by face-to-face contact, modern nations divisible into smaller sub-regions, or even occupational associations or neighborhood gangs, may be treated as speech communities, provided they show linguistic peculiarities that warrant special study. (Gumperz 1971b: 114)[58]

Die Sprachgemeinschaften können also *monolingual* (einsprachig) oder *multilingual* (mehrsprachig) sein, womit zunächst diese Termini und der hier einzureihende Terminus *bilingual* (zweisprachig) geklärt werden müssen.

Weinreich zählt solche Sprecher zu den *bilinguals*, die zwei Varietäten einer Sprache sprechen, auch wenn er sich dessen bewusst ist, dass diese

---

[58] Vgl. ebenfalls Fishmans Definition des Terminus: „A speech community is one all of whose members share at least a single speech variety and the norms for its appropriate use" (Fishman [2]1971: 28). Vgl. für weitere, ähnliche Definitionen Calvet ([7]2011: 81ff.).

Sprecher normalerweise nicht als zweisprachig bezeichnet werden.[59] Dies sieht auch Haugen so, wenn er schreibt: „Bilinguals come into being whenever different dialects meet, even within the same overall language" (Haugen 1969: 6). Unter Haugen kommt es jedoch zu einer Begriffserweiterung – er verwendet den Terminus auch für das Beherrschen zweier Sprachen – wobei er zu bedenken gibt, dass ein bilinguales Individuum nie beide Sprachen gleich gut beherrschen kann.[60]

Für die vorliegende Arbeit wird sowohl die enge Definition nach Weinreich als auch Haugens Begriffserweiterung hinzugezogen: Die Jugendlichen dieser Studie sind als *multilingual* zu bezeichnen, da sie sowohl zwei Varietäten einer Sprache – Akadisch und ein standardnahes Französisch – als auch Englisch beherrschen, wobei ihre Kompetenz in den drei Codes variiert.

Bei der Beschäftigung mit der Thematik sind ferner die Termini *additiver* und *subtraktiver Bilingualismus* („bilinguisme additif et soustractif", vgl. Péronnet 1993: 106) zu definieren:

> Additive bilingualism occurs when speakers maintain their L1 but also learn an L2 for some of their activities. [...] Subtractive bilingualism occurs when speakers learn an L2 that develops into a replacement for their L1, either in many of their daily activities or entirely. (Myers-Scotton 2002: 48)

Für die Akadie geht man in der Regel davon aus, dass die Kompetenz in der Muttersprache bei zunehmendem Einfluss des Englischen abnimmt (vgl. Péronnet 1963: 106, Hennemann 2014: 74f.). Thomason bezeichnet den subtraktiven Bilingualismus als „asymmetrical bilingualism", der aufgrund eines ungleichen Verhältnisses zwischen den beiden (oder mehreren) Sprachen zustande kommt:

> Intense pressure form a dominant group most often leads to bilingualism among subordinate groups who speak other languages, and this asymmetrical bilingualism very often results, sooner or later, in language shift: most Native Americans in the United States, and most immigrant groups as well, have shifted to English. (Thomason [4]2007: 9)

Ging es bis jetzt vor allem um die Sprachenfrage bei Individuen, klingt in diesem Zitat bereits an, dass die in Kontakt stehenden Sprachen innerhalb

---

[59] Vgl. Weinreich ([7]1970: 2): „And while control of two such similar systems is not ordinarily called bilingualism, the term in its technical sense might easily be extended to cover these cases of contact as well."
[60] Vgl. hierzu die Zusammenfassung von Haugen (1987: 14).

4.2 Bilingualismus und Diglossie

einer Sprachgemeinschaft unterschiedlich mächtig sind („dominant group" und „subordinate group"). Dies führt zu dem nächsten zu definierenden Terminus: *Diglossie*. Dieser Terminus wurde zunächst 1959 von Charles Ferguson verwendet, der ihn wie folgt definiert:

> DIGLOSSIA is a relatively stable language situation in which, in addition to the primary dialects of the language (which may include a standard or regional standards), there is a very divergent, highly codified (often grammatically more complex) superposed variety, the vehicle of a large and respected body of literature, either of an earlier period or in another speech community, which is learned largely by formal education and is used for most written and formal spoken purposes but is not used in any sector of the community for ordinary conversation. (Ferguson 1971: 16)

Ferguson sieht Diglossie also als Phänomen innerhalb einer Sprache, in welcher es regionale Varietäten gibt (er bezeichnet diese als *low varieties*, *L*), die einer kodifizierten, höher stehenden Varietät (der *high variety*, *H*) gegenüberstehen. Letztere unterscheidet sich von L vor allem in Prestigefragen und wird von den Sprechern der Varietäten als Bildungsvarietät erlernt. H ist darüber hinaus im Normalfall im Bereich der Grammatik komplexer als L, und auch in Lexikon und Phonologie finden sich Unterschiede. Im Gebrauch im Nähebereich innerhalb einer Sprachgemeinschaft spielt die kodifizierte Varietät H nur eine geringe Rolle – hier wird/werden fast ausschließlich die regionale(n) Varietät(en) L verwendet (vgl. Ferguson 1971: 11ff., Romaine 1989: 31).

Schnell war man sich jedoch einig, dass die Definition nach Ferguson von einzelnen L-Varietäten und ihrer kodifizierten, höher stehenden H-Varietät auf die Beziehung zwischen einzelnen Sprachen ausgeweitet werden muss, um den Terminus für die Beschreibung bi- und multilingualer Staaten und ihrer Sprachgefüge verwenden zu können. Der sich in seinem Werk auf Gumperz beziehende Fishman beschreibt Diglossie dementsprechend wie folgt (Hervorhebung im Original):

> Gumperz is primarily responsible for our greater awareness that diglossia exists not only in multilingual societies which officially recognize several „languages", and not only in societies that utilize vernacular and classical varieties, but also in societies which employ separate dialects, registers, or *functionally differentiated language varieties of whatever kind*. (Fishman 1972: 92, vgl. ebenso Haugen 1987: 17f.)

Der Diglossiebegriff kann variabel auf die Beziehung zwischen einzelnen Sprachen, Varietäten, Dialekten oder sogar Registern angewendet werden,

was ihn für Kritik anfällig macht.⁶¹ Trotzdem wird für die vorliegende Arbeit davon abgesehen, den Begriff nur auf die Beziehung zwischen einzelnen Sprachen anzuwenden, denn auch die Rolle zwischen akadischem Französisch und Standardfranzösisch muss für die Baie Sainte-Marie beachtet werden, ist das Standardfranzösische – oder zumindest ein standardnahes Französisch – doch heute die Bildungssprache in der Region.
Wie unterscheiden sich nun Bilingualismus und Diglossie voneinander? Bilingualismus ist ein individuelles und Diglossie ein gesellschaftliches Phänomen: „Bilingualism is essentially a characterization of individual linguistic behavior whereas diglossia is a characterization of linguistic organization at the socio-cultural level" (Fishman 1976: 34, ebd. ²1971: 83, ebd. 1972: 102).⁶²

Auf eine Sprachgemeinschaft angewendet gibt es nun nach Fishman vier Kombinationsmöglichkeiten der beiden Konzepte (vgl. Fishman ²1971, 1972).⁶³

1) Diglossie mit Bilingualismus:
Es handelt sich hier um eine Situation, in der beide Sprachen beziehungsweise Varietäten offiziell anerkannt sind. Offiziell anerkannt muss nicht bedeuten, dass es sich um offizielle Sprachen einer Region/eines Landes handelt. Beide Sprachen/Varietäten werden von einem Großteil der Bevölkerung beherrscht. Prominentes Beispiel ist hier die deutschsprachige Schweiz, in der Schweizerdeutsch und Hochdeutsch von einem Großteil der Bevölkerung beherrscht werden und beiden Varietäten klare Verwendungsbereiche zugeordnet sind.

2) Diglossie ohne Bilingualismus:
Diglossie ohne Bilingualismus herrscht in Ländern, Regionen oder Sprachgemeinschaften vor, in denen beide Sprachen oder Varietäten offiziell anerkannt sind, die Bevölkerung jedoch hauptsächlich monolingual ist. Ein Beispiel für eine solche Situation ist Kanada, offiziell zweisprachiges Land, in dem jedoch die *deux solitudes* – vor allem die Anglophonen – meist monolingual bleiben. Kritisch anzumerken ist hier jedoch, dass – wie bereits

---

[61] Vgl. für die Verwendung des Begriffs Fishman (²1971: 74); für die an dem Begriff geübte Kritik vgl. die Zusammenfassung von Szlezák (2010: 88).

[62] Fishman schreibt an anderer Stelle (Hervorhebung im Original): „[B]ilingualism is essentially a characterization of *individual* linguistic versatility whereas *diglossia is a characterization of the societal allocation of functions* to different languages or varieties" (Fishman 1972: 102).

[63] Für eine einseitige Zusammenfassung siehe Romaine (1989: 25f.) und Szlezák (2010: 89).

4.2 Bilingualismus und Diglossie

gezeigt wurde – die frankophone Bevölkerung häufig bilingual ist, sodass Fishmans steife Einteilung für Kanada so nicht haltbar ist.

3) Bilingualismus ohne Diglossie:
In dieser Konstellation sind die Mitglieder einer Sprachgemeinschaft zweisprachig, aber nur eine Sprache oder Varietät ist offiziell anerkannt. Bilingualismus ohne Diglossie herrscht oft unter Einwanderergruppen vor, die ihre Sprache zwar in einem geschützten Rahmen, meist im Heimbereich, sprechen, sie jedoch nach einiger Zeit zu Gunsten der dominanten Sprache aufgeben.

4) Weder Diglossie noch Bilingualismus:
Eine Situation, in welcher nur eine Sprache oder Varietät gesprochen wird. Diese Situation existiert nur in sehr kleinen, isolierten Sprachgemeinschaften, sodass sie hier außer Acht gelassen werden kann.

Folgendes Schaubild fasst die vier Kombinationsmöglichkeiten zusammen (Fishman ^{2}1971: 75, ebd. 1972: 93):

Bilingualismus	Diglossie	
	+	-
+	Diglossie und Bilingualismus	Bilingualismus ohne Diglossie
-	Diglossie ohne Bilingualismus	Weder Diglossie noch Bilingualismus

Tabelle 11: Die vier Kombinationsmöglichkeiten von Diglossie und Bilingualismus nach Fishman

Problematisch an Fishmans Erweiterung des Diglossiebegriffs ist, dass – im Vergleich zu Fergusons Einteilung – sehr viele Sprachgemeinschaften als diglossisch zu bezeichnen sind, sodass der Begriff – wenn er nicht als *Hyperonym* angesehen wird – schwammig ist (vgl. Lüdi 1990: 320). Lüdi schlägt vor, eine genauere Einteilung der unterschiedlichen Diglossiesituationen anhand mehrerer Parameter vorzunehmen. Als Beispiele gibt er folgende an (vgl. Lüdi 1990: 312ff.):

1) *La distance linguistique*/Sprachliche Distanz: Sind die in Kontakt stehenden Sprachen miteinander verwandt, d.h. Varietäten einer einzigen Sprache, verwandte Sprachen (z.B. zwei Romanische Sprachen, zwei Indoeuropäische Sprachen) oder gänzlich unverwandt?
2) *Typologie des communautés linguistiques*/Beschreibung der Sprachgemeinschaft: Werden die beiden (oder mehreren Sprachen) lediglich auf einem bestimmten Gebiet gesprochen (von zwei geographisch vonei-

nander abgetrennten Gruppen) oder sind die Bewohner des Gebiets mehrheitlich zweisprachig?
3) *Complémentarité fonctionnelle*/Beschreibung des Sprachgebrauchs: Gibt es Regelmäßigkeiten im Gebrauch der in Kontakt stehenden Sprache, d.h. gibt es Situationen/Themen, die eher in einer der Sprachen besprochen werden?
4) *Standardisation*/Normierung: Ist eine der (beiden) Sprachen/Varietäten kodifiziert und als überregionaler Standard von der Bevölkerung akzeptiert?
5) *La question de l'acquisition en milieu institutionnel*/Schulsprache: Welche Sprache/Varietät ist Schul-/Bildungssprache? Welche wird als Muttersprache bzw. Familiensprache gesprochen?
6) *Différence de prestige*/Ansehen: Welche Sprache/Varietät genießt das höhere Ansehen?

Lüdi selbst fasst die Vorteile seiner Darstellung wie folgt zusammen:

> Le terme ‚situation diglossique' est employé ici comme hyperonyme. Chaque situation particulière peut être caractérisée par une position sur chacun de ces axes. A un niveau d'abstraction faible, il n'y aura jamais deux situations identiques sur tous les points. (Lüdi 1990: 320)

4.3 Bilingualismus und Diglossie an der Baie Sainte-Marie

Wie ist, nach dieser theoretischen Einbettung, die Situation der Sprachgemeinschaft an der Baie Sainte-Marie einzuschätzen?

Während in den akadischen Gebieten wohl zumindest bis in die 1960er Jahre Diglossie vorherrschte und nur einige Sprecher trotz englischsprachiger Schulen als zweisprachig bezeichnet werden konnten, hat sich das Blatt heute gewendet. Nach der Ferguson'schen Definition hatte sowohl das akadische Französisch als auch das Englische jeweils seine Daseinsberechtigung und einen genau umrissenen Bereich, in welchem es gebraucht wurde: das Akadische als Sprache innerhalb der Sprachgemeinschaft und das Englische bei Kontakt mit den umliegenden anglophonen Gebieten.

Mit u.a. dem Einzug der anglophonen Massenmedien in die Haushalte und der zunehmenden Mobilität auch der akadischen Landbevölkerung sind die Akadier, wie bereits in Kapitel 2 gezeigt wurde, heute nahezu alle zweisprachig. Somit ist hier die Ferguson'sche Prämisse, die „superposed variety […] is not used in any sector of the community for ordinary conversation" (Ferguson 1959: 336), nicht mehr eingehalten: Längst wird das Englische auch im Alltag zwischen frankophonen Akadiern gebraucht, beispielsweise in den Schulen. Dies beschreiben die Sprecher UC6 für die

4.3 Bilingualismus und Diglossie an der Baie Sainte-Marie

École Secondaire de Clare und EP1 für die École Secondaire de Par-en-Bas und ihre Äußerungen können aufgrund der von mir gemachten Erfahrungen in beiden Schulen bestätigt werden:

> (23) ej fais des stages RIGHT/pis/tous les fois que j'ent' dans la HIGHSCHOOL/pas/c'est rare que tu vas entend' du français/tout le monde parle en anglais. (UC6)
> (24) EVEN dans les CORRIDOR asteure t'entends pas beaucoup de mounde parler français à l'école/et si qu'i parlont pas français à l'école/dans une école française/i allont jamais parler français. (EP1)

Die klar abgetrennten Bereiche, in denen akadisches Französisch und Englisch verwendet wurden, vermischen sich mehr und mehr, was auch Péronnet für die Situation der Akadier in Neubraunschweig feststellt:

> La situation diglossique qui a prévalu en Acadie durant plusieurs siècles évolue rapidement vers une situation de bilinguisme. Cela signifie qu'il n'y a plus de délimitation claire entre les fonctions traditionnellement associées à l'une ou l'autre des langues en contact. Le partage des domaines d'usage du français et de l'anglais devient instable, ce qui crée une situation de changement linguistique. (Péronnet 1993: 106, vgl. ebenso ebd. 1995: 402)

Da die Funktionen der einzelnen Sprachen nicht mehr klar voneinander abgetrennt sind, besteht heute eine „instabilité linguistique" (Péronnet 1995: 402) in den akadischen Gebieten: Welche Sprache wann zu nutzen ist, ist in vielen Bereichen unklar.

Chevalier bezeichnet die Situation in Moncton/Neubraunschweig als „bilinguisme diglossique" (Chevalier 2001: 15): Die frankophonen Muttersprachler sind zweisprachig und das Französische ist auf den familiären Bereich beschränkt, obwohl Neubraunschweig eine offiziell zweisprachige Provinz ist. Auf den Straßen Monctons dominiert das Englische. Obwohl an der abgelegenen Baie Sainte-Marie – im Gegensatz zum in der Nähe liegenden Pubnico (Argyle), wo Anglophone und Frankophone in unmittelbarer Nachbarschaft leben – Französisch auch im außerhäuslichen täglichen Leben noch gebraucht wird,[64] kann die Situation hier, zumindest für die ältere Generation, die noch keine französischsprachigen Schulen besucht hat, ebenfalls als „bilinguisme diglossique" bezeichnet werden.

Für die heutige Jugend an der Baie Sainte-Marie gestaltet sich die Sprachenfrage komplexer: Zieht man den Einfluss des Standardfranzösischen – ausgeübt durch die Bildungsinstitutionen Schule und Universität –

---

[64] Dies wird im weiteren Verlauf mithilfe der Ergebnisse des schriftlichen Fragebogens noch gezeigt.

hinzu, kann für die Jugendlichen sogar von einem „trilinguisme triglossique"[65] gesprochen werden:

1) Akadisches Französisch:
Das akadische Französisch ist Muttersprache und Familiensprache der Jugendlichen und wird von ihnen im Nähebereich verwendet, wie weiter unten gezeigt wird. Die Anerkennung ist aufgrund des Status des Französischen als offizielle Sprache Kanadas gewährleistet. Obwohl die Jugendlichen untereinander oft das Englische verwenden, sprechen sie mit ihren Eltern und Großeltern meist das Akadische (eine Ausnahme besteht dann, wenn ein Elternteil anglophon ist). Diese Varietät wird in der *radio communautaire* (*CIFA*) verwendet, jedoch mit weitaus weniger Anglizismen durchsetzt als die Sprache der Jugendlichen.

2) Standardfranzösisch:
Das Standardfranzösische ist Schul- und Bildungssprache der Region, die Sprache frankophoner Medien und eine der beiden offiziellen Sprachen Kanadas. Das Standardfranzösische ist von den Jugendlichen in der Schule zu erlernen und an Schule und Universität zu verwenden. Außerhalb dieses institutionellen Rahmens spielt es jedoch nur selten eine Rolle. Trotz des Standardfranzösischen als Schulsprache ist jedoch zu beachten, dass an den Schulen des *CSAP* hauptsächlich akadische Lehrer arbeiten, die das Standardfranzösische nicht perfekt beherrschen. Die Einführung des Standardfranzösischen als Schulsprache scheint bei den Sprechern des akadischen Französisch zu einer Erhöhung der sprachlichen Unsicherheit geführt zu haben (vgl. Neumann-Holzschuh 2005: 806).

3) Englisch:
Englisch ist die Zweitsprache der meisten Jugendlichen, von einigen ist es neben dem akadischen Französisch die Muttersprache. Es ist vor allem unter Jugendlichen ein wichtiges Kommunikationsmittel, trotz akadischer Muttersprache. Es ist darüber hinaus die dominante Sprache Neuschottlands und Kanadas sowie neben dem Französischen offizielle Sprache des Landes. Medien werden von den Jugendlichen, wie noch gezeigt werden wird, hauptsächlich in dieser Sprache konsumiert.

---

[65] Boudreau/Dubois (1991: 41) sprechen für die Jugendlichen Neubraunschweigs von einer „triglossie", denn „[L]eur pratique langagière oscille entre deux langues de prestige, soit l'anglais et le français normatif d'une part, et le vernaculaire de la région d'autre part, que l'on pourrait définir comme un continuum linguistique qui s'étend du chiac au français normatif avec plusieurs variations langagières reliant ces deux pôles."

4.3 Bilingualismus und Diglossie an der Baie Sainte-Marie

4.3.1 Sprachgebrauch im Nähebereich

In Teil B) des schriftlichen Fragebogens mit der Überschrift „Langues parlées et usage linguistique" wird in Frage 1) der tatsächliche Sprachgebrauch der Jugendlichen in ihrem täglichen Umfeld erfragt. Auf einer Skala von 1 (*toujours en anglais*) bis 7 (*toujours en français*) konnten die Jugendlichen auswählen, in welcher Sprache sie mit den folgenden Personen beziehungsweise in den folgenden Situationen kommunizieren. Die genaue Abstufung lautet wie folgt: 1 = *toujours en anglais*, 2 = *beaucoup plus souvent en anglais*, 3 = *plus souvent en anglais*, 4 = *dans les deux langues également*, 5 = *plus souvent en français*, 6 = *beaucoup plus souvent en français*, 7 = *toujours en français*. Die in der Tabelle sichtbaren Werte sind Durchschnittswerte der von den Studienteilnehmern gegebenen Antworten. Die Abstufung sowie die Fragen in dieser Sektion wurden mit Kenneth Deveau (*Université Sainte-Anne*) abgesprochen, finden sich aber so oder so ähnlich auch in anderen Studien (vgl. u.a. Mougeon/Brent-Palmer/Bélanger/Cichocki 1980: 180ff.). Das Ergebnis ist in der folgenden Tabelle zusammengefasst:

Aussage	ø insgesamt	ø Schüler	ø Studierende
a) Avec mon père, je parle ...	6	5,4	6,9
b) Avec ma mère, je parle ...	5,8	5,3	6,3
c) Avec mes frères et sœurs, je parle ...	5,5	5,2	5,8
d) Avec mes grands-parents paternels, je parle ...	6,4	5,8	7
e) Avec mes grands-parents maternels, je parle ...	5,7	5,1	6,3
f) Avec mes amis et amies anglophones, je parle ...	2,3	2,3	2,1
g) Avec mes amis et amies francophones, je parle ...	5,3	4,8	6,1
h) Au dépanneur ou au magasin du coin, je parle ...	5,2	4,7	6
i) Lorsque j'utilise les services du milieu (banque, bureau de poste, etc.), je parle ...	5,1	4,4	6,3

Tabelle 12: Schriftlicher Fragebogen: Sprachgebrauch im Nähebereich

Wie man der Tabelle entnehmen kann, ist die französische Sprache für die Jugendlichen in Clare die Hauptsprache im Nähebereich: Sowohl für die

Kommunikation in der Familie als auch beim täglichen Einkauf in der Region wird sie von einem Großteil der Sprecher noch täglich verwendet. Auffällig ist, dass mit der älteren Generation, also den Großeltern und den Eltern, eher Französisch gesprochen wird als mit den Geschwistern oder den frankophonen Freunden. Auch wird im familiären Umfeld eher auf das Französische zurückgegriffen als in der Öffentlichkeit, wie beispielsweise beim Einkauf. Hier sind es in besonderem Maße die Studierenden, welche angeben, ihre Muttersprache auch außerhalb des familiären Rahmens häufiger zu verwenden als das Englische, während die Schülerinnen und Schüler angeben, beide Sprachen etwa ähnlich häufig zu verwenden, wenn sie sich außerhalb des familiären Umfeldes bewegen.

4.3.2 Sprache und Mediennutzung

Eine Studienteilnehmerin, Studentin an der *Université Sainte-Anne*, äußert sich zu ihren sprachlichen Vorlieben bei Film und Fernsehen wie folgt:

> (25) comme si qu'j'aurais le choix je WATCH-erais chaque affaire en anglais coumme ej choisirais point français. (UC4)

Aussagen wie diese finden sich in nahezu jedem Interview, unabhängig davon, ob es sich bei den Sprechern um Schüler oder Studierende handelt. Auch wenn man sich bei älteren Generationen nach ihrer Sprachpräferenz bei der Mediennutzung erkundigt, lautet die Antwort meist wie obige (vgl. für die Isle Madame Hennemann (2014: 75)). Wie im obigen Kapitel konnten die Teilnehmer die folgenden Aussagen auf einer Skala von 1 bis 7 bewerten (1 = *toujours en anglais*; 7 = *toujours en français*). Die Ergebnisse fallen, dies kann und muss hier gesagt werden, ernüchternd für das Französische aus:

Aussage	ø insgesamt	ø Schüler	ø Studierende
j) Les émissions que je regarde sont ...	1,7	1,7	1,6
k) Les films que je regarde sont ...	1,5	1,5	1,4
l) Les livres que je lis sont (à part mes travaux scolaires) ...	2,1	2,1	2,1
m) Les magazines/revues que je lis sont ...	1,8	1,7	1,9
n) La musique que j'écoute est ...	2,5	2,5	2,3
o) Les sites Internet que je consulte sont ...	2,5	2,4	2,9

4.3 Bilingualismus und Diglossie an der Baie Sainte-Marie

Aussage	ø insgesamt	ø Schüler	ø Studierende
p) Dans les réseaux sociaux comme Facebook, Twitter, MySpace j'emploie ...	2,7	2,3	3,8

Tabelle 13: Schriftlicher Fragebogen: Sprache und Mediennutzung

Alle sieben Fragen zur Mediennutzung ergaben für die Jugendlichen in Clare insgesamt ein Ergebnis im Bereich von 2 bis 3, *also beaucoup plus souvent en anglais* bis *plus souvent en anglais*. Bei den hier vorliegenden Fragen kann bis auf die Frage zur Sprachverwendung in den sozialen Netzwerken kein signifikanter Unterschied zwischen Schülerinnen und Schülern und Studierenden festgestellt werden. Liegt bei Frage p) die Einschätzung der Sprachwahl auf Seiten des Französischen etwas höher als bei anderen Fragen, so liegt das meinen Beobachtungen zufolge daran, dass die Jugendlichen beispielsweise ihren Facebook-Account in französischer Sprache eingestellt haben. Sie posten jedoch ausschließlich in englischer Sprache.

Bei der Musik ist seit dem Aufkommen des akadischen Raptrios *Radio Radio* wieder ein Anstieg der Beliebtheit französischer Musik zu vernehmen, was den Durchschnittswert von 2,5 bei diesem Punkt erklärt. *Radio Radio* wird auch in den mündlichen Interviews neben einer Vielzahl an anglophonen Künstlern von Schülern wie Studierenden als eine Lieblingsband angegeben, vor allem deswegen, weil sie in akadischem Französisch rappen und aus derselben Kultur stammen wie die Jugendlichen:

(26) en français/ça ferait 'BOUT/de quoi coumme/«Radio Radio »/« Swing » ou « Grand Dérangement »/cause que/i sont pas mal/ehm/de par icitte/i sont/coumme dans la même culture qu'nous aut'/pis rinque le fait qu'i sont dans la même culture on dirait qu'ça les fait/ça d'mieux/ça d'plus spéciale. (P5)

(27) mes/chanteur chanteuse et groupe préféré/c'est/« Swing »/« Radio Radio »/pis j'aime « Radio Radio » parce que/il y a un des/memb'/qui vient de la Baie. (P10)

Trotz dieser vereinzelten Nennung frankophoner Künstler werden die anglophonen Mainstream-Sänger und Bands immer zuerst, und oftmals auch ausschließlich, genannt.

Auch im Gesprächskorpus zielten zwei zur Auswahl stehende Fragen (j) und k)), auf die Mediennutzung und die damit verbundene Sprachwahl der Jugendlichen ab:

j) Est-ce que tu es content/e avec les émissions qui passent à la télévision ou est-ce que tu as des critiques à faire? Qu'est-ce que tu penses de la télé francophone? anglophone?
k) Quelle est ta musique préférée? Quel chanteur/quelle chanteuse/quel groupe est-ce que tu aimes et pourquoi?

Beantwortet werden diese Fragen immer wieder nach dem gleichen Muster: Französische Filme, Bücher oder französische Musik finden keinen Eingang in das Leben der Jugendlichen, auch dann nicht, wenn die komplette Bildungsbiographie in frankophonen Institutionen durchlaufen wurde:

(28) h'ai hamais WATCH-é un MOVIE français aut' que quand h'étais forcée à l'école/h'ai hamais lit un livre français aut' que quand h'étais forcée à l'école/coumme ALTHOUGH j'lis pas d'liv' ANYWAYS BUT comme. (UC3)

(29) tout c'tu vois c'est/anglais coumme/tu WATCH-es le TV/pis c'est en anglais/t'écoutes la RADIO/UNLESS c'est Cifa/pis c'est anglais/coumme c'est anglais/des MOVIE/coumme tchi c'qui va vraiment WATCH-er un film français ? (UC6)

(30) des liv'/c'est pas mal/au choix/coumme RANDOM manière mais c'est touT en anglais/h'aime point trop lire en français j'le lis/ej vraiment pour dire honnêtement ej lis rinque/pour l'université/pour la HIGHSCHOOL ej lis rinque/en français pour ça/ej vas point choisir un liv' français/mais un i y a beaucoup plus de/on dirait/la sélection est meilleure en anglais. (P17)

(31) ben/ej regarde/jamais/en français/coumme/le T/le T/ V/ télévision/((rires)) en français/ej 'garde touT en anglais. (EC7)

(32) OK/honnêtement/j'écoute pas la télé en français/[...] n'écoute pas vraiment la télé en français chez moi c'est comme/mon père i parle pas français du tout/SO c'est comme si on met la télé en français/i va êt' comme/« PUT THE TV IN ENGLISH DON'T BE IGNORANT ». (P2)

Kein Studienteilnehmer gibt an, mehr französische als englische Sendungen oder Filme zu schauen. Nur P1 gibt an, überhaupt französische Sendungen zu schauen.

Wieso dominiert das Englische als Mediensprache selbst bei denjenigen Jugendlichen, die das Studium an einer frankophonen Universität abschließen werden? Antworten darauf liefern die Teilnehmer selbst, die angeben, das in den Medien verwendete Québecfranzösische nicht zu verstehen:

(33) P18: nous-aut' le TV c'est hamais que ça c'est en français/[...] mais coumme moi/on dirait quand j'WATCH-e ça/h'ai de la misère à les comp/h'ai point de la misère à les comprend' mais c'est/on dirait/

4.3 Bilingualismus und Diglossie an der Baie Sainte-Marie

P17: coumme/la vitesse c'est ça. (P17+P18)
(34) je ne visionne pas la télévision francophone/car/je ne comprends pas ce qui est dit/et/je trouve les émissions en anglais bien plus intéressantes/eh/il y a plus/il a plus d'temps et plus d'argent qui est mis dans les/films/et les émissions anglophones/tant qu'à moi que les émissions francophones alors/ils sont/plus intéressants et puis j'comprends/mille fois mieux en anglais. (EC2)
(35) beaucoup d'monde quand c'qu'i 'gardont la TV en français i sont comme/« oh j'comprends point ». (P1)
(36) tout l'monde regarde la télévision anglaise/pis/j'sais pas c'est plus facile à comprend'. (P6)
(37) P1: si c'est écrit en fra/en français on dirait qu'des fois/h'ai de la misère à comprend' à cause que/c'est/
P2: c'est pas nécessairement les mots mais les expressions. (P1+P2)
(38) moi ej h'écoute point vraiment des films en français aut' que pour l'école/pis c'était ça que j/les films que j'WATCH-ons à l'école sont/soit beaucoup trop français standard que j'counnais point/ou/ou une tonne d'autre STUFF que/xxx ne peux point comprend'/pis point l'aimer/ou un liv' que tu aimes beaucoup ben/ej lis point vraiment/MUCH en/français SO. (P5)
(39) c'est [französischsprachiges Fernsehen, Anm. d. Verf.] OK itou BUT c'est rinque i parlont vite/SO/des fois c'est la misère à comprend' BUT si qu'on WATCH-erait souvent ça fait plus aisé à comprend'/SO. (P8)
(40) OK/la télé francophone/tu peux point comprend' un mot qu'i disont/[…] c'est comme trois quarts du temps t'es coumme « quoi c'qu'i disont? »/à cause qu'i/français/ils parlont/coumme/le bon français/ils parlont du français québécois/et pis/i parlont vite. (P16)
(41) moi h'écoute point de musique française/h'ai d'la misère à comprend'/ce qu'i disont pis/I DON'T KNOW/j'dirais point qu'la musique est point AS bounne/[…] j'aime plus de musique anglaise c'est plus aisé à comprend'. (P15)

Darüber hinaus beschweren sich die Jugendlichen über die fehlende Programmwahl auf den frankophonen Sendern, die dazu führe, dass oftmals englische Serien und Filme synchronisiert werden. Diese wiederum schauen die zweisprachigen Jugendlichen dann lieber auf Englisch, da sie das québecer Französisch, wie oben gezeigt, nicht beziehungsweise nur schwer verstehen:

(42) i y a point grands/SHOW français/sur les CHANNEL qu'on attrape/[…] la seule affare que j'WATCH-e en français c'est quand c'que Montréal joue au hockey/IT'S ABOUT IT. (EC6)
(43) EC12: eh moi j'suis point contente avec/la télé francophone/à cause que/on a CABLE/mais on a/une station francophone/

EC11: NICE/
EC12: et pis eh/les émissions que n'y a sur la station francophone c'est souvent des NEWS ou des MOVIE qui sont traduits/de l'anglais/
EC11: j'haïs ça quand c'est du STUFF traduit/i y a i y a/pas beaucoup d'média j'crois qu'est ACTUALLY fait en français/
EC12: non/
EC11: c'est tout du STUFF anglais pis là/
EC12: c'est comme « OH h'allons/pre/traduire l'anglais cause qu'les MOVIE anglais sont meilleurs que les not' »/
EC11: ouais pis les lèvres MATCH-ont pas avec la/la fa/les mouts qui sortent pis c'est rinque/I DON'T KNOW c'est plate. (EC11+EC12)
(44) ben/moi j'"garde tout l'temps des/émissions anglaises/anglophones/à la place des francophones mais c'est à cause que/si c'est francophone c'est/USUALLY un français qu'est beaucoup standard pis que h'ai de la misare à comprend' ou que c'est des/émissions anglaises que h'avont/que des TRAN/que des TRANSLATOR avont été parlé/qui a point vraiment d'émotion dans les voix ou ANYTHING pis là c'est/ça d'plus de misare à comprend' à cause que/l'émission était fait en/anglais BUT là ça était chanhé en français. (P5)
(45) h'aime point ça quand c'qu'i prenont juste/STUFF de anglophones pis là/i juste mettont la voix/su'l'fait pis ça sonne mal pis c'est/point ben traduit. (P7)

Es handelt sich also einerseits um ein Verständnisproblem und andererseits um das fehlende Angebot auf Seiten der frankophonen Medien, was die Jugendlichen daran hindert, französische Medien zu wählen. Das fehlende Angebot führt dazu, dass englische Serien und Filme synchronisiert werden, die die Jugendlichen dann lieber in der Originalfassung anschauen.

Bei der Frage nach einem Lieblingsfilm oder -buch wurden ebenfalls ausschließlich englische Titel genannt. Kein Jugendlicher scheint außerhalb der Schule regelmäßig französischsprachige Bücher zu lesen.

4.4   Zur Rolle des Französischen in Kanada und Neuschottland

Ebenfalls in Teil C) des schriftlichen Fragebogens finden sich zwanzig Aussagen, von denen die ersten vier die Einstellung der Studienteilnehmer zum Französischen und dessen Rolle auf föderaler und provinzieller Ebene überprüfen sollen. Auch hier sollten die Teilnehmer die Aussagen mit den Zahlen 1 (= *pas d'accord du tout*) bis 7 (= *entièrement d'accord*) bewerten. Die Ergebnisse finden sich als Durchschnittswerte in der folgenden Tabelle:

4.5 Sprachliche Unsicherheit und ihre Konsequenzen

Aussage	ø insgesamt	ø Schüler	ø Studierende
a) Chaque Canadien devrait parler l'anglais et le français.	5	5,1	4,8
b) Chaque Anglophone devrait faire un effort pour apprendre le français.	4,6	4,4	5,1
c) La sauvegarde de la langue française en Nouvelle-Écosse est importante.	6,1	6	6,5
d) Le gouvernement provincial devrait faire plus pour aider à préserver la langue française en Nouvelle-Écosse.	5,7	5,4	6,4
Insgesamt	5,3	5,2	5,7

Tabelle 14: Schriftlicher Fragebogen: Zur Rolle des Französischen in Kanada und Neuschottland

Insgesamt sind alle untersuchten Sprechergruppen der Meinung, dass das Französische sowohl in Kanada als auch in Neuschottland mehr Unterstützung erfahren sollte. Die erlangten Werte stehen im Fall der Ziffer 5 für *fortement d'accord*, die 6 steht für *très fortement d'accord*. Für die folgenden Kapitel muss im Hinterkopf behalten werden, dass die Studierenden in Clare sich insgesamt eine höhere Unterstützung für das Französische wünschen als die Schülerinnen und Schüler, sowohl von Seiten der Anglophonen, von denen eine höhere Bereitschaft zum Erlernen der französischen Sprache gefordert wird, als auch von der Regierung Neuschottlands.

4.5 Sprachliche Unsicherheit und ihre Konsequenzen

Der enge Kontakt zwischen einerseits Englisch und akadischem Französisch und die häufige Präferenz der jungen Leute für das Englische, beispielsweise als Mediensprache, und andererseits akadischem Französisch und Standardfranzösisch hat bei den Jugendlichen sprachliche Unsicherheit (*insécurité linguistique*) zur Folge. Diese macht sich unter anderem darin bemerkbar, dass einige Jugendliche ihre eigene Sprache gegenüber dem Englischen abwerten:

(46) le français icitte c'est point du français du tout/c/((rires)) c'est du franglais/moitié français moitié anglais/[...] non moi j'parle pas boN/non/moi je parle moitié moitié. (P13)

4 Die Jugendlichen der Baie Sainte-Marie und ihre Sprache(n)

Diese pejorative Haltung gegenüber der eigenen Sprachkompetenz, die auch für die Sprecher des *Chiac* festgestellt wurde (vgl. Boudreau/Dubois 1991: 46, Flikeid 1997: 280), hat Folgen für das Sprachverhalten der Jugendlichen. Bevor diese Folgen analysiert werden, steht die theoretische Ausarbeitung des Phänomens der sprachlichen Unsicherheit im Mittelpunkt.[66] Hier eine Definition von Calvet (Hervorhebung im Original):

> On parle de *sécurité linguistique* lorsque, pour des raisons sociales variées, les locuteurs ne se sentent pas mis en question dans leur façon de parler, lorsqu'ils considèrent *leur* norme comme *la* norme. A l'inverse, il y a *insécurité linguistique* lorsque les locuteurs considèrent leur façon de parler comme peu valorisante et ont en tête un autre modèle plus prestigieux, mais qu'ils ne pratiquent pas. (Calvet [7]2011: 47)

Sprachliche Unsicherheit liegt also dann vor, wenn Sprecher aufgrund eines als *besser* bewerteten sprachlichen Modells, welches sie nicht sprechen, ihre eigene Sprache oder Varietät als *minderwertig* einstufen. Dies geht, so Boudreau und Dubois, auf die Existenz von sprachlichen und kulturellen Minderheiten zurück, die von der Mehrheitsgesellschaft herabgestuft werden: „L'insécurité linguistique n'est qu'une manifestation parmi plusieurs de la minorisation d'un groupe" (Boudreau/Dubois 1991: 40, Boudreau 1994: 346f.).

Boudreau und Dubois geben eine für den vorliegenden Kontext gültige Beschreibung der Gründe für das Vorherrschen sprachlicher Unsicherheit:

> L'insécurité linguistique naît dans un premier groupe lorsque celui-ci est en contact avec un second groupe dont la façon de parler est considérée comme étant la ‚bonne' façon, qu'elle provienne de la classe socialement dominante, [...] ou des locuteurs d'autres villes qui ont la réputation de bien parler [...] ou des locuteurs fictifs d'une norme fictive que l'on enseigne aux participants [...]. (Boudreau/Dubois 1991: 39)

Zwei oder mehr Gruppen stehen in Kontakt zueinander, Gruppe A sieht die Sprache von Gruppe B als die *gute* Art zu sprechen an, weil sie entweder die Sprache der aus welchen Gründen auch immer mächtigeren Gruppe ist (1) oder weil den Sprechern von Gruppe B nachgesagt wird, *gut* zu sprechen (2), oder weil diese entfernte Norm in Gruppe A unterrichtet wird (3).

---

[66] Da das Phänomen in der vorliegenden Arbeit nicht im Mittelpunkt steht, verzichte ich auf die Begriffsgeschichte von der Labov'schen Definition bis heute. Diese kann nachgelesen werden bei Bretegnier (1996) sowie Labov (1976: 119, 183f., 200f.).

4.5 Sprachliche Unsicherheit und ihre Konsequenzen

Für die Baie Sainte-Marie beziehungsweise die Akadie trifft das oben Genannte aufgrund des Einflusses des Englischen und des Standardfranzösischen, welches in den Schulen und der Universität unterrichtet wird, gleich doppelt zu: Die Sprache des Arbeitslebens ist das Englische, daneben spricht man zwar die zweite offizielle Sprache Kanadas, jedoch lediglich eine mündliche Varietät, und nicht das hexagonale oder québecer Französisch. Boudreau und Dubois spezifizieren dies für das Französische in Neubraunschweig:

> La diglossie est un facteur qui vient complexifier la situation: non seulement sont-ils conscients de l'existence d'une langue légitime, mais ils sont exposés à un dialecte souvent dévalorisé. De plus, en situation de diglossie, les deux langues en contact ou les deux variétés de langues en contact se partagent les différentes fonctions du langage, et ce partage constitue souvent une source de conflit. (Boudreau/Dubois 1991: 39)

Die beiden Sprachwissenschaftlerinnen präzisieren darüber hinaus die Rolle des Standardfranzösischen als Schulsprache für die Herausbildung der *insécurité linguistique*, die sie kritisch bewerten:

> L'institution scolaire semble jouer également un rôle important dans la génération de sentiments d'insécurité linguistique: plus on est scolarisé et plus s'affine la conscience d'un marché linguistique où doit se parler la langue considérée comme légitime, tantôt perçue comme inaccessible, tantôt jugée difficile à atteindre. (Boudreau/Dubois 1991: 40)

Französischsprachige Schulen, für die, wie dargelegt wurde, die Akadier lange gekämpft haben, tragen also, zumindest wenn man Boudreau und Dubois Glauben schenken darf, nicht zwangsläufig dazu bei, dass die Akadier mehr Selbstbewusstsein gegenüber ihrer Sprache entwickeln. Das Gegenteil sei der Fall.

Welches sind die Charakteristika dieser Unsicherheit? Labov nennt hier: „Les fluctuations stylistiques, l'hypersensibilité à des traits stigmatisés que l'on emploie soi-même, la perception erronée de son propre discours, tous ces phénomènes sont le signe d'une profonde insécurité linguistique" (Labov 1976: 200). Allard und Landry sehen einen wichtigen Zusammenhang zwischen sprachlicher Unsicherheit und Assimilation an die Mehrheitsgesellschaft. Assimilation beginnt sozusagen im Kopf, denn das, was ein Sprecher über seine Sprache denkt, schlägt sich letztendlich immer auch in seiner Sprachwahl nieder: „[L]es croyances d'un individu [...] sont les principaux déterminants de ses intentions de comportement." Sie schlussfolgern: „L'assimilation au niveau des croyances et l'assimilation au niveau comportemental sont étroitement reliées" (Allard/Landry 1987: 16).

4 Die Jugendlichen der Baie Sainte-Marie und ihre Sprache(n)

Im weiteren Verlauf der Arbeit sollen anhand von Korpusausschnitten der Grad der sprachlichen Unsicherheit und das damit verbundene sprachliche Verhalten auf Seiten der Jugendlichen bestimmt werden. Im Hinterkopf behalten werden muss jedoch, dass es sich hierbei – trotz Boudreaus und Dubois' Einschätzung, die französischsprachige Schule verstärke das Phänomen der sprachlichen Unsicherheit – um keine neue Erscheinung handelt. Bereits Poirier schrieb: „Nos gens n'aiment pas qu'on se moque d'eux. Plutôt que de s'exposer à la risée des étrangers, ils se tairont, ou parleront anglais; ou bien, s'ils parlent français, leur français, ce sera avec gêne, presque en rougissant" (Poirier 1928: 7).

Pascal Poirier, der mit seinen Schriften versuchte, das Selbstbewusstsein der Akadier zu stärken, schrieb diesen Satz 1928, doch gültig ist er (zumindest für einen Großteil der Akadier) noch heute. Zu bedauern ist das vor allem deswegen, da die *insécurité linguistique* den Wechsel zum Englischen beschleunigt (vgl. Neumann-Holzschuh ²2008: 115).

4.5.1 Der Stellenwert einer exogenen Norm

Bevor die Studienteilnehmer selbst zu Wort kommen, ist es wichtig zu erfahren, ob und wenn ja welche Varietäten des Französischen die Studienteilnehmer als *besser* ansehen als ihre eigene Varietät. Die bereits erwähnten Sprachwissenschaftlerinnen Boudreau und Dubois (1993) haben in ihrer Studie zur sprachlichen Unsicherheit in Neubraunschweig folgende Frage gestellt, die für die vorliegende Studie adaptiert wurden:

> Croyez-vous qu'il existe au Canada un endroit où l'on parle mieux le français qu'ailleurs?

In meinem Fragebogen wird in den Fragen 1a. und b. sowie 2a. und b. von Abschnitt C) ebenfalls der Frage nachgegangen, inwiefern es für die Jugendlichen einen Ort beziehungsweise einen Ort in der Akadie gibt, wo man *das beste* Französisch spricht, und wenn ja, wo dieser sich befindet:

> 1a. Est-ce qu'il y a, selon toi, un lieu (p. ex. une ville/une région/une province/ un pays) où l'on parle le meilleur français?
> 1b. Si oui, où est ce lieu?
> 2a. Est-ce qu'il y a, selon toi, un lieu (p. ex. une ville/une région/une province) en Acadie où l'on parle le meilleur français?
> 2b. Si oui, où est ce lieu?

4.5 Sprachliche Unsicherheit und ihre Konsequenzen

Boudreau und Dubois führten ihre Studie im Nordosten, Nordwesten und Südwesten Neubraunschweigs durch.[67] Im hauptsächlich frankophonen Nordosten gaben 51 %, in den anderen beiden Regionen 83 % der Studienteilnehmer an, dass es außerhalb ihrer Region, jedoch innerhalb Kanadas, einen Ort gibt, wo man ein besseres Französisch spricht als in ihrer Region (Boudreau/Dubois 1991: 42f., ebd. 1993: 151). Die große Mehrheit von ihnen gab wiederum an, dass die Québecer dieses bessere Französisch sprechen.[68]

Im Unterschied zur oben genannten Studie geben von den Teilnehmern an der Baie Sainte-Marie bei Frage 1a. 24 von 31 Jugendlichen und bei Frage 1b. 26 von 30 Jugendlichen an, es gebe keinen Ort, an dem man *das beste* Französisch spricht. Dies liegt sehr wahrscheinlich daran, dass meine Fragestellung auf den Ort pocht, an dem man *das beste* (*le meilleur*) Französisch spricht, während bei Boudreau und Dubois die Frage lediglich nach einem *besseren* (*mieux*) Französisch lautet. Die Frage wurde in der vorliegenden Studie umformuliert, da ich in Gesprächen vor Ort vor Beginn der Studie feststellen musste, dass eine Vielzahl meiner Gesprächspartner mein Französisch als *besser* und ihre eigene Varietät häufiger als schlecht empfanden. Es kann also davon ausgegangen werden, dass eine Fragestellung, wie Boudreau und Dubois sie gewählt haben, den Jugendlichen suggeriert, ihre Sprache sei *schlecht* und es gebe auf jeden Fall eine *bessere* Varietät. Die umformulierte Fragestellung zielt eher darauf ab, zu erfragen, ob die Jugendlichen an das Konzept *eines* besten Sprachvorbildes glauben, d.h. gibt es *das* gute Französisch, und wenn ja, wo wird es gesprochen?

Bei den Bejahungen wird Québec ein Mal, Frankreich zwei Mal, beide Regionen drei Mal und Neubraunschweig ein Mal genannt. Die Sprecherin, die Neubraunschweig als Sprachvorbild angibt, nennt im schriftlichen Fragebogen den geringeren Einfluss des Englischen auf diese Varietät als Grund:

(47) il n'y a pas trop d'anglais, et c'est claire que ils parlent (UC4)

Bei der Frage nach einem Ort in der Akadie, an dem man das beste Französisch spricht, wird die Region Clare sogar von drei Sprechern (UC5, P5,

---

[67] Für tiefergehende Informationen zu den drei Regionen vgl. Boudreau/Dubois (1991: 42f., 1993: 150f.).
[68] Auf der akadischen Halbinsel des Nordostens waren es die Hälfte, im Südosten drei Viertel und im Nordwesten 85 % der Studienteilnehmer, welche das Französische der Québecer als bestes Französisch einschätzten (vgl. u.a. Boudreau/Dubois (1993: 151)).

P6) angegeben, Neubraunschweig von zweien (P2: „le nord du NB", UC4: „au Nouveau-Brunswick").

Die Ergebnisse dieses Kapitels haben gezeigt, dass die Mehrheit der Studienteilnehmer das Konzept *eines* besseren Französisch, oder des *besten* Französisch nicht teilt.

4.5.2 Einschätzung der eigenen Sprachqualität

Die Auffassung, es gebe kein *bon français*, kommt im Gesprächskorpus als Antwort auf die Fragen b) und c) auf:

b) Comment est, selon toi, le français d'ici?
c) Qu'est-ce que « parler bien » signifie ? Est-ce que tu crois que tu « parles bien »? Pourquoi ? Pourquoi pas?[69]

In den meisten Studien, in denen diese Frage oder eine ähnliche Frage gestellt wurde,[70] schätzten die Jugendlichen ihr Französisch als unzureichend ein. Sie sprächen *pas trop correct* oder *half anglais half français* (Boudreau 1995: 142, vgl. ebenso Neumann-Holzschuh 2005b: 813, Boudreau/Dubois 1991: 47), eine Einschätzung, die meist mit dem Vorkommen von Anglizismen assoziiert wird (vgl. Boudreau/Dubois 1993: 152f., Boudreau 1995: 142, Flikeid 1997: 280). Das vorliegende Korpus bildet hier keine Ausnahme:

(48) je pense pas [que je parle bien, Anm. d. Verf.] parce que j'ai beaucoup d'anglais/dans mon français. (P9)
(49) mon langage fait rire. (P15)

Eine Studienteilnehmerin spricht sogar abwertend von einem *slang*, den die Akadier sprächen:

---

[69] Diese Frage wurde so ähnlich bei Boudreau/Dubois (1991: 47) gestellt („Est-ce que tu parles bien le français?").

[70] Genannt sei hier exemplarisch Boudreaus wichtige Studie aus dem Jahr 1989, in welcher sie die Einstellung der frankophonen Jugendlichen Neubraunschweigs zu ihrer Sprache untersuchte. Insgesamt beantworteten 406 Teilnehmer an elf *Écoles Polyvalentes* der Provinz den Fragebogen. Vgl. für einen Überblick über die Ergebnisse Boudreau/Dubois (1993), Boudreau (1995: 142) sowie Boudreau/Dubois (2001: 48f.).

4.5 Sprachliche Unsicherheit und ihre Konsequenzen

(50) moi h'crois qu'le français va F/va disparaître une miette à la fois/point/h'allons point comprend' le mounde h'allons encore parler not' SLANG ma' ça va êt' beaucoup anglais. (P13)

Die meisten Jugendlichen der vorliegenden Studie wehren sich jedoch trotz dieser negativen Einschätzung der eigenen Sprache gegen die Existenz eines *guten* beziehungsweise eines dem entgegengestellten *schlechten* Französisch. Beispiele für Äußerungen hierzu sind die folgenden:

(51) UC4: i y a point un bon français/
UC3: i y a point/comme/i disont faut j'parlions bon français coumme si qu'not' français acadjonne est mauvais/ma' c'est point mauvais c'est rinque différent. (UC3+UC4)
(52) j'parlons pas l'français standard mais ça veut point dire que c'est point/bien. (UC4)
(53) je pense qu'il n'y a pas de bon parler parce que tout le monde a leur prop' façon de parler. (EC1)
(54) i y a/pas vraiment un bonne façon d'parler l'français ou/une mauvaise façon ou/de parler ANY langue SO. (P3)

Besonders impulsiv reagieren die folgende Sprecherin und ihr Gesprächspartner:

(55) bien parler/moi j'crois que c'est/ça c'est eh/excuse moi/français d'la marde/ehm/ej crois que/si qu'moi j'veux parler/ma langue maternelle ej vas le parler pis si qu'on veut parler français standard c'est/c'est mieux d'dire/le bien parler/de français/j'crois point qu'i y a une façon d'parler/des Anglais quand c'que zeux parlont/avec leurs accents d'TEXAS ou WHETHER/qu'i parlont avec leurs accent/de l'Angletarre/c'est point mieux ou mal SO moi j'crois pas que/ not' français est mieux/ou mal. (P17)
(56) si tchetchun va m'dire qu'i parlont mieux que un aut'/i sont/plein marde. (P18)

Ein Jugendlicher schreibt sogar als Kommentar unter den Fragebogen:

(57) Je ne pense pas qu'il exist un « bon français » je suis de l'avie que tous forme de français sont égale et qu'un différent accent ne devra pas étre considérer comme mauvais. (P4)

Parler bien wird häufig wie folgt beschrieben:

(58) pour moi parler bien ça signifie se faire comprend'/ehm/ouais si on reste ici on parle/acadien/alors pour ici. (EC11)

(59) parler bien/signifie que tu peux t'exprimer que le monde peut t'comprend'/pis/même si c'est point/du français standard/le monde va encore pouvoir t'comprend' pis. (P1)
(60) ouais comme parler bien/ehm/c'est pas mal juste ça qu'le monde te comprend. (P2)

Gut sprechen, so lassen es diese Äußerungen glauben, bedeutet für einige Jugendliche *verstanden zu werden*. Das Faktum, dass einige Jugendlichen ihre Varietät als *schlecht* ansehen und dem scheinbar entgegengesetzt behaupten, sie seien der Ansicht, alle Sprachen seien gleichwertig und das Wichtigste sei, sich verständlich zu machen, ist nach Boudreau typisch für diglossische Sprachgemeinschaften. Die in meiner Studie gegebenen Antworten decken sich diesbezüglich mit denjenigen, die die Sprecher des *Chiac* in ihrer Studie gegeben haben:

> Les contradictions entourant la perception des usages abondent dans les propos des étudiants; [...] ils disent mal parler pour ensuite affirmer qu' „après tout, c'est acceptable"; ils disent que le chiac est à condamner pour aussitôt déclarer qu'en fin de compte, toutes les langues se valent et que l'important, c'est de se comprendre. (Boudreau 1994: 347)

Trotz ihrer Ablehnung eines *guten* und *schlechten* Französisch sind sich die Jugendlichen dessen bewusst, dass mit *bon français* nur das Französische Frankreichs, Québecs beziehungsweise *le français standard* gemeint sein kann. So finden sich auch neben den oben genannten positiven Einschätzungen Äußerungen, in welchen die Jugendlichen ihre Sprache gegenüber der Standardvarietät abwerten. In Äußerung (61) beschreibt P16 die eigene Sprache als defizitär, da sie *nur* (*seulement*) ihre eigene Varietät spreche. P15 stimmt ihr mit der Einschätzung zu, die akadische Sprache sei nicht perfekt (*NOBODY est parfait ANYWAY*):

(61) P16: non h'avons seulement/not'/prop'/façon à parler/et pis/ça n'/personne est parfait/[chuchote] I DON'T KNOW [/chuchote]
P15: NOBODY est parfait ANYWAY. (P15+P16)

Weitere Beispiele mit ähnlichem Wortlaut, wobei die Sprecherin in Beispiel (63) das akadische Französisch als *défis* bezeichnet:

(62) tu parles pis tu parles pis t'essayes de mieux dire des bons mouts/de français standard à cause t'as/à l'école/en français pis c'est d'un coup des mouts qui sortont pis c'est acadjonne BUT. (UC3)
(63) français c'est not' langue maternelle mais nous aut' c'est le français/acadien pis on coummence tout l'temps par l'oral SO/h'avons

4.5 Sprachliche Unsicherheit und ihre Konsequenzen

coummencé à parler WAY longtemps avant coummencer écrire ça fait quand c'que tu parles d'une certaine façon pis « h'avons »/pis « j'eons » tout d'un coup faut qu'tu mets « je suis »/« je suis allé » à la place de « h'ai été »/comme/cela ça nous attrape c'est point à cause que/si h'aurions pris de la bonne façon dès le début si h'avions parlé/le français standard tout de suite/ça aurait point été/vraiment/un problème mais ça c'est/not' seul **défis** c'est l'/h'avons le français acadien à l'oral. (UC3)

Im schriftlichen Fragebogen zielen zwei Behauptungen auf die Einschätzung der eigenen Sprachqualität ab:

Aussage	ø insgesamt	ø Schüler	ø Studierende
e) Je parle un « bon français ».	4,7	4,6	5,3
f) Le français parlé ici est un « bon français ».	5,2	4,8	5,3

Tabelle 15: Schriftlicher Fragebogen: Einschätzung der Sprachqualität

Auf Seiten der Studierenden ist eine höhere Akzeptanz des eigenen Idiolektes einerseits, aber auch der in der Region gesprochenen Varietät andererseits zu konstatieren.

Trotz der pejorativen Einschätzung ihrer Sprache stimmen sowohl die Schülerinnen und Schüler als auch die Studierenden bei beiden Behauptungen zur Einschätzung, ob sie stolz darauf seien, Französisch zu sprechen, in besonderem Maße zu, wie die folgende Tabelle zeigt:

Aussage	ø insgesamt	ø Schüler	ø Studierende
g) Je suis fier/fière de parler le français.	6,9	6,9	7
h) Je suis fier/fière de parler l'anglais.	6,8	6,9	6,9

Tabelle 16: Schriftlicher Fragebogen: Sprachstolz

Starets stellte im Rahmen einer Befragung in den Jahrgangsstufen 11 und 12 in Schulen in Clare und Argyle bereits vor etwas mehr als zwanzig Jahren fest, dass der Großteil der Sprecher (70 %) mit der Aussage, sie seien stolz, das Französische zu sprechen, übereinstimmten (vgl. Starets 1991: 16). Interessant sind darüberhinaus vergleichbare Ergebnisse bezogen auf beide Sprachen, Englisch und Französisch. Das liegt laut Ross daran, dass individuelle Zweisprachigkeit unter Akadiern in Neuschottland als integraler Bestandteil der Identität gesehen wird (vgl. Ross 2001: 170),[71] was für die hier untersuchte Region ebenfalls bereits in Starets' Studie belegt ist: Ihre Studienteilnehmer entschieden sich bei den Aussagen *J'aurais préféré venir au monde dans un milieu uniquement francophone* in etwa 65 % der Fälle für die Antworten *pas d'accord* oder *peu d'accord*. Bei der Gegenfrage, ob sie lieber in einem rein anglophonen Milieu leben würden, gaben ebenfalls etwa 70 % an, nicht oder nur wenig einverstanden mit der Äußerung zu sein (vgl. Starets 1991: 22f.). Die Zweisprachigkeit war den Jugendlichen also damals schon wichtig.

Neben der Einschätzung der eigenen Sprach*qualität* ist auch die der eigenen Sprach*kompetenz* wichtig, die im nächsten Unterkapitel beleuchtet wird.

4.5.3 Einschätzung der eigenen Sprachkompetenz

In Kapitel 2 wurde bereits festgestellt, dass die Mehrheit der Akadier in der untersuchten Region zweisprachig ist. Wie in anderen Studien belegt (vgl. für Neubraunschweig: Boudreau/Dubois (1991: 45) sowie Boudreau (1995: 138))[72] wird das Französische im Vergleich zum Englischen jedoch auch von den Jugendlichen der Baie Sainte-Marie als schwieriger angesehen:

(64) P13: ej crois/que le français/lit et écrit/est/beaucoup d'la misare/
P14: beaucoup d'la misare plus que anglais/
P13: beaucoup/parce qu'il faut/tout l'temps que tu conjugues/et de la grammaire/et les noms/c'est point le même dans la langue anglais. (P13+P14)
(65) quand tu l'compares avec l'anglais j'ai besoin d'dire que c'est peu plus difficile/l'anglais c'est beaucoup plus comme TO THE POINT. (P2)
(66) P18: c'est incroyablement d'la misare ouais à cause que/i y a des accents aigus des accents graves et tout c'tu peux t'imaginer/pis de l'anglais i y en a point du tout/
P17: mais i y en a plus dans l'espagnol/
P18: ouais/mais/rinque pour dire le français est d'la misare à apprend' comparé à l'anglais/moi j'croirais. (P17+P18)

---

[71] Obwohl keiner der Jugendlichen bei der Frage, was *Akadier-Sein* für sie bedeute, die Zweisprachigkeit erwähnte, zeigen die in dieser Tabelle dargelegten Ergebnisse doch einen großen Stolz der Jugendlichen, beide Sprachen zu beherrschen.

[72] Wie in den zitierten Studien ist es auch im vorliegenden Korpus so, dass die Fragestellung den Vergleich des Französischen mit dem Englischen nicht direkt verlangt, dass einige Jugendliche diesen Vergleich jedoch sofort anstellen.

4.5 Sprachliche Unsicherheit und ihre Konsequenzen

Mit folgendem Beispiel wird deutlich, dass beide Sprecherinnen das Französische als unregelmäßige, keinen festen Regeln folgende Sprache ansehen:

(67) P15: le français c'est d'la misare/
P16: avec tous les/les eh/les verbes et les/les règles la grammaire/
P15: synonymes/antonymes/ha/adjectifs/
P16: les adjectifs/tous les/i faisont coumme des/des nouvelles règles tous les mois/
P15: YEAH c'est ANNOYING/
P16: et pis quand c'tu apprends tcheq' affare coumme dans une année ça/une année d'après/faut qu't'apprends/quelque chose d'complètement différent. (P15+P16)

Im weiteren Verlauf des Kapitels wird der Frage nachgegangen, wie sicher die Jugendlichen sich ihrer Zweisprachigkeit sind: Glauben sie, sich mit ihren Französisch- beziehungsweise Englischkenntnissen in Frankreich beziehungsweise England verständlich machen zu können?

Die Behauptungen in diesem Abschnitt sind angelehnt an eine Studie von Sylvie Dubois zum *cadien louisianais*. Dubois untersuchte in dieser Studie die Selbsteinschätzung der Sprachkompetenz im *Cadien* sowie im Englischen in vier *Cadien*-Gemeinden anhand von *dix tâches communicationnelles*, welche die Studienteilnehmer auf einem Fragebogen ankreuzen sollten, wenn sie in der Lage waren, die *tâche* zu erfüllen (vgl. zum methodischen Vorgehen: Dubois 1997: 50ff., ebd. 1998: 331ff., Dubois/Melançon 1997: 74ff.).

Dubois' Formulierungen wurden leicht abgewandelt, gekürzt und als Gesprächspartner wurden ein Engländer in London und ein Franzose in Paris angegeben, und eben kein Akadier oder Anglophoner Nordamerikas, da die Studienteilnehmer bei den angegebenen Themen keine Probleme hätten, diese einem anglophonen Nordamerikaner oder einem Akadier ihrer Sprachgemeinschaft näherzubringen. Die Studienteilnehmer hatten pro Aussage eine Skala von 0 (*impossible*) bis 5 (*très facile*) zur Verfügung, auf welcher sie wählen konnten.[73]

Insgesamt kann eine ähnliche Einschätzung der Kompetenz bei allen Sprechergruppen konstatiert werden, wobei jedoch die jeweilige *tâche communicationelle* im Englischen als deutlich leichter machbar einge-

---

[73] Wichtig ist noch, zu betonen, dass es hier nicht darum geht, ein Gespräch mit einem Franzosen oder einem Engländer zu führen, sondern bloß das Verständlichmachen des eigenen Anliegens, d.h. die Frage, ob die Studienteilnehmer ihr Anliegen in der jeweiligen Situation verständlich ausdrücken könnten.

schätzt wird. Für das Französische überwiegen Einschätzungen unter der Ziffer 3, *difficile*, für das Englische liegt die niedrigste Einschätzung bei 3,3, die meisten nähern sich der 4 an. Für detaillierte Ergebnisse siehe Anhang C.1 (Französisch) und C.2 (Englisch).

Die Jugendlichen sehen also weder das Verständlichmachen gegenüber dem Franzosen aus Paris noch gegenüber dem Briten aus London als einfache Aufgabe an, wobei sie jedoch der Meinung sind, die angegebenen Aufgaben gegenüber dem Briten besser lösen zu können als gegenüber dem Franzosen. Da das britische Englisch von der von den Jugendlichen gesprochenen Varietät des Englischen ebenso abweicht wie das akadische Französisch vom Standardfranzösischen, zeigt das Ergebnis wieder einmal, wie weit abweichend vom Standard sie ihr Französisch einschätzen.[74] Das Verständlichmachen auf Englisch wird als weniger schwierig empfunden, sodass beim Gebrauch dieser Sprache als Konsequenz weniger Hemmungen bestehen als beim Gebrauch eines standardnahen Französisch. Im Hinterkopf behalten muss man auch hier wieder, dass die Jugendlichen in den Genuss standardfranzösischer Bildung kommen und keiner von ihnen eine anglophone Schule besucht hat. Trotzdem sehen sie ihr Standardfranzösisch als weniger ausreichend an, um damit mit frankophonen Sprechern anderer Varietäten zu kommunizieren.

Diese Feststellungen führen direkt zum Folgekapitel, denn dann, wenn die eigene Varietät als nicht zureichend angesehen wird, kommt es zu Unsicherheit und sogar Scham bei ihrer Verwendung, vor allem im Gespräch mit anderen Frankophonen, wenn sich die Jugendlichen um eine Annäherung an das Standardfranzösische bemühen müssen.

4.5.4 Sprachliche Unsicherheit im Kontakt mit anderen Frankophonen

Wie sicher fühlen sich die Jugendlichen in einer Kommunikationssituation mit einem Sprecher, der nicht ihrer Sprachgruppe angehört, mit dem sie Französisch sprechen sollen? Fühlen sie sich unsicher, wenn sie ihre Sprache an den Standard anzunähern haben?[75] Auf einer Skala von eins bis sie-

---

[74] Auch in anderen Untersuchungen geben akadische Jugendliche an, dass Englische sei leichter als das Französische (vgl. u.a. Boudreau/Dubois 1991: 45).
[75] Boudreau (1995: 142f.) gibt an, dass einige Studienteilnehmer in ihrer Studie bei der Präsenz eines frankophonen Sprechers von außerhalb Unwohlsein äußerten. Leider gibt sie nicht an, wie viele ihrer Studienteilnehmer dieses Gefühl äußerten.

4.5 Sprachliche Unsicherheit und ihre Konsequenzen

ben[76] mussten die Studienteilnehmer bei den in der folgenden Tabelle aufgelisteten Äußerungen[77] ihre Einschätzung abgeben:

Aussage	ø insgesamt	ø Schüler	ø Studierende
i) Je me sens confortable quand je parle un « français standard ».	5	3,4	5,6
j) J'ai peur qu'on se moque de moi à cause de mon accent quand je parle en français.	2,5	2,2	3,3
k) Je suis confiant/e de bien me faire comprendre quand je parle un « français standard ».	4,8	4,5	5,
l) J'ai peur d'être ridiculisé/e pour la forme de français que je parle.	2,2	2,1	2,5
m) Le français que je parle est semblable au « français standard ».	3,2	3,1	3,5
n) J'ai honte de la façon que je parle le français.	1,6	1,8	1,3
o) J'essaie d'éviter les situations où je dois parler le « français standard ».	2,7	3,1	1,8
p) Je deviens nerveux/se quand j'ai à parler un « français standard ».	3,1	3,3	2,4
q) Lorsque je rencontre un francophone venant d'ailleurs, je me sens plus à l'aise de lui parler en anglais qu'en français.	2,6	2,9	1,9
r) Quand je parle « mon français » à un francophone venant d'ailleurs, je suis confiant/e d'être bien compris/e.	4	4	4

Tabelle 17: Schriftlicher Fragebogen: *Insécurité linguistique*

---

[76] 1 = *pas du tout d'accord*, 2 = *très peu d'accord*, 3 = *peu d'accord*, 4 = *modérément d'accord*, 5 = *fortement d'accord*, 6 = *très fortement d'accord*, 7 = *entièrement d'accord*.

[77] Die Fragen in dieser Sektion wurden wiederum in Absprache mit Kenneth Deveau aus einer von ihm selbst durchgeführten Studie (*Sondage sur les langues, les cultures et les identités*) ausgewählt, was den Vorteil hat, dass die Verständlichkeit gewährleistet war. Seine Studie entstand in Zusammenarbeit mit dem *Institut canadien de recherche sur les minorités linguistiques* und der *Fédération canadienne des enseignantes et des enseignants*.

4 Die Jugendlichen der Baie Sainte-Marie und ihre Sprache(n)

Je länger der Verbleib in einer frankophonen Bildungsinstitution war, desto sicherer fühlen sich die Jugendlichen in ihrer Sprachkompetenz. Dies wird deutlich, wenn man die Ergebnisse zwischen den Studierenden und den Schülern vergleicht: Die Studierenden glauben eher als die Schüler daran, dass sie sich mit ihrem Standardfranzösisch verständlich machen können (5,6 zu 3,4). Die Schüler vermeiden eher als die Studierenden Situationen, in denen sie sich um ein standardisiertes Französisch bemühen müssten (3,1 zu 1,8). Sie fühlen sich beim Versuch, das Standardfranzösische zu sprechen, eher nervös (3,3 zu 2,4) als die Studierenden und fühlen sich wohler, dann Englisch zu sprechen (2,9 zu 1,9). Sich ihrer Varietät zu schämen oder das Gefühl zu haben, deswegen belächelt zu werden, kann bei beiden Gruppen nur geringfügig festgestellt werden.

Obwohl Boudreau und Dubois, wie oben dargelegt, den Einfluss des Standardfranzösischen als Bildungssprache auf die sprachliche Unsicherheit der Jugendlichen als kritisch einschätzen (vgl. Boudreau/Dubois 1991: 40), kann anhand des Vergleichs der obigen Ergebnisse für Schüler und Studierende für die vorliegende Studie hervorgehoben werden, dass sich ein längerer Verbleib in diesem vom standardfranzösischen geprägten Bildungssystem positiv auf die Minderung der sprachlichen Unsicherheit auswirkt. Dies liegt unter anderem auch daran, dass die Studierenden der *Université Sainte-Anne* sich bewusst für ein Studium an einer frankophonen Universität entschieden haben – eine Entscheidung, die nicht unbedingt leicht fällt, sind doch namhafte(re) anglophone Universitäten, unter anderem die *Dalhousie University* in Halifax, in der Provinz anzutreffen.[78]

Wie äußert sich sprachliche Unsicherheit im mündlichen Korpus? Obwohl metasprachliche Kommentare in der vorliegenden Studie größtenteils ausbleiben[79] – dies liegt daran, dass ich bei den Interviews nicht vor Ort

---

[78] Eine innerhalb dieser Thematik zu stellende Frage ist die nach einem möglichen Zusammenhang zwischen sprachlicher Unsicherheit und der verwendeten Sprache: Bedeutet die Verwendung von übermäßig vielen Akadianismen und/oder Anglizismen, dass bei diesen Sprechern sprachliche Unsicherheit vorherrscht? Moïse ihrerseits sieht keinen Zusammenhang zwischen verwendeter Sprache und sprachlicher Unsicherheit: „Le sentiment d'insécurité linguistique ne joue pas sur la variété de français employé, pas plus, d'ailleurs, que la variété de français utilisée ne joue sur le sentiment d'insécurité linguistique" (Moïse 1998: 309). Dies bedeutet, dass auch Sprecher, deren Sprache sich formal näher am Standard situieren lässt als die anderer Sprecher, trotzdem ein größeres Gefühl sprachlicher Unsicherheit aufweisen können.

[79] Metasprachliche Äußerungen sind Kommentare der Sprecher *über* ihre Sprachproduktion, beispielsweise wenn sie ein Wort nicht kennen, oder wenn sie eines verwenden, welches sie als *inadäquat* einschätzen. Vgl. für

war –, finden sich in einigen Interviews nach englischen Wörtern nachgeschobene standardfranzösische Entsprechungen. Diese Umformulierungen finden sich auch in Boudreaus und Dubois' Studie in Neubraunschweig (vgl. Boudreau/Dubois 1993: 157). Es wird eine Auswahl vorgestellt und im weiteren Verlauf der Arbeit punktuell, wenn der englische Einfluss zur Sprache kommt, auf einzelne dieser Nachschübe eingegangen. Die Umformulierungen zeigen, dass sich die Jugendlichen zumindest zeitweise der Interviewsituation bewusst sind und dass der englische Begriff die natürlichere Wahl darstellt:

FADE-r → disparaître
(68) moi h'crois qu'le français va F/va disparaître une miette à la fois. (P13)

HIGHSCHOOL → école secondaire
(69) h'ai GRADU-é de l'école en/de l'école secondaire dans 2006/eh de la HIGHSCHOOL. (UC3)

EARTHQUAKE → tremblement de terre
(70) Canada est un bon place à viv' parce qu'i y a point troup comme/des guerres pis/des EARTHQUAKE/et pis des tremblements de terre ça là ces SAME THINGS. (EC7)

COPS → la police
(71) si qu'/c'est un vol/les COP ou le quoi coumme le/police/là. (P15)

Im letzten Beispiel zeigt vor allem die Pause (,/'') vor *police* und der falsche Artikel *le*, die Unsicherheit.

4.6 Zukunftsprognosen für das Akadische Neuschottlands

Die Fragen 3a sowie 3b aus Abschnitt C) des schriftlichen Fragebogens beschäftigen sich mit dem Thema Sprachtod:

3a. Est-ce que tu crois que le français est en train de disparaître dans ta région?
3b. Si oui, qu'est-ce que tu en penses?

20 Jugendliche bejahen die Frage nach einem drohenden Sprachtod des Französischen in ihrer Region, und 10 verneinen sie. Zwei Drittel sehen al-

---

eine Auswahl solcher Kommentare Szlezáks Studie zum Französischen in Massachusetts (Szlezák 2010: 199ff.).

so deutliche Zeichen für den langsamen Sprachverfall, die sie bei Frage 3b. eingetragen haben. Den Hauptgrund für den Sprachtod sehen die Jugendlichen in dem großen Einfluss des Englischen. Die folgenden Aussagen sind dem schriftlichen Fragebogen entnommen, wobei die Orthographie nicht korrigiert wird:

> (72) Parceque plusieur personne parle le anglais. (P7)
> (73) Les jeunes parlent plus en anglais que jamais et ne connais pas des vieux mots acadiens. (P14)
> (74) Parce que tous est anglais. (P16)
> (75) Les jeunes sont capables de parler français, mais ils choisissent de parler anglais. Alors, le français disparaît un peu. (UC3)
> (76) Les jeunes n'apprécient pas la langue française, car il ne parle plus en français. (UC5)
> (77) En cours de disparition, care toute info extérieure est anglaise, toutefois je doute qu'il disparaissera complètement. (EC11)

Als weiterer Grund wird die hohe Abwanderung, vor allem von gut ausgebildeten jungen Akadiern, gesehen:

> (78) Le monde quitte pour des emplois et demeure souvent dans des régions acadiennes. La communauté est devenu vieux. Le taux de jeune diminu. (UC2)
> (79) Il n'y a pas assez d'emploi. (EC6)

Eine Sprecherin macht auch den Einfluss des Standardfranzösischen, welches in der Schule unterrichtet wird, für den drohenden Sprachtod des Akadischen verantwortlich:

> (80) Je pense que les école devrait enseigner un peu plus de notre acadien et un moin du propre français car ce n'est pas notre langue maternelle. (P13)

In dem mündlichen Fragebogen wird das Thema Sprachtod und Sprachverfall in der folgenden Frage angesprochen:

> h) Est-ce que tu penses qu'il y aura toujours du monde en Nouvelle-Écosse qui parle le français? Est-ce que le français est en péril dans ta région? Justifie ta réponse.

Die Mehrzahl der Antworten ist negativ gestimmt:

> (81) moi j'crois/comme/dans cent ans/deux cent ans/'t-êt' i y a/i y aura pus d'comme/français/continu/dans les régions acadiennes/comme/i vont 't-

4.6 Zukunftsprognosen für das Akadische Neuschottlands

êt' avoir les écoles françaises pis comme/i vont apprend' le français comme/à cinq ans/comme à Pomquet/mais comme j'crois pus qu'i y aura du monde qui vont/comme/lorsque i sont nés comme/le français va êt' leur langue maternelle. (P2)

(82) i [le professeur, Anm. der. Verf.] avait dit coumme/comment ça va point beaucoup d'mounde/dans/les écoles/f ehm/français à part coumme/Vancouver et partout là/SO/moi j'crois que/n'en va encore du mounde/avec qui parlent français mais/ej crois qu'ça va êt' plus comme/le français/comment est-ce qu'j'vas dire ça ?/coumme pas le français avec l'accent/coumme moi/mon accent d'Clare comme/GREENWOOD et/tout du STUFF de même c'est rinque/on peut parler en français/mais h'espare point. (P4)

(83) j'crois vraiment qu'il va toujours avoir du français/ehm/en Nouvelle-Écosse/ehm/mais/le nomb' pourrait diminuer/c'est ça va probablement diminuer. (P11)

(84) j'pense que oui i va toujours avoir du monde en Nouvelle-Écosse qui parle le français/parce qu'on est trop têtus/mais/j'pense que/eh la quantité d'gens qui parle le français est probablement en train d'diminuer/parce que simplement l'anglais/est partout/l'anglais domine. (EC11)

Darüber hinaus kann konstatiert werden, dass, auch bei den Antworten, in welchen die Jugendlichen der Meinung sind, dass das Französische in ihrer Provinz nicht aussterben wird, sie sich doch dessen bewusst sind, dass in Zukunft ein anglisierteres Französisch gesprochen werden wird:

(85) EC6: i va tout l'temps avoir du monde qui parle le français mais/la seule affare qui va vraiment chanher c'est comben c'qu'i n'y a d'anglais dans l'français/
EC7: YEAH/coumme asteure/coumme/quand c'qu'on parle. (EC6+EC7)

Ein weiterer Grund für den Sprachtod besteht für die Jugendlichen darin, dass das Französische vor allem in denjenigen Familien immer weniger weiter gegeben wird, in denen ein Elternteil anglophon ist:

(86) i y a beaucoup d'familles asteure qu'c'est un parent anglophone un parent/qu'est français ça fait qu'/le parent qu'est français peut USUALLY parler anglais mais c'te-là qui parle anglais peut hamais parler français ça fait qu'tout le monde END-e UP à parler l'anglais. (UC3)

(87) EVEN quand c'que t'es mari/si tu maries/un anglais/tu vas apprend' ton enfant en anglais à cause/nous-aut' j'sons bilingues/et c'est rinque/le français va rinque se perd'. (EP1)

4 Die Jugendlichen der Baie Sainte-Marie und ihre Sprache(n)

Doch auch wenn beide Elternteile frankophone Akadier sind, wird das Französische nicht immer an die folgende Generation weitergegeben:

(88) j'vois/du mounde/ben sûr coumme des des familles qui/coummencent à pard' leur français là coumme. (UC1)
(89) P2: mais est-ce que c/est-ce que tu sais comme si les parents/parlent en/comme s'ils ont un bébé/est-ce qu'ils vont parler à c'te bébé-là en français ou/pas vraiment ?/
P1: n'y en a que non/
P2: mh/
P1: pis moi j'suis comme/« c'est triste ». (P1+P2)

Selbst in den Schulen des *CSAP* (*Conseil Scolaire Acadien Provincial*) wird nicht selbstverständlich Französisch gesprochen, was aus eigener Erfahrung für die beiden Schulen, die im Rahmen der Recherche für die vorliegende Arbeit besucht wurden, bestätigt werden kann, da in den Fluren in Par-en-Bas ausschließlich und in Clare größtenteils Englisch zu hören war. Diese Einschätzung wird von den Studienteilnehmern in den Interviews bestätigt:

(90) ej fais des stages RIGHT pis/toutes les fois que j'entre dans la HIGHSCHOOL/pas/c'est rare que tu vas entend' du français/tout l'monde parle en anglais/pis à WEDGEPORT eh/à Par-en-Bas/i parlont/coumme/N me dit tout l'temps i sont coumme/« tu parles rinque français en classe »/coumme/dans les HALL coumme/c'est anglais/tout le temps. (UC6)
(91) aussi on voit souvent/ehm des gens parler/anglais/à l'école/pis j'veux dire/c'est pas une/terrib' chouse et rien parce que l'anglais est touT aussi bon que le français/mais quand tu parles uniquement l'anglais dans une école francophone là/j'sais pas/c'est pas trop encourageant. (EC11)
(92) P1: Par-en-Bas i y a/comme/le monde refuse de parler en français dans les/dans l'école/
P2: c'est CRAZY/
P1: i sont comme/« français est stupide/faut pas parler en français ». (P1+P2)
(93) ben/N FOUND OUT l'aut' jour de/que/il avait été/à Espb/eh/l'École Secondaire d'Par-en-Bas pis/i/I GUESS que/tous les écoles/tous les élèves dans l'écoles parlont anglais même qu'en avant des profs/coumme/i parlont/i parlont touT anglais coumme/dans les HALL/c'est incroyab'. (UC4)
(94) EVEN dans les CORRIDOR asteure t'entends pas beaucoup de mounde parler français à l'école/et si qu'i parlont pas français à l'école/dans une école française/i allont jamais parler français/en dehors l'école. (EP1)

4.6 Zukunftsprognosen für das Akadische Neuschottlands

Es wird auch angemerkt, dass das akadische Französisch eine gesprochene Sprache ohne eigene Orthographie sei, und dass vor allem Erwachsene, die ihre Schulbildung auf Englisch genossen haben, das Schriftfranzösische nicht lesen könnten und aufgrund dessen auch weniger mit dem Standard in Verbindung kämen als mit dem Englischen. Dazu äußern sich zwei Studentinnen der *Université Sainte-Anne*:

(95) h'ai appris ça dans mes SOCIAL WORK CLASS/I GUESS que le gouvernement envoie coumme des sondages et du STUFF/aux logis/d'à coumme tout le monde et pis/et là/i pouvont coumme/FILL-er IN/i WELL i pouvont dire coumme si i emploiont anglais ou français/mais la plupart des Acadiens coumme l'en a qui pouvont/point/lire ou écrire/dans n'imp/NOT EITHER langue RIGHT/SO USUALLY i allont PICK-er coumme anglais/ou n'allont point l'remplir du tout/CAUSE/du monde qui comprend point coumme/j'sais pas coumme not' français c'est acadien/BUT les sondages et du STUFF ça vient en français standard/SO i pouvont point coumme/tu sais ben remplir ben comprend'. (UC6)

(96) à cause que moi/eh c/comme/mes parents même/ehm/ma mère a NEED-é d'aller à l'école AGAIN/après que h'étais née/pour m'aider avec mon français/comme/tu sais/à cause h'avais du HOMEWORK et du STUFF/et pis/mon père pouvait OBVIOUSLY point m'aider cause que lui/il lit/écrit touT boN en anglais/BUT le français il peut point/du tout/comme il peut point lire/comme il le/il le 'garde pis/il peut point/pis ehm/moi-même/quand c'qu'il y a des SURVEY/ej demande pour l'anglais. (UC5)

Es bereitet vor allem dieser letzte Satz Sorgen: Diese jungen Akadier sind diejenigen, die ihre gesamte Schullaufbahn auf Französisch durchlaufen haben und die sich dazu entschlossen haben, an einer frankophonen Universität zu studieren. Trotzdem geben sie an, mit der französischen Schriftsprache Schwierigkeiten zu haben und wählen daraufhin bei offiziellen Dokumenten das englischsprachige. Keiner der von mir befragten Jugendlichen liest abgesehen von seinen Hausaufgaben freiwillig etwas Französisches. Die Jugendlichen befinden sich so in einem Teufelskreis: Sie verstehen das Schriftfranzösische nicht, also meiden sie es. Weil sie es aber meiden, verlernen sie es, beziehungsweise beherrschen das Englische besser als das Französische. Also werden sie auch in Zukunft keine französischen Dokumente anfordern.

Trotz dieser vor allem negativen Einschätzung der Jugendlichen, was die Zukunft ihrer Sprache betrifft, sehen einige von ihnen auch das Bemühen um das Weiterleben der akadischen Sprache und Kultur. Hier werden zunächst die Immersionsprogramme und die Schulen des *CSAP* genannt,

4 Die Jugendlichen der Baie Sainte-Marie und ihre Sprache(n)

im zweiten Interviewausschnitt geht es um die Rolle der *Université Sainte-Anne* sowie um kulturelle Veranstaltungen wie das *Festival Acadien de Clare*:

(97) moi j'suis fiare que/coumme i y a/moi j'trouve qu'i n'y a d'l'effort/pour garder l'français en Nouvelle-Écosse coumme/moi h'ai travaillé pour les/les camps d'immersion/[...] i y a coumme des/des écoles partout en Nouvelle-Écosse/français/Csap/[...] les Anglophones/sont plus encouragés à prand'/coumme l'immersion à l'école et touT ça pis i y a des programmes. (UC2)

(98) crois point qu'dans not' région/c'est un problème parce qu'on a Université Sainte-Anne/c'est Université Sainte-Anne pis le/coumme Festival Acadien de Clare pis/on a tous sortes de différents/différents chouses qui/vont empe/empêcher ça [den Sprachtod, Anm. d. Verf.]. (EC4)

Es wurde in Kapitel 2 bereits angedeutet, dass und wieso die Baie Sainte-Marie neben Pubnico (Argyle) die sprachlich konservativste der akadischen Gebiete ist. Im nächsten Kapitel werden ausgewählte dialektale, archaische und akadische Charakteristika dieser Varietät vorgestellt, um darauf aufbauend dann ausgewählte Aspekte des englisch-französischen Sprachkontaktes in der Varietät im Folgekapitel zu beleuchten.

5 *Une variété archaïque?* Ausgewählte morphosyntaktische und lexikalische Charakteristika

5.1 Zur Bedeutung des akadischen Elements

> It is certainly worth keeping in mind that *chiac* involves use of traditional dialect features and is not just a mix of some school variety of French with English. (King 2008: 153)

Das häufig als *moitié moitié* oder *franglais* betitelte *Chiac* ist nicht bloß ein ‚Mix' aus Englisch und einem standardnahen Französisch. Im Gegenteil: Es beinhaltet nicht wenige Dialektalismen und Archaismen, die typisch für die akadischen Varietäten sind. Diese von King für das *Chiac* geäußerte Tatsache trifft in besonderem Maße auch auf das Akadische der Baie Sainte-Marie zu, welches, wie bereits angedeutet wurde, die archaischste der akadischen Varietäten ist: „Baie Sainte-Marie is home to the most conservative of Acadian varieties, preserving a number of features lost in the Acadian French of, say, southeastern New Brunswick" (King 2012: 42).

Die in diesem Kapitel vorgestellten Charakteristika basieren auf den Varietäten, die die Siedler[80] aus dem *Poitou* und den angrenzenden Regionen in die alte Akadie brachten. Vor diesem Hintergrund verwundert es nicht, dass auch heute noch der phonetische, morphosyntaktische und lexikalische Einfluss dieser Varietäten auf das Akadische zu spüren ist[81] und

---

[80] Vgl. für eine genaue Auflistung der akadischen Familiennamen und der Herkunft dieser Familien Massignon (1962: Bd.1: 70ff.) sowie Wiesmath (2006: 34).

[81] Es wird hier nicht auf die verschiedenen Entstehungstheorien des akadischen Französisch eingegangen, da dies für die vorliegende Studie nicht von Relevanz ist. Für Informationen zu den verschiedenen Positionen siehe: Massignon 1962 (genealogische Untersuchungen), Charpentier 1994 (das Poitevinische als akadisches Substrat beziehungsweise Akadisch als exportiertes Poitevinisch). Für eine Zusammenfassung der verschiedenen Positionen siehe Wiesmath (2006).

5 Ausgewählte morphosyntaktische und lexikalische Charakteristika

dass eine Vielzahl der Ckarakteristika auch im Französischen Frankreichs in den regionalen Varietäten oder im *français populaire* weiterleben.[82] Bevor mit der Analyse der akadischen Merkmale begonnen wird, sollen zunächst die Jugendlichen zu Wort kommen, denn auch sie äußern sich im Korpus zu den Besonderheiten der akadischen Lexik und Morphosyntax:

(99) ej sais point/on dirait/on dirait qu'français acadien c'est plus comme/eh l'héritage comme c'est comme/c'est des eh/c'est des mouts/qui sont vieux/pis qu'nous-aut' on continue à USE-r mais/d'aut' persounnes/le coumme français d'Québec/s on/serait de rioN/ouais/manière coumme « havrer ». (P17)

(100) l'acadien/de Clare c'est comme/i y avont beaucoup plus vieux mots français aussi c'est comme/c'est vraiment COOL/comme/j'sais pas/« asteure »/ou « bailler »/ou/« bailler »/((rires)) « bailler ». (P2)

(101) UC3: quand ce que h'étais dit l'histoire de l'Acadie à l'Université Sainte-Anne dans mes cours/tu lis des textes eh/quat' cents/cinq cents/ans passé/de longtemps passé pis/c'est/touT d'un coup ej vois des mouts que j'dis tous les hours pis c'est comme/« WOW/j'suis point complètement pardue/j'suis point »/
UC4: non que le mounde di/des mouts que le monde dit qu'est point correct et blabla/
UC3: ouais touT d'un coup à l'école h'ai h'ai tout le temps appris que j'peux point dire/« point »/à la place faut j'dis juste « pas »/mais/non/quand c'que tu lis des affares que/en France de/XVII/dans le XVIIe sièc' dans les seize cents/pis c'est des « point »/à la place des « pas » WELL. (UC3+UC4)

Gerade der im letzten Beispiel angesprochene Gebrauch der Negatoren *pas* und *point* – die Verneinungspartikel *point* ist typisch für das Akadische an der Baie Sainte-Marie – wird im Folgenden neben anderen morphosyntaktischen und lexikalischen Charakteristika analysiert werden. Zunächst erfolgt jedoch noch eine Einordung der hier analysierten Varietät in das akadische Kontinuum.

Vielerorts, auch in dieser Arbeit, wird vereinfacht von *dem akadischen Französisch* gesprochen, obwohl Klarheit darüber besteht, dass es *das* akadische Französisch nicht (mehr) gibt. Neumann-Holzschuh und Wiesmath schreiben, dass die bis 1755 gesprochene Varietät als *français acadien* angesehen werden kann. Doch nach dem *Grand Dérangement* war der Ein-

---

[82] Im Folgenden wird bei den jeweils vorgestellten Charakteristika angemerkt werden, wenn das Phänomen meines Wissens nach in Frankreich, aber auch in anderen nordamerikanischen Varietäten des Französischen geläufig ist.

5.1 Zur Bedeutung des akadischen Elements

fluss des Standardfranzösischen und des Englischen in manchen von Akadiern besiedelten Gebieten größer als in anderen, sodass infolgedessen aus dem einst homogenen *français acadien* die heutigen *parlers acadiens* entstanden sind (vgl. Neumann-Holzschuh/Wiesmath 2006: 236).

Diese akadischen Varietäten unterscheiden sich in einigen wichtigen Punkten voneinander, sodass von einem Kontinuum gesprochen wird, innerhalb dessen die französischen Überseevarietäten zwischen dem Standard einerseits und den französischen Kreolsprachen andererseits eingeordnet werden können (vgl. Neumann-Holzschuh/Wiesmath 2006: 234f.). Die beiden Sprachwissenschaftlerinnen sprechen darüber hinaus von einem neuschottischen „continuum interlinguistique", in dem das Akadische der Baie Sainte-Marie besonders konservativ sei,[83] was, wie bereits erwähnt, mit der homogenen Besiedlung des Gebiets nach dem *Grand Dérangement* zu erklären ist.

Darüber hinaus fügen die beiden Autorinnen den Gedankengang hinzu, dass es nicht nur eine diatopische Variation („variation topolectale") des Akadischen gibt, sondern dass darüber hinaus auch eine Variation zwischen verschiedenen Altersstufen („variation intergénérationelle") festgestellt werden kann. Je nach Sprachkompetenz ist also auch in einer einzigen Sprachregion von den unterschiedlichsten Performanzen der einzelnen Sprecher auszugehen. Gerade wegen dieses Punktes erfolgt für viele in dieser Arbeit untersuchten Phänomene eine Gegenüberstellung der Ergebnisse von Studierenden und Schülerinnen und Schülern. Die Studierenden haben sich für ein Studium an der frankophonen *Université Sainte-Anne* entschieden und sind so täglich mit dem Französischen als Wissenschaftssprache und den verschiedensten Varietäten konfrontiert,[84] während die Schülerinnen und Schüler hauptsächlich mit akadischen Lehrkräften an ihrer Schule Kontakt haben und aufgrund der bereits thematisierten hauptsächlich englischen Mediennutzung nicht oder nur kaum in den Genuss von standardfranzösischem Input kommen. Von den Studierenden könnte also erwartet werden, im Korpus weniger Akadianismen zu verwenden. Dies sieht Flikeid ähnlich, die schreibt: „[I]l y a ‚érosion' de certains traits acadiens saillants là où l'influence institutionnelle du français normatif est la plus forte et agit de longue date" (Flikeid 1991: 293).

---

[83] „Celle-ci [Neuschottland, Anm. d. Verf.] constitue un continuum intralinguistique sur lequel le parler de la Baie Sainte-Marie s'avère particulièrement conservateur" (Neumann-Holzschuh/Wiesmath 2006: 235).

[84] Der Kontakt mit den verschiedenen Varietäten des Französischen entsteht dadurch, dass an der *Université Sainte-Anne* Dozenten aus der gesamten frankophonen Welt unterrichten.

5 Ausgewählte morphosyntaktische und lexikalische Charakteristika

Die logische Schlussfolgerung für die vorliegende Studie wäre, dass die Studierenden mehr standardfranzösische Formen verwenden als die Schüler, da sie dem standardfranzösischen Einfluss durch die Universität in besonderem Maße ausgesetzt sind.

King berichtet, dass vor allem diejenigen akadischen Gebiete in Neuschottland die typischen Charakteristika des akadischen Französisch beibehalten haben, die in engem Kontakt zum Englischen stehen, da hier der Einfluss des Standardfranzösischen normalerweise geringer sei:

> Those communities which have more contact with English typically have less contact with Standard French, since in ‚mixed' communities French education schooling is not usually in place. This leads to an interesting result: it is the communities which have more contact with English that better preserve Acadian French, since there is less modelling on an external standard. (King 2000: 37f.)

Kings Zitat stammt jedoch aus einer Zeit, als in Neuschottland gerade erst die französischen Schulen des *CSAP* implementiert wurden. Heute haben die Jugendlichen Kontakt zum Standardfranzösischen *und* zum Englischen. Neumann-Holzschuh führt infolgedessen neben der Rolle des Standardfranzösischen für den Verlust der akadischen Charakteristika die Rolle des Englischen an (Hervorhebung im Original):

> Das traditionelle *acadien* ist gegenwärtig somit einem doppelten Verdrängungsprozeß ausgesetzt: durch das Englische einerseits und das u.a. über die Schulen vermittelte Standardfranzösisch beziehungsweise das *québécois standard* andererseits, was die zunehmende Aufgabe charakteristischer Merkmale des akadischen Französisch zur Folge hat. (Neumann-Holzschuh ²2008: 115, vgl. ebenso ebd. 2005b: 806)[85]

Im Folgenden werden immer dort, wo älteres Sprachmaterial von Untersuchungen zu akadischen Besonderheiten des Französischen der Baie Sainte-Marie vorhanden ist, Angaben zur diachronen Entwicklung des untersuchten Phänomens angegeben. Dies kann hier fruchtbar sein, denn bei zunehmendem Einfluss französischer Schulbildung im Vergleich zu den vorhergehenden Generationen ist eine Annäherung an das Standardfranzösische in den Idiolekten der vorliegenden Studie anzunehmen. Zum Vergleich mit der Verwendung einiger akadischer Charakteristika mit einem älteren Sprachstand muss auf Flikeids Studie aus den 1980er Jahren zurückgegriffen werden, in welcher sie Umfragen in den akadischen Gebieten Neu-

---

[85] Vgl. zu diesem Punkt ebenfalls King (2000: 36f.)

5.2 Die Personalpronomina

schottlands machte und die transkribierten Ergebnisse der einzelnen Regionen miteinander verglich.

Mithilfe eines Vergleichs zwischen meinen und Flikeids Ergebnissen bei typischen akadischen Charakteristika sowie mit dem Vergleich der Sprachproduktion der Schüler mit derjenigen der Studierenden kann der Frage nachgegangen werden, ob die These vom Verschwinden akadischer Merkmale aufgrund von französischsprachiger Schulbildung bzw. längerem Kontakt zum Standardfranzösischen in der hier untersuchten Region zutrifft.

Für alle untersuchten Phänomene dieses Kapitels gilt, dass standardfranzösische Formen auch in den meisten der einzelnen Idiolekte parallel zu den akadischen verwendet werden – ein Charakteristikum, welches diese Varietät trotz des hier existierenden Zugangs zu französischsprachigen Bildungsinstitutionen mit verwandten Varietäten wie dem *Cadien* in Louisiana teilt.[86]

5.2 Die Personalpronomina

Die erste Person Singular:
Wie im gesprochenen hexagonalen Französisch kann das Personalpronomen der ersten Person Singular, *je*, in der vorliegenden Varietät vor Konsonanten abgeschwächt werden, d.h. der Schwalaut verschwindet:

(102) j'suis pas sûr où/pis **j'suis** pas trop sûr si **j'vas** aller dans/bac en/sciences/'t-êt' éducation. (EC4)[87]
(103) quand c'que **j'pense** à coumme êt' Acadien **j'pense** à la déportation et ça pis coumme. (EC3)

Typisch für die an der Baie Sainte-Marie gesprochene akadische Varietät ist auch die Realisierung des Personalpronomens der ersten Person Singular als *ej [əʒ]*:[88]

---

[86] Vgl. hierzu das mündliche Korpus zum *Cadien* Louisianas von Stäbler (1995b). Einzelne Beispiele u.a. zur auch in dieser Arbeit angesprochenen Variation bei den Imperfektformen der dritten Person Plural finden sich in Neumann-Holzschuh/Bollée (1998: 182).

[87] Die Verwendung von *j'vas* anstelle von *je vais* ist typisch für die vorliegende Varietät (vgl. Starets 1986a: 543) sowie für gesprochene hexagonale und nordamerikanische Varietäten.

[88] Chaudenson (1989: 98) gibt an, dass *ej* auch in der im US-Bundesstaat Missouri gesprochenen Varietät verwendet wird. Bauche (1928: 107) belegt die Verwendung auch im *français populaire*.

5   *Ausgewählte morphosyntaktische und lexikalische Charakteristika*

(104) coumme **ej trouve** que/coumme/le monde disait « oh c'te persounne-là devrait coumme aller en JAIL pour au moins deux ans ». (EC3)
(105) ehm/**ej suis** fière d'êt'/Canadienne **ej peux** dire ça. (EC7)

Die zweite Person Singular:
Das Personalpronomen der zweiten Person Singular, *tu*, kann vor einem Vokal oder Konsonant ebenso wie im *français parlé* als *t'* realisiert werden, es scheint jedoch für das vorliegende Korpus so, als könne es bei den Konsonanten lediglich vor dem stimmlosen Frikativ [s] gekürzt werden:[89]

(106) **t'es** point vraiment anglophone SO. (EC4)
(107) BUT **t'aimes** point comme ANY STUFF de même **t'aimes** pas regarder « STAR WARS ». (EC11)
(108) pis ça c'était/**t'sais**/c'était une pas mal grousse c'était un pas mal grousse affaire ça. (UC1)

Die dritte Person Singular:
Die Personalpronomina in der dritten Person Singular maskulin lauten *il/i* sowie feminin *elle/alle/a*:[90]

(109) **il** était prêt à coumme MOV-er BACK dans Clare/**il** pouvait point/CAUSE **il** allait pard' tous ses années. UC6)
(110) **i** était c'était rinque un sout/**i** était/ouais c'était un esclave qui comprenait point pis **il** a rinque brulé rinque à cause ça faisait point d'suite BUT. (UC3)
(111) une de mes CHUM a venu pis **elle** est comme. (UC5)
(112) c'est juste ça à cause qu'**a** HANG-e OUT/**alle** était dans immersion pis **a** HANG-e OUT rinque avec du monde de Clare. (UC6)
(113) l'aut' jour j'parlais à une femme pis/**alle** a dit qu'/[…] comme j'savais quoi c'qu'**a** parlait de BUT/**a** voulait dire « compréhension »/((rires)) mais **alle** a dit « comprenir ». (UC3)

Die vorliegende Varietät zieht *elle* beziehungsweise *alle* vor Vokalen vor und *a* vor Konsonanten,[91] wie aus den vorhergehenden Beispielen deutlich wird. Bei den maskulinen Personalpronomina wird vor Vokal *il* gesetzt, vor

---

[89] Szlezák (2010: 41) gibt in ihrer Arbeit zu den französischen Varietäten in Massachusetts auch nur Beispiele für *t'* vor [s] an.
[90] Ebenso ist es im *français populaire* (vgl. Bauche 1928: 109).
[91] Auch in Neubraunschweig wird *a* vor einem Konsonant und *alle* vor einem Vokal verwendet (vgl. Péronnet 1989a: 142, Gérin 1982: 128f.); sowohl Péronnet als auch Gérin geben an, dass diese Formen in einigen Regionen im Westen und Norden Frankreichs verwendet werden.

5.2 Die Personalpronomina

Konsonanten steht meist *i*,[92] aber auch *il* kommt vor (siehe Beispiele oben). Es konnten keine Regeln bezüglich der Verwendung von *il* oder *i* vor einem Konsonant festgestellt werden.

Der Gebrauch von *ça* für die Personalpronomen der dritten Person (Singular und Plural), welcher in anderen akadischen Varietäten anzutreffen ist,[93] findet sich nur selten:

(114) mon onc' **ça** vient du Nouveau- Brun/du NEW BRUNSWICK. (P18)
(115) mon ordinateur est complètement retardé **ça** a pas d'auto correcteur/**ça** a coumme/pas d'accents/**ça** a rien. (P3)
(116) tchetchun qui vient point d'par icitte/ehm/et pis ils arrivont pis/**ça** départ/coumme/dans/coumme/français d'icitte. (P16)

Die erste Person Plural:
Wie von anderen nordamerikanischen Varietäten des Französischen und im *français populaire* bekannt (vgl. Gérin 1982: 125f.),[94] wird das betonte Personalpronomen *nous* in der Regel durch *nous-autres* ersetzt, an Stelle des unbetonten Personalpronomens stehen *on* oder *je*:

(117) **nous-aut' on** est FRIENDS à les GREENWOOD. (P4)
(118) c'est point des mots que **nous-aut' h**'entendons par icitte du tout. (P13)

Je steht mit der Verbalform der ersten Person Plural (*j'avons, je parlons*), *on* wird wie im hexagonalen Französisch mit der Verbalform der dritten Person Singular gebraucht (*on a, on parle*). Der Gebrauch der Form ist ein typisches Charakteristikum für das Französische der Baie Sainte-Marie (Hervorhebung im Original): „Rien n'est plus caractéristique que l'usage du *je* à la première personne du pluriel: *j'allions, j'venons, j'avions ... ce qui tient lieu à la fois de nous allions*, et de *on allait*; de *nous venons* et de *on vient*, etc." (Massignon 1947: 48).

---

[92] Diese Abschwächung ist typisch für das akadische Französisch und auch in der Sprache der *honnêtes gens* des 17. Jahrhunderts wurde *il* vor einem Konsonant zu *i* abgeschwächt (vgl. Gérin 1982: 127).
[93] Vgl. für die französischen Varietäten in Louisiana Neumann-Holzschuh (2000: 257) sowie Chaudenson (1989: 99).
[94] Für das *français populaire* vgl. neben Gérin v.a. Bauche (1928: 108) und Ryan (1989: 204). In Louisiana steht bis auf wenige Ausnahmen in der Regel *on* für *nous*, bis auf wenige Ausnahmen, in denen *nous* verwendet wird (vgl. Neumann-Holzschuh/Bollée 1998: 184); vgl. für die Baie Sainte-Marie Starets (1986a: 531).

5 Ausgewählte morphosyntaktische und lexikalische Charakteristika

Grevisse schreibt in *Le bon usage* zu dieser Form (Hervorhebung im Original): „*Je* pour *nous* (ou *je* suivi de la 1re pers. du plur.) se trouve dans l'écrit quand les auteurs veulent reproduire la langue populaire, surtout paysanne." Er schreibt weiter: „Cet emploi apparaît au XVe s. [...] Il se trouve au XVIe s. dans toutes les classes sociales [...]. Par la suite, les auteurs n'attestent l'emploi que dans la bouche de gens du peuple" (Grevisse [13]1993: §635). Diese Form wurde für das *Chiac* bei Roy nur bei dem ältesten Studienteilnehmer, einem 89-jährigen Herren, festgestellt (vgl. Roy 1979: 54).[95]

Eine Besonderheit in der Verwendung ist, dass in Kombination mit reflexiven Verben das standardfranzösische Reflexivpronomen *nous* und nicht etwa das der ersten Person Singular, *me*, verwendet wird:

(119) BUT quand ce que zeux venaient/dans Clare/c'était opposé/nous-aut' ej **ej/nous moquions**/de zeux. (UC5)

Englische Verben werden ebenfalls mit dem *je collectif* verbunden und in die akadische Matrix integriert:

(120) ouais SO i y a comme/si tant d'RANDOM mouts/que rinque/on a fait de pard'/que **j'US-ons** pus. (UC5)
(121) moi le seul temps que ej regarde la télévision française c'est quand ce MUM s'en voN/et pis **ej WATCH-ons**/un MOVIE/pis qu'la **WATCH-ons**/ej le mets en français pour qu'a peuve comprend'. (P13)

Dank Flikeids Studien, die die Verwendung des *je collectif* Ende der 1980er Jahre in den akadischen Regionen Neuschottlands untersucht und die ihre Ergebnisse nach den einzelnen Regionen aufgeteilt veröffentlicht hat, ist an dieser Stelle ein diachroner Vergleich möglich. In Flikeids Studie wird die akadische Form häufiger von jüngeren Sprechern verwendet: „[L]'emploi de cette variante est plus fréquent chez les plus jeunes" (Flikeid 1989b: 193, vgl. ebenso ebd. 1991: 291).

In ihrer Studie untersucht sie verschiedene Phänomene in zwei Sprachregistern, einerseits spontane, informelle Sprache, aufgenommen mit einem Interviewpartner aus der jeweiligen akadischen Region, sowie ein formelleres Interview mit einem der Region fremden Interviewpartner. Flikeid gibt zur Verwendung an der Baie Sainte-Marie an, dass das *je collectif* im Rahmen der informellen Interviews in 59 % der Fälle gebraucht wird (vgl. Fli-

---

[95] Zu weiteren diachronen Angaben zum Gebrauch der Varianten vgl. King (2012: 40).

5.2 Die Personalpronomina

keid 1991: 290).[96] Hilfreich für die vorliegende Studie ist, dass Flikeid in ihrer Studie ebenfalls Angaben zur Verwendung des Phänomens in den jeweiligen Altersstufen gemacht hat: Die 15- bis 34-Jährigen verwenden diese Form in 68 % der Fälle, während sie in der Gruppe der über 55-Jährigen in nur noch 43 % der Fälle verwendet wird (vgl. Flikeid 1991: 292). An anderer Stelle schreibt sie, dass sich die Verwendung zugunsten von *on* bei Studienteilnehmern mit höherer Bildung und längerem Schulbesuch verringert (vgl. Flikeid 1989b: 193). Die Sprachwissenschaftlerin interpretiert ihre Ergebnisse wie folgt: „Cette distribution [...] peut en premier lieu être expliquée par l'influence relativement faible qu'exerce la scolarisation (à contenu fortement anglophone) sur le français parlé dans l'ensemble de la Nouvelle-Écosse, même de nos jours" (Flikeid 1991: 291).

Es bietet sich nun also, wie bereits in der Hinführung dieses Kapitels verdeutlicht, einerseits ein diachroner Vergleich der Studienergebnisse an. Andererseits sei hier noch einmal an Kings und Neumann-Holzschuhs These erinnert, die besagt, dass ein längerer Verbleib im französischsprachigen Bildungssystem zwangsläufig das Vorkommen standardfranzösischer Formen erhöhen lässt, wie Flikeids Ergebnisse vermuten lassen könnten. Darüber hinaus ist im Hinterkopf zu behalten, dass die Akadier in Neuschottland zum Zeitpunkt von Flikeids Studien noch nicht in den Genuss eines frankophonen Bildungssystems kamen, wohingegen alle Studienteilnehmer meines Korpus ihre Schulzeit von der Primarstufe an in den Schulen des *CSAP* verbrachten. Flikeids Theorie, „il y a ‚érosion' de certains des traits acadiens saillants là où l'influence institutionnelle du français normatif est la plus forte et agit de longue date" (Flikeid 1991: 293), kann mit den vorliegenden Ergebnissen also überprüft und gegebenenfalls widerlegt werden.

Aufschluss über die Verwendung von *je* und *on* an der Baie Sainte-Marie im Frühjahr 2011 gibt die folgende Tabelle:[97]

	je		on	
Sprecher	Anzahl	%	Anzahl	%
Studierende	159	53,4	139	46,6
Schülerinnen und Schüler	59	18,6	259	81,4
insgesamt	225	36,4	393	63,6

Tabelle 18: Die Personalpronomen der ersten Person Plural: *je* und *on*

---

[96] Insgesamt ergibt sich in ihrer Studie für die Baie Sainte-Marie ein Gebrauch dieser Form in 56 % der Fälle; vgl. hierzu auch Flikeid/Péronnet (1991: 232).

[97] Es sind selbstverständlich nur die Fälle von *on* mitgezählt worden, in denen es für die erste Person Plural und nicht für das unpersönliche *man* steht.

5 Ausgewählte morphosyntaktische und lexikalische Charakteristika

Die Verwendung des *je collectif* ist seit Flikeids Studien deutlich zurückgegangen: von einer Verwendung in 68 % der Fälle bei den 15- bis 34-Jährigen in ihrer Studie auf 36,4 % bei den 14- bis 26-Jährigen in der vorliegenden Studie. Die These, dass Zugang zu französischsprachiger Bildung die Verwendung standardfranzösischer Formen verstärken wird, scheint für das *je collectif* zu stimmen. Wie steht es um die Theorie, dass ein längerer Verbleib im Bildungssystem den Gebrauch akadischer Formen unterbindet?

Ein Blick auf die Daten zeigt, dass die akadische Form bei den Studierenden in 53,4 % der Fälle gewählt wird. Bei den Schülerinnen und Schülern dominiert die Verwendung des Personalpronomens *on* mit einer Verwendung von 81,4 %. Eine Erklärung für diesen großen Unterschied zwischen den beiden Gruppen kann lauten: Sprachstolz und die Entscheidung für ein Leben und ein Studium in der Region führen vermehrt zu der Verwendung akadischer Formen und zu einem positive(re)n Bild der eigenen Sprache.

Bei der Verwendung der Formen durch die Studentcilnchmer sind beachtliche Schwankungen von Sprecher zu Sprecher zu konstatieren: Bei der Verwendung der beiden Formen ist auffällig, dass nur die mit 26 Jahren älteste Sprecherin, P13, ausschließlich die akadische Form verwendet. Sechs Sprecher (23,1 %) – ausschließlich Schülerinnen und Schüler – verwenden nur die standardfranzösische Form *on*. Die Mehrheit der Studienteilnehmer (73,1 %), darunter alle Studierenden, verwenden beide Formen, wobei hier *on* mit 58 % etwas häufiger verwendet wird als die akadische Form (42 %).

Es ist hier also eine klare Trennlinie zwischen älteren Sprecherinnen und Sprechern (P13, Studierende) und jüngeren zu ziehen, wobei der Gebrauch der standardfranzösischen Form bei den jüngeren Sprechern stark zunimmt.

Wird die Form *je* + *-ons* in den meisten Studien, und so auch bis zu diesem Punkt in der vorliegenden, als Form der ersten Person Plural beschrieben (vgl. Flikeid/Péronnet 1989, Ryan 1989), so stellt Rottet für das Akadische der Baie Sainte-Marie und für das *Cadien* Louisianas fest, dass diese Form ebenfalls als erste Person Singular verwendet werden kann (vgl. Rottet 2006: 184ff.). Dies führt er auf einen möglichen Kontakt zweier akadischer Varietäten zurück, im Rahmen derer diese Verwendungsart in einer Varietät bekannt und in der zweiten unbekannt war (Hervorhebung im Original): „Dans une situation de contact entre ces deux types de dialectes, le type J'AVONS se serait prêté facilement à une confusion d'interprétation pour ceux qui ne l'utilisaient pas: est-ce l'équivalent de J'AI ou de NOUS AVONS?" (Rottet 2006: 185).

Auch im vorliegenden Korpus finden sich Ausschnitte, in denen *je* + *-ons* für die erste Person Singular stehen könnte:

5.2 Die Personalpronomina

(122) c'est/HUGE/[das Kolosseum in Rom, Anm. d. Verf.] **ej pouvons** pas m'le croire. (UC5)
(123) je j'suis sans doute fier/d'êt' eh/Acadien/ehm/oh ça c'était/ça c'était la g/**j'm'excusons**/la f/OK. (P11)

In den obigen zwei Beispielen ist es das Pronomen *me*, welches auf den Gebrauch der Form als erste Person Singular hinweist, denn im Falle des Gebrauchs als erste Person Plural stünde das Objektpronomen *nous*. Ebenfalls für den Gebrauch des *je collectif* für die erste Person Singular in den obigen Beispielen spricht, dass das Personalpronomen *nous-autres*, welches wie weiter oben beschrieben oft vor das *je collectif* gestellt wird, fehlt. Der dritte Hinweis ist, dass die Sprecherin beziehungsweise der Sprecher gerade von einem persönlichen Erlebnis berichtet (122) beziehungsweise von der persönlichen Meinung gesprochen hat (123).

Darüber hinaus wird das *je collectif* auch in Sätzen ohne Reflexivpronomen – wenn auch nur selten – als erste Person Singular verwendet:

(124) **j'gardons**/les nouvelles c'te jour-icitte pis **je vois**/que i y a un tsunami qui l'effaçait [der Tsunami in Japan im Frühjahr 2011, Anm. d. Verf.] pis **j'pense**. (P11)
(125) **ej veux** aller partout où **j'veux** aller/**h'avons** une WHOLE liste y'où-ce que **veux** aller. (P16)

Hier weist vor allem die Verwendung der ersten Person Singular (*je vois, je pense, ej veux*) innerhalb einer Äußerung darauf hin, dass das *je collectif* in diesen Äußerungen ebenfalls für die erste Person Singular steht.[98] Der Vollständigkeit halber muss noch angemerkt werden, dass die erste Person Plural beim Verb *être je sons* heißt:[99]

(126) vraiment nous-aut' **j'sons**/corrects à cause que c'est nous-aut' originalement/c'est c'te français-là qu'a été dit SO vraiment. (UC4)
(127) pis là nous-aut' **j'sons** coumme « OH j'faisons des HOUSE PARTIES ». (UC1)

---

[98] Formen wie *on avons*, entstanden aus intensivem Kontakt zweier Varietäten (*nous/j'avons* und *on a*), wie sie im Akadischen Neufundlands beziehungsweise in einigen älteren akadischen Texten gefunden werden (vgl. Rottet 2006: 186), sind im vorliegenden Korpus nicht festzustellen.

[99] Vgl. für Neubraunschweig Gérin (1982: 140).

5 Ausgewählte morphosyntaktische und lexikalische Charakteristika

Die zweite Person Plural:
Wie von anderen nordamerikanischen Varietäten des Französischen bekannt (vgl. Neumann-Holzschuh 2000: 262, Szlezák 2010: 42f.), kann das betonte Personalpronomen *vous* durch *vous-autres* ersetzt werden, wobei *vous-autres*, womöglich aufgrund der Fragen im Korpus, nur zwei Mal vorkommt:

(128) ouais/ben non **vous-aut'** WATCH-ez [...]. (P17)
(129) pis **vous-aut'** vous êtes rinque. (P4)

Die dritte Person Plural:
Wie das Personalpronomen der dritten Person Singular, *il*, kann auch das der dritten Person Plural zu *i* gekürzt werden:[100]

(130) USUALLY **i** allont PICK-er coumme anglais/ou n'allont point l'remplir du tout. (UC6)
(131) SO **i** pouvont point coumme/tu sais ben remplir ben comprend'. (UC6)

Vor Vokalen wird in der Regel, statt der im Standardfranzösischen vorgezogenen *Liaison*, in welcher ein stimmhafter Frikativ [z] eingeschoben wird, lediglich ein [l] hinzugefügt (vgl. Péronnet 1989a: 161, Gérin 1982: 127):

(132) **ils** avont touT/leur prop' langage eh/WHATEVER. (EC5)[101]
(133) c'est ça qu'**ils** omettaient/dans les NEWS. (EC12)

Wie in anderen nordamerikanischen Varietäten des Französischen können *ils/elles* darüber hinaus durch *zeux* oder *zeux-autres* ersetzt werden (vgl. Szlezák 2010: 42f., Starets 1986a: 536), *eux* oder *eux-autres* finden sich nicht:

(134) les Anglais comben **zeux** faisont vraiment boN dans la vie. (P8)
(135) **zeux** allont point s'en souvenir d'la s'maine-là. (P4)
(136) j'comprends pas coumment **zeux-autr'** ont fait. (P1)

---

[100] Vgl. für das Akadische in Neubraunschweig Péronnet (1989a: 145).
[101] Im vorliegenden Korpus wird *ils* immer dann geschrieben, wenn die Aussprache [il] ist. Wenn lediglich [i] zu hören war, wird *i* transkribiert. Die standardfranzösische Liaison ist in der vorliegenden Varietät selten. Vor einem Konsonant steht zumeist [i], vor einem Vokal [il].

5.2 Die Personalpronomina

Auch die Kombination aus betontem und unbetontem Personalpronomen findet sich im Korpus:

(137) h'étais su' ma cousine pis **zeux i** WATCH-ont la télévision en français. (EC3)

Weitere Besonderheiten:
Auch im Akadischen der Baie Sainte-Marie ist der Wegfall des unbetonten Personalpronomens möglich,[102] ein Phänomen, welches auch für den *patois saintongeais*, Ursprungsgebiet der akadischen Siedler, belegt ist (vgl. Doussinet 1971: 125f.):

(138) la plupart du monde parle français SO n'importe y'où-c'que **vas**/tu peux communiquer. (UC6)
(139) ben/moi/j'sais point quoi c'qu'**veux** faire après/l'école/ou l'université. (P5)
(140) et pis ej WATCH-ons/un MOVIE/pis que la **WATCH-ons**/ej la mets en français pour qu'a peuve comprend'. (P13)
(141) ej veux aller partout où j'veux aller/h'avons une WHOLE liste y'où-ce que **veux** aller. (P16)
(142) tu sais que **veux** dire ? (UC2)

In den hier gegebenen Beispielen fällt das Personalpronomen nach *que* weg, nur in (140) ist noch ein direktes Objekt, *la*, eingeschoben.

Ebenso kann bei der dritten Person Singular das unbetonte Personalpronomen *il* durch das betonte Personalpronomen *lui* ersetzt werden (vgl. Neumann-Holzschuh 2000: 262, Szlezák 2010: 42, Starets 1986a: 529). Dies ist auch für das *français populaire* belegt. Der Grund für den Wegfall ist laut Söll und Hausmann, dass *il*, wie oben angemerkt, in der vorliegenden Varietät [i] ausgesprochen wird, sodass bei der Artikulation der Abfolge von betontem und unbetontem Personalpronomen, *lui il*, der [i]-Laut zwei Mal ausgesprochen werden müsste. Dies führte sehr wahrscheinlich zum Verlust des unbetonten Personalpronomens (vgl. Söll/Hausmann ³1985: 112f.). Beispiele aus dem vorliegenden Korpus sind die folgenden:

---

[102] Vgl. für das *français québécois* Wolf (1987: 22), Neumann-Holzschuh (2000: 263) sowie Koch/Oesterreicher (1990: 143); vgl. für das Akadische in Neufundland Brasseur (1998: 2001). Für das Akadische im Nordwesten Neubraunschweigs vgl. Beaulieu/Balcom (1998: 9). Während Koch/Oesterreicher das Phänomen vor allem für die erste Person Singular feststellen, findet es sich im vorliegenden Korpus bei allen Personen.

5 Ausgewählte morphosyntaktische und lexikalische Charakteristika

> (143) coumme quand c'qu'N avait venu enseigner pis **lui** vient du Québec/i disait « be »/i dit « tantout ». (UC3)
> (144) mon père c'est français standard CAUSE/**lui** était un enseignant. (UC6)
> (145) mon père c'est un pêcheur SO/**lui** est hamais au logis. (P17)
> (146) **lui/lui** a rien pen/coumme/j'crois pas qu'il a pensé aux conséquences qu'étaient. (UC1)
> (147) **lui/lui** a/il a dit qu'il a vécu dans la/dans la contrée BUT coumme/il a rinque vé vécu à FREDERICTON. (UC1)

5.3 Die Relativpronomina

Bei den Relativpronomen in der vorliegenden Varietät ergeben sich wichtige Abweichungen vom Standardfranzösischen sowie zum von Wiesmath (2006) untersuchten Akadischen in Neubraunschweig.[103] Die wichtigsten Erkenntnisse zu den Relativpronomina im akadischen Französisch an der Baie Sainte-Marie sollen in diesem Kapitel behandelt werden.

5.3.1 qui

Wie in anderen französischen Varietäten in Nordamerika (vgl. Wiesmath 2006: 188, Szlezák 2010: 48) und im gesprochenen hexagonalen Französisch (vgl. Blanche-Benveniste 1997: 95) kann das Subjektpronomen *qui* vor einem Vokal durch *qu'* ersetzt werden. Während *que* im *Cadien qui* und auch *où* dauerhaft zu ersetzen scheint (vgl. Stäbler 1995a: 181),[104] ist dies in der vorliegenden Varietät nicht der Fall: Hier sind auch *qui* und das für *où* stehende *y'où-ce que* noch frequent.

Zunächst ein Beispiel, in welchem sowohl *qui* vor einem Konsonant als auch *qu'* vor einem Vokal steht:

> (148) c'est tout l'temps rinque deux ou trois parsounnes **qui** quittent pis là t'as tout l'temps/eh/deux ou trois nouvelles parsounnes **qu'**arrivent de tcheq' part d'aut'. (P1)

---

[103] Vgl. für eine Übersicht der Relativpronomina im gesprochenen hexagonalen Französisch, dem Québecfranzösischen, dem akadischen Französisch Neubraunschweigs, dem *Cadien* Louisianas sowie in den auf dem Französischen basierenden Kreolsprachen Wiesmath (2006: 220f.).

[104] Auch im *Cadien* steht *qui* jedoch noch vor einem konsonantischen Anlaut, während *que qui* vor allem vor vokalischem Anlaut verdrängt (vgl. Stäbler 1995a: 182).

5.3 Die Relativpronomina

Als weitere Verwendungsbeispiele zunächst zwei Fälle mit *qui*, danach vier, in welchen eigentlich *qui* stehen müsste, das jedoch durch *qu'* ersetzt wird (vgl. Starets 1986a: 532f.):

(149) i y a d'aut'/filles/sur mon équipe **qui** vient comme de l'Île-du-Prince-Édouard. (UC2)[105]

(150) WELL rinque tchequ' provinces **qui** sont/complètent bilingues. (UC6)

(151) j'faisons du STUFF **qu'**est WAY différent qu'tout l'monde aut'. (UC3)

(152) ben le français d'ici ej trouve que/c'est une miette différent que les aut' français parce que/c'est acadien/pis ça était développé par les comme/premières personnes **qu'**étiont icitte coumme les Indiens ça fait/c'est manière. (EC3)

(153) pis i avait encore des sous-tit' **qu'**étaient rinque coumme/on y avait regardé. (EC4)

(154) les joueurs de hockey **qu'**étiont sur la glace. (UC2)

5.3.2 que

Das Relativpronomen für das direkte Objekt, *que*, findet sich auch in der vorliegenden Varietät:

(155) t'as des expressions **que** t'utilises. (UC1)
(156) la TRAY que/qu'h'avions volée ((rires)) **que** N avait volée. (UC4)

In den akadischen Varietäten ist darüber hinaus der Wegfall des Objektpronomens *que* geläufig (vgl. Wiesmath 2002: 400f., ebd. 2006: 195, Brasseur 2001: l-li, Stäbler 1995a: 186, King 2012: 59), ein Phänomen, welches auch im Englischen bekannt ist (*contact clause*). Im Englischen kann das Objektpronomen wegfallen, wenn im Relativsatz ein Subjekt steht:

(157) That's the woman ø I saw yesterday. (ø = that, who)
(158) I got the toy ø I had always wanted for Christmas. (ø = that, which)

Im Folgenden sind Beispiele aus dem Korpus gelistet:

(159) ça fait sounner comme quat' cinq semaines là ø j'ai pas parlé français. (UC1)

---

[105] Die u.a. in diesem Beispiel vorzufindende nicht-Angleichung des Verbs an das Subjekt ist typisch für die akadischen Varietäten (vgl. Wiesmath 2006: 191f.).

5   Ausgewählte morphosyntaktische und lexikalische Charakteristika

(160) SO nous-aut' h'avions été pis/hors des MOVIE ø h'avons été WATCH-er/qu'est coumme trois d'zeux/ehm i y a rinque yonne qui faisait rire ça c'est le problème. (UC5)
(161) c'est [die französische Sprache, Anm. d. Verf.] tcheque affare ø j'vas US-er/coumme è travars d'ma vie. (P12)
(162) c'étaient touT des mouts que/i y'en avait deux ø h'avais même/jamais entendu/EVER. (UC5)

Wiesmath stellt in ihrem Korpus für Neubraunschweig „une tendance à éliminer le pronom relatif en fonction d'objet" (Wiesmath 2006: 195) fest.
Ob es sich bei dem Phänomen um einen englischen Einfluss handelt, kann nicht genau festgestellt werden. Connors und Wiesmath geben zu bedenken, dass *que* vor allem vor *je* und *ce/ça* wegfällt, also vor mit Sibilanten beginnenden Wörtern. Vor Pronomen mit vokalischem Anlaut, wie *il* oder *elle*, fällt *que* nicht weg, sodass hier nicht ausschließlich von englischem Einfluss ausgegangen werden darf (vgl. Connors 1975: 20, Wiesmath 2002: 401, vgl. ebenso Léard 1995: 207). Auch in den oben genannten Beispielen steht zwei Mal *je* und zwei Mal der Aspirant [h] nach dem ausgelassenen Objektpronomen. Martineau gibt darüber hinaus an, dass das Phänomen zwar einerseits in der in engem Kontakt zum Englischen stehenden französischen Varietät in Ontario zu finden sei, jedoch ebenso in Québec, und dort auch in Gebieten, die mehrheitlich frankophon sind. Darüber hinaus sei die Konstruktion auch in älterem Sprachmaterial zu finden (vgl. Martineau 1993: 79). Es ist wohl ein Zusammenspiel von englischem Einfluss und den hier genannten Gründen anzunehmen, welches den Gebrauch dieser Ellipse verstärkte (Hervorhebung im Original):

> L'ellipse de *que* a sans doute été favorisée par la présence de formes parallèles en anglais, mais l'existence de constructions semblables dans des états antérieurs du français et dans d'autres langues romanes suggère que cette construction est liée à des phénomènes internes à la grammaire du français. (Martineau 1993: 79)

5.3.3 *où*

Das Relativpronomen *où* kann durch *y'où-c'que*, aber auch durch *que*, ersetzt werden:

(163) c'est du parler de exactement là **où** j'travaille. (UC1)
(164) la plupart du monde parle français SO n'importe **y'où-c'que** vas/tu peux communiquer. (UC6)

5.3 Die Relativpronomina

(165) h'ai vu comben c'était grand pis h'ai ACTUALLY vu/**y'où-c'que** les GLADIATOR étaient. (UC5)
(166) pouvons tout l'temps MOV-er à une place **qu'**i parlont français/au Québec. (P16)
(167) ANYWHERE/**que** tu vas aller/pis c'est des Acadjonnes. (UC5)
(168) coumme si qu'du mounde a des problèmes qu'i n'y ait des endroits **qu'**i pouvont aller pour parler à du mounde i y en a pas MUCH par icitte rinque coumme. (EC3)
(169) et pis tu peux/PICK-er la région **qu'**tu veux enseigner tu sais. (UC5)
(170) c'était/not' TRIP de GRADU-és/**que** h'avons été dans 2006 qu'étaient. (UC3)

Im folgenden Beispiel ist es, wie in (169) ebenfalls das Wort *région*, auf welches sich das Relativpronomen bezieht:

(171) chaque région **qu'**tu vas **dedans** c'est tout l'temps différent. (UC5)

Hier steht *que* ebenfalls für *où*, jedoch folgt nach dem Verb die Präposition *dedans*. Diesen Anschluss einer Präposition bezeichnet man als *preposition stranding*. Aufgrund der Ähnlichkeit dieses Phänomens mit einigen englischen Konstruktionen (Beispiel (171) wäre im Englischen mit *EVERY REGION (THAT) YOU GO TO* übersetzt) wird dieses Phänomen gesondert in Kapitel 6.10 behandelt.

5.3.4 ce qui und ce que

Ce qui kann durch *que, qui, quoi c'qui,* und *quoi c'* ersetzt werden:[106]

(172) mais là **ce qui** arrive de HUMORISTIC tout le monde i comme/COMPLAIN-ent. (P7)
(173) je suis français acadienne **qu'**est comme/une culture touT en/((rires)) soi-même. (UC2)
(174) ça représente rinque quarante pour cent/**qui** dit qu'i y a encore un aut' soixante pour cent à tchequ' part. (UC3)
(175) ça qu'moi j'fais pour moi-même pour/êt' OK avec **quoi c'qui** s'passe avec la planète. (P17)
(176) non ça dépend qui c'que tu parles à pis **quoi c'est** qu'ton point de communication pis ton point de discussion. (UC3)

---

[106] Im Louisianakreol werden sowohl *ce qui* als auch *ce que* zu *qui* und *que* abgeschwächt (vgl. Neumann 1985: 176).

5 Ausgewählte morphosyntaktische und lexikalische Charakteristika

Für *ce que* stehen *quoi, quoi c', quoi c'que, ça que* und *que*:[107]

(177) la bouche/ça va point MATCH-er avec coumme/la face/ou **ce qu**'ils disent. (EC4)
(178) si qu'i avait un/coumme rinque un gouvernement pour/touT le mounde c'est **quoi** i essayont d'fare/pis ça ça ferait coumme/horrib'. (EC5)
(179) le monde va encore pouvoir t'comprend' pis/savoir **quoi c**'t'essaies d'dire. (P1)
(180) ej comprends vraiment point vraiment/**quoi c'qu**'i disont **quoi c'qu**'i/**quoi c'qu**'i parlont. (EC3)
(181) tu comprends point **quoi c'qu**'i disont. (P15)
(182) SO MUM tu REALISE **quoi c'qu**'tu viens rinque de dire? (P1)
(183) des expressions coumme opposées de **ça que**/nous-aut'/on dit. (UC2)
(184) t'as besoin d'pouvoir communiquer avec la personne que tu parles à/pour/avoir **ça que** tu veux. (P1)
(185) tu sais **qu**'veux dire? (UC6)
(186) i savent **que** j'veux dire ça fait qu'j'peux m'exprimer dans ma façon. (UC1)

Im folgenden Beispiel steht *ça qui* für *ce que*, es handelt sich jedoch um einen Einzelfall:

(187) c'est **ça qui** dit l'houmme. (UC4)

5.3.5 Weitere Relativkonstruktionen

Es zeigt sich im Akadischen der Baie Sainte-Marie, dass *que* als „relatif passe-partout" (Blanche-Benveniste/Jeanjean 1987: 31, Blanche-Benveniste 1997: 102)[108] fungiert, d.h. dass es für alle bisher angeführten Relativpro-

---

[107] *Ce que* kann beispielsweise in Neubraunschweig, aber auch in einigen Frankokreolsprachen, auch durch *ça* ersetzt werden (vgl. Wiesmath 2006: 199). Im vorliegenden Korpus hat sich kein solches Beispiel gefunden.

[108] Vgl. ebenso Auger (1993: 21), die es als „all-purpose" bezeichnet. In ihren Beispielen ersetzt *que dont* und *où*. Die Verwendung von *que* für diese beiden Relativpronomen ist bereits für das Altfranzösische belegt (vgl. ebd. 1993: 24, vgl. ebenso Bouchard 1982: 106); vgl. für das in Montréal gesprochene Französisch Bouchard (1982: 103ff.); vgl. für das Phänomen im Korpus *Ottawa-Hull* Poplack/Lauren Zentz/Dion (2012). Wie im *français populaire*, aber auch in anderen akadischen Varietäten, kann *que* in der vorliegenden Varietät für *où, qui*, aber auch für *ce qui* und *ce que* stehen (vgl. Wiesmath 2002: 400, ebd. 2006: 217); vgl. ebenso Starets (1986a: 533ff.).

nomina stehen kann. Dies führt auch in dieser Varietät zu einer Vereinfachung der Relativsätze. Diese Vereinfachung wird in den folgenden Beispielen deutlich, wo *que* in (188) für *chez qui*/*chez lesquelles* und in (189) für *desquelles* beziehungsweise *dont* steht:[109]

(188) i y a beaucoup d'mounde **qui/que** l'français est beaucoup mêlé avec l'anglais. (P1)[110]
(189) mais i y a comme/douze exceptions **que** vous avez besoin d'vous **en** souvenir là j'sais pas c'est comme. (P2)

Auch im *français populaire* steht *que* für diese komplizierten Konstruktionen – *dont* wird hier nicht verwendet – und auch hier kann *que* als „relatif passe-partout" verwendet werden (Bauche 1928: 103f.).

Relativkonstruktionen, die im Standardfranzösischen u.a. mit *à qui* ausgedrückt werden, beinhalten in der hier untersuchten Varietät das bereits angesprochene *preposition stranding*, weswegen sie erst in Kapitel 6.10 angesprochen werden. Das Phänomen findet sich beispielsweise in dem oben erwähnten Beispiel (176), *qui c'que tu parles à* (Standardfranzösisch: *à qui tu parles*).

5.4 Die Negation

5.4.1 Die Negatoren point *und* pas

Der im Vergleich zu anderen akadischen Varietäten archaische Charakter des Französischen der Baie Sainte-Marie äußert sich unter anderem darin, dass der Negator *point* bis heute häufiger verwendet wird als sein standardfranzösisches Pendant *pas*.[111]

---

[109] Vgl. für Beispiele aus dem gesprochenen hexagonalen Französisch Blanche-Benveniste (1997: 104).

[110] In diesem Beispiel ist die unterschiedliche Verwendung des Wortes *beaucoup* interessant: Es steht im ersten Beispiel vor einem Substantiv, wie es auch im heutigen Standardfranzösisch üblich ist. Das zweite *beaucoup* steht vor einem Verb und würde in der Standardsprache mit *très* ausgedrückt werden. Die zweite Verwendung des Wortes ist ein auch im *français populaire* bekanntes Phänomen (vgl. Bauche 1928: 138).

[111] Auch in Frankreich wird *point* in einzelnen, ländlichen Regionen bis heute verwendet: „***Point*** reste vivant dans la langue parlée de certaines régions" (Grevisse [13]1993: 1452, Hervorhebung im Original); vgl. für den Gebrauch der Negatoren auf der Isle Madame Hennemann (2014: 164ff.).

5 Ausgewählte morphosyntaktische und lexikalische Charakteristika

Zur Aussprache ist zu sagen, dass *point* hier, neben [pwɛ], auch als [pɔn] oder [pun] realisiert wird (vgl. Neumann-Holzschuh/Wiesmath 2006: 240), Varianten, die jedoch nicht transkribiert wurden, da in dieser Studie lediglich morphosyntaktische und lexikalische Gegebenheiten der zugrunde liegenden Varietät untersucht werden.

In der bereits erwähnten Studie Flikeids aus den 1980er Jahren stellt die Forscherin für die Baie Sainte-Marie fest, dass *point* in 72 % der Fälle, *pas* in 28 % der Fälle gebraucht wurde (vgl. Flikeid 1991: 295).[112] Leider gibt Flikeid keine Tendenzen zu der Verwendung der beiden Negatoren in verschiedenen Altersstufen an, mit deren Hilfe in der vorliegenden Arbeit ein direkter, diachroner Vergleich angestellt werden könnte. Man könnte aber Folgendes spekulieren: Wie bereits erarbeitet hatte die akadische Bevölkerung in dieser Zeit noch keinen Zugang zu französischsprachiger Schulbildung, was heute der Fall ist. Man könnte also annehmen, dass die heutigen Jugendlichen das standardfranzösische *pas* häufiger verwenden als der Bevölkerungsdurchschnitt. Comeau gibt für sein in Grosses Coques aufgenommenes Korpus aus dem Jahr 1990 an, dass *point* in 83 % der 1.758 negierten Verbalphrasen verwendet wird.[113]

Die Daten für die Verwendung der beiden Negationspartikeln an der Baie Sainte-Marie finden sich in folgender Tabelle:

Sprecher	point		pas	
	Anzahl	%	Anzahl	%
Studierende	402	74,6	137	25,4
Schülerinnen und Schüler	375	64,1	210	35,9
insgesamt	813	69,5	357	30,5

Tabelle 19: Die Negatoren *point* und *pas*

Betrachtet man die für alle Teilnehmer erfassten Zahlen, so fällt zunächst auf, dass die Variante *point* auch heute noch in etwas mehr als zwei von drei Fällen (69,5 %) verwendet wird. Es ist aber im Vergleich zu Flikeids

---

[112] In einem anderen Aufsatz gibt Flikeid für die Baie Sainte-Marie an, *point* würde 1.719 Mal und *pas* 612 Mal verwendet. Rechnet man die prozentuale Verwendung aus, ergibt dies für *point* 74 % und für *pas* 26 % (vgl. Flikeid 1996: 310).

[113] Philip Comeau, „*Pas vs. Point*: Variation in Baie Sainte-Marie French", Vortrag im Rahmen des *New Ways of Analyzing Variation 36*, Philadelphia, 12.10.2007, Abstract unter:
<http://www.ling.upenn.edu/nwav/abstracts/nwav36_comeau.pdf>, 20.01.2014.

5.4 Die Negation

Studie ein leichter Rückgang der Verwendung von *point* zu konstatieren. Auch der Vergleich der Verwendung der beiden Formen bei den Studierenden und den Schülern zeigt für beide Gruppen, dass die akadische Form vorgezogen wird. Interessant ist ebenfalls, dass erstens beide Formen von allen Sprechern verwendet werden und dass zweitens das *ne*, welches in den kanadischen Varietäten kaum und im hexagonalen Französisch immer weniger verwendet wird,[114] lediglich in vier Äußerungen (von 1.185 verneinten Verben), je zwei Mal mit *point* (EC5, P5) und zwei Mal mit *pas* (EC12, P16), vorkommt.

Der Vergleich der obigen Daten für die beiden untersuchten Sprechergruppen, Studierende und Schüler, bringt ein auf den ersten Blick unerwartetes Ergebnis, vor allem dann, wenn die Annahme stimmt, dass eine längere Bildungslaufbahn in französischer Sprache zu einer vermehrten Verwendung der standardfranzösischen Formen führt: Die Studierenden verwenden in etwa drei von vier Fällen (74,6 %) die akadische Form, während die Schülerinnen und Schüler dies in 64,1 % der Fälle tun. Eine längere Verweildauer in französischen Bildungsinstitutionen führt also nicht zwangsläufig zu einer höheren Verwendung standardfranzösischer Formen. Auch im Vergleich zu Flikeids Studie, in der *point* in rund 72 % der Fälle verwendet wurde, verwenden die Studierenden häufiger akadische Formen (wenn auch nur knapp 2 % mehr) als die damaligen Teilnehmer.

Dieses Ergebnis verwundert zunächst, spricht es doch klar gegen die Annahme, dass mehr Kontakt zum Standard zu einer standardisierteren Sprachverwendung führt, wie King und Neumann-Holzschuh schreiben. Es ist aber vor allem nach den Ergebnissen des vierten Kapitels klar geworden, dass die Studierenden *stolzer* auf ihre akadische Sprache sind, was, wie gezeigt werden konnte, zu weniger Vermeidungsverhalten und somit zu einer höheren Verwendung akadischer Formen führt (vgl. Allard/Landry 1987: 16). Auch Boudreau stellt fest, dass Studierende der *Université de Moncton* gegenüber ihrer Sprache weniger negativ eingestellt sind als Schüler: Die Studierenden sahen in ihrer Studie das Beherrschen eines standardnahen Französisch als erstrebenswert, ohne jedoch *ihre* akadische Sprache abwerten zu wollen, während die Schülerinnen und Schüler die Qualität ihrer Sprache massiv abwerteten (vgl. Boudreau 1995: 145). Ähnlich scheint es bei den Studierenden zu sein, die an der vorliegenden Studie teilgenommen haben.

Alle Fragen, welche die *insécurité linguistique*, d.h. die Beziehung und die Einstellung des Sprechers/der Sprecherin zu seiner/ihrer Sprache thematisieren, werden von den Studierenden (auf einer Skala von 1 bis 6) mit

---

[114] Vgl. zur Negationspartikel *ne* im Québecfranzösischen Neumann-Holzschuh (2000: 254).

5 Ausgewählte morphosyntaktische und lexikalische Charakteristika

durchschnittlich 0,5 Punkten höher eingestuft als von den Schülerinnen und Schülern. Die Studierenden schätzen ihre akadische Sprache mehr als die Schüler, sehen diese eher als *gute* Sprache an und verwenden diese mit weniger Schamgefühl als die jüngeren Schülerinnen und Schüler. Diese positivere Haltung gegenüber der Muttersprache sowie die damit einhergehende Wahl sein Studium und Leben auf Französisch beziehungsweise Akadisch zu führen, könnte in der vorliegenden Studie zur vermehrten Verwendung akadischer Formen auf Seiten der Studierenden beigetragen haben.

In einem weiterführenden Schritt kann bei jeder Varianz zweier oder mehrerer Formen untersucht werden, ob es bestimmte Konstruktionen beziehungsweise Wortkombinationen gibt, in welchen eine der Formen besonders häufig vorkommt. Für mein Korpus fällt ebenso wie für das von Comeau (2007) verwendete auf, dass die Kombination *je sais pas* häufiger als *je sais point* vorkommt.

In insgesamt 1170 mit *pas* oder *point* verneinten Verbalphrasen (vgl. Tabelle 19) finden sich 130 Fälle, also 11,1 % aller verneinten Verbalphrasen, in denen *je sais pas* oder *je sais point* steht. Die Gesamtrelation der beiden Konstruktionen findet sich in der folgenden Tabelle:

Sprecher	je sais point		je sais pas	
	Anzahl	%	Anzahl	%
Studierende	27	35,1	50	64,9
Schülerinnen und Schüler	25	51,0	24	49,0
insgesamt	54	41,5	76	58,5

Tabelle 20: Die Verbalphrasen *je sais point* und *je sais pas*

Auffällig ist, dass *je sais pas* nicht nur insgesamt, sondern auch bei den Studierenden häufiger auftritt als *je sais point* (insgesamt: 58,5 % zu 41,5 %; Studierende: 64,9 % zu 35,1 %), wobei die Schülerinnen und Schüler beide Varianten etwa gleich häufig verwenden. In der hier präsentierten Kombination überwiegt *pas* also deutlich, obwohl *point* im Gesamtkorpus klar dominiert.

Der Negator *point* wird bei den Studierenden in den Verbalphrasen abzüglich *je sais point* und *je sais pas* in mehr als vier von fünf Fällen verwendet. Im Gesamtkorpus findet *point* in diesen Fällen in nahezu drei von vier Fällen Verwendung und überwiegt so klar.

5.4 Die Negation

5.4.2 Doppelte Negatoren

Doppelte Negatoren, also Kombinationen aus zwei Negatoren (*point* bzw. *pas* + z.B. *rien, personne, aucun/e*) finden sich im vorliegenden Korpus nur an vier Stellen:

point rien
(190) i y a point d'ADVERTISING i y a **point rio**N. (UC2)
(191) i allont m''garder/i allont **point** comprendre **rio**N. (UC3)

pas aucun
(192) oh moi ça fait **pas aucune** différence. (UC1)

point à personne
(193) tu l'dis **point à personne**/pis tu l'gardes à toi. (P16)

Ein Beispiel aus dem Korpus Pubnico (Argyle) ist das folgende:

pas rien
(194) j'aime/la vie dans ma région/et il y a **pas rien** que cha/que j'aimerais d'changer. (P9)

Diese doppelten Negatoren sind kein auf die akadischen Varietäten Kanadas beschränktes Phänomen,[115] sondern finden sich unter anderem im *français populaire* (vgl. Guiraud ²1969: 67, Gadet ²1997: 79, Bauche 1928: 140.), in den Frankokreolsprachen und im *Cadien* Louisianas (vgl. Neumann-Holzschuh/Bollée 1998: 188). In den Frankokreolsprachen ist die doppelte Negation laut Neumann-Holzschuh und Bollée bereits grammatikalisiert. In der vorliegenden Varietät bilden sie mit den obigen drei Beispielen Einzelfälle, in den meisten Äußerungen stehen ausschließlich die Negatoren *personne, rien* oder *aucun/e*.

---

[115] Vgl. für das Akadische in Neufundland Brasseur (2001: xlv), vgl. zum Québecfranzösischen Léard (1995: 213), für die Isle Madame vgl. Hennemann (2014: 172ff.).

5 Ausgewählte morphosyntaktische und lexikalische Charakteristika

5.5 Das Verb

5.5.1 Die Endung -ont in der dritten Person Plural (présent, imparfait, conditionnel)

In allen akadischen Varietäten der maritimen Provinzen, aber auch im *Cadien* Louisianas findet man *-ont* als Endung der dritten Person Plural des *présent* und *-iont* für *imparfait, conditionnel* sowie *subjonctif présent*, wobei diese Formen mit den standardfranzösischen Endungen *-ent* für das *présent* und *subjonctif présent* und *-aient* für *imparfait* und *conditionnel* alternieren.[116]

Grevisse gibt an, dass die beiden Endungen seit dem Mittelalter wechselseitig vor allem von den unteren sozialen Schichten verwendet wurden (Hervorhebung im Original): „On constate dès le Moyen Âge une tendance à remplacer *-ent* par une finale toxique, surtout *-ont* et *-ant*. Les paysans parlent ainsi dans les comédies du XVIIe et du XVIIIe" (Grevisse [13]1993: §769).[117] Im Poitou, dem Ursprungsgebiet der ersten akadischen Siedler, ist die Endung *-ont* für das 16. Jahrhundert belegt, sie gelangte also wie viele andere dialektale Züge mit den ersten Siedlern in die Neue Welt (vgl. Flikeid/Péronnet 1989: 224, Péronnet 1995: 417, Beaulieu/Cichocki 2008: 37). Auch heute wird die Verbalendung *-ont* noch in den Dialekten des Südens und Ostens Frankreichs gebraucht.[118]

Auch im *Chiac* werden *-ont/-iont* parallel zu den standardfranzösischen Endungen *-ent/-aient* verwendet: „La prononciation de la nasale, à la troisième personne, est [...] très vivante puisque je la retrouve chez tous les informateurs en alternance avec la forme standard" (Roy 1979: 54).

Für die unregelmäßigen Verben *avoir, aller* und *faire* ist es wichtig zu erwähnen, dass sie in der dritten Person Plural sowohl in der unregelmäßigen Standardform (*ont, vont, font*), aber auch in der regelmäßig gebildeten Form (*avont, allont, faisont*) stehen können. Hier drei Beispiele, die ersten beiden mit der durch Analogie zu den Verben auf *-er* gebildeten Form, das dritte mit der standardfranzösischen Form des Hilfsverbs *avoir*:

---

[116] Vgl. für die maritimen Provinzen Flikeid (1989b: 194) sowie King (2012: 38), für die im Nordosten Neubraunschweigs gesprochene Varietät Beaulieu/Cichocki (2008), für Louisiana Stäbler (1995a: 72), Neumann-Holzschuh/Bollée (1998: 183) sowie Chaudenson (1989: 95).

[117] Auch im *Siècle Classique* alternierten die beiden Formen (vgl. Brunot 1968: 512).

[118] Péronnet schreibt zum Gebrauch dieser Form in der *langue d'oïl*, sie sei dort sehr verbreitet „dans une vaste région qui part du Centre-Ouest et qui se poursuit jusqu'à l'Est" (Péronnet 1989a: 148 und Karte 45).

5.5 Das Verb

(195) les Acadiens **avont** été déportés et pis amenés BACK. (P16)
(196) moi h'aimais point ça quand c'qu'i **avont** brulé not' FLAG acadjonne cause que c'est rinque point FAIR. (P5)
(197) quand c'que Clare a joué cont'/BARRINGTON/et ils **ont** brulé le drapeau acadien. (P6)

Wie häufig wird die standardfranzösische und wie oft die akadische Form gebraucht? Flikeid und Péronnet stellen in ihrer 1989 veröffentlichten Studie für die Baie Sainte-Marie fest, dass die akadische Endung -*ont* in 72 % der Fälle verwendet wird (vgl. Flikeid/Péronnet 1989: 228). Die Ergebnisse ihrer Studie basieren jedoch auf der Analyse von Korpusdaten, denen sechs Sprecher ab einem Alter von 60 Jahren zugrunde liegen, während es sich in dem hier zugrunde liegenden Korpus um Daten von jugendlichen Sprechern handelt. Trotzdem kann mithilfe dieser Daten ein diachroner Vergleich angestellt werden. Es ergibt sich für die vorliegende Studie folgende Verteilung der Endungen:[119]

Sprecher	-ont		-ent/+ ont, font, vont	
	Anzahl	%	Anzahl	%
Studierende	200	83,3	40	16,7
Schülerinnen und Schüler	168	62,2	102	37,8
insgesamt	376	72,3	144	27,7

Tabelle 21: Die Endung -*ont*, alle Tempora

Insgesamt ist der Gebrauch der Endung -*ont* im vorliegenden Korpus vergleichbar mit dem in Flikeids und Péronnets Studie: Die Endung -*ont* wird in 72,3 % der Fälle verwendet, die Standardfranzösische Endung -*ent* beziehungsweise die unregelmäßigen standardfranzösischen Formen der Verben *avoir*, *faire* und *aller* (*ont*, *font*, *vont*, im Akadischen *avont*, *faisont* und *allont*) in 27,7 % der möglichen Fälle. Die Studierenden wählen auch hier häufiger die akadischen Formen als die Schülerinnen und Schüler (83,3 % zu 62,2 %).[120]

---

[119] Die Anzahl der Nennungen der standardfranzösischen Formen der hochfrequenten Verben *avoir*, *faire* und *aller* (*ont*, *font*, *vont*) wird zu denjenigen Verben gezählt, die die dritte Person Plural mit der Verbalendung -*ent* bilden (rechte Spalte).

[120] Im Nordosten Neubraunschweigs scheint es so zu sein, dass jüngere Sprecher, vor allem Frauen, häufiger die akadischen Endungen wählen als ältere Sprecher (vgl. Beaulieu/Cichocki 2008: 53). In dieser mit 16 Teilnehmern durchgeführten Studie verwenden die 20- bis 32-jährigen Sprecher die En-

5 Ausgewählte morphosyntaktische und lexikalische Charakteristika

Flikeid und Péronnet schreiben 1989 zu der seltenen Verwendung von hochfrequenten, im Standardfranzösischen unregelmäßigen Formen wie *font* und *vont*, dass die Akadier diese Formen nicht verwenden, weil sie sie nicht kennen: „Chez beaucoup de locuteurs de la N.-É., les formes „vont" et „font" semblent mal connues, vraisemblablement à cause de la faiblesse de la scolarité en français et l'absence de contact avec d'autres variétés de français" (Flikeid/Péronnet 1989: 230).

Heute kann davon ausgegangen werden, dass die Jugendlichen die Formen aus der Schule kennen. Der Zugang zu Schulbildung auf Französisch und größerer Vernetzung innerhalb der frankophonen Regionen haben also wider Erwarten, zumindest auf Seiten der Jugendlichen der Baie Sainte-Marie, nicht zu einer, im Vergleich mit der vorgestellten Studie von Péronnet und Flikeid, häufigeren Verwendung der Endungen *-ent/-aient* geführt.

Bei der Verwendung der Endungen gibt es Unterschiede zwischen den einzelnen Sprechern. Am häufigsten verwendet die Schülerin EC12 standardfranzösische Endungen: In ihrem Idiolekt machen sie 86,4 % der gesamten Formen aus. Darauf folgen EC4, EC11 und P12 mit einem Anteil von jeweils mehr als 80 %. Gegensätzlich verhält es sich bei UC6, bei der 37 akadischen Endungen keine einzige standardfranzösische entgegensteht, sowie UC2, UC3, UC4, UC5, EC3, EC5, P5, P8, P13, P15, P16, P17 und P18, bei denen der Anteil der akadischen Formen die 80%-Marke übersteigt. Eine ausgeglichene Verwendung zeigt lediglich UC1, bei ihm stehen die akadischen Endungen in 52 %, die standardfranzösischen in 48 % der Fälle.

Die obige Tabelle umfasst die untersuchte Endung für alle Tempora. Es stellt sich nun die Frage, ob die Wahl zwischen *-ont* und *-ent* eventuell von dem jeweiligen gewählten Tempus abhängt. Die Leitfrage muss also lauten: Ergeben sich bei einem Vergleich der Endungen bei verschiedenen Tempora (*présent*, *imparfait* und *conditionnel présent*) signifikante Unterschiede bei der Wahl der Endung? Zunächst zum *présent*:

Sprecher	-ont		-ent/+ ont, font, vont	
	Anzahl	%	Anzahl	%
Studierende	145	84,8	26	15,2
Schülerinnen und Schüler	142	66,4	72	33,6
insgesamt	290	74,6	99	25,4

Tabelle 22: Die Endung *-ont*, *présent*

---

dung *-ont* in 32 % der Fälle, die Sprecher zwischen 38 und 54 Jahren verwendeten sie mit 52 % wesentlich häufiger (vgl. Beaulieu/Balcom 1998: 21).

5.5 Das Verb

Aus der Tabelle wird ersichtlich, dass alle Sprechergruppen die akadische Endung *-ont* im *présent* vorziehen. Die häufigere Verwendung der akadischen Formen im *présent* fällt jedoch auf: Insgesamt sind 72,3 % der Formen im Korpus akadisch, im *présent* sind dies 74,6 %. Bei den Studierenden sind 84,8 % (zu 83,3 % im Gesamtkorpus) der Formen akadischen Ursprungs, bei den Schülerinnen und Schüler 66,4 % (zu 62,2 %).

Zur Verwendung der Endungen im *imparfait* gibt die folgende Tabelle Aufschluss:

	-ont		-ent/+ ont, font, vont	
Sprecher	Anzahl	%	Anzahl	%
Studierende	54	79,4	14	20,6
Schülerinnen und Schüler	16	34,8	30	65,2
insgesamt	75	62,5	45	37,5

Tabelle 23: Die Endung *-ont*, *imparfait*

Bei den Endungen des *imparfait* ergibt sich hinsichtlich der Verwendung im Vergleich zum *présent* bei den Studierenden, dass es zwar immer noch deutlich häufiger nach akadischem Muster gebildet wird als mit standardfranzösischen Endungen, jedoch weniger häufig als das *présent* (84,8 % zu 79,4 %).[121] Es ist die Tendenz festzustellen, dass das seltener vorkommende *imparfait* häufiger die standardfranzösische Endung trägt. Bei den Schülerinnen und Schülern wird diese Tendenz noch verstärkt. Man könnte also zunächst zu dem Schluss kommen, dass weniger häufig verwendete Tempora von den Schülern eher mit der Standardendung versehen werden. Dieses Bild muss allerdings spätestens bei der Betrachtung der Endungen des *conditionnel* wieder verworfen werden: Immer dann, wenn er gesetzt wird, geschieht dies in der akadischen Form.[122]

Interessante Ergebnisse liefert die Analyse der hochfrequenten Verben *avoir*, *faire* und *aller*. Zu ersterem schreiben Flikeid und Péronnet 1989 für die Baie Sainte-Marie, dass *ont* in 58 % der Fälle, *avont* in 42 % der Fälle verwendet wird (vgl. Flikeid/Péronnet 1989: 231).

Die standardfranzösischen Formen *ont*, *font* und *vont* werden, wie bereits erwähnt, im vorliegenden Korpus in den meisten Fällen durch die mithilfe von Analogiebildung geformten Formen *avont*, *faisont* und *allont* er-

---

[121] Zur intralingualen Varianz in den einzelnen Idiolekten kann hier für das *imparfait* UC2 herausgestellt werden, deren 18 Imperfektformen alle nach akadischem Muster gebildet werden.

[122] Der *conditionnel* wird insgesamt 13 Mal im Korpus verwendet (davon allein sieben Mal von P18).

5 Ausgewählte morphosyntaktische und lexikalische Charakteristika

setzt. Im *imparfait* ergeben sich gleichermaßen die Formen *aviont*, *faisiont* und *alliont*, im *conditionnel présent auriont*, *feriont* sowie *iriont*. Bei diesen Verben stellt man, im Vergleich zur Verwendung der Endungen der dritten Person Plural insgesamt, eine häufigere Verwendung akadischer Endungen fest. Die folgende Tabelle gibt eine Verwendungsübersicht dieser Verben im *présent*:

	ont	avont	vont	allont	font	faisont
Studierende	7 (15,6 %)	38 (84,4 %)	1 (7,7 %)	12 (92,3 %)	0 (0 %)	9 (100 %)
Schülerinnen und Schüler	20 (30,3 %)	46 (69,7 %)	10 (55,6 %)	8 (44,4 %)	2 (18,2 %)	9 (81,8 %)
insgesamt	27 (24,1 %)	85 (75,9 %)	11 (35,5 %)	20 (64,5 %)	2 (9,5 %)	19 (90,5 %)

Tabelle 24: *avoir*, *aller* und *faire*: Verwendung standardfranzösischer und akadischer Formen, *présent*

Bei den hier untersuchten Verben im Präsens sind 88,1 % der von den Studierenden, 66,3 % der von den Schülerinnen und Schülern und 75,6 % der von den Studienteilnehmern insgesamt gebrauchten Formen akadische Formen. Zur Erinnerung: bei den Verbalendungen -*ont* und -*ent* waren dies für die hier untersuchte Zeitform, das *présent*, 83,3 % bei den Studierenden, 66,4 % bei den Schülerinnen und Schülern und 73,9 % bei den Studienteilnehmern insgesamt. Auch hier sind es die Studierenden, deren Verwendung akadischer Formen mehr als zwanzig Prozentpunkte über derjenigen der Schüler liegt.

Für das Verb *avoir* und seine Formen *ont* und *avont* ist vor allem im Vergleich mit der erwähnten Studie von Flikeid und Péronnet ein deutlicher Umschwung zu konstatieren: Überwiegt in ihrer Studie die standardfranzösische Form mit 58 %, so wird diese im vorliegenden Korpus in lediglich einem von vier Fällen (24,1 %) verwendet. Das Verb *aller* und seine standardfranzösische Form *vont* ist mit 35,5 % etwas frequenter, doch auch hier wird die akadische Form *allont* deutlich häufiger verwendet. Das Verb *faire* und die regelmäßige Form *font* ist selten: Die Studierenden verwenden diese Form nicht, insgesamt überwiegt *faisont* mit 90,5 % der möglichen Verwendungen.

Bei den hochfrequenten Verben *avoir*, *aller* und *faire* ist bei deren Verwendung im *imparfait* zu beobachten, dass *aviont* neun Mal (von UC2, UC3, UC5, P13 und P18), und *avaient* lediglich ein Mal (P13) verwendet wird. *Alliont* wird vier Mal (UC5, UC6, P8, P18), *allaient* zwei Mal (EC11, P11) verwendet, bei dem Verb *faire* findet man die akadische Form *faisiont*

5.5 Das Verb

insgesamt drei Mal im Idiolekt von P13, die standardfranzösische Form *faisaient* wird nicht verwendet.

5.5.2 Das passé simple

In den akadischen Gebieten wird das *passé simple* nicht wie im Standardfranzösischen bei den Verben auf *-er* auf *-ai, -as, -a, -âmes, -âtes, -èrent* gebildet, sondern alle Formen mit Ausnahme der monosyllabischen (z.B. *fut, eut*) erhalten die für die Verben auf *-ir* charakteristischen Endungen *-is, -is, -it, -îmes, -îtes, -irent* (vgl. Gesner 1979b: 129f.). Grevisse schreibt zum *passé simple*:

> Les formes en -it ont failli se généraliser au XVIe s. [...] Au XVIIe s., c'est du parler paysan, que l'on trouve parfois ensuite dans certaines chansons populaires. (Grevisse [13]1993: §773)

> Le passé simple a presque totalement disparu de la langue parlée. [...] Dans le Midi, le passé simple est encore vivant. Il l'était encore, il n'y a pas longtemps, en Normandie. (Grevisse [13]1993: §852)

Zur Häufigkeit des *passé simplé* im Akadischen der Baie Sainte-Marie[123] finden sich widersprüchliche Aussagen:

1) [L]e passé simple [est un, Anm. d. Verf.] temps très employé à l'oral dans le parler acadien de la région de la baie Sainte-Marie (Ryan 1989: 203)
2) Le passé simple est peu employé (Thibodeau 1988: 134)

Diese beiden Zitate widersprechen sich trotz der zeitlichen Nähe der Niederschrift (1988 und 1989) deutlich. Die einzige Conclusio, die gezogen werden kann, ist, dass das *passé simple* vor etwa 25 Jahren noch verwendet wurde – wie häufig, bleibt unklar. Gesner schreibt 1979, dass das *passé simple* in seiner Studie von sechs der acht Studienteilnehmern insgesamt 43 Mal verwendet wird (vgl. Gesner 1979b: 124.). Zumindest vor etwas mehr als 30 Jahren scheint die Struktur also noch frequent gewesen zu sein. Dies schreibt auch Flikeid: „Notre corpus de la Nouvelle-Écosse confirme [...] que ce temps verbal est présent dans toutes les régions" (Flikeid 1991:

---

[123] Es wird aufgrund der niedrigen Frequenz des Tempus im vorliegenden Korpus darauf verzichtet, auf Verwendungsunterschiede zwischen den Vergangenheitstempora im akadischen Französisch beziehungsweise im Akadischen der Baie Sainte-Marie hinzuweisen. Siehe hierfür Gesner (1979b).

293). In ihrer Studie ist es jedoch so, dass diejenigen Studienteilnehmer mit hohem Bildungsstand in ihren Idiolekten weder *passé simple* noch *subjonctif imparfait* verwenden: „A l'intérieur de chaque région, il y a un ou plusieurs locuteurs, généralement les plus scolarisés, qui n'utilisent ni l'un ni l'autre des temps en question" (Flikeid/Péronnet 1989: 239). In Comeaus *Grosses Coques* Korpus, für den die Sprache von 14 Sprechern aller Altersstufen aufgenommen und transkribiert wurde, wird das *passé simple* in 20 % aller Verbalphrasen in der Vergangenheit verwendet. Zum Vergleich: das *imparfait* steht in 39 %, das *passé composé* in 41 % der Fälle). Es wird vor allem (in 80 % der im *passé simple* getätigten Äußerungen) in Äußerungen verwendet, deren Inhalt in der Vergangenheit abgeschlossen wurde und keine Bedeutung für die Gegenwart hat. Besonders zu erwähnen ist hier die „24-hour rule", d.h. das Tempus wird vor allem verwendet, um über Geschehnisse zu berichten, die zum Zeitpunkt des Sprechens vor mehr als 24 Stunden abgeschlossen wurden (vgl. King 2012: 54f.).

In einer aktuelleren Publikation aus dem Jahr 2006 geben Neumann-Holzschuh und Wiesmath an, dass das Tempus noch immer in allen akadischen Regionen Neuschottlands, jedoch vor allem in Chéticamp, verwendet wird (vgl. Neumann-Holzschuh/Wiesmath 2006: 240).

Im vorliegenden Korpus findet sich das *passé simple* nur drei Mal, obwohl im Fragebogen eine Frage aufgenommen wurde, die die Studienteilnehmer zur Verwendung der Vergangenheitstempora aufforderte, und die alle Interviewpartner auch ansprachen. Diese drei Formen sind:[124]

(198) faut dire que **je m'exprimis** en anglais [pendant mon été aux États-Unis, Anm. d. Verf.] pis une meilleure façon pour m'exprimer c'est en français. (UC2)
(199) comme étant/francophone **je l'appris** [das Französische, Anm. d. Verf.]/quand j'étais jeune et j'ai parlé le français avec ma famille mes amis tout le mounde. (EC1)
(200) mon grand-père/**i s'assit** toute la hournée WATCH-e/THE WEATHER CHANNEL/HOCKEY GAME. (P18)[125]

Zum Vergleich: In dem Interview, dem das erste Beispiel entnommen ist (UC1+UC2), wird das *passé composé* in der ersten Person Singular 43 Mal verwendet. Es ist also womöglich so, dass das *passé simple* unter Jugendli-

---

[124] Gemeint ist hier die Frage „Raconte un voyage qui t'a plu."
[125] Es muss jedoch im Hinterkopf behalten werden, dass die Form in (200), *i s'assit*, ebenso (höchstwahrscheinlich) die Präsensform des im akadischen Französisch unregelmäßig gebildeten Verbs *s'asseoir* sein könnte (vgl. USITO/Péronnet, <https://www.usito.com/dictio/>, 27.12.2014.

5.5 Das Verb

chen wenig verbreitet ist. Als Grund hierfür ist der Einfluss des französischsprachigen Bildungssystems anzunehmen. Diese Annahme deckt sich mit den Ergebnissen Hennemanns zum Gebrauch des *passé simple* auf der Isle Madame, wo das Tempus nur noch von Sprechern ab einem Alter von 60 verwendet wird (vgl. Hennemann 2014: 133).

5.5.3 *Der* conditionnel *nach* si (que)

Die Verwendung des *conditionnel* im si-Satz ist, neben der Kombination von *si* mit *que*, typisch für die Bedingungssätze II und III der akadischen Varietäten und ist auch ein im *français populaire* anzutreffendes Phänomen.[126] Die Verwendung des *conditionnel* in beiden Satzteilen, Protase (si-Satz) und Apodose (Hauptsatz), ist im *Cadien* Louisianas bereits generalisiert, während in Neubraunschweig, Neuschottland und in Neufundland sowohl der *conditionnel* als auch die im standardfranzösischen präferierte Form, das *imparfait* gesetzt werden kann (Neumann-Holzschuh/Wiesmath 2006: 237, Starets 1986a: 573). Den Grund für die Koexistenz beider Varianten vor allem in Neubraunschweig sehen Neumann-Holzschuh und Wiesmath zum großen Teil in dem Einfluss der Standardsprache in dieser offiziell zweisprachigen Provinz (Hervorhebung im Original):

> Le français standard ayant une certaine influence [...], il est possible que celle-ci ait freiné le processus de généralisation du conditionnel après *si* dans cette province. Dans ce contexte, il serait intéressant de savoir quel est le rapport proportionnel de l'usage de ces deux constructions alternatives dans l'acadien néo-écossais, qui est beaucoup moins soumis à l'influence du français standard. (Neumann-Holzschuh/Wiesmath 2006: 238)

Die beiden Autorinnen werfen hier die Frage auf, welche Form wohl nach *si* in Neuschottland auftreten mag, denn hier ist der Einfluss des Standards im Vergleich zu Neubraunschweig zweifelsohne bis heute geringer. In einer Stichprobe konnten die Autorinnen für Neuschottland feststellen, dass der *conditionnel* in zwei von drei Fällen verwendet wird. Sie ordnen die akadischen Varietäten Neuschottlands bezüglich dieses Phänomens infol-

---

[126] Diese Kombination von *si* und *que* ist auch für das *français populaire* belegt (vgl. Guiraud ²1969: 73, Gadet ²1997: 98, Bauche 1928: 142). Vgl. für das akadische Französisch Péronnet (1995: 421) sowie Beaulieu (1996). Das Hinzufügen von *que* ist darüber hinaus sowohl in der vorliegenden Varietät als auch im *français populaire* auch nach *quand, où* oder *comment* belegt (vgl. für das *français populaire* Bauche 1928: 137f., Gadet ²1997: 89).

gedessen zwischen denen Neubraunschweigs und Louisianas ein (vgl. Neumann-Holzschuh/Wiesmath 2006: 238). Es stellt sich für diese Arbeit nun die Frage, welche Form die Jugendlichen der Baie Sainte-Marie in der Protase des Konditionalsatzes präferieren. Der Konditionalsatz II wird im vorliegenden Korpus 18 Mal verwendet, wobei er lediglich fünf Mal regelmäßig, d.h. mit dem *imparfait* im si-Satz, gebildet wird:

(201) on découv' des chouses/qu'on aurait pas pu découvrir si **on était** pas francophone car/on aurait pas eu la chance de communiquer avec des personnes si intéressantes. (EC2)[127]
(202) si que **h'allais** à Sainte-Anne ça ferait vraiment/c'est point trop/ça ferait CHEAP. (EC4)
(203) ouais si qu'**on écrivait** comme on parle ça ferait. (EC5)
(204) si qu'**i avait** un/coumme rinque un gouvernement pour/touT le mounde c'est quoi i essayont d'fare/pis ça ça ferait coumme/horrib'. (EC5)
(205) si **j'avais** l'choix de juste parler un langage ça serait/surtout l'anglais parce que c'est plus utile. (EC11)

In den folgenden Beispielen findet sich die im Korpus wesentlich häufigere Variante, in der der *conditionnel* im si-Satz steht:

(206) si qu'**j'aurais** le choix je WATCH-erais chaque affaire en anglais coumme ej choisirais point français. (UC4)
(207) si **j'pourrais**/eh/êt'/eh/connaître le/japonais/le chinois et tout ça/j'serais d'ça itou. (P11)
(208) si **je parlerais** rinque en anglais/là/ça m'laisserait point communiquer avec du mounde qui parlont rinqu'en français. (P1)
(209) si **je** ne **parlerais** pas/l'acadien/de Clare je ne comprendrais rien. (EC1)
(210) ça serait plus aisé pour zeux si nous **on commencerait**/à prend' garde d'la planète. (EC2)

Im folgenden Beispiel sind die beiden Formen sogar vertauscht worden, der *conditionnel* steht im si-Satz, das *imparfait* im Hauptsatz:

(211) si qu'**on ferait** point dans/NOVA SCOTIA WHATEVER **on avait** point de râpure. (P15)

---

[127] Wie bereits erwähnt entspricht das Interview EC1+EC2 nicht der natürlichen Sprache der Jugendlichen, da die beiden Mädchen sehr darum bemüht waren, ein standardnahes Französisch zu sprechen.

5.5 Das Verb

Der Konditionalsatz III wird im Korpus insgesamt sechs Mal verwendet, wobei in vier Fällen der *conditionnel passé* im si-Satz steht:

(212) si qu'**i aurait fait** beau/ça aurait été coumme/ça de meilleur ma'/[...] une s'maine c'était rinque une semaine THOUGH si qu'ça aurait été plus longtemps ça aurait été/h'aurons peut-êt' attrapé du meilleur temps. (UC3)
(213) si **h'aurais été/appris** d'l'anglais de/'tit âge/h'aurais beaucoup plus la misère à apprend' du français à cause i y a une tonne d'exceptions pis i y a une tonne de règles. (UC3)
(214) j'suis fiare d'êt'/Francophone mais si **h'aurais été** Anglophone/j'dirais 'BOUT même affare. (UC5)
(215) si **j'l'arais dit**/« à Clare » alla arait ABOUT 'gardé même WORSE parce que alle pouvait point FIGURE-r OUT y'où ce qu'est Halifax. (P17)

Nur in einem Beispiel steht das standardfranzösische *plus-que-parfait*:

(216) h'aurais hamais eu ça si que j'**avais** rinque **parlé** en anglais. (UC2)

Das folgende, sechste Beispiel ist vor allem deswegen interessant, weil zwei si-Sätze aneinander gereiht werden, wobei der erste si-Satz im *conditionnel passé* und der zweite im *plus-que-parfait* steht:

(217) si **h'arions pris** de la bonne façon dès l'début si **h'avions parlé**/le français standard tout de suite/ça aurait point été/vraiment/un problème. (UC3)

Die von Neumann-Holzschuh und Wiesmath gegebene Einschätzung, die standardfranzösische Form des Konditionalsatzes würde in einem von drei Fällen gebraucht werden, muss für die vorliegende Varietät, basierend auf dem vorliegenden Korpus, korrigiert werden: Hier wird sowohl der Konditionalsatz II als auch III in nur etwa einem Viertel der Fälle nach dem standardfranzösischen Muster gebildet. Den Hauptanteil bilden Konditionalsätze, in denen im si-Satz der *conditionnel* (*présent* oder *passé*) steht.

5 Ausgewählte morphosyntaktische und lexikalische Charakteristika

5.5.4 Der subjonctif

Wie im hexagonalen Französisch[128] steht auch in den akadischen Varietäten[129] häufig der Indikativ anstelle des *subjonctif*, so auch in der vorliegenden Varietät:

(218) j'EXPECT-e point que **ça c'est**/t'sais/aisé/coumme à cause c'est ça c'est c'est différente. (UC1)
(219) à l'école h'ai h'ai tout le temps appris que j'peux point dire/« point »/à la place faut **j'dis** juste « pas ». (UC3)
(220) ej crois point/que/**les jeunes** qui l'avont fait/**savont** la signifiance/de bruler un drapeau. (P13)

Es ist jedoch keinesfalls so, dass der *subjonctif* ausstirbt. Vor allem bei den im Standardfranzösischen unregelmäßigen Formen findet er sich, wenngleich die verwendete Form nicht immer der standardfranzösischen entspricht:

écrire → que j'écrive
(221) j'essaie de dire « de quoi c'que tu parles » /pour que **j'écrive** ben. (UC2)

aller → que j'alle[130]
(222) si tu vas au Nouveau-Brunswick cause que t'es au bouT de l'aut' province ça c'est faut vraiment **tu t'alles** au fond d'la province pour te rend' icitte. (UC1)

être → que je seye (vgl. Starets 1986a: 547)
(223) pis asteure coumme/faut presque/avoir des/des/des emplois gouvernementales i faut qu'**tu seyes** bilingue. (UC2)
(224) pis/apprend'/not' langue/coumme faut tu/vraiment **tu seyes**/icitte/pis tu/t'apprennes la culture. (UC2)

faire → que je faise (vgl. Starets 1986a: 547)
(225) tu peux point écrire « quoi c'tu parles de »/faut qu'tu mettes « de quoi c'tu parles »/coumme pour que **ça faise** d'la suite. (UC1)

---

[128] Vgl. für das *français populaire* Bauche (1928: 123f.).
[129] Vgl. beispielsweise für das Akadische in Neufundland Brasseur (2001: xlvi), für das *français cadien* vgl. Neumann-Holzschuh/Bollée (1998: 186) sowie Neumann-Holzschuh (2005a).
[130] Auch für den *français populaire* ist diese Form belegt (vgl. Bauche 1928: 131); vgl. für das *saintongeais* Doussinet (1971: 217).

5.5 Das Verb

(226) on dirait h'ai réalisé comben c'que le français/est assez important pis j'suis comme/« MAN faut que **j'faise** l'effort ». (UC2)

pouvoir → que je pouve, je pousse, je peuve[131]
(227) ej crois que/faut qu'**il ait** un français standard pour/tout **le monde pouve** l'savoir/que « havrer » c'est point « havrer » pis c'est vraiment/« arriver » ou/que tout le monde pousse comprend'. (P17)
(228) j'crois point que/**telchtchun pouve** tcheq' fois m'arracher l'ac/le/parler acadjonne. (P18)[132]
(229) moi h'aimerais à manquer quelque chose comme/le Camp Jeunesse Acadien/s/BACK/pour qu'**tu peuves** envoyer tes enfants. (P13)

savoir → que je save[133]
(230) mais non faut pas qu'tu les parles mais/faut qu'**tu l'saves**. (P17)[134]

Der *subjonctif* wird in Louisiana kaum noch verwendet, und auch hier finden sich Analogiebildungen wie *qu'elle peuve, que le monde save*, da vor allem unregelmäßige Formen unbekannt sind (vgl. Neumann-Holzschuh/Bollée 1998: 186) Die Subjunktivformen von *avoir* und *être* sind noch bekannt, sie treten oft neben anderen, im Indikativ stehenden Verben auf (meine Hervorhebung):

(231) faut **tu aies** de la précaution [...] faut **tu dis** des feuilles d'oignon. (163, 1-3)
(232) mais là faut **tu viens**: faut pas **tu sois** fatigué. (156, 12)

Auch an der Baie Sainte-Marie werden die Formen dieser beiden Verben regelmäßig verwendet. Hier drei Beispiele des Verbs *avoir*, von denen (234) und (235) regelmäßige Formen sind:

---

[131] Für das *français populaire* ist *que je peuve* als Subjunktivform des Verbs *pouvoir* belegt (vgl. Bauche 1928: 132, Péronnet 1990: 96, Doussinet 1971: 220). Für das *français cadien* vgl. Neumann-Holzschuh/Bollée (1998: 186).

[132] *Arracher* mit der Bedeutung *enlever* ist bei Starets (1982: 23) für Pubnico belegt.

[133] Diese Form ist ebenfalls für das *français populaire* belegt (vgl. Bauche 1928: 132, Péronnet 1990: 101). Vgl. für das *français cadien* Neumann-Holzschuh/Bollée (1998: 186).

[134] Die Formen *j'alle (aller), tu aies (avoir), tu seyes (être), je faise (faire)* und *elle peuve (pouvoir)* sind ebenfalls auf der Isle Madame attestiert (vgl. Hennemann 2014: 134).

5 Ausgewählte morphosyntaktische und lexikalische Charakteristika

(233) l'monde veut que leurs/**leurs** KID ayont c'te/opportunité-là êt' bilingue. (UC3)
(234) faut qu'**t'aies** tes assurances. (P13)
(235) faut tout l'temps que **t'aies** tes portes débarrées. (P13)

Während der *imparfait du subjonctif* für die vorliegende Region sei langem nachgewiesen ist (vgl. Gesner 1979a: 38) und Neumann-Holzschuh und Wiesmath 2006 noch schreiben, er finde in allen akadischen Regionen der Provinz Neuschottland Verwendung,[135] verwundert doch, dass er im vorliegenden Korpus nur ein Mal verwendet wird:

(236) pis i SPRAY-iont ça ça tuait touT autour du TRUCK/pour point **l'harbe pût** pousser. (P18)

5.5.5 Die Verbalperiphrasen être après de faire und être en fait de faire

Die Verbalperiphrasen *être après de faire, être en fait de faire* sowie das standardfranzösische *être en train de faire* drücken einen Vorgang aus, der gerade im Gange ist, wie etwa im Englischen beim Gebrauch der Verlaufsform (*present progressive*). Grevisse schreibt zu der Konstruktion *être après + à* (Hervorhebung im Original): „L'Acad. [Die Académie Française, Anm. d. Verf.] signalait encore en 1932, mais comme vieilli: *Il est après à bâtir sa maison*. Elle a supprimé ce tour en 1986" (Grevisse [13]1993: §791). Er fügt im weiteren Verlauf seiner Ausführungen hinzu, dass die Konstruktion in einigen regionalen hexagonalen Varietäten sowie im Québecfranzösischen ohne Präposition steht. *Être après + de* wird nicht erwähnt.

Die Periphrase *être après de faire* ist in Neubraunschweig frequent, *être en fait de faire* in Neufundland (vgl. Neumann-Holzschuh/Wiesmath 2006: 243).

Être après de faire ist darüber hinaus auch in Québec (vgl. Pusch 2005: 162), Louisiana und Missouri (vgl. Wiesmath 2005: 150, Chaudenson 1989: 100),[136] für die Frankokreolsprachen (vgl. Neumann 1985: 213,

---

[135] Die beiden Autorinnen schreiben ferner, der *subjonctif* sei selten in Neubraunschweig und Neufundland anzutreffen (vgl. Neumann-Holzschuh/Wiesmath 2006: 240).
[136] Papen/Rottet geben für das *français cadien* die Konstruktion *être après + Infinitiv*, also ohne *de*, an (vgl. Papen/Rottet 1997: 102). Auch Wiesmath (2005: 150) nennt solche Beispiele für Neubraunschweig. In meinem Korpus findet sich solch ein Fall nicht. Stäbler gibt an, dass im *Cadien* bei *être après de faire* das Hilfsverb *être* fehlen kann (vgl. Stäbler 1995a: 75).

5.5 Das Verb

Neumann-Holzschuh/Bollée 1998: 192f.) und für das *français populaire* belegt (vgl. Gadet ²1997: 57), für *être en fait de faire* wird die Verwendung in Chéticamp und auf der Isle Madame angegeben (vgl. Starets 1982: 64, ebd. 1986a: 131).

Im Südwesten Neuschottlands werden beide Formen gebraucht, wobei *être après de faire* von vier und *être en fait de faire* von sieben Sprechern im vorliegenden Korpus gebraucht werden (*être après de faire*: UC3, EC3, EC12, P8; *être en fait de faire*: UC3, UC4 UC5, EC3, EC11, P13, P17):

être après de faire
(237) si que **j'suis après de** parler à tchetchun/de la France/ej vas m'adapter la situation pis à la parsounne que je parle à. (UC3)
(238) on **est après de** parler à propos de rioN. (P8)

être en fait de faire
(239) c'est l'même que moi je le vois rinque comme/un KID **en fait d'**/FREAK-er OUT en tout. (EC11)
(240) i y a beaucoup plus d'anglais [im akadischen Französisch der Baie Sainte-Marie, Anm. d. Verf.]/SO j'trouve que **c'est en fait d'**FAD-er une miette. (P13)
(241) **c'est** beaucoup **en fait d'êt'** prom/promo/comme PROMOT-é/le français. (UC3)

Im Idiolekt einer Sprecherin (EC3) findet man beide Formen in einer Äußerung:

(242) i était pas **après de fare** coumme un HATE CRIME il était rinque **en fait d'**exprimer/ses eh/ses VIEW sur eh les Acadiens I GUESS eh ouais/les Acadiens. (EC3)

Zuletzt soll noch angemerkt werden, dass auch das standardfranzösische *être en train de faire* im Korpus insgesamt vierzehn Mal, und somit häufiger als die anderen beiden vorgestellten Verbalperiphrasen, verwendet wird.[137]

---

[137] Verwendet wird *être en train de faire* von UC2, UC4, EC4, EC11, EC12, P1, P7 und P16.

5 Ausgewählte morphosyntaktische und lexikalische Charakteristika

5.5.6 Die Auxiliare avoir *und* être

Charakteristisch für die akadischen Varietäten, aber auch für viele andere frankokanadische Varietäten ist die Generalisierung von *avoir* als Auxiliar.[138] Dies ist auch im *français populaire* kein unbekanntes Phänomen (vgl. Bauche 1928: 129ff., Gadet ²1997: 55, Sauvageot 1962: 139, vgl. für die pronominalen Verben Grevisse ¹³1993: §782). Roy gibt in ihrer Studie zum *Chiac* wichtige Informationen zu den Auxiliaren in dieser Varietät (vgl. Roy 1979: 54ff.). Bei den intransitiven Verben, zu denen frequente Verben wie *partir* und *arriver* gehören, steht ausschließlich *avoir*. Bei *naître* und *mourir* steht im *Chiac être*.[139] Roy fasst wie folgt für das *Chiac* zusammen (Hervorhebung im Original): „L'auxiliaire avoir est très nettement favorisé dans la conjugaison de tous les verbes, même à la forme pronominale: Je m'ai aperçu" (Roy 1979: 56). Für die Varietät der Baie Sainte-Marie gibt Gesner 1979 an, dass *être* in den 23 Fällen, in denen es in seiner Studie verwendet wurde, nach den standardfranzösischen Regeln gebraucht wurde. *Avoir* wurde insgesamt 368 Mal verwendet, wobei es 69 Mal dort eingesetzt wurde, wo im Standardfranzösischen *être* hätte stehen müssen (vgl. Gesner 1979a: 43).

Nach diesem kurzen Überblick nun zu Verwendungsbeispielen im vorliegenden Korpus, in welchem das Auxiliar *avoir* ebenso verwendet wird wie im *Chiac*:

Intransitive Verben:
aller
    (243) j'**ai** jamais **allé** au Québec. (P2)

arriver
    (244) a HANG-e OUT rinque avec du monde de Clare/et pis/c'est ça qu'**a arrivé**/son français c'est point du tout l'français standard. (UC6)
    (245) c'est d'même que c'était avant qu'**avons arrivé** en Acadie. (UC3)

---

[138] Vgl. für das akadische Französisch u.a. Péronnet (1995: 417), Gérin (1982: 137f.), Brasseur (2001: xlv). Vgl. für das Québecfranzösische beispielsweise Wolf (1987: 22), Neumann-Holzschuh (2000: 266f.). Für die französischen Varietäten in Louisiana und Missouri vgl. Chaudenson (1989: 101) und für Louisiana Stäbler (1995a: 79ff.). Chaudenson gibt an, dass das *français louisianais* zwischen beiden Formen zu alternieren scheint und bei einigen Verben, darunter auch die hochfrequenten Verben *arriver* und *venir*, *être* bevorzugt wird.

[139] Wie im *Chiac* findet man auch in Louisiana das Hilfverb *être* lediglich mit den Verben *naître* und *mourir* (vgl. Neumann-Holzschuh/Bollée 1998: 185).

5.5 Das Verb

(246) la seconde qu'on **a arrivé** à Nouvelle-Écosse/c'est coumme « WOW ». (EC4)

rester
(247) on **avait resté** au Château Frontenac pour une soirée. (P12)
(248) Clare c'est manière d'tit pis/c'est manière y'où-c'qu'on **a resté** su' not' vie. (P17)

sortir
(249) la fierté acadienne **a sorti** coumme/beaucoup plus dans not'/dans not'/c/dans not'/classe WHATEVER coumme dans Clare. (UC4)

venir
(250) ben la troisième année **a venu** là pis là/tu commences à apprend' l'anglais. (UC1)
(251) un résident qu'**a venu**/à not' eh/CHAPERONE. (UC6)
(252) coumme quand c'qu'N **avait venu** enseigner pis lui vient du Québec. (UC3)
(253) quand h'**ai venu**/h'ai vraiment coumme/le monde était si tant NICE pis coumme accueillant pis coumme. (UC6)
(254) les COP **avont venu**. (UC6)
(255) les Acadjonnes/**ont venu**/de/de la France. (EC4)

Reflexive Verben:
(256) ej **m'ai** toujours **dit** ej vas mourir à Clare. (P4)
(257) je **nous avons soulé**/la WHOLE s'maine. (UC6)
(258) c'était/cet endroit/c'te morceau d'tarre-là que les Acadiens avont premièrement venu dessus/pis **s'avont établissé**. (P18)
(259) i **s'avont sauvé**/THEY LIKE/SET UP FOR THEMSELVES. (UC6)

Reflexiver Gebrauch des Verbs *venir*:

(260) i **s'avont venu** BACK. (P16)

Gebrauch von *être* im Korpus:
mourir
(261) BUT « HEATH LEDGER »/c'est mon IDOL BUT il **est mort**. (EC12)

Reflexive Verben
(262) c'était/avec/BARRINGTON pis Clare pis/BARRINGTON a pardu/SO/le DUDE **s'est PISS-é OFF**/pis il était comme/« moi j'vas bruler un drapeau ». (P1)

5 *Ausgewählte morphosyntaktische und lexikalische Charakteristika*

(263) c'était vraiment une bonne expérience pour tout l'mounde pis on **s'est** touT **ENJOY-é.** (P12)

(264) on a un test de calcul demain/pis comme/I DON'T KNOW les révisions sont coumme soixante problèmes/et **je me suis** juste **rendue** à la révision hier. (EC11)

5.6 Ausgewählte lexikalische Besonderheiten

Im vorliegenden Korpus verwenden die Studienteilnehmer eine Vielzahl für das akadische Französisch bzw. die nordamerikanischen Varietäten des Französischen typischer Lexeme.[140] Unterschiede zwischen den beiden großen Varietäten des Französischen in Kanada, dem Québecfranzösischen bzw. dem akadischen Französisch, sind hauptsächlich mit der Herkunft der Siedler während der Kolonialzeit zu erklären: Während der Großteil der akadischen Siedler aus dem Gebiet südlich der Loire stammte, stammten sie in Québec eher aus dem (Nord-)Westen, bzw. aus Zentralfrankreich, wobei, im Gegensatz zur Akadie, das Pariser Französisch die Sprache in der Kolonie ebenfalls beeinflusst hat (vgl. Poirier 1994: 73ff.).

Die folgenden Substantive, Verben, Adjektive und Konjunktionen finden sich im vorliegenden Korpus und bilden lediglich eine Auswahl der ‚akadischen' Lexeme im Korpus.[141] Das Unterkapitel ist wie ein Wörterbuch aufgebaut: zunächst wird das Wort mithilfe der Wörterbücher zum akadischen Französisch erklärt,[142] im Anschluss folgen Verwendungsbeispiele aus dem vorliegenden Korpus. Außerdem wird mithilfe der Online-Version von *Usito* (U, <https://www.usito.com/dictio/>, 27.12.2014) sowie des *Dictionnaire historique du français québécois* (TLFQ, 1998) geschaut,

---

[140] Für eine Auswahl der Studien, die sich mit der akadischen Lexikologie befassen, vgl. Péronnet (1996). Jagueneau/Péronnet stellen fest, dass etwa 400 Akadianismen auch heute noch im Poitou verwendet werden und präsentieren die häufigsten lexikalischen Elemente in ihrem 2003 erschienenen Aufsatz (Jagueneau/Péronnet 2003: 189).

[141] Die Wortliste hat keinen Anspruch auf Vollständigkeit, sondern sie soll einen Einblick in die akadischen Elemente in der Jugendsprache geben.

[142] Die verwendeten Quellen sind einerseits Cormiers 1999 erschienenes *Dictionnaire du français acadien* sowie die Arbeit von Félix Thibodeau, *Le parler de la Baie Sainte-Marie (Nouvelle Écosse)*, 1988 erschienen und speziell für die akadische Varietät der Baie Sainte-Marie konzipiert. Ergänzt werden die Angaben mithilfe des *Dictionnaire des régionalismes du français de Terre-Neuve* von Patrice Brasseur (2001).

5.6 Ausgewählte lexikalische Besonderheiten

ob die entsprechenden Lexeme ebenfalls im Québecfranzösischen anzutreffen sind.[143]

5.6.1 Substantive

besogne n. f.: travail, ouvrage, commerce, affaires (Cormier 1999: 92); Québec (U)
(265) ej vas probablement rester icitte/à cause i y a probablement assez d'**besogne**/[...]coumme/coumme/un p'tit restaurant/pis/un p'tit restaurant/pis/i y a point beaucoup d'"monde icitte/dans Clare/pour/garder **une besogne**/coumme/en ville. (P16)

boucanne n. f.: la fumée (Thibodeau 1988: 20, Cormier 1999: 102); Québec: boucane (U)
(266) tu fonds du plastique ça pue là c'est **une bou/une boucanne** noire. (P18)

esclave n. m.: déficient mental; une personne anormale (Thibodeau 1988: 50)/miséreux, personne démunie qui inspire la pitié (Cormier 1999: 201) → adj. esclave
(267) UC3: i était c'était rinque un sout/
UC4: ouais c'était **un esclave**/
UC3: ouais c'était **un esclave** qui comprenait point pis il a rinque brulé rinque à cause ça faisait point d'suite. (UC3+UC4)

gravaille n. m.: gravier (Cormier 1999: 240)
(268) i y avait des FENCE y'où-c'que tu pouvais point comme passer/tu voyais que c'était comme/rinque **du gravaille** presque. (UC5)

logis n. m.: une maison (Starets 1982: 103, ebd. 1986a: 239); Québec (U)
(269) RENT-er **un lohis** par icitte c'es comme quat' cents pias' RENT-er **le** même **lohis** dans la ville ça ferait comme/trois mille pias'. (UC3)
(270) WELL coumme si tchelson mourt/coumme/presque la hournée là/il a du manher coumme/amené à **ton lohis**. (UC6)
(271) le gouvernement envoie coumme des sondages et du STUFF/**aux logis**. (UC6)

---

[143] Keines der im Folgenden vorgestellten Lexeme findet sich in Poiriers *Dictionnaire du francais québécois* (1985).

miette n. f.: une très petite quantité; une très courte distance; de peu de durée (Thibodeau 1988: 84) ~ un peu (Brasseur 2001: 299); Québec (U)
(272) j'coummence à êt' **une miette** eh/**miette** eh/énervé là/ouais. (UC1)
(273) c'étaient tous tes CHUM là avec toi pour une semaine à CUBA/[...] h'avons fait **une miette** des fous. (UC3)
(274) normalement h'essaie de coumme/de changer **une miette** mon dialecte. (UC4)

misère n. f.: difficulté (Cormier 1999: 276, Brasseur 2001: 300, Starets 1982: 109, ebd. 1986a: 259) ~être (de) la misère/avoir (de) la misère: être difficile/avoir de la difficulté à faire qc.; Québec (U, *familier*)
(275) c'est not' langue maternelle c'est ça que j'avons si h'aurais été/appris de l'anglais de/'tit âge/h'aurais beaucoup plus **la misère** à apprend' du français i y a une tonne d'exceptions pis il y a une tonne de règles. (UC3)
(276) c'est d'**la misère** à écrire en acadien. (UC3)
(277) la langue acadienne est différente/((rires)) et pis/des fois c'est peut-êt' **la misère** à comprend'. (UC6)
(278) eh moi j'crois pas qu'le français c'est une langue trop de **la misare**. (P18)

mitan n. m.: milieu; centre (Thibodeau 1988: 84, Cormier 1999: 277, Péronnet 1989a: 227, Flikeid 1996: 316, Starets 1982: 110, ebd. 1986a: 261); Québec (U, *littéraire*)
(279) moi xxx arrêté dans **le mitan** de la/de la SLIDE. (UC4)
(280) et pis là il LAND-e dans/eh/dans **l'mitan** des bois/et pis il a SQUAW-ø une couple de mois. (P16)

piasse n. f.: un dollar (Brasseur 2001: 345); Québec (U, TLFQ)
(281) RENT-er un lohis par icitte c'es comme quat' cents **pias'** RENT-er le même lohis dans la ville ça ferait comme/trois mille **pias'**. (UC3)

place n. f.: plancher (Thibodeau 1988: 102, Péronnet 1989a: 227)
(282) les toilettes c'était/neuves/touT était neuf en haut/neuf **la** neuf **place**. (P4)

râpure n. f.: la pâte ou la purée de patate (Thibodeau 1988: 110, Brasseur 2001: 353f.); (TLFQ mit Verweis auf die Akadie)
(283) ej pourrais point viv' sans **râpure**. (UC5)
(284) elle a coumme commandé d'**la râpure**. (UC6)

5.6 Ausgewählte lexikalische Besonderheiten

5.6.2 Verben

arrumer: réparer; mettre en ordre, arranger, réparer (Thibodeau 1988: 13; Starets 1982: 24, 1986a: 19, Cormier 1999: 69f.)[144]
(285) h'aime ça d'**arrumer** des affares/eh/n'importe tchelle mode de moteur ou FOURWHEELER ou/n'importe quoi DIRTBIKE. (P18)

bailler: donner (Thibodeau 1988: 16, Cormier 1999: 78, Péronnet 1989a: 201, Flikeid 1996: 312); Québec (U)[145]
(286) ouais moi j'suis pas mal fière d'être Acadienne et Canadienne/ou Francophone/à cause que ça nous **baille**/beaucoup plus opportunités. (UC3)
(287) I MEAN/le bilinguisme est comme incroyab' ça fait qu'nous-au' h'avons ces chances là pis ça nous **baille** plus d'opportunités dans la vie. (UC3)
(288) et pis/en plus êt' Francophone/j'suis Acadien ça ça nous comme/ça nous **baille** not' OWN 'tite culture pis que j'faisons du STUFF qu'est WAY différent qu'tout l'monde aut'. (UC3)
(289) il lui **baille** comme un PILL que/qui te fait USE-r cent pour cent que/ton cerveau peut USE-r WHATEVER INSTEAD de dix pour cent. (EC5)

baranquer: parler beaucoup mais dire peu de choses (Thibodeau 1988: 16); parler, discuter (Cormier 1999: 80)
(290) ej h'inviterons tcheq' CHUM/pis ej/ej **baranquons** coumme c'est point si tant coumme/aller CLUB-er. (UC2)

barrer: fermer à clef (Cormier 1999: 84, Thibodeau 1988: 17); Québec (U, *familier*)
(291) on **barre** pas ses portes de la nuit/dans la maison. (UC4)

cacasser: glousser; conversation d'enfant, quelquefois difficile à comprendre (Thibodeau 1988: 26)
(292) ej **cacassions** après chaque/gobelet de voN. (UC3)

---

[144] Bei Brasseur findet sich das Verb unter der Schreibweise *arrimer* (Brasseur 2001: 28).
[145] *Bailler* ist in keiner anderen akadischen Region attestiert (vgl. Flikeid 1996: 313), es ist jedoch für den *parler saintongeais* belegt (vgl. Doussinet 1971: 263).

5 Ausgewählte morphosyntaktische und lexikalische Charakteristika

décoller: déguerpir, partir (Cormier 1999: 161, Brasseur 2001: 149); Québec (U, *familier*)
(293) « **décoller** » c'est/par eh/« partir ». (P18)
(294) i y a du mounde que/après qu'i avont fini/l'École Secondaire de CLARE en français/i **décollont** pis ils allont à un collège anglais pis là i perdont leur langue mais. (EC3)

grouiller: bouger (Thibodeau 1988: 26); Québec (U)
(295) si que j'/si h'ai besoin de **grouiller**/eh/aller à tcheq' part d'aut' ça m'/ça m'fait point vraiment de différence. (UC3)

hâler: tirer (Thibodeau 1988: 68, Brasseur 2001: 242); Québec: haler (U)[146]
(296) ANYWAYS pis alle l'a coumme **hâlée** dans son logis/point coumme/AGGRESSIVELY **hâlée** dans l'logis. (UC6)
(297) i y a d'quoi qui nous/**hâle** icitte/[...] i y a d'quoi à propos de c'te région-icitte qui est **hâlant**. (UC2)

hâvrer: rentrer, arriver dans un havre (Cormier 1999: 250, Thibodeau 1988: 69, Brasseur 2001: 246)
(298) ej sais point/on dirait/on dirait qu'le français acadien c'est plus comme/eh l'héritage comme c'est comme/c'est des eh/c'est des mouts/qui sont vieux/pis que nous-aut' on continue à USE-r mais/d'aut' persounnes/le coumme français d'Québec/s on/serait de rioN/manière coumme « **hâvrer** »/coumme/moi j'dirais/« as-tu **hâvré**/un CAR ou un/**hâvré**/ehm/un courrant »/mais/« **hâvrer** » vraiment ça veut dire/« amener ton BOAT au tchai ». (P17)
(299) faut qu'il ait un français standard pour/tout le monde pouve le savoir/que **hâvrer** c'est point **hâvrer** pis c'est vraiment/arriver ou/que tout le monde pousse comprend'. (P17)
(300) OK **hav'**/c'est comme un expression/eh/pour la jeunesse/on dit **hâv'/hâv'**-toi icitte/SO/COME HERE NOW/manière/SO si qu'j'TEXT-e à quelqu'un coumme/**h a v r e** c'est **hâv'**/pis/c'est dire/viens/viens asteure. (P4)

hucher: appeler à haute voix (Cormier 1999: 252); ~ crier fort
(301) c'est point EVEN une chanson c'est pas d'la musique c'est du/tchechon a t/a **huché** dans un MIC. (P16)

---

[146] Vgl. zum Verb *hâler* ebenfalls Gauvin (2006).

5.6 Ausgewählte lexikalische Besonderheiten

(se) tanner: fatiguer, ennuyer, agacer (Thibodeau 1988: 121, Cormier 1999: 358); Québec (U)[147]
(302) tout le monde se **tanne**/tout l'monde tout l'monde tout l'monde se **tanne**. (P4)

5.6.3 Adjektive und Adverbien

à mort: à la folie; j'aime beaucoup cela (Thibodeau 1988: 86; Gesner 1979a: 72); Québec (U, *familier*)[148]
(303) moi j'suis wellment fier **à mort** de/d'êt'/Acadjonne pis/pouvoir le parler. (P18)
(304) h'aime **à mort** d'aller pêcher. (P18)
(305) h'aime **à mort** d'aller à Bartlett Beach avec/N et pis amener les chioN. (P13)

apeuré/e: effrayé/e; Québec (U)[149]
(306) si t'es tout seul dans la ville/pis dirons qu'ta CAR BREAK-e DOWN/le monde va arrêter mais vas-tu êt' **apeurée** ou vas-tu/tu sais. (UC5)

barré/e: fermé/e à clé → verbe barrer; Québec (U)
(307) faut tout l'temps que t'aies tes portes **débarrées**. (P13)

bête: COOL, génial
(308) UC6: WELL/comme le mot « **bête** »/comme nous-aut' j'disons qu'c'est COOL mais comme/avant c'était comme/pour tcheqson qu'était/OUTA WACK ou SOMETHING n'est-ce pas ?/
UC5: non ehm ACTUALLY/dans le dictionnare « **bête** »/est décrit comme/« un stupide cochon ». (UC5+UC6)
(309) h'avons parlé à du monde en français partout dans/pays/dans not' pays/SO c'était pas mal **bête**. (EC4)
(310) pis moi h'aimerais d'aller à/l'Europe itou/pis aller comme BACKPACK-er partout/ça ferait pas mal **bête**. (EC7)
(311) ça sera peut-êt' **bête**/de rencontrer des neuves persounne. (EC11)

---

[147] Tanner ist bei Thibodeau nicht reflexiv. Für die vorliegende Varietät ist *se tanner* auch mit der Bedeutung *lutter* belegt (vgl. Starets 1982: 158, ebd. 1986: 421).
[148] Bei Starets (1982: 21) belegt für die Isle Madame.
[149] Bei Cormier (1999: 199) ist das Verb *épeurer* belegt.

esclave: anormal; → subst. un esclave
   (312) c'te gars-là est pas mal **esclave**. (EC6)

rinque: rien que, seulement; Québec: *rien que* (U)
   (313) moi h'aime **rinque** l'idée que j'sons uniques pis on a point coumme trop trop d'nous-aut'/dans l'mounde/pis j'sons COOL. (UC6)
   (314) coumme i sont à AFGHANISTAN/BUT c'est point pour la dcharre c'est **rinque** pour coumme KEEP-er THE PEACE. (UC6)

wellment: beaucoup, très (Ryan 1998: 95), bei Starets (1982: 176, 1986a: 469) unter der Schreibweise *wellement* zu finden[150]
   (315) êt' bilingue comme/pour trouver des JOB et du STUFF ça va êt' **wellment** plus aisé. (UC4)
   (316) moi j'suis **wellment** fier à mort de/d'êt'/Acadjonne pis/pouvoir le parler. (P18)
   (317) SO wellment/c'est pas trop bon/et pis eh/ouais/mais asteure/quand c'tu penses/dans pis/eh/cinquante ans passés/que tout l'/tout l'STUFF asteure c'est **wellment** mieux qu'avant/coumme c'est touT/GREEN et eh/électrique et tout c'te STUFF-là. (P18)
   (318) mh/je sais qu'ma région c'est comme **wellment** différent c'est comme un monde à part entière. (P2)

5.6.4 Andere Wortarten

Zahlen:

yonne:
1) ~ un/une (Thibodeau 1988: 131)
   (319) mes papiers que h'ai besoin de fare pour mon/**yunne** d'mes cours dans littérature. (UC3)
   (320) il y avait **yunne** de mes enseignants qui ehm/qui demandait aux élèves comme/d'aller voir les MOVIE en français. (UC5)
   (321) hors de tous les MOVIE h'avont été WATCH-er/qu'est coumme trois d'zeux/ehm i y en a rinque **yonne** qui faisait rire ça c'est le problème. (UC5)
   (322) il [der Schauspieler Heath Ledger, Anm. d. Verf.] était […] comme **yonne** des GAY parsonnes qui dans BROKEBACK MOUNTAIN ou comme ASIDE ? (EC12)
   (323) rinque/**yonne/yonne/yonne** ou deux hours/ça m'prend pour lire un liv'. (P16)

---

[150] Vgl. für den Gebrauch von *wellment* ebenso King (2012: 100).

5.7 Zusammenfassung

2) premièrement, tout d'abord
(324) **yonne** quand c'que j'vas dans les écoles comme/ej sais/i parlent/les élèves parlent mois français à/la mai/à la maison à cause que i y a/tout sur WATCH-er TV c'est anglais. (UC3)
(325) moi itou j'suis fiare de cela c'est rinque NICE c'est à cause **yonne**/c'est/comme/tu counnais tout l'mounde. (UC3)
(326) h'aimerais de rester par icitte/à cause que/**yonne**/toute ma famille vent d'icitte. (UC5)

3) point yonne: personne
(327) j'suis **point yonne** qui met/le le TV en français. (P17)

Präpositionen:

à; être le fils/la fille à qn.: de; être le fils/la fille de qn. (Péronnet 1995: 420, Gérin 1982: 142)
(328) ej pourrais m/êt' mis dans HONG KONG/dans/VEGAS/dans PERU ANYWHERE/pis/ej ferais encore/**la fille à N à N à N à N**. (P17)
(329) on s'counnaît point rinque par N/c'est coumme **N à N à N à N à N**. (UC2)

su': chez (Thibodeau 1988: 120, Gérin 1982: 145f.)
(330) aller **su'** FRENCHIES. (EC12)[151]
(331) moi je le fais **su'**l'Monsieur eh/N. (P4)

5.7 Zusammenfassung

Dieses fünfte Kapitel hatte zum Ziel, wesentliche akadische Charakteristika der Jugendsprache an der Baie Sainte-Marie im Bereich der Morphosyntax und der Lexik vorzustellen. Daneben wurden dort, wo ältere Studien zu bestimmten Phänomenen vorliegen (z.B. zur Verwendung des Negators *point*, den Endungen *-ont* und *-iont* bei der dritten Person Plural oder die Verwendung von *je* für die erste Person Plural) Hinweise zur diachronen Entwicklung gegeben.

Flikeids aufgestellte These, „il y a „érosion" de certains des traits acadiens saillants là où l'influence institutionnelle du français normatif est la plus forte et agit de longue date" (Flikeid 1991: 293), konnte für die vorliegende Varietät nicht bestätigt werden: Die akadischen Formen existieren noch immer in den einzelnen Idiolekten und ihre Verwendung hat z.T. so-

---

[151] *Frenchies* ist ein in Neuschottland verbreiteter Secondhandladen.

5 Ausgewählte morphosyntaktische und lexikalische Charakteristika

gar zugenommen, wie die diachronen Analysen der Negatoren oder der Verbalendungen bei der dritten Person Plural gezeigt haben. Lediglich die Verwendung des *je collectif* hat abgenommen.

Außerdem verwenden die Studierenden trotz mehr standardsprachlichem Input häufiger akadische Formen als die Schüler. Es ist hier – auf Basis der in Kapitel 4 angestellten Analysen – von einem höheren Sprachstolz bei den Studierenden auszugehen, der sie darin bestärkt, akadische Formen vermehrt zu verwenden.

Im folgenden Kapitel, welches das umfangreichste dieser Arbeit ist, werden Aspekte der vielfältigen englisch-französischen Sprachkontaktphänomene in der Region beleuchtet.

6 *Moitié anglais moitié français?* Der englische Einfluss

6.1 Einleitung

Obwohl erst seit etwa dreißig Jahren Studien zu Sprachkontaktphänomenen in den akadischen Varietäten veröffentlicht werden,[152] finden sich auch in älteren Arbeiten Anmerkungen zu englischen Einflüssen auf die *parlers acadiens*. Eine dieser Arbeiten ist die von Geneviève Massignon, deren 1962 veröffentlichte Studie auf in den 1940er Jahren durchgeführten Feldforschungen fußt. Sie schreibt (meine Hervorhebung):

> J'ai laissé de côté, dans mon enquête sur les parlers français de l'Acadie, l'élément francophone „urbain", que j'ai cependant fréquenté pour mes recherches sur les traditions et le folklore acadiens. En effet, **les Acadiens des villes parlent un langage beaucoup plus anglicisé que ceux des campagnes**, ils forgent à tous moments des *Calques* de l'anglais pour des termes techniques, dont ils ignorent l'équivalent français, et ils n'ont plus le vocabulaire traditionnel inhérent aux choses de la campagne. (Massignon 1962: 88)

Englische Einflüsse auf die akadischen Varietäten sind also, vor allem in den urbanen Varietäten, kein neues Phänomen.[153] Auch Vincent Lucci beschreibt 1972 in seinem Werk zur akadischen Phonologie der Region um Moncton, Neubraunschweig, den englischen Einfluss auf das Akadische dieser Region (meine Hervorhebung):

> Le degré d'anglicisation est un facteur très complexe qui varie non seulement d'une classe sociale à une autre, mais d'un individu à l'autre dans la même classe. On rencontre dans le parler francophone urbain de Moncton **tous les degrés possibles d'anglicisation**. (Lucci 1972: 15)

---

[152] Die erste Forscherin war meines Wissens nach die bereits erwähnte Marie-Marthe Roy mit ihrer 1979 erschienenen Studie zur Verwendung von *BUT* und *SO* im *Chiac* Monctons.

[153] In Massignons Studie stellen die Entlehnungen aus dem Englischen nur ein Randphänomen dar: Auf nur zwei Seiten (750f.) gibt sie lexikalische Einflüsse des Englischen auf die *parlers acadiens* an.

6 Moitié anglais moitié français? Der englische Einfluss

Leider gibt Lucci nicht an, was er mit „tous les degrés possibles d'anglicisation" meint. Poirier benennt dies deutlicher, wenn er schreibt:

> Il est vrai qu'il est glissé, dans ces derniers temps, un certain nombre, un nombre malheureusement trop grand, de vocables anglais qui se substituent à nos bons vieux mots acadiens. Mais ces intrus, passés au crible, peuvent être rejetés assez facilement […]. Ils le peuvent aujourd'hui, mais cela se pourra-t-il faire dans cinquante, dans cent ans? (Poirier 1927/1993: 1)

Es sind also ‚Eindringlinge' („intrus"), d.h. einzelne englische Lexeme, die die „bons vieux mots acadiens" langsam zu ersetzen drohen. Darüber hinaus wirft Poirier die Frage auf, ob diese englischen Einflüsse, die zu seiner Zeit wohl noch hätten ersetzt werden können, auch in Zukunft noch durch akadische beziehungsweise französische Elemente ersetzt werden können.

Schuld am englischen Einfluss ist laut Poirier die sprachliche Unsicherheit der Akadier. Dies ebnet den Anglizismen den Weg in die Sprache:

> La crainte qu'éprouve le paysan acadien de parler sa langue devant les étrangers et même en présence de toute personne „éduquée", est chose dangereuse pour lui, au point de vue national. Elle ouvre une écluse à la marée montante de l'anglicisme, qui déjà déborde. (Poirier 1928: 7)

Viele Worte werden nicht aus einer Notwendigkeit heraus – einer lexikalischen Lücke im Vokabular etwa („cultural lexical forms") – entlehnt. Vielmehr gelangen sie in die akadische Matrix, obwohl es in dieser ein Äquivalent gibt (vgl. Mougeon 2000: 30). Es handelt sich hier um das Kernvokabular einer Sprache („core lexical forms", Myers-Scotton 1993: 31). Diese Art der Entlehnung ist vor allem in Varietäten festzustellen, die in Regionen mit intensivem Sprachkontakt gesprochen werden (vgl. Mougeon 2000: 29).

Das akadische Französisch, und hier vor allem das in und um Moncton gesprochene *Chiac*, ist also seit langem für die Integration englischer Elemente bekannt und wird, vor allem von seinen Sprechern, als *moitié français moitié anglais* oder *franglais* stigmatisiert (vgl. King 2008: 137f., Flikeid 1997: 280). Es ist jedoch nicht der Fall, dass das *Chiac halb* Englisch und *halb* Französisch ist, denn die Matrixsprache ist deutlich als Französisch zu identifizieren. Hier eine besonders gelungene Definition des *Chiac*, die dies verdeutlicht:

> Le chiac est une langue dont la matrice est française et le lexique généreusement „enrichi" d'anglais. On emprunte le vocabulaire anglais, même si l'équivalent français existe et reste disponible grâce à l'instruction française.

6.1 Einleitung

Le degré d'anglicisation de la langue varie considérablement entre les locuteurs selon leur condition socio-économique, leur scolarité et leur réseau de communication. (Chevalier 2001: 15)

Chiac ist also trotz des englischen Einflusses eine Varietät des Französischen und nicht *moitié moitié*, und der englische Einfluss variiert von Sprecher zu Sprecher. Ebenfalls wichtig an dieser Definition ist, dass sie berücksichtigt, dass die Anglizismen entlehnt werden, obwohl (meist) ein französisches beziehungsweise akadisches Äquivalent existiert. Eine ähnliche Definition liefert Babitch, die *Chiac* bezeichnet als „a hybrid vernacular basically French in structure and blended with English" (Babitch 1996: 455). Chevalier und Babitch versäumen jedoch, das *Chiac* als hauptsächlich jugendsprachliches Phänomen zu skizzieren, weswegen folgende Definition hinzugezogen werden soll: „*Chiac* is a dialect of A[cadian] F[rench] spoken by bilingual Monctonian teenagers" (Young 2002: 9). Young berüchsichtigt in ihrer Definition ebenfalls den zweisprachigen Hintergrund der Sprecher.

Auch auf das akadische Französisch der Baie Sainte-Marie trifft zu, dass die Matrix eindeutig das Französische ist, und das Englische trotz des unbestreitbaren Einflusses keinesfalls die Hälfte der Strukturen oder des Wortschatzes stellt. Ebenfalls sind die Sprecher – wie gezeigt wurde – fast immer zweisprachig. Trotzdem finden sich auch unter den Sprechern dieser Varietät die gegenüber dem *Chiac* geäußerten bekannten, pejorativen Beschreibungen der eigenen Sprache:

(332) le français icitte c'est point du français du tout/c/((rires)) c'est du franglais/moitié français moitié anglais/[...] non moi j'parle pas boN/non/moi je parle moitié moitié. (P13)

(333) moi j'trouve que not' français icitte/ej sais qu'c'était beaucoup/vers l'anglais CAUSE HALF de nos mouts/sont anglais BUT/ça c'est à cause que j'WATCH-ons l'TV touT/touT de nous-aut' est entouré d'anglais. (UC3)

King gibt für das *Chiac* zu bedenken, dass der englische Einfluss keinesfalls so hoch ist, wie die Sprecher glauben,[154] was auch für die vorliegende Varietät bestätigt werden kann. Des Weiteren konstatiert die Sprachwissenschaftlerin, dass es sich heutzutage in Bezug auf die eingegliederten Anglizismen kaum von anderen, weniger bekannten akadischen Regionen unterscheidet (Hervorhebung im Original):

---

[154] An anderer Stelle schreibt King: „[T]he characterization of the extent of English influence on Acadian varieties tends to be overblown" (King 2008: 139).

6 Moitié anglais moitié français? Der englische Einfluss

> I argue that there is little evidence that *chiac*, an often stigmatized variety of Acadian French spoken in the urban area of Moncton, New Brunswick, differs dramatically from a number of lesser known Acadian varieties in terms of the effects of language contact and that the degree of English influence claimed is sometimes not supported by the data provided. (King 2008: 137)

Massignon schätzte vor etwa fünfzig Jahren den englischen Einfluss auf die Sprache der urbanen Bevölkerung noch um ein Vielfaches höher ein als denjenigen auf die Sprache der Landbevölkerung. King schreibt im Gegensatz dazu heute, dass die Unterschiede wohl (nahezu) aufgehoben seien und der Anglisierungsgrad auch in anderen akadischen Regionen ebenso hoch sei wie der der urbanen Bevölkerung in Moncton.

Im Folgenden soll einerseits der englische Einfluss auf das *Acadien de Clare* für ausgewählte Bereiche der Morphosyntax und der Lexik beschrieben werden. Andererseits soll aber auch der von Ruth King angestoßenen Frage nachgegangen werden, ob das *Acadien de Clare* in puncto Anglizismen mit dem *Chiac* zu vergleichen ist.

Welche Worte fallen in der vorliegenden Arbeit unter den Begriff *Anglizismus*? Ich schließe mich Mougeon, Brent-Palmer, Bélanger und Cichocki an, die den Terminus wie folgt definieren (Hervorhebung im Original):

> Il s'agit d'éléments empruntés à l'anglais, dont la forme (phonologie) et le sens sont plus ou moins proches d'éléments anglais équivalents (par exemple <u>le fun</u>). Nous appelons ces éléments emprunts ou anglicismes de forme et de sens. Par anglicisme, nous entendons aussi des éléments de forme française mais dont le sens est plus ou moins proche de celui d'un élément anglais similaire (par exemple le nom <u>audience</u> utilisé dans le sens de <u>public</u>). (Mougeon/Brent-Palmer/Bélanger/Cichocki 1980: 85)

Dies sieht Weinreich ähnlich (Hervorhebung im Original):

> The ways in which one vocabulary can interfere with another are various. Given two languages, *A* and *B*, morphemes may be transferred from *A* into *B*, or *B* morphemes may be used in new designative functions on the model of *A* morphemes with whose content they are identified. (Weinreich ^{7}1970: 47)[155]

---

[155] Eine weitere Definition in deutscher Sprache ist die von Schafroth (1996: 36): Ein Anglizismus soll „als Verwendung bzw. Übernahme eines oder mehrerer Elemente der englischen Sprache verstanden werden. Diese Elemente können sich auf die graphische, phonische, morphologische, lexematische, semantische oder syntaktische Sprachebene beziehen."

6.2 Sprachen in Kontakt: Theoretischer Hintergrund

Anglizismen sind also in zwei Gruppen aufzuteilen: erstens die Elemente, die Form und Bedeutung aus der Ursprungssprache beibehalten, und zweitens diejenigen Elemente, die auf den ersten Blick wie ein Element der Matrixsprache scheinen, jedoch die Bedeutung eines ähnlichen Elements der Ursprungssprache übernommen haben.

Im weiteren Verlauf der Arbeit muss zunächst Definitionsarbeit geleistet und es sollen die Begrifflichkeiten um die Sprachkontaktphänomene *Codeswitching*, *Borrowing* und *Calque* geklärt werden. Danach werden die verschiedenen Besonderheiten der vorliegenden Varietät dargelegt, wobei immer wieder ein Vergleich mit dem *Chiac* Monctons und weiteren akadischen Varietäten angestellt werden wird. In einem darauf folgenden Schritt werden ausgewählte Sprachkontaktphänomene anhand von Korpusauszügen vorgestellt. Die englischen Worte und Konstruktionen sollen hier nicht bloß genannt und beschrieben werden, sondern es wird meist angegeben, wie oft die englische im Vergleich zur französischen beziehungsweise akadischen Variante gebraucht wird und ob die Formen unterschiedlich verwendet werden. Dies fordert auch King, wenn sie schreibt (Hervorhebung im Original):

> [W]e are left with little indication of the status of English-origin material in the speech of the individual, the community or the host language. [...] What we need are to at least see proportions of use of an English-origin variant against French-origin ones and constraints on their usage [...]. (King 2008: 152)

Perrot hat für ihre Studie zum *Chiac* festgestellt, dass sich der Anglisierungsgrad der einzelnen Interviews erheblich voneinander unterscheidet. Sie spricht von einem Kontinuum, an dessen Enden sich die „extrémités contrastés" befinden, in deren Mitte sich jedoch der Großteil der Interviews findet (vgl. Perrot 2001: 49). Dies trifft auch für das vorliegende Korpus zu, in dem es weniger anglisierte Interviews gibt (beispielsweise P11+P12), in dem man aber auch sehr anglisierte Gespräche findet (UC5+UC6).

6.2 Sprachen in Kontakt: Theoretischer Hintergrund

Bevor der Fokus der Arbeit auf die Anglizismen gerichtet wird, müssen zunächst einmal das theoretische Fundament gelegt und wichtige Termini der Sprachkontaktforschung erklärt werden. Zunächst einmal werden die Konzepte des *Codeswitching* (Sprachwechsel) und *Borrowing* (Entlehnung) theoretisch umrissen und voneinander abgegrenzt. In diesem Zusammenhang soll auch auf den von Poplack geprägten Begriff des *nonce borrowing* hingewiesen werden. Den Abschluss bildet die Definition von *Calques* (Lehnübersetzungen). Die eindeutige Klassifizierung eines englischen Elements in der vorliegenden Varietät als *Switch* oder *Borrowing* gestaltet sich oftmals schwierig: Obwohl die englischen Wörter und Konstruktionen bei der Beschäftigung mit den akadischen Varietäten in der Regel sofort ins Auge springen, ist aufgrund der Zweisprachigkeit der Sprecher nicht klar, ob es sich bei dem englischen Wort um eine Entlehnung oder eine einmalige Verwendung des Wortes, einen *Switch*, handelt.[156]

Im Folgenden soll mithilfe eines Rückgriffs auf die relevante Fachliteratur ein Versuch gestartet werden, die Konzepte voneinander abzugrenzen. Soviel sei jedoch vorweg genommen: Bis heute herrscht trotz aller Definitions- und Abgrenzungsversuche unter Sprachkontaktforschern Uneinigkeit darüber, wann ein einzelnes englisches Lexem als Entlehnung oder als *Switch* anzusehen ist.

6.2.1 Codeswitching *und* Borrowing

Seit den 1980er Jahren versuchen Sprachkontaktforscher die beiden Konzepte *Borrowing* (Entlehnungen, *emprunts*) sowie *Codeswitching*[157] (Kode- oder Sprachwechsel, *alternance codique*) voneinander abzugrenzen, was ihnen bis heute nicht vollständig gelungen ist. Auf die verschiedenen Modelle des *Codeswitching* (beispielsweise das *Matrix Language-Frame Model* von Myers-Scotton) wird in dieser Arbeit nicht eingegangen, da sie nicht unmittelbar für die Analyse benötigt werden und ihre Beschreibung den Rahmen sprengen würde.[158]

Da in der vorliegenden Varietät hauptsächlich einzelne englische Lexeme (und kaum ganze englische Sätze) vorgefunden werden, deren Klassifizierung als *Switches* oder *Entlehnungen* sich schwierig gestaltet, wird

---

[156] Roy (1979: 72) formuliert für das *Chiac* treffend: „Il n'est pas toujours clair, surtout dans les cas de mots isolés ou même de certaines locutions, s'il s'agit d'un passage à l'anglais ou s'il faut considérer le mot ou l'expression comme faisant partie du français de Moncton."

[157] Bei Poplack und Gardner-Chloros (2009) findet sich die Schreibweise *Code-Switching*. Es sei hier ebenfalls darauf hingewiesen, dass der Terminus nicht nur für den alternierenden Gebrauch zweier Sprachen, sondern auch zweier Varietäten einer Sprache oder den Registerwechsel gebraucht wird.

[158] Siehe für Informationen hierzu u.a. Myers-Scotton (1992, 2002, ²2005). Für weitere Modelle und die damit einhergehenden Hypothesen siehe neben Myers-Scotton auch Poplack (2001).

6.2 Sprachen in Kontakt: Theoretischer Hintergrund

auch weiter unten nur kurz auf die von Myers-Scotton et al. formulierten Bedingungen des *Codeswitching (constraints)*, d.h. an welchen Satzstellen *Switches* begünstigt werden, eingegangen.[159]

Zunächst zwei Definitionen des Phänomens von kanadischen Forscherinnen, die sich mit Sprachkontaktphänomenen innerhalb der kanadischen Frankophonie auseinandergesetzt haben: Ruth King (akadische Varietäten) sowie Shana Poplack (das Französische in Ottawa-Hull, heute Gatineau). Erstere schreibt: „[C]odeswitching involves the use of two (or more) languages in conversation" (King 2000: 85), was im Umkehrschluss bedeutet, dass bei *Borrowing* nur eine Sprache involviert ist. Poplack bezeichnet *Codeswitching* als „the juxtaposition of sentences or sentence fragments, each of which is internally consistent with the morphological and syntactic (and optionally, phonological) rules of the language of its provenance" (Poplack 1993: 256). Sie betont, dass die Bestandteile der involvierten Sprachen nach den Regeln der jeweiligen Sprache aufgebaut sind. Im Umkehrschluss ist es also so, dass, sobald ein englisches Element in der vorliegenden Varietät *nicht* so verwendet wird wie im Englischen, dieses Element bereits entlehnt ist und zu Umstrukturierungen in der Matrix geführt hat.

Ähnlich wie die beiden kanadischen Forscherinnen definiert Carol Myers-Scotton das Phänomen. Sie definiert *Codeswitching* als „the selection by bilinguals or multilinguals of forms from an embedded variety (or varieties) in utterances of a matrix variety during the same conversation" (Myers-Scotton ²2005, 2002). An anderer Stelle schreibt sie:

> Borrowing [...] is the incorporation into one language of material from another language. Codeswitching [...] is the selection by bilinguals (multilinguals) of material from an embedded language (EL) in utterances from a matrix language (ML) in the same conversation. (Myers-Scotton 1993: 33)

Es gibt bei diesem Phänomen also eine Sprache, die *matrix language*, die die Hauptsprache innerhalb der Äußerung ist, und die *embedded language(s)*[160], eine oder mehrere weitere vorzufindende Sprache(n), die jedoch eine geringere Rolle spielt/spielen:

---

[159] Siehe hierfür Myers-Scotton (²2005: Kapitel 2). Sie gibt hier nicht nur ihre eigenen Forschungsergebnisse preis, sondern nennt auch von anderen Forschern herausgefundene Bedingungen des *Codeswitching* und hinterfragt diese kritisch. Vgl. ebenso Poplack (²2006: 589f.) sowie Romaine (²2006: 53f.).

[160] Die Termini *matrix language* und *embedded language* sind übernommen aus Myers-Scotton (2002, ²2005).

6 Moitié anglais moitié français? Der englische Einfluss

> The matrix language [...] is the main language in CS utterances in a number of ways [...]. The term ‚embedded language' [...] refers to the other languages which also participate in CS, but with a lesser role. The argument of the model presented here is that the ML sets the morphosyntactic frame of sentences showing CS. In most general terms, setting the frame means specifying the morpheme order and supplying the syntactically relevant morphemes in constituents consisting of morphemes from both participation languages. (Myers-Scotton ²2005: 3)

Bei einigen Sprachwissenschaftlern werden auch dann alle intrasententiellen Sprachwechsel als *Code-Mixing* bezeichnet (vgl. u.a. Appel/Muysken 2005: 121, Thomason ⁴2007: 132), wenn *matrix* und *embedded language(s)* klar voneinander unterschieden werden können. Weiterhin ist wichtig, dass die Sprecher bei Verwendung des *Codeswitching* beide Sprachen beherrschen müssen, bei dem Phänomen des *Borrowing* ist dies nicht zwingend nötig (vgl. Myers-Scotton ²2005: 23).[161]

Bei den Entlehnungen werden in der Fachliteratur lexikalische und grammatikalische Entlehnungen unterschieden (*lexical borrowing, grammatical borrowing*), zu letzteren gehören phonetische, phonologische, morphologische und auch syntaktische Entlehnungen (vgl. King 2000: 82).[162] Mougeon unternimmt den Versuch, *Codeswitching* und *Entlehnungen* voneinander abzugrenzen:

> Par emprunt à l'anglais, j'entends tout mot (simple ou composé) dont la forme et le sens sont anglais et qui est employé dans une phrase française. Selon cette définition, les emprunts sont différents des alternances de code qui se manifestent sous la forme de phrases, de propositions ou de syntagmes anglais enchâssés dans un discours en français. (Mougeon 2000: 33)

Er sieht den *Switch* also als Gruppe zusammenhängender lexikalischer Elemente einer Sprache L1, die deutlich von den Elementen der zweiten Sprache L2 abgetrennt sind. Die Lehnwörter sind für ihn einzelne lexikalische Elemente aus der L1. An diese Definition, die alle einzeln vorkommenden englischen Worte per se als *Borrowing* bezeichnet, halten sich vie-

---

[161] Vgl. Myers-Scotton (2002: 41): „A psycholinguistic characteristic that differentiates borrowing from codeswitching is that not all the speakers who use borrowed forms (loanwords) need to be bilingual in the donor language. True, at least some speakers in the borrowing community need a measure of bilingualism to effect borrowing in the first place."

[162] Es wird im Allgemeinen angenommen, dass die Syntax erst von sprachlicher Interferenz betroffen ist, wenn bereits Phonologie und Lexikon von Sprachwandelprozessen betroffen sind (vgl. King 2005: 235f.).

6.2 Sprachen in Kontakt: Theoretischer Hintergrund

le Forscher, um der Ambiguität der Thematik aus dem Weg zu gehen (vgl. King 2000: 88, Myers-Scotton ²2005: 20). In der Tat sind es die *intrasentential Codeswitches*, deren Abgrenzung zum *Borrowing* sich als schwierig gestaltet.[163] Ein Ausschluss dieser einzelnen Lexeme der *embedded language* von den *Switches* und die damit einhergehende Einteilung dieser zu den *Borrowings* kritisiert Myers-Scotton und fährt fort: „Note that it is an issue within CS research circles as to which EL material represents ‚true' CS. The position taken here is that EL material of any size, from a single morpheme or lexeme to several constituents, may be regarded as CS material" (Myers-Scotton ²2005: 5, ebd. 1993: 34). Sprachwissenschaftler wie Mougeon gehen den *einfachen Weg* und behandeln lediglich mehrere zusammenhängend vorkommende Worte der *embedded language* als *Switches*, während Myers-Scotton auch einzelne Worte unter Umständen zu den *Switches* zählt.

King teilt Myers-Scottons Meinung und gibt als ein mögliches Unterscheidungsmerkmal der beiden Phänomene die häufige phonologische, morphologische und syntaktische Eingliederung der Entlehnungen in die Matrix an (vgl. King 2000: 87).[164] Myers-Scotton schließt sich dieser Sicht an, wenn sie schreibt „most borrowed forms are entirely – or almost entirely – morphosyntactically integrated into the recipient language" (Myers-Scotton 2002: 42).

King und Myers-Scotton sehen demnach die nicht in die Matrix integrierten Lexeme als *Switches* und die integrierten als *Borrowings*.[165] Diese Abgrenzungsmöglichkeit ist jedoch bei der hier untersuchten Varietät nur bedingt fruchtbar: Wie noch zu zeigen sein wird, werden die englischen Lexeme zwar oftmals morphosyntaktisch integriert, doch auch nur ein Mal vorkommende englische Elemente, hier vor allem die Verben, sind in nahezu allen Fällen morphosyntaktisch in die Matrix integriert. Daraus folgt, dass bei einigen Lexemen häufig trotz deren Eingliederung in die *matrix language* nicht gesagt werden kann, ob es sich um eine Entlehnung oder einen *Switch* handelt.[166]

---

[163] Siehe hierzu Poplack (1988: 220): „But the smaller the switched constituent, and particularly at the level of the lone lexical item, the more difficult it is to resolve the question of whether we are dealing with a code-switch or a loanword."

[164] Siehe für eine Diskussion dieses Standpunkts Thomason (⁴2007: 134).

[165] Vgl. darüber hinaus Poplack (²2006: 590): „[E]stablished loanwords assume the morphological, syntactic, and often, phonological, identity of the recipient language."

[166] Appel/Muysken (2005: 172) schließen sich dieser Sicht an, wenn sie schreiben: „The classical view is that code mixing and borowing can easily

6 Moitié anglais moitié français? Der englische Einfluss

Aufgrund der Unterscheidungsschwierigkeit der beiden Konzepte schließe ich mich für diese Arbeit Poplack (1988, 1989, ²2006), Perrot (1995a) und King (2000) an, die diejenigen englischen Lexeme als Lehnwörter zählen, die von mehreren Sprechern verwendet werden.[167] Dies sieht auch Myers-Scotton als die einzig vertretbare Lösung des hier skizzierten Problems an.[168] Sie schreibt, dass nur diejenigen Lexeme als *Borrowings* bezeichnet werden können, die sehr wahrscheinlich wiederkehren: „While one cannot predict when a borrowed form will reoccur, one can predict it definitely will reoccur because it has a status in the recipient language. [...] The codeswitching form may or may not reoccur; it has no predictive value" (Myers-Scotton 2002: 41).

Da Perrots Korpus eine ähnliche Länge umfasst wie das vorliegende, werden auch hier nur solche Wörter als Lehnwörter zählen, die in mindestens zwei Interviews vorkommen. Dies garantiert zudem eine Vergleichbarkeit zwischen der hier untersuchten Varietät und dem *Chiac* Monctons, wie es von Perrot untersucht wurde.

Einmal vorkommende Anglizismen, also solche, die Poplack zu den *nonce borrowings* (vgl. Poplack 1988: 235, ebd. ²2006: 590f., Romaine 1989: 61)[169] zählt, finden sich im Anhang der Arbeit. Ich bin mir aber na-

---

be kept apart: with code mixing the non-native items are not adapted morphologically and phonologically, with borrowing they are. This view is problematic for at least two reasons: first, there may be different degrees of phonological adaption for borrowed items, second it is not evident that all non-adapted items are clearly cases of code mixing."

[167] Poplack sieht neben der Verwendung durch mehrere Sprecher und der bereits kritisierten phonetischen und morphosyntaktischen Eingliederung in die Matrix vor allem die Akzeptanz der Worte bei Muttersprachlern als Kriterium für Lehnwörter (vgl. Poplack 1988: 220).

[168] Vgl. Myers-Scotton (²2005: 194): „[W]hen EL-origin material is at issue, B forms (as part of the ML) can be identified as occurring with more relative frequency than CS forms. As already noted, it is generally accepted that CS forms are ephemeral, or at the very least show minimal recurrence."

[169] Ein *nonce borrowing* ist ein Terminus aus einer Sprache 1, welcher in Sprache 2 gebraucht wird, jedoch noch kein fester Bestandteil dieser Sprache 2 ist, also noch nicht entlehnt wurde. In der vorliegenden Arbeit werden alle Worte, die lediglich von einem Sprecher beziehungsweise in einem Interview verwendet werden, als *nonce borrowings* bezeichnet, auch wenn diese unter Umständen außerhalb der Interviewsituation häufiger verwendet werden. Romaine (1989: 142) definiert den Terminus wie folgt: „Nonce borrowing [...] involves the use of single lexical items which are syntactically and morphologically, but not always phonologically, integrated into the recipient language. Nonce words differ from established loanwords only quantitative-

6.2 Sprachen in Kontakt: Theoretischer Hintergrund

türlich dessen bewusst, dass diese im Korpus nur ein Mal vorkommenden Elemente eventuell bereits in das akadische Französisch der Baie Sainte-Marie integriert sein können und nur aufgrund der Fragen und der Korpuslänge nicht öfter gefallen sind. Aus diesem Grund ist der Poplack'sche Terminus *nonce borrowing* der von Myers-Scotton vorgenommenen Zuteilung dieser Lexeme zu den *Switches* im Kontext der vorliegenden Arbeit vorzuziehen (vgl. Myers-Scotton ^{2}2005: 205). Hierbei muss aber betont werden, dass eine genaue Einteilung dieser selten fallenden Bestandteile der *embedded language* zu den *Switches* oder *Borrowings* nach aktuellem Forschungsstand nicht vorgenommen werden kann.[170]

In der vorliegenden Arbeit werden die Lehnwörter tabellarisch in den Einzelkapiteln aufgelistet, die *nonce borrowings* finden sich der Vollständigkeit halber im Anhang. Dieses Vorgehen erscheint insofern als sinnvoll, als dass auch Myers-Scotton ein Mal vorkommende *Switches* einzelner Kernlexeme als „Gate for Core Borrowing" (Myers-Scotton ^{2}2005: 174) sieht, d.h. ein *gewitchtes* Wort tritt in die *matrix language* ein und kann so zu einem Lehnwort werden, sodass die beiden Phänomene miteinander verwoben sind und die Abtrennung sich zumindest bei dem Kernvokabular als schwierig gestaltet:

> Core borrowings gradually enter the recipient language as a result of their initial appearance as singly occurring Embedded Language content morphemes in codeswitching. In contrast, cultural borrowings can be abrupt borrowings; they need not go through a codeswitching stage. (Myers-Scotton 2002: 299, vgl. auch ebd. 1993: 34)[171]

Bei den im Anhang gelisteten einmal vorkommenden Wörtern wird angegeben, ob diese in Starets' in den 1980er Jahren in dieser Region durchgeführten Studien präsent waren (Starets 1982, 1986a). Ist dies der Fall, kann davon ausgegangen werden, dass sie auch heute noch häufiger in einzelnen Idiolekten vorkommen.

---

ly with respect to frequency of use, degree of acceptance, level of phonological integration, etc."

[170] Vgl. auch Thomason (^{4}2007: 133): „[N]o set of criteria can be counted on to give a definite answer to the question in all cases."

[171] *Cultural borrowings* sind Worte, für die es in der entlehnenden Sprache (noch) keine Entsprechung gibt, wie beispielsweise Fachvokabular für neue Technologien. Diese durchlaufen, so die Autorin, nicht die *Codeswitching*-Phase.

6.2.2 Codeswitching *im vorliegenden Korpus*

Nun soll der Fokus kurz auf denjenigen *Codeswitches* im vorliegenden Korpus liegen, die aus mehreren englischen Lexemen bestehen und somit eindeutig als solche klassifiziert werden können. Man unterscheidet bei dem Phänomen, wie bereits angedeutet, *sentential Codeswitching* (einen oder mehrere Sätze umfassend), *intrasentential Codeswitching* (Satzteile umfassend) sowie *tag Switches* (am Ende oder zu Beginn eines Satzes) (vgl. King 2000: 85, Myers-Scotton ²2005: 3, Romaine 1989: 112). Intrasententielles *Codeswitching* ist im vorliegenden Korpus, wie auch im *Chiac*, selten.[172]

Es findet sich im vorliegenden Korpus hauptsächlich in Flüsterphasen – beispielsweise in (334) und (335) – und dann, wenn das von Anglophonen Gesagte in der direkten Rede wiedergegeben wird, in (336) (vgl. auch Poplack 1988: 226, King 2000: 86):

(334) là/il a/il a/YEAH ANYWAYS/((rires)) IT'S GONNA BE REALLY HARD FOR HER TO. (EC7)
(335) P8:vraiment?
P7: oui/
P8:j'savais point/
P7: I KNOW NOBODY KNOWS. (P7+P8)
(336) i m'aviont demandé «THERE'S NOT A LOT OF/eh/ASIANS DOWN WHERE YOU LIVE?». (UC2)

Ein weiterer Fall umfasst solche *Switches*, in denen der Sprecher eine Formulierung des Englischen verwendet, weil er diese als treffender ansieht. Dies wird von Poplack „le mot juste" genannt (vgl. Poplack 1988: 226, King 2008: 85):

(337) c'est presque comme une/**KICK IN THE FACE**/ tu sais comme un insulte. (UC5)
(338) j'sons/icitte à cause de quoi/coumme/nos/ANCESTORS avont fait pour nous-aut'/coumme/i s'avont sauvé/THEY LIKE/**SET UP FOR THEMSELVES**. (UC6)

Beispiele zu *intrasentential Codeswitching*, (339) und (340), sowie zu einem *tag Switch* (341) aus meinem Korpus finden sich in den folgenden Beispielen:

---

[172] Dies stellt auch Perrot (2003: 271) für das *Chiac* und die akadischen Varietäten Neuschottlands fest: „[L]e phénomène d'alternance codique [intersententielle, Anm. d. Verf.] est attesté mais reste ponctuel et marginal."

6.2 Sprachen in Kontakt: Theoretischer Hintergrund

(339) la communauté est bounne pis coumme le/l'appui social est/coumme REALLY GOOD AND/I DON'T KNOW. (UC6)
(340) tout l'monde aut' est GONE SOMEWHERE ELSE/pour MARCH BREAK. (P7)
(341) h'avons été à/DISNEY/LAND ou WORLD j'sais point tchelle/mais eh c'était vraiment le FUN qu'on peut/dire/I GUESS. (EC5)

Switches treten an den Satzstellen auf, an denen die Struktur der beiden Sprachen entweder ähnlich ist oder die Beziehung zwischen einzelnen Satzteilen *lockerer* (vgl. King 2000: 99, Myers-Scotton ^{2}2005: Kapitel 2). Ersteres findet sich beispielsweise in dem obigen Beispiel (339), da auch im französischen Satz die Adverbiale, hier übertragen mit *très bien*, folgen würde:

(342) la communauté est bounne pis coumme le/l'appui social est/coumme très bien et/je sais pas.

Zweiteres findet sich in Beispiel (341), da das Weglassen von *I GUESS* hier keine Bedeutungsveränderung mit sich bringen würde.

6.2.3 Calques/*Lehnübersetzungen*

Switching und *Borrowing* sind zwar schwer voneinander abzutrennen, doch die auf diese Weise von Sprache A in Sprache B transportierten Elemente sind im vorliegenden Fall leicht als englische Elemente auszumachen. Selbst mit nur geringen Englischkenntnissen sind die *geswitchten* oder entlehnten Elemente dieser Sprache in den akadischen Varietäten leicht zu bestimmen. Anders verhält es sich bei den *Calques*. Hierzu ein Beispiel:

(343) si t'es GONE au PARK faut que **tu fais sûr** qu'i y a pas des CREEP là. (P13)

Der einsprachige, französische Muttersprachler würde die hier hervorgehobenen Worte zwar kennen, könnte jedoch die Bedeutung *TO MAKE SURE*/frz. *s'assurer* unter Umständen nicht bzw. nur schwer erschließen und die Konstruktion käme ihm sehr wahrscheinlich merkwürdig vor. Dem Englischen zuzuordnen ist sie nur mit entsprechender Kenntnis dieser Sprache, es liegt also sprachliche Interferenz vor.

Weinreichs wichtiges, 1970 erschienenes Werk *Languages in Contact* definiert das Konzept der sprachlichen Interferenz (*linguistic interference*): „Those instances of deviation from the norms of either language which occur in the speech of bilinguals as a result of their familiarity with more than one language, i.e. as a result of language contact, will be referred to as INTERFERENCE phenomena" (Weinreich 1970: 1). Romaine fügt hinzu, dass Interferenzphänomene zwar zunächst einmal die Folge von individueller Zweisprachigkeit sind, dass sie aber, wenn sie bei mehreren zweisprachigen Individuen auftreten, zu einer neuen Norm führen können:

> What has been called ‚interference' is ultimately a product of the bilingual individual's use of more than one language in everyday interaction. At the level of the individual, interference may be sporadic and idiosyncratic. However, over time the effects of interference in a bilingual speech community can be cumulative, and lead to new norms, which are different from those observed by monolinguals who use the languages elsewhere. (Romaine 1989: 50)

Bei der Lehnübersetzung wird die Bedeutung entweder des einzelnen Wortes (1.) oder der kompletten Wendung (2.) der L1 in die L2 übertragen, wo sie mithilfe von Strukturen der L2 ausgedrückt wird. Hier zwei Definitionen von Romaine (vgl. Romaine 1989: 54ff., ebd. ^{2}2006: 51f.), die 1. als *loanshift* bezeichnet, worunter sie 2. die *Calques*, fasst:

1) A loanshift „consists of taking a word in the base language and extending its meaning so that it corresponds to that of a word in the other language. This type of loanshift has also been called (semantic) extension." (Romaine 1989: 54)
2) A *Calque* signifies „rearranging words in the base language along a pattern provided by the other and thus create a new meaning" (Romaine 1989: 56), z.B. sky scraper, rascacielos…

Zu 1. gehört im akadischen Französisch die Verwendung des Wortes *sauver*, standardfranzösisch für *retten*, mit der Bedeutung *sparen* (*sauver de l'argent*, *TO SAVE MONEY*). Zu 2. zählen neben dem mit *SKY SCRAPER* gegebenen Beispiel auch *Calques* von typischen Charakteristika der englischen Syntax – syntaktische *Calques*/Lehnübersetzungen – die die akadischen Sprecher in ihre Sprache übernehmen. Ausgewählte Lehnübersetzungen einzelner Wörter und idiomatischen Wendungen bis hin zu Satzstrukturen werden in Kapitel 6.10 vorgestellt.

Schafroth nennt die *Calques* auch *strukturelle Anglizismen* und definiert sie als „[w]örtliche Übersetzung eines englischen Lexems (meist eines Kompositums) oder Syntagmas" (Schafroth 1996: 37).

Im Folgenden sollen meine Studienteilnehmer und -teilnehmerinnen selbst zu Wort kommen. Wie schätzen sie den englischen Einfluss auf ihre

6.3 Stellungnahme der Jugendlichen zum englischen Einfluss

Sprache ein? Besonders wichtig wird wieder ein Bestandteil des schriftlichen Fragebogens werden. Die Jugendlichen wurden hier gefragt, ob sie erstens englische Wörter in ihrem Idiolekt verwenden (*intrasentential Codeswitching* beziehungsweise *Borrowing*) und ob es zweitens vorkommt, dass sie bei bestimmten Themen komplett die Sprache wechseln (*intersentential Codeswitching*). Die Ergebnisse finden sich im folgenden Kapitel.

6.3 Stellungnahme der Jugendlichen zum englischen Einfluss in ihrer Sprache

Die wenigsten Sprecher können genaue Fragen zur Verwendung bestimmter Formen in ihrer Sprache beantworten:

> To ask a bilingual to report directly on the incidence of particular switched forms in a conversational passage is in fact equivalent to and perhaps no more effective than asking an English speaking monolingual to record his use of – for example – future tense forms in messages referring to something that is about to take place. (Gumperz 1982: 62)

Trotzdem sind sich die Jugendlichen in Clare des englischen Einflusses auf ihre Sprache bewusst:

> (344) 't-êt' une des raisons pour laquelle/les gens/trouvent le français/correct/difficile/c'est parce qu'i y a tellement d'influence de l'anglais/qu'on a des anglicismes absolument partout pis on se rend pas compte/jusqu'à tant quelqu'un nous dit « ah tu peux pas parler français ça c'est anglais »/ANYWAY. (EC11)
> (345) EC11: quand je dis/« OK pense acadien » la première chouse que je pense à dire en acadien c'est moitié anglais/
> EC12: YUP. (EC11+EC12)

Darüber hinaus sind sich die Jugendlichen darüber im Klaren, dass dieser Einfluss ihre Sprache im Vergleich zu derjenigen ihrer Eltern und Großeltern verändert:

> (346) P13: crois-tu que le français va FADE-r OUT par icitte ?
> P14: jamais/
> P13: non/mais/même moi j'trouve nous-aut' comparés à/'t-êt' nos parents/not' français est point du tout la même affaire que zeux/nous-aut' i y a s i y a beaucoup plus d'anglais/SO j'trouve que c'est en fait d'FADE-r d'une manière. (P13+P14)

6   Moitié anglais moitié français? Der englische Einfluss

(347) la langue française est en péril à cause/dans une 'tite région comme cecitte/ehm on/on a beaucoup d'anglais qui nous entoure/et pis/ehm coumme à/à la/à/au TV ou à la radio/ou/ehm/même/i y a i y a plus et plus d'Anglophones qui restent dans not' région/SO le plus qu'on est/ehm/coumme exposé/et pis/entouré d'anglais/ej crois/que ça va changer not' langue. (P12)

Wie bereits erwähnt, mussten die Jugendlichen im schriftlichen Fragebogen ankreuzen beziehungsweise erklären, ob und in welchen Situationen sie erstens englische Wörter in ihrem französischen Diskurs verwenden und zweitens komplett die Sprache wechseln. Die Jugendlichen konnten zwischen sieben Antworten (7: *très souvent* bis 1: *jamais*) wählen. Für die erste Frage erreichen die Studierenden einen Durchschnitt von 5, was *régulièrement* entspricht. Die Schülerinnen und Schüler kommen mit 4,87 auf einen ähnlichen Wert.

Bei der zweiten Frage nach den intersententiellen *Codeswitches* erreichen die Studierenden einen Durchschnitt von 2,9, was jedoch vor allem einem Studierenden geschuldet ist, der *très souvent* angekreuzt hat. Dieser Durchschnitt entspricht dem Wortlaut *rarement*. Die Schülerinnen und Schüler erreichen einen Wert von 3,7.

Die Einschätzungen der Studienteilnehmer decken sich mit meinen Ergebnissen, vor allem mit der Einschätzung, dass *Switches* zwischen einzelnen Sätzen selten sind. Auch im Vergleich zwischen Studierenden und Schülerinnen und Schülern war es so, dass die Schülerinnen und Schüler wesentlich häufiger nach einem ganzen Satz zwischen den beiden Sprachen switchten als die Studierenden, vor allem wenn sie untereinander flüsterten.

Im Fragebogen wurde den Teilnehmern Raum für Erklärungen dazu gegeben, in welchen Situationen bzw. wieso Studienteilnehmer englische Wörter verwenden, während sie Französisch sprechen. Im Folgenden wird aus dem Fragebogen zitiert, d.h. die Originalorthographie wird beibehalten:

(348) plutot en parlant a des amis. (P11)
(349) Lorsque je parle à mes amis. (EC2)
(350) en parlant entre amis. (EC11)
(351) Quand je ne sais pas le mot en français. (en classe, avec copains) (EC4)
(352) Quand je ne connais pas les mots précis en Français pour dire exactement ce que je veux dire. (P12)
(353) Quand je ne peux pas pensé au mot en français. (P15)
(354) si je ne sais pas le mot en français. (P16)

Die Situationen, in denen die Jugendlichen angeben, besonders häufig englische Wörter zu verwenden, sind einerseits im Gespräch mit Freunden und

6.3 Stellungnahme der Jugendlichen zum englischen Einfluss

andererseits immer dann, wenn das französische Pendant fehlt. Eine Sprecherin (UC3) nennt sogar explizit Konjunktionen, die sie häufig auf Englisch verwendet. ‚Reines' Französisch sprechen die Jugendlichen vor allem innerhalb der Familie sowie in der Schule beziehungsweise an der Universität.

Bei den Gründen für ihr Verhalten nennen die Jugendlichen im schriftlichen Fragebogen einerseits, dass es ‚normal' sei, englische Elemente zu verwenden und andererseits möchten sie von ihrem Gesprächspartner verstanden werden:

(355) parce que les mots françaises ne viennent pas si naturels/faciles que ceux en anglais. (P17)
(356) par habitude, comme que j'ai appris à le dire à cause d'où je viens. (P12)
(357) Je suis plus fort en anglais. Quand je ne peut pas penser à un mot en français, je le dis en anglais. (P11)
(358) C'est avec mon accent. Tous le monde dans ma région parle franglais. (EC1)
(359) C'est une partie de la langue acadienne dans notre école. Il y a des mots anglais parfois. (P5)
(360) Partie de notre langue acadienne. (P6)
(361) C'est ‚acadien'. (P16)
(362) pour que les autres me comprenne. (P18)
(363) Beaucoup pour faire le monde mieu comprendre. (P4)

Themen, bei denen die Jugendlichen das Englische vorziehen, sind alle die, bei denen das Fachvokabular englisch ist:

(364) Les jeux vidéos car je connais tous les termes en Anglais. (P12)
(365) Jeux vidéo. Sports. Télévision. (P11)

Gründe für das komplette Wechseln einer Sprache zwischen zwei Themen ist einerseits wieder, wie oben, die bessere Verständlichkeit. Daneben geben einige Jugendliche an, sofort die Sprache zu wechseln, wenn ein Anglophoner den Raum betritt:

(366) pour mieux être comprendre. (P17)
(367) Puisque je peux mieux m'exprimer. (P12)
(368) s'il y a un anglais dans la chambre. (P18)
(369) Si quelqu'un anglais entre dans la conversation. (P11)

Die Jugendlichen sind sich also in hohem Maße bewusst, dass und auch wann sie englische Elemente in ihrer Sprache verwenden. Nun ist es an der

6 *Moitié anglais moitié français? Der englische Einfluss*

Zeit, Aspekte des englischen Einflusses auf die vorliegende Varietät genauer zu beleuchten.

6.4 Zur phonetischen Eingliederung der englischen Elemente

Der Großteil der englischen Wörter in der untersuchten Varietät behält Phone und Intonation der Ausgangssprache bei. Die Betonung der englischen Elemente – auch derjenigen, die morphologisch in die Matrix integriert sind, genannt seien hier die Verben – liegt in den meisten Fällen auf der ersten Silbe.

Diese auf den ersten Blick geringe Integration der englischen Elemente in die Matrix ist für die in Kontakt zum Englischen stehenden Varietäten des Französischen in Nordamerika typisch, sie variiert aber zwischen den einzelnen akadischen Regionen: Während im *Chiac* nahezu alle englischen Elemente nicht integriert sind (vgl. Perrot 2001: 50), bleiben im *Cadien* laut Dubois, Noetzel und Salmon lediglich 77 % der englischen Elemente nicht integriert. Im *Cadien* bleiben vor allem die geschlosseneren Wortklassen wie Partikeln, Konjunktionen oder Präpositionen phonetisch nicht eingegliedert (vgl. Dubois/Noetzel/Salmon 2006: 209). Auch in Massachusetts sind, ähnlich wie in Louisiana, ein Drittel der Anglizismen integriert (vgl. Dupuis 1997: 51). Es sind die Regionen des frankophonen Nordamerikas in welchen der Sprachtod am weitesten fortgeschritten ist, also Louisiana und die Neuenglandstaaten, wo man die größte phonetische Integrierung englischer Elemente in die Matrix feststellen kann.

Man kann weiterführend davon ausgehen, dass ein hoher Anteil nicht integrierter Anglizismen ein hoher Grad an Zweisprachigkeit der Sprecher bedeutet:

> Si l'emprunt assimilé est moins fréquent de nos jours, c'est sans doute à cause de la montée du bilinguisme. C'est-à-dire que l'emprunt va de plus en plus à contre-courant de l'économie linguistique du fait que, avec la généralisation du bilinguisme, tout le monde finit par comprendre les mots anglais sous leur forme non assimilée. (Picone/LaFleur 2000: 17)

Interessant ist bei der Frage nach der phonetischen Eingliederung vor allem, ob im Falle eines aus dem Englischen entlehnten Substantivs das Plural -*s* ausgesprochen wird. Dieser Frage wird weiter unten nachgegangen. Insgesamt sind es im vorliegenden Korpus weniger als fünfzehn Worte, die phonetisch integriert werden, womit die hier untersuchte Varietät dem *Chiac* gleicht, wo ebenfalls nahezu alle Lexeme weiterhin die ursprüngliche Aussprache behalten. Zwei Beispiele aus dem vorliegenden Korpus:

(370) c'était **DIRECT-é**/TOWARDS/coumme un groupe de personnes.
(UC2), [dirεcte]
(371) pis l'affare qu'i faisont/que faisont/que d'aut' monde peut point **EXPÉRIENCE-r**/c'est su' les WEEKEND aller en CANOE/aller en FOURWHEELER. (P18), [εksperjɑ̃se]

In Beispiel (370) wird das Partizip mit der regelmäßigen Partizipendung -é, in (371) das Verb mit der regelmäßigen Verbalendung -er in das Französische integriert. In diesem Beispiel führt die Existenz von Worten dieser Wortfamilie im Französischen, wie l'expérience (f.) – das Englische TO EXPERIENCE STH. würde mit faire l'expérience de qc. übersetzt werden – dazu, dass der Sprecher das Wort womöglich nicht als Anglizismus identifizieren könnte.

Das einzige in mehr als einem Idiolekt vorkommende Verb, welches immer integriert wird, ist GRADU-er[173]. Auch das aus derselben Wortfamilie stammende Substantiv, GRADE, wird immer integriert.

6.5 Das Nominalsyntagma

6.5.1 Die Substantive

Die Substantive sind, neben den Verben, die für Entlehnungen am empfänglichste Wortklasse. Die englischen Substantive werden im Normalfall mit einem französischen Artikel verbunden und in die Matrix eingegliedert. Nur in Ausnahmefällen, die weiter unten dargelegt werden, steht kein Artikel vor dem Substantiv. Der englische Artikel THE wird nicht verwendet und meist findet sich nur einer der beiden französischen Artikel, le oder la, in Verbindung mit dem Substantiv, wobei es aber auch möglich ist, dass es Unterschiede bei der Artikelwahl zwischen mehreren Sprechern, aber auch im Idiolekt eines einzelnen Sprechers gibt. Wieso ein bestimmtes englisches Substantiv mit le oder la verbunden wird, ist unklar: Obwohl man vermuten könnte, der Artikel des französischen Äquivalents würde mit dem englischen Substantiv verbunden, ist dies nicht der Fall. So wird aus THE JOB in dieser Varietät la JOB und nicht etwa, wie le boulot oder le travail vermuten lassen, *le JOB.[174] Aus THE CHANNEL wird le CHANNEL, und nicht, wie auf Basis von la chaîne angedacht werden könnte, *la CHANNEL. In der folgenden Tabelle finden sich nach Häufigkeit aufgelis-

---

[173] Siehe für dieses Verb und einen Vergleich mit anderen akadischen Regionen Kapitel 6.6.1.
[174] Auch im Québecfranzösischen ist JOB feminin (vgl. Léard 1995: 179).

6 *Moitié anglais moitié français? Der englische Einfluss*

tet diejenigen Substantive, die in mindestens zwei Interviews verwendet werden. Ebenfalls angegeben sind der verwendete Artikel, die Anzahl der Nennungen und die das Wort verwendenden Studienteilnehmer. Wird das Wort mit beiden französischen Artikeln, *le* und *la*, verwendet, so ist der zuerst genannte derjenige, der häufiger verwendet wird. Genaue Angaben zur Artikelverwendung finden sich dann im weiteren Verlauf des Kapitels. Die nur in einem Interview beziehungsweise von einem Studienteilnehmer verwendeten Substantive, Poplack führte für diese Worte den Terminus *nonce borrowing* ein, finden sich im Anhang C.3.[175]

	Substantiv	Genus	Anzahl	Sprecher	Starets (1982, 1986a)
1	STUFF	m	69	UC1, UC3, UC4, UC5, UC6, P1, P4, P5, P12, P13, P14, P16, P17, P18, EC3, EC6, EC7, EC11	--
2	FUN	m, f	63	UC1, UC2, UC3, UC4, UC6, P1, P4, P7, P8, P12, P13, P17, P18, EC4, EC5, EC6, EC11, EC12	--
3	MOVIE	m	32	UC3, UC4, UC5, UC6, P4, P13, P15, P17, P18, EC4, EC11, EC12	Isle Madame, Chéticamp
4	CLASS	f	27	UC3, UC4, UC5, UC6, P1, P4, P11, P13, P16, P17, P18, EC7, EC11	--
5	TV/FLAT SCREEN TV	m, f	26	UC4, UC6, P1, P4, P12, P13, P14, P17, P18, EC3	--
6	CHUM	m, f	21	UC1, UC2, UC3, UC4, UC5, P5, P14, EC3, EC5, EC12	--
7	CAR	f, m	17	UC1, UC3, UC5, P12, P14, P17, P18, EC11	--

---

[175] Einige dieser ein Mal vorkommenden Wörter – auch bei den weiter unten besprochenen Wortarten – können unter Umständen bereits in der Varietät etabliert sind. Immer dann, wenn mir die Verwendung eines *nonce borrowings* aus anderen Studien zu der Varietät der Region bekannt ist (vgl. Starets 1982, 1986), wird dies angegeben.

6.5 Das Nominalsyntagma

	Substantiv	Genus	Anzahl	Sprecher	Starets (1982, 1986a)
8	FLAG	m, f	15	UC3, UC4, P5, P13, P15, P17, P18	--
9	JOB	f	14	UC3, UC4, UC5, UC6, P4, P16, P17, EC3, EC5, EC11	--
10	(CANOE) TRIP	f, m	13	UC1, UC2, UC3, UC5, UC6, P4, P15	--
11	(HOCKEY/ VIDEO) GAME	f[176]	11	P1, P4, P13, P17, P18	--
	SHOW	f		P1, P13, P14, P17, EC3, EC6, EC7, EC11	--
12	HIGH-SCHOOL	f	10	UC3, UC5, UC6, P13, P15, P17, P18	--
	SHOP	f		UC3, UC4, UC5, P14, P17, EC12	Pubnico
	HOMEWORK	m, Pl.		UC5, P15, P16, EC7, EC12	Isle Madame, Chéticamp
13	GRADE	--	9	UC1, UC4, P8, P11, P15, EC3, EC6	--
	(WAVE-) POOL	f		P11, EC11, EC12	Pubnico, Isle Madame, Chéticamp
14	WEEKEND	f	7	UC2, P4, P8, P18, EC4, EC11	--
	CHANNEL	f		P1, P15, P17, P18, EC3, EC5, EC6,	--
	(HOCKEY) TEAM	f, m		P13, P14, P17, P18, EC5, EC12	--
	(HEAVY/ TECHNICAL DEATH) METAL	m		P15, P16, EC5, EC6, EC9	--

---

[176] Bei Starets (1982: 79, ebd. 1986: 171) finden sich beide Artikel für *GAME*: Das Substantiv ist maskulin in der Bedeutung *jeu* (i.S.v. *Spielzeug*) und feminin in der Bedeutung *match* (*Spiel, Turnier*). Im vorliegenden Korpus findet sich das Substantiv nur in der zweiten Bedeutung und ist in allen Fällen feminin.

6 Moitié anglais moitié français? Der englische Einfluss

	Substantiv	Genus	Anzahl	Sprecher	Starets (1982, 1986a)
	BAND	?		P17, P18, EC4, EC6	--
	NEWS	Pl.		P17, EC3, EC4, EC12	--
15	BEACH	f	6	UC3, P13, P14, P17, P18	Pubnico
	MUM	--		P1, P11, P12, P13, P16	--
	FRIENDS	Pl.		UC5, P4, P15, EC9	--
	HIP HOP	m		P13, P15, EC3, EC4	--
16	COUNTRY	m	5	P13, P15, P16, EC4, EC11	--
	FAN	m, f		UC6, P1, P4, P15, P17	Chéticamp
	RINK	m		UC3, UC4, P1, P4, EC12	Isle Madame
	RAP	f, m		P15, EC1, EC2, EC4	--
	GLOBAL WARMING	m		P18, EC3, EC5, EC7	--
	FAVOURITE/ FAV'	m		P5, P17, EC6, EC9	--
	TIME	m, f		UC3, UC4, EC4, EC9	--
	EARTHQUAKE	m		UC5, P4, EC7	Isle Madame
	(BATH-) ROOM	f		P1, P4	Isle Madame, Chéticamp
17	(HATE) CRIME	m	4	UC1, EC3, EC4, EC12	--
	TSUNAMI[177]	m		UC5, UC6, EC3, P11	--
	CLUB	f		UC1, UC4, P17	--
	AIRPORT	?		UC4, UC5, P17	--
	(WATER-) SLIDE	f		UC4, P12	Chéticamp
	FACT	m		P15, P17	--

---

[177] Das Wort *TSUNAMI* stammt zwar nicht aus dem Englischen sondern aus dem Japanischen, jedoch ist es höchstwahrscheinlich über das Englische in die akadischen Varietäten gelangt, da zum Zeitpunkt der Studie ein Tsunami in Japan für Schlagzeilen sorgte. Es ist zu erwarten, dass das Wort aufgrund der Berichterstattung anglophoner Medien und dem damit einhergehenden – wie gezeigt wurde – ausschließlichen Konsum anglophoner Medien auf Seiten der Jugendlichen vermehrt im Korpus anzutreffen ist. Die französische Aussprache des Wortes findet sich bei P11, dessen Idiolekt sich durch vergleichsweise wenige Anglizismen auszeichnet.

6.5 Das Nominalsyntagma

	Substantiv	Genus	Anzahl	Sprecher	Starets (1982, 1986a)
18	BEAT	f	3	P4, EC1, EC3	--
	DAD	--		P11, P16, EC11	--
	GIRLFRIEND	f		UC4, EC11, EC12	--
	(TOUR) BUS	f		UC5, EC11, P18	--
	KID[178]	m		UC3, EC11, P17	--
	COPS	Pl.		UC6, P15	--
	MASK	?		EC12, P18	--
	(SPEED-) BOAT	m		P14, P17	--
	STEPS	Pl.		UC5, P4	--
19	BUSINESS	?	2	UC6, EC4	--
	CAMP	f, m		UC3, P18	--
	CAMPING	m		P12, P14	--
	COMEDY	m		UC5, P18	--
	COMPUTER	m		UC3, P18	--
	DOOR	m, f		UC4, UC6	--
	HALL	?		UC4, UC6	Chéticamp
	(LIFE-) STYLE	f		P17, EC11	--
	LOOSER	m		EC3, EC5	--
	NATURAL DESASTER	?		UC4, UC5	--
	NEIGHBOUR	?		UC5, P13	Chéticamp
	(NUCLEAR) EXPLOSION	?		EC3, EC11	--
	RADIO	f		UC6, EC12	--
	RESORT	f		UC4, P18	--
	ROCK	m		P13, P15	--

Tabelle 25: Englische Substantive

Sicher als ältere Entlehnungen bezeichnet werden können: *FUN, MUM, DAD, BAND, BOAT*[179], *GAME, GIRLFRIEND, GRADE, HIGHSCHOOL, SHOW, STEPS, TEAM* sowie *TRIP*, da diese Anglizismen bei Starets in

---

[178] *KID* ist im *Dictionnaire historique du français québécois* (1998: 330) mit der Bedeutung „enfant, jeune personne" attestiert.

[179] Während *BOAT*, phonetisch in die Matrix integriert ([bɔt]), für die vorliegende Varietät belegt ist, ist *SPEEDBOAT* (wie im Englischen ausgesprochen), welches ebenfalls im vorliegenden Korpus Verwendung findet, für Pubnico belegt (vgl. Starets 1982: 151, ebd. 1986: 399).

den 1980er Jahren für Church Point belegt sind (vgl. Starets 1982: 1986a).[180]
Die Ergebnisse überraschen nur bedingt: Die häufigsten Substantive sind diejenigen, die auch in anderen Korpora zum nordamerikanischen Französisch die vorderen Plätze einnehmen: *STUFF, FUN, MOVIE, CLASS, TV, CHUM, CAR* und *JOB*. Darauf folgen dann Substantive zu den Wortfeldern Musik/Musikkultur (*COUNTRY, BAND, HIP HOP, RAP, METAL, BEAT, RADIO, ROCK*), Reise (*BEACH, AIRPORT, (TOUR-)BUS, RESORT, (WATER-)SLIDE, (WAVE-)POOL*), Freizeitbeschäftigung (*CLUB, RINK, (SPEED-)BOAT, CAMP, CAMPING, COMPUTER*) sowie Naturkatastrophen (*NATURAL DESASTER, (NUCLEAR) EXPLOSION, TSUNAMI, EARTHQUAKE*). Darüber hinaus finden sich auch solche Substantive, welche zum Kernvokabular gehören und im Alltag hochfrequent sind. Hierzu zählen *(BATH-)ROOM, MUM, DAD* oder *GIRLFRIEND*.

In einem nächsten Schritt ist zu zeigen, ob es ein standardfranzösisches oder akadisches Äquivalent des englischen Begriffs im Korpus gibt. Ist dies der Fall, so muss in einem weiteren Schritt geschaut werden, welcher der beiden Begriffe häufiger gebraucht wird.

Zunächst zu den hochfrequenten Entlehnungen, welche auch in anderen frankophonen Regionen des Kontinents anzutreffen sind. Das mit Abstand am häufigsten entlehnte Substantiv (mit Artikel) ist *du STUFF*. Zwei Äquivalente in der Sprachverwendung der Jugendlichen sind erstens Konstruktionen um das Substantiv *affaire* (*tchequ' affare/des affares/ces affares/les affares/tchelle affare*) und zweitens *des/les choses*:

> (372) j'suis fiar de pouvoir parler le français/à cause que c'est définitivement un atout/tu sais c'est **tchequ' affare** j'vas USE-r/coumme travars d'ma vie. (P12)
> (373) ça fait/rire que ça avait besoin d'y êt' **tchequ' affare** coumme bruler not' FLAG que/que/quelle affare coumme la fierté acadienne sortir à travars d'FACEBOOK à travars de/la région SO/c'est vraiment intéressant. (UC4)
> (374) on 'garde coumme/à JAPAN et tous des places BUT quand ce qu'i n'y a des/des NATURAL DESASTERS et **du STUFF** pis ej pense coumme/eh j'suis assez fiare que/i y a rien qu'arrive dans Clare coumme. (UC4)
> (375) j'sais qu'i y a beaucoup d'plus **de STUFF** à fare dans la ville BUT/ej sais qu'icitte i allont/i ont moins **d'STUFF** à fare. (UC3)

---

[180] *FUN, JOB*, und *CHUM* gehören auch im Französischen Québecs zu den häufigsten Anglizismen (vgl. Schafroth 1996: 40).

6.5 Das Nominalsyntagma

Die Konstruktionen *des/les choses* sind selten: sie kommen nur 15 Mal im Korpus vor.

Für das zweithäufigste Substantiv (und seinen Artikel) *du FUN*, welches hauptsächlich in den Kombinationen *avoir du FUN*, oder *être le FUN* vorkommt, findet sich kein direktes standardfranzösisches Äquivalent im Korpus, standardfranzösische Konstruktionen wie *se réjouir* oder das aus dem Argot stammende *kiffer* werden nicht verwendet.

Das standardfranzösische Äquivalent zu *MOVIE*, *film*, kommt 38 Mal im Korpus vor,[181] d.h. es findet sich etwas häufiger als das englische Wort, welches 32 Mal genannt wird. Es muss jedoch im Hinterkopf behalten werden, dass die Studienteilnehmer *film* womöglich häufiger verwendeten, da sie aufgrund meiner Fragestellung beeinflusst wurden.[182] Dies zeigt sich in folgender Äußerung:

(376) OK tchelle ?/coumme y a-tu/y t'es **un MOV**/y a-tu **un film** que h'ai WATCH-é? (UC3)

Die Sprecherin wählt nach dem Lesen der Fragestellung spontan das Wort *MOVIE*, entscheidet sich dann aber doch noch für *film*. Ähnlich verhält es sich bei dem Wort *télévision* und seinem gebräuchlicheren Clipping *télé*. Es wird 21 Mal gebraucht,[183] jedoch ist auch hier die Beeinflussung durch die Fragestellung anzunehmen:

(377) EC7: ben/ej/regarde/jamais/en français/coumme/le t/le t/v/
EC5: ((rires)) télévision/
EC7: télévision/((rires))
EC5: le TV/((rires)) (EC5+EC6+EC7)

EC7 liest zunächst die standardfranzösische Fragestellung und bemüht sich nun um eine standardnahe Antwort, in welcher ihm das Wort *télé(vision)* entfallen zu sein scheint. Der englische Begriff *TV* ist ihm greifbar, weswegen er ihn französisch ausspricht, jedoch aufgrund seiner Unsicherheit lange Redepausen zwischen den einzelnen ausgesprochenen Buchstaben einlegt, die in der Transkription durch die Schrägstriche angedeutet sind. EC5 erinnert ihn nun an den standardfranzösischen Begriff, woraufhin er seinen

---

[181] *Film* findet sich in den Idiolekten von UC1, UC3, UC4, UC6, EC1, EC3, EC4, EC5, EC7, EC9, EC11, P5, P13, P14 P16, und P17.

[182] Es handelt sich hier um die Frage m) des mündlichen Fragebogens: „Raconte un film ou un livre que tu aimes beaucoup."

[183] Die französischen Äquivalente werden hier von UC2, EC1, EC2, EC3, EC4, EC11, EC12, P1, P5, P6, P7, P10, P13 und P16 verwendet.

Schulkameraden spöttisch nachahmt und *TV* ebenfalls mit französischer Intonation spricht. Es ist anzunehmen, dass EC7 ohne Beeinflussung durch die standardfranzösische Fragestellung das englische *TV* ohne Zögern verwendet hätte.

Das Synonym für *CHUM*, *ami*, findet sich 17 Mal im Korpus,[184] *copain* wird nicht verwendet. Auch hier gibt es jedoch wieder ‚Übersetzungen', in welchen das geläufigere, aus dem Englischen stammende Wort ‚hinterhergeschoben' wird:[185]

(378) ça fait qu'mon ami eh **mon/mon CHUM mon ami**/il a coumme un/il a une POOL TABLE dans sa garage. (UC1)

Das standardfranzösische *voiture* für das an der Baie Sainte-Marie gebräuchliche, aus dem Englischen entlehnte *CAR* findet sich nur ein Mal im Korpus (P16), wobei jedoch der folgende metasprachliche Diskurs von UC1 und UC2 interessant ist, der zeigt, dass der Standardbegriff zumindest bekannt und von UC1 auch gebraucht wird:

(379) UC1: là où-c'qu'j'travaillais on disait « char » pour une CAR/pour une voiture/ coumme par icitte on dit rinque coumme une une/ben moi j'dis « un voiture » là/j'sais pas si tu dis « CAR » ou WHATEVER/
UC2: ouais/
UC1: mais coumme/zeux dit « char » par/par là/SO je commençais rinque à dire « char » quand j'ai venu par/par icitte/
UC2: ouais/
UC1: pis i sont comme « quoi ? »/j'suis coumme « un char ? » OH/ouais une voiture/pis là/
UC2: i y avait une femme qui m'a dit « char » une fois pis h'étais comme/« quoi ce qu'ça ? » pis/« c'est/c'est une/une CAR » alle avait

---

[184] Verwendet wird es von UC1, EC1, P1, P6, und P12.
[185] Laut Romaine ist dieses ‚Hinterherschieben' der Übersetzung typisch für *Codeswitching*: „[O]ne of the most common discourse funtions in codeswitching is to repeat the same thing in both languages" (Romaine 1989: 132). Es findet sich ebenfalls bei Péronnet (1989b: 238). In Szlezáks Studie zum Französischen in Massachusetts, wo der Sprachtod bereits weiter fortgeschritten ist als in den akadischen Regionen Kanadas, finden sich solche ‚Übersetzungen' ebenfalls, jedoch steht hier das französische Element zuerst, während in meiner Studie das englische zuerst genannt wird. Die Studienteilnehmer bemühen sich bei Szlezák um die Verwendung des Französischen, übersetzen Teile ihrer Äußerung jedoch aufgrund von sprachlicher Unsicherheit ins Englische (vgl. für Beispiele Szlezák 2009: 251).

6.5 Das Nominalsyntagma

dit pis j'suis comme/« OH OK »/pis asteure j/ouais c'est ça. (UC1+UC2)

Bei den Synonymen für das vierzehn Mal im Korpus gebrauchte *JOB* findet man *emploi* mit ebenfalls vierzehn Nennungen im Korpus.[186] Außerdem stößt man auf das Kompositum *opportunités d'emploi* (P12) ebenso wie auf *JOB OPTIONS* (EC7) und *JOB OPPORTUNITIES* (UC5). Darüber hinaus findet sich, wenn auch seltener, *travail*, mit vier Nennungen (P1, P4, P18) als Synonym für *JOB*.[187]

Neben diesen in der gesamten nordamerikanischen Frankophonie geläufigen Begriffen sind nun vor allem die anderen, seltener verwendeten Begriffe genauer zu betrachten: Hier fällt auf, dass die jugendlichen Studienteilnehmer bis auf wenige Ausnahmen nur die englischen Begriffe verwenden. Die Ausnahmen, die im Folgenden einzeln analysiert werden, sind: *BAND, CAMP, CLUB, NATURAL DESASTER* und *EARTHQUAKE*.

Bei dem Wortpaar *BAND – groupe* dominiert zwar der französische Begriff (11 zu 7 Nennungen), es kann aber auch hier nicht ausgeschlossen werden, dass dies an meiner Fragestellung liegt,[188] sodass die Teilnehmer das Vokabular aus der Fragestellung entnommen haben.

Auffällig ist in den folgenden beiden Ausschnitten aus dem Dialog zwischen P17 und P18, dass, ebenso wie bei dem Wortpaar *CHUM – ami* im Beispiel von UC1 beziehungsweise bei *MOVIE – film* bei UC3 weiter oben, beide Sprecher *BAND* in ihrem aktiven Vokabular haben und verwenden, jedoch in ihrer Äußerung zwischen *BAND* und *groupe* schwanken und eventuell unsicher sind, welches in der Interviewsituation zu verwenden ist:

(380) h'aime pas mal eh/« 1755 »/c'est pas mal des/coumme/moi j'suis pas vraiment introduit souvent des/des ehm/**des/groupes** françaises SO/coumme **le BAN/les/les groupes** qui venont à/à la CLUB du P'tit Ruisseau/là h'irais les WATCH-er pis h'les aimerais. (P17)

---

[186] Verwendet wird *emploi* von UC1, UC2, UC3, EC3, EC12, P4, P8, P10, P12 und P16.

[187] *Travail* wird darüber hinaus noch in Wortverbindungen und Konstruktionen verwendet, in welchen es mit dem englischen Substantiv *WORK* oder dem entsprechenden Verb, *TO WORK*, übersetzt werden könnte, wie Beispielsweise in *travail social – SOCIAL WORK* (UC6) oder *fare du travail – TO WORK* (UC1).

[188] Die Fragestellung lautete hier: „Quelle est ta musique préférée? Quel chanteur/quelle chanteuse/quel *groupe* est-ce que tu aimes et pourquoi?"

(381) **mon groupe préf**/ehm/moi tous **les BAND**/mes **FAVOURITE BAND** c'est en anglais vraiment. (P18)

Sprecherin P17 bricht das Wort *BAND* zugunsten von *groupe* ab, P18 zieht *FAVOURITE BAND* dem französischen *groupe préféré* vor, welches er in der Mitte der Äußerung abbricht. Dies weist auf eine gewisse Unsicherheit bezüglich der Verwendung hin, die klar durch die Fragestellung beeinflusst wurde.

Bei *CLUB* – *club* sowie *CAMP* – *camp*, bei denen lediglich die Aussprache variiert, dominiert die englische Aussprache im Korpus klar. Das französische Pendant zu dem fünf Mal vorkommenden *EARTHQUAKE* wird lediglich von EC7 zwei Mal verwendet. Beide Male findet es sich, wie in dem hier gezeigten Beispiel, als direkt nachgeschobene Übersetzung des englischen Begriffs:

(382) Canada est un bon place à viv' parce qu'i y a point troup comme/**des guerres pis**/**des EARTHQUAKE**/et pis **des tremblements de terre** ça là ces SAME THINGS. (EC7)

Als Lehnübersetzung/*Calque* von *NATURAL DESASTER* findet man ein Mal den Begriff *désastre*, eine direkte Übernahme aus dem Englischen, welche mit französischer Aussprache versehen wurde:

(383) i y a/des **désast'** partout autour du mounde pis/j'faisons rioN pour essayer d'le fare mieux. (P5)

Den standardfranzösischen Terminus *catastrophe naturelle* findet man nicht im Korpus.
    Es ist bei den Termini zu den weiter oben genannten Wortfeldern meist so, dass die Jugendlichen nicht auf entsprechendes Vokabular in französischer Sprache zurückgreifen. Dies ist ebenfalls bei den englischen Alltagsbegriffen *MUM*, *DAD* oder *GIRLFRIEND* der Fall, die den französischen Begriffen *maman*, *papa* und *(petite) copine*, die sich nicht im Korpus finden, vorgezogen werden.
    Bei den weiteren frequenten Anglizismen sind es lediglich fünf, welche ein französisches Pendant im Korpus aufweisen: *SHOW* (*émission*), *HIGHSCHOOL* (*école secondaire*), *FLAG* (*drapeau*), *les COPS*[189] (*police*) sowie *NEWS* (*nouvelles*). Bei den ersten drei genannten ist es jedoch wieder so, dass die französischen Pendants in der Fragestellung vorgegeben und so von den Jugendlichen wohl übernommen wurden. Auch hier findet

---

[189] Das Plural -*s* wird bei *COPS* nicht ausgesprochen.

6.5 Das Nominalsyntagma

man wieder das bereits erwähnte ‚Nachschieben' der französischen Übersetzung, in diesem Fall am Beispiel von *HIGHSCHOOL* nachgewiesen:

(384) h'ai GRADU-é de l'école en/de **l'école secondaire** dans 2006/eh de **la HIGHSCHOOL**. (UC3)

Im folgenden Beispiel ist Sprecher P18 unsicher, welchen Begriff er verwenden soll, und benötigt den Rat seiner Interviewpartnerin:

(385) P18: h'avons/on fait rinque d'arriver d'CUBA/avec not' classe de/l'École Secondaire de Clare pis/
P17: **tu peux dire HIGHSCHOOL** xxx tu sais/
P18: h'ai vraiment trouvé/MY HIGHSCHOOL/moi h'ai trouvé qu'c'était un vraiment/extrêmement bounne expérience. (P17+P18)

Im genannten Beispiel, welches sich in den ersten fünf Minuten des Interviews findet, ist Sprecher P18 noch sehr unsicher und sein Redefluss weist viele kurze Bedenkpausen auf (signalisiert durch Schrägstriche ‚/'). Auch vor dem offiziellen Namen seiner Schule, *École Secondaire de Clare*, steht eine solche Redepause, welche signalisiert, dass P18 an dieser Stelle lieber *la HIGHSCHOOL* gesagt hätte beziehungsweise dass diese Wortwahl zumindest natürlicher für ihn gewesen wäre. Nach dem Hinweis seiner Interviewpartnerin, er könne bedenkenlos auch *HIGHSCHOOL* verwenden (sie impliziert hier, dass ich als Auswertende des Interviews seine Sprache verstehen werde, auch wenn er englische Begriffe verwendet) entscheidet er sich dann auch für den seinem Idiolekt näherstehenden englischen Begriff.

Bei dem Wortpaar *COPS – police* findet sich *police* zwei Mal im Korpus (P4, P15) und *COPS* findet sich drei Mal, wobei *police* in einem Fall wieder dem englischen Wort nachgeschoben wird:

(386) si qu'/c'est un vol/**les COP** ou le quoi coumme **le/police**/là/tout l'monde le sait/REGARDLESS si c'est CONFIDENTIAL. (P15)

Auch hier besteht wieder Unsicherheit darüber, welches Wort zu verwenden ist: Einerseits findet sich vor *police* eine Redepause, die nach dem grammatikalisch gesehen falschen Artikel *le* steht, andererseits deuten die Worte *ou le quoi coumme* auf ein Suchen nach dem französischen Pendant für den englischen Begriff auf Seiten der Sprecherin hin.

Für die weitere Analyse kann also festgehalten werden, dass bei den Substantiven einerseits solche besonders frequent auftreten, die bereits aus anderen Korpora zum nordamerikanischen Französisch bekannt sind und zum Kernvokabular gehören, andererseits vor allem solche Begriffe Verwendung finden, die entweder aufgrund der Jugendkultur tagtäglich im

177

6 *Moitié anglais moitié français? Der englische Einfluss*

Gebrauch sind (Wortfelder wie Musik, Freizeit), aber auch besonderes thematisches Vokabular zu naturwissenschaftlichen Themen – im vorliegenden Korpus sind dies Naturkatastrophen.

Der großen Mehrheit der Anglizismen wird ein fester französischer Artikel zugeteilt, nur eine Minderheit steht mit beiden Artikeln. Diese Anglizismen werden im Folgenden noch einmal gesondert analysiert.

Zuletzt muss im Hinterkopf behalten werden, dass einige Wörter der oben aufgeführten Liste zwar ein standardfranzösisches Pendant haben, d.h. kein neues Konzept mit entlehnt wird, dass dieses Pendant jedoch nur in den dargelegten Ausnahmefällen im aktiven Wortschatz der Jugendlichen vorherrscht. Meist verwenden sie es nicht, und wenn sie es verwenden, dann wohl weil der Fragebogen im Standardfranzösischen abgefasst ist und sie somit direkten Zugriff auf den standardfranzösischen Begriff haben.

6.5.1.1 Genus

Das Englische hat kein grammatikalisches Geschlecht wie das Französische oder auch das Deutsche, sondern ein natürliches Geschlecht. *SHE* und *HE* können lediglich für Menschen und Haustiere gebraucht werden. *SHE* kann darüber hinaus für Länder (vor allem bei historischen Gesichtspunkten) und Schiffsnamen gesetzt werden. Alle anderen Substantive sind Neutra und werden durch das Personalpronomen *IT* repräsentiert. Einziger bestimmter Artikel des Englischen ist *THE*. Wird nun ein englisches Substantiv in das akadische Französisch entlehnt, ist es interessant zu analysieren, welches Geschlecht dieses Substantiv trägt.

Das grammatikalische Geschlecht des entlehnten Substantives findet sich oben in Tabelle 25. Für die Artikelzuweisung der entlehnten englischen Substantive kann nun Folgendes festgestellt werden:

1. Das Genus der Mehrheit der oben genannten Substantive bleibt stabil.
2. Lediglich bei zehn Substantiven variiert es zwischen maskulin und feminin.[190]

In der folgenden Tabelle finden sich die Substantive, denen von den Sprecherinnen und Sprechern zwei Genera zugewiesen wurden:

---

[190] Die Substantive *CHUM* sowie *FAN* wurden hier nicht mitgezählt, da sie für Personen stehen und somit mit maskulinem wie femininem Artikel verwendet werden können.

6.5 Das Nominalsyntagma

Substantiv	maskulin Anzahl	%	feminin Anzahl	%
FUN	56	98,2	1	1,8
TV	14	82,4	3	17,6
CAR	2	18,2	9	81,8
FLAG	7	87,5	1	12,5
TRIP	8	80	2	20
(HOCKEY) TEAM	2	33,3	4	66,7
RAP	4	80	1	20
TIME	4	80	1	20
CAMP	1	50	1	50
DOOR	1	50	1	50

Tabelle 26: Englische Substantive mit zwei Genera

Während das Québecfranzösische laut Léard bei konsonantisch endenden englischen Substantiven *la* und bei vokalisch endenden *le* zu präferieren scheint (vgl. Léard 1995: 178f.)[191] und in Louisiana im Allgemeinen *le* gesetzt wird (vgl. Papen/Rottet 1997: 79), konnten für die vorliegende Varietät keine Regelmäßigkeiten festgestellt werden. Romaine schreibt dazu: „In many cases borrowed words are simply given the gender their equivalents have in the borrowing language" (Romaine [2]2006: 52). Dies ist zwar für *CAR* (*la voiture*), *FLAG* (*le drapeau*) oder *TEAM* (*l'équipe*, f.) zutreffend, jedoch nicht für *TV* (*la télévision*). Es kann also keine Regelmäßigkeit bezüglich der Artikelzuweisung festgestellt werden.

Neben diesen Schwankungen zwischen den Artikeln des Singulars findet man bei dem Substantiv *HOMEWORK* sowohl den Artikel *le* (maskulin Singular) sowie *les* (Plural), beides jeweils zwei Mal:

(387) h'avais **du HOMEWORK** et du STUFF. (UC5)
(388) qu'est-ce que tu fais pendant ton temps lib' ?/eh/NUMBER yonne/**du HOMEWORK**/h'avons/coumme/beaucoup de HOMEWORK. (P16)
(389) h'ai pas vraiment du/temps lib' parce que c'est tout l'temps comme **des HOMEWORK** pis touT ça. (EC7)
(390) j'fais **des HOMEWORK**. (EC12)

HOMEWORK ist im Englischen unzählbar und trägt kein Plural *-s* (*I DO MY HOMEWORK*). Wieso kann es nun im Akadischen der Baie Sainte-

---

[191] Zu beachten ist hierbei jedoch, dass sich die Artikelzuweisung nach der Aussprache und nicht nach der Schreibweise richtet. So wird aus *BUMPER, TRAILER, WASHER* und *ZIPPER*, alle auf [ø] endend, *le BUMPER, LE TRAILER, le WASHER* und *le ZIPPER*; für Ausnahmen vgl. Léard (1995: 179f.).

6 *Moitié anglais moitié français?* Der englische Einfluss

Marie im Singular wie im Plural stehen? Das Französische *les devoirs* steht im Gegensatz zum Englischen im Plural. Es ist daher anzunehmen, dass die Sprecher das englische Substantiv entweder, wie in den ersten beiden Beispielen, als unzählbares englisches Substantiv behandeln und es mit dem Teilungsartikel *du* versehen (*du HOMEWORK*), oder aber es wie das französische Äquivalent *devoirs* im Plural verwenden (*des HOMEWORK*).[192]

Ferner gibt es bei der Artikelzuweisung wichtige Unterschiede zum *Chiac*: *FUN* beispielsweise ist in Perrots Studie in 35 Fällen feminin und nur in 3 maskulin, während die Jugendlichen in meinem Korpus sich bis auf eine Teilnehmerin der Artikelwahl der Québecer anschließen – im Québecfranzösischen ist *FUN* maskulin. *CAR*, im vorliegenden Korpus in der Mehrheit der Fälle feminin, ist im *Chiac* in 16 von 19 Nennungen maskulin. Ebenso verhält es sich mit *RAP*, an der Baie Sainte-Maire in den meisten Fällen maskulin, im *Chiac* nur in zwei von zehn Fällen (vgl. Perrot 1995a: 98ff.). Festzuhalten bleibt jedoch, dass die Mehrheit dieser Substantive auch im *Chiac* keine exakte Artikelzuweisung erfährt. Der mehrheitlich gewählte Artikel kann jedoch in den beiden Varietäten voneinander abweichen.

6.5.1.2 Numerus

Der regelmäßige Plural endet sowohl im Englischen als auch im Französischen auf *-s*, wobei er im Englischen im Gegensatz zum Französischen hörbar ist (Bsp.: *BOY_S_ – des garçon_s_*). Perrot stellte sich vor diesem Sachverhalt folgende Frage, die natürlich auch für diese Arbeit von Relevanz ist: „Se pose donc la question de savoir si l'emprunt d'un substantif anglais entraîne son adaptation morphologique à la matrice, c'est-à-dire si le ‚s' du pluriel est prononcé ou non" (Perrot 1995a: 78f.). Dem soll nun, im Vergleich zu Perrots Daten zum *Chiac*, auch für die in dieser Arbeit untersuchte Varietät nachgegangen werden. Wird bei der Pluralverwendung auf den englischen (= hörbaren) oder den französischen (= nicht hörbaren, durch den vorangestellten Artikel markierten) Plural zurückgegriffen?

Im Südwesten Neubraunschweigs wurde das Plural *-s* in den 1980er Jahren in der Sprache älterer Sprecher scheinbar noch nicht ausgesprochen, wie Péronnet schreibt: „Les noms empruntés à l'anglais suivent la règle du pluriel des noms français: le s final n'est pas prononcé" (Péronnet 1989a: 118). Ein Jahrzehnt später stellt Perrot eine „alternance entre les formes intégrées et non intégrées" fest, wobei „la tendance à la non-intégration

---

[192] Das französische *devoirs* wird im Korpus drei Mal von EC4, EC11 und P13 verwendet.

6.5 Das Nominalsyntagma

s'affirme très nettement" (Perrot 1995a: 79). Das englische Plural -s wird im *Chiac* heute häufiger realisiert als früher. Obwohl Perrot keine prozentuale Verteilung für die Realisierung des Plural -s angibt, kann folgendes Schema für die Entwicklung des Plurals der englischen Substantive im *Chiac* angenommen werden:

Stufe 1:	→	Stufe 2:	→	Stufe 3
französischer Plural	→	französischer + englischer Plural	→	englischer Plural
des MOVIE [ø]	→	des MOVIE [ø] + des MOVIES [z]	→	des MOVIES [z]

Die von den Jugendlichen aus dem Englischen entlehnten, im Plural stehenden Substantive können in der vorliegenden Varietät – ebenso wie im *Chiac* – entweder mit oder ohne finales -s ausgesprochen werden, wobei es deutlich häufiger nicht ausgesprochen wird:[193]

	-s		-ø	
Sprecher	Anzahl	%	Anzahl	%
Studierende	16	19,5	66	80,5
Schülerinnen und Schüler	30	34,1	58	65,9
insgesamt	46	26,1	130	73,9

Tabelle 27: Artikulation des finalen -s bei englischen Substantiven

Im Gesamtkorpus wird der englische Plural in etwa einem Viertel aller möglichen Fälle verwendet (26,1 %). Es sei jedoch ausdrücklich darauf hingewiesen, dass die Schülerinnen und Schüler ihn mit 34,1 % deutlich häufiger verwenden als die Studierenden.

Die auf den ersten Blick in das Korpus unregelmäßige, fast willkürlich wirkende Setzung des englischen Plurals weist Regelmäßigkeiten auf (vgl. für das *Chiac* Perrot 1995a: 79ff.):

1. Bei dem Substantiv *NEWS*, welches im Englischen lediglich im Plural existiert, wird (wie im *Chiac*) das finale -s realisiert:

---

[193] Dies stellt auch Mougeon für das *franco-ontarien* fest: „[L]orsqu'ils [les substantifs, Anm. d. Verf.] sont employés au pluriel, ils sont presque exclusivement employés avec une marque verbale française" (Mougeon 2000: 33). Auch in den französischen Varietäten Louisianas dominiert der französische, prädeterminierte Plural (vgl. Picone 1997: 154).

6 Moitié anglais moitié français? Der englische Einfluss

(391) ils avont/ça coumme allait WAY OVERBOARD i avont mis su' **les NEWS** i avont fait documenter coumme trente minutes de ça. (EC3)

Das Wort *FRIENDS* wird ebenfalls immer mit dem englischen Plural verwendet, *CHUM* steht immer ohne englisches Plural -*s*.

2. Wie im *Chiac* bleibt das Plural -*s* bei denjenigen Formen, die im Englischen auf [iz] enden (das ergäbe im Englischen *BUSINESSES* beziehungsweise *MATTRESSES*), unausgesprochen:

   (392) comben de **RAPPIE PIE BUSINESS**/que i y a dans Clare. (UC6)
   (393) ben tu peux mett' trois **SINGLE AIR MATTRESS** là pis trois **SINGLE AIR MATTRESS** coumme l'un côté. (P4)

3. Bei den insgesamt 35 englischen Komposita, welche im Korpus im Plural stehen, wird der englische Plural in 16 Fällen realisiert (45,7 %). Hier sind vier Beispiele aufgelistet:

   (394) aller dans des/**STREET LIGHTS** et là/et du STUFF de même. (UC4)
   (395) j'sais pas si c'est des **BONUS POINTS** ou coumme. (UC5)
   (396) comme les **NATURAL DESASTERS**. (UC5)
   (397) on 'garde coumme/à JAPAN et tous des places BUT quand ce qu'i n'y a des/des **NATURAL DESASTERS** et du STUFF pis ej pense coumme/eh j'suis assez fiare que/i y a rien qu'arrive dans Clare coumme/de même. (UC4)

Eine mögliche Erklärung könnte hier sein, dass in allen oben stehenden Beispielen den im Plural stehenden Substantiven ein englisches Wort vorausgeht, wobei die beiden Wörter eine lexikalische Einheit bilden.

Zieht man die Komposita aus obiger Tabelle 27, die alle im Plural stehenden Substantive im Korpus erfasst, ab, so stellt man fest, dass der englische Plural bei isolierten Lexemen nur noch in etwas mehr als einem Fünftel aller Fälle verwendet wird:

	-s		-ø	
Sprecher	Anzahl	%	Anzahl	%
Studierende	8	12,3	57	87,7
Schülerinnen und Schüler	22	30,6	50	69,4
insgesamt	30	21,3	111	78,7

Tabelle 28: Artikulation des finalen -s bei englischen allein stehenden Substantiven

6.5 Das Nominalsyntagma

Das Akadische der Baie Sainte-Marie zeichnet sich in dem hier untersuchten Gesichtspunkt im Vergleich zum *Chiac* durch einen hohen Anpassungsgrad an die Matrix aus. Während im Korpus Perrot das englische Plural *-s* überwiegt und eine „évolution vers la non-adaptation" (Perrot 1995a: 84) festgestellt wird, ist seine Verwendung in Neuschottland eher mit der im *Cadien* zu vergleichen, wo in 28 % aller Fälle das Plural *-s* gesetzt wird (vgl. Dubois/Noetzel/Salmon 2006: 210).

6.5.1.3 Nullartikel

Ein für das Französische charakteristisches Phänomen ist der Gebrauch eines Teilungsartikels oder unbestimmten Artikels (*du, de la, de l'* beziehungsweise *des*) an Positionen, wo im Englischen der Nullartikel ø steht (*Je vois des maisons/I SEE ø HOUSES*). Auch in einigen Fällen, in denen im Französischen der bestimmte Artikel steht, wird im Englischen der Nullartikel gesetzt (*J'aime le rap/I LOVE ø RAP*). Interessant ist für diese Arbeit vor dem Hintergrund des engen Sprachkontaktes und der bereits beschriebenen großen Anzahl an entlehnten Substantiven im Gesprächskorpus vor allem die Frage, ob der französische Artikel oder der Nullartikel vor den aus dem Englischen entlehnten Substantiven steht.

Der Teilungsartikel und der unbestimmte Artikel werden im akadischen Französisch in Clare in den meisten Fällen gesetzt:

(398) y avait du monde qui veniont nous servir **du PIZZA** pis **des DRINK** quoi c'qu'est meilleur qu'ça ?/ (UC3)
(399) SKI-er c'est/OK si tu fais **des CURVE** autour d'la MOUNTAIN pis là/c'est le même tu vas en bas. (P7)

Bei Aufzählungen, die aus mehreren englischen Substantiven bestehen, wird sowohl in Clare als auch im *Chiac* (vgl. Perrot 1995a: 86) statt des im Französischen üblichen Artikels in einigen Fällen der Nullartikel gesetzt:

(400) c'est ø **NEIGHBOR**/ø **FRIENDS**/comme/tout l'mounde/ø **COWORKERS**/comme n'importe qui. (UC5)
(401) lui WATCH-e ø **FOOTBALL**/ø **WEATHER CHANNEL**. (P17)[194]

---

[194] Zu beachten ist in diesem Beispiel, dass vor *WEATHER CHANNEL* auch im Englischen der bestimmte Artikel steht, der hier jedoch wegfällt.

6 Moitié anglais moitié français? Der englische Einfluss

Es ist aber keinesfalls die Regel, dass bei Aufzählungen immer der Nullartikel gesetzt wird. Man findet eher Sätze wie die beiden folgenden, in welchen die Sprecher zwischen Artikel und Nullartikel wechseln:

(402) h'aime **le COUNTRY** le **HIP HOP/le/ROCK/ø ALTERNATIVE**. (P13)
(403) c'est plus coumme dans l'hivar/qu'il a du STUFF/comme **des ICESTORMS** et pis/coumme **des HURRICANE** et du STUFF mais c'est/il a point coumme **ø TSUNAMI** ou **ø TORNADO**. (UC6)

Ebenfalls ohne Artikel stehen Substantive, die von Gesprächspartner B nur eingeschoben werden, um Gesprächspartner A zu ergänzen, wie im folgenden Beispiel:

(404) P13: voir tous les HILLBILLY CATTLE sortir hors du bois avec des/SHOTGUN/
P14: **ø PITCHFORK**. (P13+P14)

Wenn ein englisches Substantiv nach einer Pause eingefügt wird, steht vor diesem in einigen Fällen ebenfalls kein Artikel:

(405) ma chanteuse préférée pour/**ø COUNTRY**/c'est « SHANIA TWAIN ». (P16)
(406) tout ø STUFF de/d'amaritchoN coumme/ehm/le TV et/ø **PAPARAZZI** avec les MAGAZINE j'sais pas quoi c'qu'i y a/qu'i vendont à la SHOP. (P17)
(407) mon grand-père/i s'assit toute la hournée WATCH-e/THE WEATHER CHANNEL/**ø HOCKEY GAME**. (P18)

Bemerkenswert bei dem letzten Beispiel ist das Fehlen eines Artikels vor *HOCKEY GAME*, steht hier doch nicht nur im Französischen, sondern auch im Englischen normalerweise ein Artikel.

Im *Chiac* kann der Nullartikel, wenn auch nur selten, ebenfalls vor Aufzählungen von französischen Begriffen und nach einer Pause stehen (vgl. Perrot 1995a: 93f.). Beispiele aus dem vorliegenden Korpus sind die folgenden:

(408) le français c'est d'la misare/les verbes et pis/**ø synonymes/ø antonymes/ha/ø adjectifs**. (P15)
(409) OH YEAH/du manher/HUGE/**ø râpure**. (UC6)
(410) après l'École Secondaire d'Clare veux à/**ø université**. (EC4)

6.5 Das Nominalsyntagma

Während in den oben genannten Fällen die Verwendung von Artikel und Nullartikel variieren kann, gibt es zwei Fälle, bei denen der Wegfall des bestimmten Artikels nahezu generalisiert ist. Dies ist, ebenso wie im *Chiac* (vgl. Perrot 1995a: 86), erstens vor Toponymen wie Länder-, Regions-, Staaten- und Provinznamen der Fall und entspricht dem Gebrauch im Englischen:

(411) à ø **CAPE BRETON**. (UC5)
(412) UC5: tchi d'aut' vraiment qui fait d'la râpure ?
UC6: eh WELL/WELL ø **NEW BRUNSWICK** en fait ma' c'est différent. (UC5+UC6)

Auch vor französischen Toponymen kann der Nullartikel stehen:

(413) c'était OBVIOUSLY ø **Canada**. (UC6)
(414) c'est [Akadier-Sein, Anm. d. Verf.]/d'êt' unique/dans/ø **Canada**/((rires)) et la Louisiane. (UC6)
(415) EC3: ouais parce ø **Canada** c'est un de mei/ben/c'est point un des meilleurs pays BUT à moi/c'est comme/i y a que tout à/
EC4: HEY/c'est le meilleur pays. (EC3+EC4)

Zweitens wird auch im vorliegenden Korpus bei den Sportarten (*jouer au foot, jouer au hockey*) meist kein Artikel gesetzt, wie dies auch im *Chiac* der Fall ist (vgl. Perrot 1995a: 86):

(416) ça fait quatorze ans qu'j'joue à ø **hockey**. (P17)

Während der Artikelgebrauch in der vorliegenden Varietät meist den Regeln einer der beiden Sprachen folgt, ist das *Chiac* autonomer im Bezug auf das Englische beziehungsweise das Französische: Hier wird der Nullartikel darüber hinaus an Stellen in der Syntax gesetzt, die mit den Regeln beider Sprachen brechen.[195]

6.5.2 Die Adjektive

Die folgende Liste zeigt eine Übersicht derjenigen englischen Adjektive, die in mindestens zwei Dialogen gebraucht werden, aufgeschlüsselt nach der Anzahl der Nennungen und den Studienteilnehmern, die sie verwenden:

---

[195] Vgl. für Beispiele Perrot (1995a: 88f.).

6 Moitié anglais moitié français? Der englische Einfluss

	Adjektiv	Anzahl	Sprecher	Starets (1982, 1986a)
1	COOL	34	UC1, UC2, UC5, UC6, EC3, EC4, EC5, P1, P4, P5, P11, P12, P15	--
2	NICE	16	UC3, UC5, UC6, EC6, EC7, P4, P13, P17	Church Point, Isle Madame
3	WHOLE	15	UC5, UC6, EC4, EC11, P8, P16, P18	Church Point, Pubnico
4	WEIRD	10	UC5, UC6, EC3, EC6, EC11, EC12, P5, P15	--
	BAD/WORSE		UC3, UC6, EC12, P8, P17, P18	--
	GONE		UC3, EC4, EC11, P13, P5, P7	Pubnico
	DUMB[196]		UC6, EC11, EC12, P8	--
5	HUGE	8	UC1, UC5, UC6, EC11	--
6	HALF	7	UC3, EC4, EC11, P1, P7	Chéticamp
	RANDOM		UC5, EC11, EC12, P4, P17	--
7	AWESOME	6	UC4, UC5, UC6, P15	--
	GOOD		UC5, UC6, EC11, P12	--
8	GREAT	5	UC1, UC6, P4, P7	--
	PROUD		UC4, UC6, P16	--
9	PISS-é OFF/PISSED	4	UC3, EC12, P4	--
10	FAVOURITE	3	P4, P7, P15	--
	FINE		UC4, EC5, P13	--
	FREAKING		EC4, P12, P17	--
	OWN		UC3, EC4, P16	--
	CHEAP		UC5, UC6, EC4	--
	NEXT		EC5, P17	Chéticamp, Pubnico
	GROSS		EC4, EC5	--
11	CUTE	2	UC1, EC7	--
	FRIENDLY		UC5, P4	--
	SAFE		P5, P13	--
	SLACK		UC3, EC11	--
	SLOW		EC3, P13	--
	SMART		UC3, EC3	--

---

[196] *DUMB* ist im *Dictionnaire historique du français québécois* (1998: 244f.) mit der Bedeutung „Qui est peu intelligent, qui est niais, bête, stupide" attestiert und gehört zur *langue populaire*.

6.5 Das Nominalsyntagma

Adjektiv	Anzahl	Sprecher	Starets (1982, 1986a)
QUIET		P4, P13	--

Tabelle 29: Englische Adjektive

Im Vergleich zu den Substantiven fällt auf, dass die Kategorie der Substantive durchlässiger für den englischen Einfluss ist: 75 Substantiven stehen lediglich 29 Adjektive gegenüber, die in mindestens zwei Dialogen verwendet werden.

Wie in dem von den Jugendlichen in Moncton gesprochenen *Chiac* sind es auch im Südwesten Neuschottlands die „adjectifs appréciatifs" (Perrot 1995a: 106, ebd. 2001: 51), die am häufigsten entlehnt werden, wie z.b. *COOL, NICE, WEIRD, BAD/WORSE, DUMB* oder *AWESOME*. Perrot beschreibt den Grund für die erhöhte Entlehnung dieser Adjektive:

> La plupart de ces emprunts peuvent s'expliquer par des facteurs d'ordre socio-culturel: ces adjectifs constituent le vocabulaire appréciatif de base, restreint et récurrent, et à coloration volontiers argotique, d'un groupe d'adolescents Nord-Américans. (Perrot 1995a: 106).

Zu betonen ist also, dass diese Adjektive höchstwahrscheinlich auch zu den hochfrequenten Adjektiven bei den *anglophonen* Jugendlichen der Region beziehungsweise Nordamerikas zählen. Von den zehn am häufigsten entlehnten Adjektiven des *Chiac*[197] finden sich sechs ebenso unter den zehn häufigsten des vorliegenden Korpus: *COOL, BAD, AWESOME, WEIRD, NICE* sowie *DUMB*; sie alle gehören zu den „adjectifs appréciatifs". *OWN*, im *Chiac* auf fünfter Position, ist im vorliegenden Korpus auf Rang zehn. *STUPID* und *BORING* wurden in meinen Interviews nicht verwendet, *FUNNY* lediglich ein Mal von EC5. Ebenfalls findet man in der vorliegenden Varietät die Worte *FAVOURITE, WHOLE, WORSE, CUTE, CHEAP* und *PISS-é/e OFF/PISSED* in mindestens zwei Dialogen sowie *HAPPY*, bei Perrot in drei Dialogen und im vorliegenden Korpus in einem Dialog (P3+P4) verwendet.

Bis auf *WHOLE* und *OWN*, denen jeweils ein Unterkapitel gewidmet wird, sowie *CHEAP*, handelt es sich auch bei den anderen genannten Adjektiven um solche, die von den Jugendlichen gebraucht werden, um ihre Gefühle zu beschreiben.

Perrot konnte in ihrer Studie zur Jugendsprache in Moncton noch zwei Wortfelder ausmachen, für die besonders häufig englische Adjektive ent-

---

[197] Zu den Adjektiven im *Chiac* findet sich bei Perrot (1995a: 104f.) eine Tabelle mit allen Adjektiven, die in mindestens zwei Dialogen gebraucht werden.

lehnt werden: erstens das Gebiet um Drogen- und Alkoholkonsum (sie nennt hier u.a. *DRUNK, STONED, CANNED*) sowie zweitens Kleidung und Shopping (*LARGE, SHORT, BRIGHT*) (vgl. für weitere Adjektive Perrot 1995a: 106, ebd. 2001: 52). Keines der hier genannten Wörter findet sich im vorliegenden Korpus, obwohl zumindest das erste Themengebiet von den meisten Studienteilnehmern angeschnitten wird, sodass das Wort *DRUNK* hätte verwendet werden können. Es wird jedoch zu diesem Thema auch in sehr anglisierten Passagen das archaische, in den frankokanadischen Varietäten frequente Verb *soûler* bevorzugt:

> (417) c'est point MUCH à dire ABOUT CUBA/ah ouais **je nous avons soûlé**/la WHOLE s'maine. (UC6)
>
> (418) P1: si tu veux aller au RINK/c'est i y a tout le temps d'quoi là mais/c'est tout le monde qu'est comme « YEAH PARTY » pis je j'suis comme « mh non »/
> P2: ouais c'est **soûler** la face uh. (P1+P2)

Neben den erwähnten Adjektiven, die vor allem entlehnt werden, um über Jugendkultur und die Lebenswelt der Jugendlichen betreffende Themen zu sprechen, sind es auch Adjektive wie *WHOLE* und *OWN*, die verstärkt entlehnt werden und deren Funktion in der Zielsprache aufgrund dessen im Folgenden thematisiert wird.

6.5.2.1 WHOLE

WHOLE wird von sieben Studienteilnehmern[198] insgesamt fünfzehn Mal verwendet und liegt somit nach *NICE* und *COOL* an dritter Stelle der Häufigkeitsliste bei den Adjektiven. Es handelt sich im Südwesten Neuschottlands um keine neue Entlehnung: Starets belegt es für Church Point und Pubnico,[199] und auch Perrot beruft sich auf Flikeids Korpus und gibt die Verwendung von *WHOLE* für Pubnico an (vgl. Flikeid 2003: 276).

WHOLE ersetzt in der untersuchten Varietät die standardfranzösischen Varianten *tout le/toute la*, *entier/entière* beziehungsweise *complèt/complète*, und steht, wie im Englischen, vor dem Substantiv:

> (419) c'est point MUCH à dire ABOUT CUBA/ah ouais je nous avons soûlé/**la WHOLE s'maine**. (UC6)

---

[198] *WHOLE* wird von UC5, UC6, EC4, EC11, P8, P16 und P18 verwendet.
[199] Belegt für Church Point und Pubnico (Starets 1982: 176, ebd. 1986: 471).

6.5 Das Nominalsyntagma

(420) non si l'mounde finit ACTUALLY en 2012 ça sera si tant horrib'
parce que ma **WHOLE vie** sera passée à l'école. (EC11)
(421) je vois rinque personne **la WHOLE WEEKEND**. (EC11)
(422) SO j'veux point coumme/écouter **une WHOLE discographie**. (EC4)

Steht *WHOLE* in den bisher genannten Beispielen vor einem Substantiv, ist darüber hinaus das folgende Beispiel interessant:

(423) t'étais **WHOLE GONE**. (EC4)

Vor dem Partizip wird *WHOLE* hier verwendet, um den Zustand (EC3 war verschwunden, *GONE*) zu verstärken. Obwohl *GONE* nicht verstärkt werden müsste, da *GONE* und *WHOLE GONE* auf semantischer Ebene dasselbe bedeuten – EC3 war abwesend – verwendet EC4 ein Verstärungsadjektiv, welches in der Ursprungssprache an dieser Stelle nicht stehen würde. Im Englischen kann das Adjektiv *WHOLE* lediglich vor Substantiven und nicht vor einem Partizip beziehungsweise Adjektiv stehen. Übersetzt werden könnte der Satzteil im Französischen mit *tu avais complètement disparu*. Im Englischen wäre *YOU WERE COMPLETELY GONE* denkbar. Es kommt hier im Idiolekt des Sprechers EC4 also zu einer Restrukturierung des Adjektivs *WHOLE*. *Entier/entière* bzw. *complèt/complète* wurde nicht im Kopus gefunden.

6.5.2.2 OWN

Das Adjektiv *OWN* wird im vorliegenden Korpus von drei Sprechern (UC3, EC4, P16) jeweils ein Mal verwendet, das französische Pendant, *propre*, findet sich fünf Mal im Korpus (UC1, EC1, EC5, P16), wobei beide Wörter gemeinsam lediglich im Idiolekt einer Sprecherin, P16, gebraucht werden. *OWN* und *propre* werden gebraucht, um sich selbst und seine Kultur oder Sprache von der Dritter, in diesem Fall den Anglophonen, abzugrenzen:

(424) j'suis Acadien ça ça nous comme/ça nous baille **not' OWN 'tite culture** pis que j'faisons du STUFF qu'est WAY différent que tout le monde aut'. (UC3)
(425) c'est leur [die Anglophonen, Anm. d. Verf.] **prop' culture** coumme de SO zeux zeux mêmes veut s'identifier. (UC1)

Mithilfe von *OWN* und *propre* schaffen die Sprecher eine Gegenüberstellung zwischen *nous-autres* (= den Akadiern), und *eux-autres* (= den Anglophonen): Im ersten Beispiel erfolgt die Gegenüberstellung mithilfe der Worte *nous – tout le monde aut'*. *OWN* und *propre* haben in diesem Fall also einen empathischen Wert (une „valeur empathique", Perrot 1995a: 111). In den folgenden drei Beispielsätzen steht zwar nicht mehr die Gegenüberstellung Akadier – Anglophone im Mittelpunkt, jedoch werden *OWN* und *propre* auch hier verwendet, um eine Personengruppe von anderen abzugrenzen, auch wenn dies unterschwelliger erfolgt:

(426) i y a beaucoup d'mounde qui disent que parler bien ça veut rinque dire « OH tout l'monde à **leur OWN/langue** c'est touT/tout l'monde est différent ». (EC4)
(427) ehm non c'est [die französische Sprache in Neuschottland, Anm. d. Verf.] pas/en péril à cause que tout l'monde/le parle/et pis ils avont touT/**leur prop' langage** eh/WHATEVER. (EC5)
(428) je pense qu'il n'y a pas de bon parler parce que tout le monde a **leur prop' façon de parler**. (EC1)
(429) h'avons seulement/**not'/prop'/façon à parler**/et pis/ça n'/parsounne est parfait. (P16)

Die Jugendlichen stellen in diesen Äußerungen die Akadier mit ihrem Französisch den übrigen frankophonen Sprachgruppen gegenüber, was jedoch nicht explizit geäußert wird.

Neben dem Gebrauch von *OWN* und *propre* zur Gegenüberstellung gibt es noch die Verwendung der beiden Wörter, um den persönlichen Besitz stärker zu betonen. Die beiden Adjektive sind hier mit einem Possessivpronomen, *ma* und *ta*, verbunden.[200] In (430) ist es nicht etwa irgendein Restaurant, sondern ihr eigenes, welches die Sprecherin eröffnen möchte, in Beispiel (431) ist es die eigene Wohnung von UC1:

(430) moi je veux ouvrir **ma OWN** coumme/**un p'tit restaurant**. (P16)
(431) pis c'est ça aussi t'as l'FUN à cause c'est/c'est dans l'confort d'**ta prop' place**/ça coûte point char. (UC1)

Angesichts der Tatsache, dass im Korpus Péronnet *OWN* lediglich ein Mal neben *propre* und *à moi* vorkommt, und es bei Perrot (vgl. Perrot 1995a: 110)[201] die französischen Varianten völlig ersetzt hat, lässt sich auch für

---

[200] „*Own* est un marqueur qui redouble l'expression de la relation d'appartenance en la modulant de façon appréciative" (Perrot 2001: 52, Hervorhebung im Original).

[201] Vgl. ebenso Perrot (2001: 53, Hervorhebung im Original): „Dans ce corpus, *own* ne possède ainsi aucun équivalent français et son emploi est véritablement généralisé."

6.5 Das Nominalsyntagma

unsere Region darauf schließen, dass *OWN propre* in Zukunft verdrängen könnte.

6.5.2.3 Zur Eingliederung der englischen Adjektive

Wie bei den englischen Verben, die mithilfe der Konjugation der französischen Verben auf *-er* in die Matrix eingefügt werden, könnte man für die entlehnten Adjektive davon ausgehen, dass sie, zumindest wenn sie im Englischen der regelmäßigen Bildung nach dem Partizip Perfekt unterstehen – also mit der Endung *-ED* gebildet werden – nach dem Muster der regelmäßigen französischen Adjektive auf *-é/-ée/-és/-ées* enden.

Tatsächlich aber werden von den 17 regelmäßigen Adjektivformen lediglich vier Adjektive nach dem französischen Muster gebildet; der Großteil trägt die englische Endung *-ED*:

<u>-é:</u> CHARG-é, PISS-é OFF[202], SUPPOS-é, RIPP-é OFF

<u>-ED:</u> PISSED, BORED, EXPECTED, IMPRESSED, PRESERVED, SATISFIED, WASHED UP, CRUSHED, RELATED, WORRIED, FUCKED UP, MASKED, RETARDED

Während im *Chiac* von 26 partizipial konstruierten Adjektiven 10 auf *-ED* und 16 auf *-é* enden, sind im vorliegenden Korpus nur vier von insgesamt 16 Formen mit der französischen Endung versehen. Es kann festgehalten werden, dass die hier beschriebenen Adjektive in den meisten Fällen eins zu eins aus der Ursprungssprache übernommen werden, also dass die Endung *-ED* beibehalten wird, während im Korpus gebrauchte englische Partizipien beim *passé composé* (z.B. *WATCH-é*, *CALL-é*) mit der französischen Endung versehen werden.

Das Englische und das Französische unterscheiden sich neben der Bildung der Adjektive unter anderem bezüglich deren Satzposition. Während die Adjektive im Englischen vorangestellt werden (Bsp.: *AN INTERESTING MOVIE*), werden sie im Französischen meist nachgestellt (*un film intéressant*).

Im *Chiac* folgen die Adjektive der Regel der englischen Sprache (Artikel/Pronomen + Adjektiv + Substantiv). Beispiele von Perrot sind z.B. *des STUPID affaires* und *des SHORT cheveux* (Perrot 1995a: 122, ebd. 1995b:

---

[202] Lediglich bei *PISS-é OFF/PISSED* finden sich zwei Formen zu einem Adjektiv, wobei die „französische" Form drei Mal, die „englische" zwei Mal gebraucht wird.

6 Moitié anglais moitié français? Der englische Einfluss

244f., ebd. 2001: 51). Auch Chevalier stellt für das *Chiac* fest, dass „[l]a position de l'adjectif est fonction de la langue d'origine" (Chevalier 2001: 16). Hier einige Beispiele aus dem Korpus, die ersten beiden mit englischem und die darauf folgenden mit französischem Substantiv:

> (432) icitte h'avons si tant comme une **RICH/HISTORY**. (UC6)
> (433) c'est coumme un **JAPANESE MOVIE**. (P17)
> (434) OH c'est d'la **FAKE viande**. (EC11)
> (435) comme yonne des **GAY parsonnes** qui dans « BROKEBACK MOUNTAIN » ou comme ASIDE ? (EC12)
> (436) c'est un **GIANT tortue** quoi c'tu parles de. (P15)
> (437) des coumme/**REWARDING films** qui te faisont FEEL-er boN après. (P17)

Ist in den ersten beiden Beispielen das Substantiv ebenfalls englischen Ursprungs und könnte aufgrund dessen die Adjektiv-Substantiv-Verbindung als lexikalische Einheit gesehen werden, so sind die letzten vier Beispiele eindeutig: Das englische Adjektiv steht auch in dieser akadischen Varietät vor dem Substantiv.

Bemerkenswert ist das folgende Beispiel des Schülers P18, der zunächst die französische Satzstellung wählt, um diese daraufhin umzudrehen und seine Äußerung so in die englische Satzstellung umzuformen:

> (438) pis c'était **mon liv' FAVOURITE mon FAVOURITE liv'**/h'essaie d'lire BACK après ça. (P18)

Die französische Satzstellung wird im *Chiac* nur in Ausnahmefällen gewählt. Dies ist beispielsweise dann der Fall, wenn der Sprecher nach dem passenden Adjektiv sucht und es ihm erst während der Äußerung einfällt, sodass es sozusagen nachgeschoben wird, wie in den folgenden von Perrot entnommenen Beispielen (Perrot 1995a: 120, meine Hervorhebung):

> (439) moi je fais/je fais **un souper/ROMANTIC**/je peux faire ça (Perrot B25)
> (440) Dominique a amené son amie/de BATHURST/WOW/YEAH WOW/**BLOND/cheveux** BOUNCY KIND OF (Perrot D59)

Für die weitere Arbeit kann zusammengefasst werden, dass bei der Verwendung eines Adjektivs englischen Ursprungs in der Regel sowohl die englische Satzstellung als auch, bei regelmäßigen Adjektiven, in den meisten Fällen die englische Form auf *-ED* in die akadische Matrix integriert wird.

6.6 Das Verbalsyntagma

6.6.1 Die Verben

Englische Verben im Korpus:
Die folgende nach Häufigkeit geordnete Tabelle gibt eine Übersicht über die Verben, die in mindestens zwei Interviews Verwendung finden.[203]

	Verb	Anzahl	Sprecher	Starets (1982, 1986a)
1	WATCH-er	60	UC2, UC3, UC4, UC5, UC6, EC3, EC5, EC6, EC11, P1, P4, P5, P7, P8, P13, P14, P15, P16, P17, P18	--
2	MOVE-r (IN/ON/BACK)	14	UC4, UC5, UC6, EC11, P1, P4, P16, P17	Isle Madame
3	USE-r	11	UC3, UC5, EC5, EC12, P1, P7, P12, P17	Pubnico, Isle Madame
4	(s')ENJOY-er[204]	10	UC6, EC6, EC7, P4, P12	Chéticamp
5	FEEL-er	9	UC3, EC4, P1, P4, P12, P17	--
	WAIL-er		UC4, P1, P4, P17, P18	--
6	START-er[205]	8	UC3, EC6, EC12, P4, P18	Isle Madame, Chéticamp, Pubnico
7	HANG-er (OUT/WITH/IN)	7	UC2, UC6, EC9, P17	--
8	NEED-er	6	UC5, UC6, EC3	Pubnico
9	FIGURE-r[206] (OUT)	5	P1, P8, P15, P17	--

---

[203] Eine vollständige Anzahl der gebrauchten Verben findet sich im Anhang.
[204] Auch im *Chiac* kann *(s')ENJOYER* reflexiv verwendet werden (vgl. Perrot 1995a: 135).
[205] *START-er* umfasst hier sowohl *etwas beginnen* (*commencer qc/TO START STH.*) als auch *ein Auto anlassen* (*démarrer une voiture/TO START A CAR*). Das Verb wurde fünf Mal in der ersten und drei Mal in der zweiten Bedeutung verwendet.
[206] *FIGURE-r* ist bei Starets mit der Bedeutung *calculer* belegt (vgl. Starets 1982: 71, ebd. 1986: 151). Auch im *Chiac* findet sich das Verb mit und ohne Partikel (vgl. Perrot 1995a: 139).

6 Moitié anglais moitié français? Der englische Einfluss

	Verb	Anzahl	Sprecher	Starets (1982, 1986a)
	FREAK-er (OUT/sur)		UC6, EC11, EC12, P4	--
	GOSSIP-er		UC1, UC3, EC11	--
10	TRAVEL-er	4	UC2, EC3, P17, P18	Isle Madame Chéticamp
	DRIVE-r		UC4, P13	--
	GRADUE-r		UC2, UC3, UC4	Isle Madame
	se PISS-er OFF/PISS-er SO. OFF		UC6, EC12, P1	--
	RETIRE-r		UC3, UC4, UC6	--
11	ACT-er	3	EC11, P18	--
	END-er UP		UC3, UC5	--
	FADE-r (OUT)		P5, P13	--
	RENT-er		UC3, EC11	Isle Madame
12	BOTHER-er	2	UC6, P18	--
	BOWL-er		EC12, P13	--
	CALL-er		UC1, P13	--
	CARE-r		UC5, P15	--
	CONTINUE-r		EC7, P15	--
	LAND-er		P13, P16	Pubnico Isle Madame
	MATCH-er		EC4, EC11	--
	NOTICE-r		UC5, EC5	--
	SUCK-er		P4, P16	--
	TIME-r		UC3, EC9	--
	WORRY-er		UC3, P5	--

Tabelle 30: Englische Verben

Einige der in der Tabelle aufgelisteten Verben sind keine neuen Entlehnungen: Starets veröffentlichte vor etwa 30 Jahren zwei Studien zur akadischen Lexik, die auf unter Schulkindern aufgenommenen Gesprächskorpora und Fragebögen basieren. Umfrageorte waren Chéticamp, die Isle Madame, Argyle und Clare (vgl. Starets 1982, ebd. 1986a). Bei den Kindern in Church Point waren damals mindestens folgende Verben aus obiger Liste bereits bekannt: *ACT-er, CALL-er, DRIVE-r, FEEL-er* sowie *FIGURE-r*. Gesner gibt 1979 für die hier untersuchte Varietät die Existenz der Verben *CALL-er, (s')ENJOY-er, se RETIRE-r, TRAVEL-er* und *WORRY-er* an (vgl. Gesner 1979a: 128f.).

Die in dieser Tabelle aufgeführten Verben werden alle, bis auf *GRADUE-r*, wie im Englischen ausgesprochen und behalten ihre ursprüng-

6.6 Das Verbalsyntagma

liche Bedeutung. Im *Chiac* wie auch in dem mir vorliegenden Korpus ist das Verb GRADUE-r (*TO GRADUATE*) eines, dessen Aussprache an die Matrix angepasst wurde,[207] ebenso wie ein weiteres Wort dieser Wortfamilie, das Substantiv *GRADE*, welches immer an die Aussprache der entlehnenden Sprache angepasst wird. Neben *GRADUE-r* werden nur von einzelnen Sprechern gebrauchte Verben an die Matrix angepasst. Hier handelt es sich jedoch zumeist um Verben, die große Ähnlichkeit zwischen dem Englischen und dem Französischen haben und bei denen es sich um *nonce borrowings* handelt.[208]

Ein Vergleich zwischen dem vorliegenden Korpus und dem *Chiac* bietet sich besonders bei der Häufigkeit der einzelnen Verben an, da Perrot in ihrer Dissertationsschrift ebenfalls eine Liste der Verben angibt, die in mindestens zwei Interviews vorkommen (vgl. Perrot 1995a: 133ff.). Trotz unterschiedlicher Antworten zu den gestellten Fragen in den beiden Korpora sind die folgenden Verben in beiden Untersuchungskorpora in mindestens zwei Interviews vorzufinden:

WATCH-er[209], FEEL-er, START-er, CALL-er, DRIVE-r, (se) PISS-er OFF, MOVE-r, HANG-er OUT/AROUND, (s')ENJOY-er, ACT-er, USE-r, FIGURE-r OUT, WORRY-er, FREAK-er OUT, OWN-er, FIND-er out, NOTICE-r, (se) TRAVEL-er

Verben des *Chiac*, welche in Perrots Korpus mindestens in fünf Interviews vorkommen, in der Jugendsprache im Südwesten Neuschottlands allerdings nicht gefunden werden konnten, sind:

TAPE-r, JOKE-r, SHOOT-er, PARTY-er, SHOP-er

Es fällt zudem bei ähnlicher Korpuslänge auf, dass die Anzahl der im *Chiac* integrierten, englischen Verben weit über der an der Baie Sainte-Marie liegt: Im vorliegenden Korpus sind es lediglich 21 Verben, die mindestens drei Mal in mindestens zwei Interviews Verwendung finden. Perrots Korpus bringt bei ähnlicher Korpuslänge 54 Verben hervor, das *Chiac* ist also,

---

[207] „[L]es verbes d'origine anglaise adaptés au français – dont ‚graduer' (*to graduate*) constitue un exemple – sont extrêmement rares" (Perrot 1995a: 132, Hervorhebung im Original).

[208] Zum Begriff des *nonce borrowing* vgl. Kapitel 6.2.1.

[209] *WATCH-er* ist in beiden Korpora das mit Abstand am häufigsten gebrauchte englische Verb, mit 164 Nennungen bei Perrot (1995a: 133) und 60 im vorliegenden Korpus.

zieht man die Verben zum Vergleich heran, wesentlich anglisierter als die akadische Jugendsprache der Baie Sainte-Marie.[210]

Verwendung englischer und französischer Äquivalente:
Ebenso wie bei den Substantiven wird für den Großteil der von den Jugendlichen gebrauchten englischen Verben kein französisches Pendant verwendet.

Die folgende Auflistung zeigt diejenigen Verben, für die mindestens ein standardfranzösischer beziehungsweise akadischer Begriff im Korpus verwendet wird:[211]

Verben	englisches Verb	französische/s Verb/en
WATCH-er/'garder, regarder	60 (76 %)	19 (24,1 %)
MOVE-r/déménager, grouiller[212]	13[213] (76,5 %)	4 (23,5 %)
USE-r/employer, utiliser	11 (47,8 %)	12 (52,2 %)
FEEL-er/sentir	9 (50 %)	9 (50 %)
START-er/commencer	5[214] (12,2 %)	36 (87,8 %)
NEED-er/avoir besoin de	6 (11,1 %)	48 (88,9 %)
FIGURE-r (OUT), NOTICE-r/ se rendre compte,	5 (71,4 %)	2 (28,6 %)
TRAVEL-er/voyager	4 (17,4 %)	19 (82,6 %)

---

[210] Ich verweise an dieser Stelle erneut auf das bereits angesprochene Korpus Péronnet (sieben Studienteilnehmer im Rentenalter; rurale Gegend im Südosten Neubraunschweigs). Hier werden 25 englische Verben entlehnt, von denen acht mehr als ein Mal genannt werden: *WATCH-er*, *START-er*, *TRAVEL-er*, *DRIVE-r*, *SUIT-er*, *FEEL-er*, *FIT-er* und *KICK-er* (vgl. Péronnet 1990: 111ff.). Von diesen Verben kommen nur *SUIT-er* und *KICK-er* nicht in meinem Korpus vor. Bis auf *FIT-er* gehören alle zu den Verben, die mindestens vier Mal im Korpus vorkommen.

[211] Für das englische Verb *(s')ENJOY-er* steht im Korpus der geläufige Ausdruck *être le FUN* beziehungsweise *avoir du FUN*. Da letzterer nicht nur im Korpus, sondern in der gesamten nordamerikanischen Frankophonie geläufig ist und ebenfalls einen Anglizismus enthält, wird auf eine weitere Erklärung an dieser Stelle verzichtet. *Être le FUN* wurde darüber hinaus bei den Substantiven (Kapitel 6.5.1.) genauer analysiert.

[212] Zum akadischen Verb *grouiller* siehe Kapitel 5.6.2; vgl. auch Starets (1982: 84, ebd. 1986: 187).

[213] Weggelassen wurde hier eine Nennung des Verbs + Adverbialpartikel *MOVE-r ON* da die Bedeutung eine andere ist (*fortfahren*).

[214] Weggelassen wurden bei den Nennungen die drei Lexeme, welche für *démarrer une voiture* stehen.

6.6 Das Verbalsyntagma

Verben	englisches Verb	französische/s Verb/en
CALL-er/téléphoner	2 (50 %)	2 (50 %)
CONTINUE-r/continuer	2 (22,2 %)	7 (77,8 %)

Tabelle 31: Englische Verben und Verwendung französischer Synonyme

Bei drei Verbpaaren, *START-er – commencer*, *NEED-er – avoir besoin de* sowie *TRAVEL-er – voyager*, überwiegt die Verwendung des französischen Verbs. Die englischen Formen sind bei den beiden frequentesten englischen Verben, *WATCH-er* und *MOVE-r*, dominant. Trotz alledem muss aber auch festgehalten werden, dass die in der Tabelle präsentierten englischen Verben, von denen immerhin die ersten fünf im Idiolekt von mindestens fünf Sprechern nachgewiesen sind, ihre französischen Pendants noch nicht verdrängt haben.

Bis auf die Dublette *CONTINUE-r – continuer*, bei der das Englische *CONTINUE-r* nur im Imperativ, die französische Form in allen anderen Tempora und Modi steht, gibt es keine Bedeutungs- oder Verwendungsunterschiede zwischen den Verben der beiden Sprachen. Wie bei den Substantiven besteht jedoch auch bei den Verben eine gewisse Unsicherheit bezüglich der Verwendung – die standardfranzösische Variante steht oft nach der englischen, wie in den folgenden beiden Beispielen von UC1:

(441) mon patron m'a/m'a **CALL-é**/m'a/i m'a **téléphoné**. (UC1)
(442) pis eh ça fait qu' j'attends encore pour son appel quand même il a dit qu'il allait m'**C/téléphoner** dans mars. (UC1)

In einem weiteren Schritt folgt nun die Unterscheidung nach den beiden Sprechergruppen. Gibt es Verwendungsunterschiede bei den Schülern und Studierenden? Hier ist es so, dass – außer bei den Verbgruppen *USE-r – employer/utiliser* und *FEEL-er – sentir*, bei denen die Schüler die englischen Lexeme in etwa drei von vier Fällen verwenden (77,8 % und 75 %), die Studierenden jedoch lediglich in 37,5 % beziehungsweise 30 % der Fälle – die Tendenz bei beiden Sprechergruppen für bzw. gegen ein englisches Lexem übereinstimmt. Insgesamt entscheiden sich die Schülerinnen und Schüler in 51,9 % für das englische Verb entscheiden, wohingegen die Studierenden mit 34,8 % wesentlich weniger englische Verben verwenden.

Zur Integrierung der englischen Verben in das Korpus:
Wie für andere akadische Varietäten in der Literatur erwähnt wird (vgl. Perrot 1995a: 129, Brasseur 2000: 236f.), werden die englischen Verben auch an der Baie Sainte-Marie in die Gruppe der Verben auf *-er* integriert. Ebenso beobachtet die Sprecherin P17 meines Korpus das Phänomen:

6 *Moitié anglais moitié français? Der englische Einfluss*

(443) P18: ehm moi j'trouve que le français d'icitte c'est/vraiment différent/c'est/français acadjonne c'est point rinque/français standard/
P17: non/on USE des mouts que/
P18: des mouts que/inventés et/
P17: ((rires)) des varbes de rinque/rinque ADD-er des « -er » à la foN et pis/ (P17+P18)

Das in diesem Korpus, wie in anderen Korpora zu den nordamerikanischen Varietäten des Französischen,[215] am häufigsten vorkommende Verb, *WATCH-er*, soll als Beispiel dienen, um die Integration der englischen Verben in die akadische Matrix zu veranschaulichen:

	Pronomen	présent	imparfait	futur simple	participe présent
1. Sg.	je/j'/ej	WATCH-e	WATCH-ais	WATCH-erai	WATCH-ant
2. Sg.	tu	WATCH-es	WATCH-ais	WATCH-eras	participe passé
3. Sg.	i/il/alle/a/on	WATCH-e	WATCH-ait	WATCH-era	WATCH-é
1. Pl.	nous-aut'/je/j'/h'	WATCH-ons	WATCH-ions	WATCH-erons	subjonctif
2. Pl.	vous-aut'	WATCH-ez	WATCH-iez	WATCH-erez	WATCH-e, -es, -e, -ions, -iez, -ont, -ent
3. Pl	i/eux-aut'	WATCH-ont/ WATCH-ent	WATCH-iont/ WATCH-aient	WATCH-eront	

Tabelle 32: Integration der englischen Verben in die akadische Matrix: Konjugationstabelle *WATCH-er*

Das Partizip Perfekt wird meist nach den Regeln des Französischen gebildet, d.h. die regelmäßige englische Partizipendung *-ED* wird durch die französischen Endungen *-é/-ée/-és/-ées* verdrängt, wie die folgenden Beispiele aus dem Korpus zeigen:

(444) SO AT LEAST quand c'que vous avez **MOV-é**. (UC5)

---

[215] Vgl. für das *franco-ontarien* Mougeon (2000: 33); für die Prinz-Edward-Insel siehe King (2000: 108).

6.6 Das Verbalsyntagma

> (445) l'école/nous avait **OVERCHARG-és** pour prend' l'argent ou/à cause que/le pri/le principe avait **PLAN-é** le TRIP il avait comme/pris de l'argent I DON'T KNOW. (UC6)
> (446) c'était/avec/BARRINGTON pis Clare pis/BARRINGTON a pardu/SO/le DUDE s'est **PISS-é** OFF/pis il était comme/« moi j'vas bruler un drapeau ». (P1)

Nur zwei Mal findet sich die englische Partizipendung *-ED* im Korpus,[216] wobei im zweiten Beispiel mit dem Partizip ein *Switch* eingeleitet wird:

> (447) h'avons **DECIDED** c'était le TIME. (UC3)
> (448) zeux avont coumme **OVERLOADED** OVER IN EXTENSION SO. (P17)

Unregelmäßige Verben des Englischen wie hier *BREAK-er* (*BROKE, BROKEN*) werden meist mit der regelmäßigen französischen Endung in die Matix integriert:

> (449) une de mes CHUM avait comme/**BREAK-ée** DOWN. (UC5)

Doch auch hier finden sich, wenngleich selten, unregelmäßige Formen des Englischen im Korpus:

> (450) N **FOUND** OUT l'aut' jour de/que/il avait été/à Espb/eh/l'École Secondaire d'Par-en- Bas pis/i/I GUESS que/tous les écoles/tous les élèves dans l'école parlont anglais même qu'en avant des profs. (UC4)
> (451) on est juste des des Francophones/et i avont **LEFT** d'une côté/juste/on est juste des Francophones. (EP5)

Das Verb *TO GO* (*WENT, GONE*) ist ein Sonderfall, denn hier wird lediglich das unregelmäßige Partizip entlehnt, wie in den folgenden Beispielen:

> (452) i y a pas vraiment d'danger ej vas à la SHOP/ej laisse la CAR/ej laisse les clés dans la CAR h'ai point besoin d'WORRY qu'elle est **GONE** à cause tchetchun l'a volée. (UC3)
> (453) il a dit qu'il est **GONE** à la POOL jusqu'à/non/de cinq à/coumme ça finit six et demi. (EC11)

---

[216] Englische Verbalendungen sind auch in anderen französischen Varietäten Kanadas untypisch. Mougeon (2000: 33) stellte in seinen Studien zum *franco-ontarien* keine einzige englische Verbalendung fest.

6 Moitié anglais moitié français? Der englische Einfluss

Auch das Gerundiv beziehungsweise Partizip Präsens des hochfrequenten Verbs WATCH-er[217] findet sich, wenn auch nur ein Mal, im Korpus:

(454) ça c'est un des MOVIE qu'ils avont fait d'Clare dans la région qu'était/assez populaire coumme tout le monde/eh ricassait/en le **WATCH-ant** c'était pas mal comique. (UC3)

Während die englischen Verben im *Chiac* sowie in den anderen akadischen Varietäten der maritimen Provinzen und auch im Französischen in Ontario gleich in die Matrix eingegliedert werden, sei der Vollständigkeit halber angemerkt, dass die postverbale Flexion der Verben in den Vergangenheitsformen im *Cadien* Louisianas häufig nicht verwendet wird (vgl. Dubois/Noetzel/Salmon 2006: 210, King 2008: 169, Picone 1997: 156; Mougeon 2000: 33).[218] Dubois, Noetzel und Salmon geben die folgenden Beispiele, (455)-(456), an, welche die Regeln sowohl des Englischen als auch des Französischen verletzen (Dubois/Noetzel/Salmon 2006: 210, meine Hervorhebung):[219]

(455) Pierre a **ENJOY** sa visite.

Im *Cadien* wechseln sich bei den unregelmäßigen englischen *simple past-*Formen englische und französische Formen ab, wobei auch hier durchaus die Regeln beider Sprachen verletzt werden können, wie im folgenden Beispiel (meine Hervorhebung):

(456) On a **DRIVE** en ville.

---

[217] *WATCH-er* wird in der vorliegenden Varietät sogar zur Wortbildung herangezogen, wie im folgenden Beispiel, in dem es substantiviert wird:
- c'est point vraiment comme un/un grous/**WATCH-eur** de TV. (P17)

[218] Rottet und Golembeski geben an, dass vor allen neuere Entlehnungen im *Cadien* nicht mehr integriert werden (vgl. Rottet/Golembeski 2000: 108f.). Darüber hinaus sehen sie den Grund für die bis heute bestehende Integration der englischen Verben in den kanadischen Varietäten in dem Status, den diese Sprache in Kanada, vor allem im Vergleich zu ihrem Status in Louisiana, innehat. Laut Rottet werden heute in Louisiana lediglich die Imparfaitendungen noch verwendet. In den folgenden Beispielen steht die Endung nach der Adverbialpartikel: *BACK-UP-ait*, *CAVE-IN-ait* (vgl. Kevin Rottet, *Les verbes à particule en français louisianais*, Vortrag im Rahmen des 27. Congrès International de Linguistique et de Philologie Romanes, Nancy, 17.07.2013, 20.01.2014).

[219] Weitere Beispiele bei Picone (1997: 156).

6.6 Das Verbalsyntagma

Lediglich drei Mal fehlt im vorliegenden Korpus die französische Verbalendung:

(457) ej laisse les clés dans la CAR h'ai point besoin d'**WORRY-ø** qu'elle est GONE à cause tchetchun l'a volée. (UC3)
(458) je vais point êt' AROUND pourquoi c'que **CARE-ø** de ? (P15)
(459) pis il a **SQUAW-ø** une couple de mois. (P16)

Die hier in den ersten beiden Beispielen vorgefundene Infinitivkonstruktion könnte auf englischem Einfluss basieren:

(460) I leave the keys in the car I don't have **to worry** that it is gone because anyone stole it.
(461) I will not be around so why should I care about it?

6.6.2 Verben mit Adverbialpartikeln

Ein typisches Charakteristikum für die akadischen Varietäten ist der Gebrauch englischer Adverbialpartikeln sowohl in Kombination mit englischen als auch mit französischen Verben.

Chevalier und Long nennen für das Englische 28 gebrauchte Adverbialpartikeln:

ABOUT, ACROSS, AHEAD, ALONG, APART, AROUND, ASIDE, AT, AWAY, BACK, BY, DOWN, EVER, FOR, FORWARD, FROM, IN, INTO, OF, OFF, ON, OUT, ROUND, THROUGH, TO, TOGETHER, UP, WITH (Chevalier/Long 2005: 201)

Von diesen Partikeln werden jedoch nicht alle in die akadischen Varietäten integriert.

Bisher existieren vor allem Studien zu den englischen Adverbialpartikeln, die sich auf Korpora der akadischen Varietät im Südosten Neubraunschweigs stützen.[220] Im Folgenden soll immer wieder ein Vergleich meiner Ergebnisse mit denjenigen aus dieser Region angestellt werden. Begonnen wird mit den Kombinationen aus englischem Verb und englischer Partikel.

---

[220] Vgl. die Korpora „Anna-Malenfant" (aufgenommen 1994 unter 12 Jugendlichen des 8. Schuljahres in Dieppe/Neubraunschweig), „Parkton" (aufgenommen ebenfalls 1994 unter 19 Bewohnern dieses Stadtviertels in Moncton, vgl. für die beiden Korpora Chevalier (2001: 14f.); vgl. für „Parkton" Boudreau/Dubois (2002) sowie das bereits erwähnten Korpus von Kasparian (vgl. Péronnet/Kasparian (1998)).

6.6.2.1 Englisches Verb + englische Partikel

Die englischen Partikeln des Korpus, die mit englischen Verben auftreten, sind nach Häufigkeit geordnet in absteigender Reihenfolge die folgenden: *OUT, OFF, UP, IN, DOWN* sowie *ON*.[221] Im von Perrot untersuchten *Chiac* ist die Reihenfolge *OUT, UP, DOWN, AROUND, OFF, OVER* und *ON* (vgl. Perrot 1995a: 137). In dem in dieser Arbeit untersuchten Korpus finden sich mit Ausnahme von *OVER* alle von Perrot genannten Partikeln, wenn auch in leicht veränderter Rangfolge. *AROUND*, bei Perrot mit *DRIVE-r* verbunden, steht in meinem Korpus mit dem französischen Verb *être* (*être AROUND*). Die häufig als Beispiel für dieses Phänomen herangezogene Partikel *BACK* ist hier nicht aufgelistet, da ihr ein gesondertes Kapitel gewidmet wird.

Auch in anderen Varietäten des Akadischen sind die Adverbialpartikeln, vor allem die Kombination aus englischem Verb und englischer Partikel, ein typisches Charakteristikum.[222]

OUT:
Die mit 24 Nennungen mit Abstand am häufigsten vorkommende Partikel *OUT* tritt am häufigsten in der Konstruktion *HANG-er OUT avec qn.* (UC2, UC6, EC9) sowie *FREAK-er OUT* (EC11, EC12, P4) auf:

(462) tchi c'que toi tu **HANG-es OUT** avec? (UC6)
(463) c'est juste ça à cause qu'a **HANG-e OUT**/alle était dans immersion pis a **HANG-e OUT** rinque avec du monde de Clare. (UC6)
(464) si tu penses à la façon que tu parles là ça ça t'**FREAK-e OUT**. (EC11)
(465) moi je le vois rinque comme/un KID en fait d'/**FREAK-er OUT**. (EC11)

FREAK-er kann auch ohne Partikel verwendet werden. Hier soll – bei Wegfall der Partikel – jedoch auf den Bedeutungsunterschied des nun tran-

---

[221] Auch Chevalier und Long geben diese Adverbialpartikeln mit Ausnahme von *DOWN* an. Ihre Studie basiert auf den drei in der oberen Fußnote angegebenen Korpora (vgl. 2005: 201).
[222] Vgl. für die Prinz-Edward-Insel King (2008: 171f.). Für eine Auflistung der englischen Verben mit englischen Partikeln ihrer Studie auf der Prinz-Edward-Insel vgl. auch King (2005: 245f.). Auf der Prinz-Edward-Insel vorkommende Verben mit Partikel sind: *se DRESS-er UP, END-er UP, FIND-er OUT, GIVE-r UP, GROW-er UP, HANG-er AROUND, KICK-er OUT, RUN-er OUT, SET-er UP, SHUT-er OFF, TURN-er OUT*.

6.6 Das Verbalsyntagma

sitiv verwendeten Verbs hingewiesen werden (etwa: *wild auf jmd. einreden*):

(466) a coumme/**FREAK-ait** su' nous-aut'. (UC6)

Die Adverbialpartikel wird an einer Stelle im Korpus, im Gegensatz zu ihrem Gebrauch im Englischen (*TO HANG OUT* steht hier immer mit seiner Partikel), auch weggelassen:

(467) et que tu **HANG-es** WITH. (UC6)

Interessant ist in diesem Beispiel nicht nur der Wegfall der Partikel, sondern auch das englische *WITH*, welches an der Position von *avec* steht. Bei Starets ist die Konstruktion *HANG-er avec* für Church Point belegt (vgl. Starets 1982: 87, ebd. 1986a: 193). *WITH* ist also eine eins-zu-eins-Übersetzung dieser Konstruktion. (467) ist leider das einzige Beispiel dieser Art, sodass keine Gründe für die Wahl der englischen Präposition in diesem Beispiel dargelegt werden können. Daneben ist ebenfalls die Tatsache interessant, dass *HANG-er* im vorliegenden Korpus, im Gegensatz zu Perrots Ergebnissen für das *Chiac* (vgl. Perrot 1995: 133ff.), nicht mit der Partikel *AROUND* steht.

Vier Mal findet sich *FIGURE-r OUT* (EC7, P1, P15, P17). Hier kann die Partikel ebenfalls weggelassen werden:

(468) alle pouvait point **FIGURE-r OUT** y'où ce qu'est Halifax/alle savait point y'où ce que/la Nouvelle-Écosse a **FIGUR-ait** qu'c'était coumme au côté de Nunavut ou SOMETHING parce que/a nous a demandé si qu'on/on vivait dans des IGLOO. (P17)

FADE-r OUT (P5, P13) findet sich ebenso wie *FIND-er OUT* (EC3, EC4) zwei Mal. Bei letzterem findet man in einer Äußerung die unregelmäßige *simple past*-Form *FOUND*:

(469) N **FOUND OUT** l'aut' jour. (UC4)

Jeweils ein Mal findet sich *OUT* in den folgenden Kombinationen:

AVERAG-er OUT, PASS-er OUT, RUN-er OUT, SAIL-er OUT, WATCH-er OUT, WORK-er OUT

6 *Moitié anglais moitié français? Der englische Einfluss*

OFF:
Die am zweithäufigsten vorkommende Partikel ist *OFF*. Hier findet man zwei Mal *DROP-er* OFF (P11, P12) und *RUB-er OFF* (UC5) sowie vier Mal se *PISS-er OFF/PISS-er SO. OFF* (UC6, EC12, P1):

(470) MUM et DAD/i peuvent eh/te **DROP-er OFF**. (P11)
(471) ça **RUB-e OFF**. (UC5)
(472) c'était/avec/BARRINGTON pis Clare pis/BARRINGTON a pardu/SO/le DUDE **s'est PISS-é OFF**/pis il était comme/« moi j'vas bruler un drapeau ». (P1)
(473) c'est d'quoi qui **m'/PISS-e OFF**. (P1)

Dem reflexiven Verb *se PISS-er OFF* mit der Bedeutung *sich ärgern, stinksauer sein* (472) sowie *PISS-er SO. OFF* (473) mit der Bedeutung *jemanden verärgern* sollen noch einige Zeilen gewidmet werden. Vor allem die erste Konstruktion ist nicht nur frequent, sondern neben dem Verb sind auch noch die Adjektive *PISSED* (ohne Partikel) beziehungsweise *PISS-é/e OFF* (mit Partikel) gebräuchlich. Im Englischen ist die Verwendung der Partikel beim Adjektiv möglich, aber keinesfalls obligatorisch. Zunächst ein Beispiel für beide Varianten aus dem vorliegenden Korpus:

(474) et tout le monde était **PISSED**. (UC3)
(475) il était **PISS-é OFF** à cause la/sa TEAM a pardu. (EC12)

Im Gegensatz zu dem Adjektiv *PISSED*, welches ohne Partikel stehen kann, steht das in die Matrixsprache integrierte Verb immer mit Partikel:

(476) n'a NO WAY qu'i allaient **s'PISS-er OFF** par moi /CAUSE c'était OBVIOUSLY Canada. (UC6)

Das Verb *se PISS-er OFF* wird im Akadischen reflexiv gebraucht, obwohl dies bei dem in der Ausgangssprache transitiven Verb *TO PISS SB. OFF* nicht der Fall ist: Im Akadischen trägt das Verb in der Regel die Bedeutung *sich ärgern*, im Englischen *jemanden ärgern*. Es stellt sich nun die die Frage, wie es zu dieser ungewöhnlichen Eingliederung in die Matrix kommen kann. Die wie in der Ausgangssprache transitive Konstruktion *PISS-er qn. OFF* findet sich nur ein Mal im Korpus (siehe das oben genannte Beispiel (473)).

Die Gründe für den reflexiven Gebrauch des Verbs in der vorliegenden akadischen Varietät können nicht klar umrissen werden. Es kann jedoch zur Diskussion gestellt werden, dass der reflexive Gebrauch aufgrund des ebenfalls reflexiv verwendeten standardfranzösischen Verbs *s'énerver* zustande kommt, da dieses Verb dieselbe Bedeutung wie *se PISS-er OFF*

6.6 Das Verbalsyntagma

aufweist. Jedoch wird es im Korpus nicht verwendet,[223] sodass ein direkter Vergleich der beiden Verben auf der Basis meines Korpus nicht möglich ist.

Als zweite mögliche Erklärung kann noch eine Bedeutungszuweisung entsprechend der Bedeutung des Adjektivs angeführt werden: Beim englischen Verb ist der Betroffene, das Akkusativobjekt im Satz, eine außenstehende Person, beim Adjektiv ist das Subjekt selbst betroffen (*TO PISS SB. OFF – TO BE PISSED (OFF)*). Das akadische Französisch könnte hier zunächst das Adjektiv entlehnt haben, welches die englische Bedeutung beibehalten hat. Hierfür spricht auch, dass die englische, auf *-ED* endende Form noch immer im Gebrauch ist. Daraufhin könnte es zur Verwendung des Verbs *se PISS-er OFF* gekommen sein, welches analog zum Adjektiv nun so verwendet wurde, dass das Subjekt das betroffene Element war.

Weitere Adverbialpartikeln: UP, IN, DOWN, ON:
Zu weiteren, weniger häufig vorkommenden Partikeln im Korpus: Die Partikeln *UP* sowie *IN* treten in den Kombinationen *ADD-er UP*, *WAKE-r UP*, *BLOW-er UP*, *RUB-er IN*, *HANG-er IN*, *MOV-er IN* und *FILL-er IN* auf. *END-er UP* findet sich zwei Mal. Zunächst eine Auswahl der Verben mit Partikel aus dem Korpus:

(477) ej **WAK-e UP** ej veux danser. (EC3)
(478) si que j'**END-e UP** à MOVE-r/tu/j'sais point l'futur/RIGHT/si que j'**END-e UP** à MOVE-r/à CAPE BRETON ou d'quoi. (UC5)
(479) tout l'monde **END-e UP** à parler l'anglais. (UC3)
(480) moi j'crois/que la planète va rinque **BLOW-er UP**. (P14)
(481) j'savais point comment prendre un EPIPEN SO moi j'**RUB-e IN** le EPIPEN. (EC12)
(482) j'crois qu'i faut vraiment qu'i/qu'i **HANG-ont IN** THERE. (P17)
(483) i s'counnaissiont ben avant pis i **MOV-e IN** avec et/i restont ensemb' pour l'été avec/coumme/lui et la/eh/sa GIRLFRIEND **MOV-e avec**. (UC4)

Im letzten Beispiel steht das Verb *MOVE-r (IN) avec qn.* mit und ohne Partikel.

DOWN tritt, im Gegensatz zu seiner Verwendung im *Chiac*, wo auch Kombinationen wie *CLOSE-r DOWN* oder *FEEL-er DOWN* möglich sind (vgl. Perrot 1995a: 139), nur in Kombination mit *BREAK-er* auf:

(484) ta CAR **BREAK-e DOWN**. (UC5)

---

[223] Es findet sich jedoch das Adjektiv *énervé/e* als Pendant zu *PISSED* sowie *PISS-é(e) OFF*.

6 Moitié anglais moitié français? Der englische Einfluss

(485) une de mes CHUM avait comme/**BREAK-é DOWN**. (UC5)

Hier ist aber auf die unterschiedliche Bedeutung der beiden Verwendungsbeispiele hinzuweisen: Während *BREAK-er DOWN* in (484) *kaputt gehen* bedeutet, ist es in (485) mit *zusammenbrechen* zu übersetzen. Interessant ist auch folgende Verb-Partikel-Kombination:

(486) h'allons **MOVE-r ON**. (P17)

MOVE-r kann entweder mit *IN* mit der Bedeutung *einziehen* (483), oder mit *ON* wie im letzten Beispiel (486) mit der Bedeutung *weitermachen* vorkommen.

Zur Integrierung der Adverbialpartikeln in der akadischen Syntax:
Zur Integrierung der Verben mit Adverbialpartikeln im Satz gelten für die in diesem Kapitel behandelten Partikeln (*BACK* ist davon ausdrücklich ausgeschlossen!) folgende Regularien, die anhand des folgenden Beispiels erläutert werden:

(487) SO moi j'**RUB-e IN** le EPIPEN. (EC12)

Verb und Partikel treten in diesem und in den im vorangegangenen Kapitel gegebenen Beispielen immer in einer Einheit auf und können das Objekt (im Beispiel (487) *le EPIPEN*) nicht, wie im Englischen, umschließen.[224] Zur Veranschaulichung folgen die Übersetzungen von (487) ins Englische:

(488) SO I **RUB IN** THE EPIPEN.
(489) SO I **RUB** THE EPIPEN **IN**.

Äußerungen wie (489), in denen das Verb und die Partikel das Objekt umschließen, sind in der hier untersuchten Varietät auf Basis des vorliegenden Korpus mit allen bereits angesprochenen Verben und den dazugehörigen Partikeln nicht möglich:

(490) *SO moi j'**RUB-e** le EPIPEN **IN**.

Wie im Beispiel (487) steht die Partikel im akadischen Französisch immer hinter dem Verb. Daran schließt sich, beispielsweise bei der Konstruktion *HANG-er OUT avec qn.*, die Präposition, hier *avec*, an. Zwischen Partikel

---

[224] Ein Gegenbeispiel findet sich bei Flikeid (1989b) in Pubnico.

6.6 Das Verbalsyntagma

und Präposition kann lediglich ein Adverb, im folgenden Beispiel ist es *rinque*, gesetzt werden:

(491) alle était dans immersion pis a **HANG-e OUT** rinque **avec** du monde de Clare. (UC6)

Man erhält für die vorliegende Varietät folgende Struktur:

Verb + Partikel (+ Adverb) + Präposition

Perrot beschreibt für das *Chiac*, dass lediglich ein Adverb wie *assez*, so genannte „locutions adverbiales" (wie *tout le temps* oder *un petit brin*) oder beim Imperativ das Akkusativobjekt zwischen Verb und Partikel stehen können (Perrot 1995a: 137, meine Hervorhebung):

(492) ça me PISS-e **assez** OFF. (Perrot 1995: J 136)
(493) on BANG-ait **tout le temps** OUT. (Perrot 1995: B 32)
(494) CHECK-e **ça** OUT. (Perrot 1995)

Sie stellt ferner fest: „[D]ans les autres contextes, en revanche, la tendance à ne pas intercaler un objet direct […] entre le verbe et la particule reste très nette" (Perrot 1995a: 137, vgl. ebenso Chevalier/Long 2005: 207). Nur zwei Ausnahmen findet Perrot in ihrem Korpus (meine Hervorhebung):

(495) je m'achète des/des NEW hardes pi là je PITCH-e **les vieux** OUT. (Perrot: B 26)
(496) tu FLIP-es **les numéros** OVER /pis t'as 666. (Perrot: A 21)

Da in meinem Korpus zur Jugendsprache im Südwesten Neuschottlands das englische Verb und seine Partikel in allen gefundenen Fällen eine Einheit bilden und kein Element diese Einheit aufbrechen kann, ist davon auszugehen, dass die Verben mit ihren dazugehörigen Partikeln als Einheit in die akadischen Varietäten integriert wurden, die im *Chiac* mehr und mehr aufgebrochen wird.

Dementsprechend ist der Aufbruch dieser Einheit für die hier untersuchte Varietät in Zukunft ebenfalls möglich. Infolgedessen könnte die Partikel dann, ebenso wie im Englischen, entweder direkt hinter dem Verb oder hinter dem Objekt stehen:

Entweder: Verb + Partikel + Objekt
(heutiges Akadisch der Baie Sainte-Marie)

6 Moitié anglais moitié français? Der englische Einfluss

Oder: Verb + Objekt + Partikel[225]

In Kontrast zu den bis zu diesem Zeitpunkt erarbeiteten Regeln stehen jedoch folgende bereits an anderer Stelle zitierten Korpusauszüge:

(497) et que tu **HANG-es WITH**. (UC6)
(498) alle pouvait point FIGURE-r OUT y'où-ce qu'est Halifax/alle savait point y'où-ce que/la Nouvelle-Écosse a **FIGUR-ait** qu'c'était coumme au côté de Nunavut ou SOMETHING parce que/a nous a demandé si qu'on/on vivait dans des IGLOO. (P17)

Die hier betroffenen Verben, *HANG-er (OUT)* und *FIGUR-er (OUT)*, stehen im Englischen immer mit Partikel. Das Faktum, dass voneinander unabhängige Sprecherinnen a) die Partikel trotz der im Englischen bestehenden Partikelpflicht weglassen und b) das betroffene Verb sowohl mit als auch ohne Partikel verwendet wird, könnte auf eine Umstrukturierung im Akadischen der hier untersuchten Region hindeuten, im Laufe derer es sich weiter vom Englischen entfernt. Leider konnte ich in der Fachliteratur keine Hinweise auf dieses Phänomen finden. Es ist aber für das hier untersuchte Phänomen im vorliegenden Gesprächskorpus Folgendes anzunehmen, wie Perrot es für ein anderes Phänomen des *Chiac* beschreibt: „L'importation d'outils linguistiques nouveaux implique une réanalyse et des restructurations progressives à l'intérieur même du système chiac, et indépendamment de l'origine française ou anglaise du verbe" (Perrot 1995a: 145).

Auch die hier untersuchte Varietät entlehnt nicht nur die englischen Elemente, sondern verändert deren Verwendung, was zu Restrukturierungen in der Matrixsprache führt.

6.6.2.2 Französisches Verb + englische Partikel

Die Entlehnung von Adverbialpartikeln und die Verbindung dieser mit französischen Verben (mit Ausnahme von *BACK*) ist ein Phänomen, welches nach Perrot in Neubraunschweig erst seit Beginn der 1990er festge-

---

[225] Auch im Louisianafranzösischen bilden Verb und Partikel eine Einheit, d.h. es kann kein direktes Objekt eingeschoben werden (vgl. Kevin Rottet, *Les verbes à particule en français louisianais*, Vortrag im Rahmen des 27. Congrès International de Linguistique et de Philologie Romanes, Nancy, 17.07.2013).

6.6 Das Verbalsyntagma

stellt wurde. Zumindest sprach vor diesem Zeitpunkt kein Forscher dieses Phänomen an (vgl. Perrot 1995a: 146).
Wie im *Chiac* Monctons (vgl. Perrot 1995a: 140f., Flikeid 1989a: 221f.) können englische Partikeln auch französische Verben modifizieren. In der in dieser Arbeit untersuchten Varietät sind dies die Partikeln *OUT*, *ON*, *OFF* und *AROUND*. Hier zwei Beispiele, die der bereits für die bei englischen Verben mit Partikel erarbeiteten Struktur, *Verb + Partikel*, entsprechen:

(499) a va s'y **connaît' OUT**/IT'S OK/un aut' cinq minutes. (P1)
(500) des SHOW/que j'WATCH-e USUALLY en anglais qui sont dessus/pis **ça vient ON** pis ej le mets pis ej comprends vraiment point vraiment/quoi c'qu'i disont quoi c'qu'i/quoi c'qu'i parlont. (EC3)

In (499), auf deutsch etwa *sich auf einem Gebiet auskennen*, ist die Partikelwahl zugunsten von *OUT* nicht erklärbar, da sie weder mit der französischen Entsprechung *s'y connaître en/dans* noch mit der Englischen, *TO BE WELL VERSED IN STH.*, übereinstimmt.

Im Unterschied zu den Konstruktionen aus englischen Verben und Partikelanschluss wird das Akkusativobjekt bei den Kombinationen aus französischem Verb und englischer Partikel bei allen transitiven Verben, also bei solchen, bei denen ein Akkusativobjekt stehen kann, tatsächlich eingeschoben. Hier ein Beispiel eines französischen Verbs mit englischer Partikel und eingeschobenem Akkusativobjekt:

(501) te fare comme/**couper la tête OFF**. (P4)

Es ist davon auszugehen, dass das englische Verb mit seiner dazugehörigen Partikel als Einheit gesehen wird, die nur selten aufgetrennt wird, während das französische Verb und seine jeweilige Partikel als weniger zusammengehörig angesehen werden, was den Einschub des Akkusativobjekts erklärt.

Der Gebrauch der französischen Verben mit englischer Partikel weicht in einem wesentlichen Punkt von der Verwendung im *Chiac* ab: Während die Adverbialpartikeln im *Chiac* hauptsächlich die Verben *être* und *aller* modifizieren und eine der häufigsten Partikeln *DOWN* ist,[226] wird im vorliegenden Korpus lediglich *AROUND* mit *être* verbunden. Dies findet sich nur im Idiolekt von P15:

---

[226] Zwei Beispiele aus Perrots (1995a) Arbeit sind:
- Tu vas DOWN/tu rentres les portes sont là là/tu vas DOWN. (C 45)
- tes notes allont RIGHT DOWN là. (J 133)

6 Moitié anglais moitié français? Der englische Einfluss

(502) je vais point **êt' AROUND** pourquoi c'que CARE de ? (P15)
(503) si/quand ça arrive/h'allons point **êt' AROUND**. (P15)

DOWN wird nicht verwendet. Neben *DOWN* kennt das *Chiac* die den Aspekt des Verbes betonende Partikel *ON* (vgl. Perrot 1995a: 142), die auch in dem vorliegenden Korpus verwendet wird:

(504) **quitter** ma CAR **ON**. (P14)

Im Englischen lautet die Äußerung *LEAVE MY CAR SWITCHED ON*; im Französischen ist sie mit *laisser la voiture allumée* zu übersetzen. *Quitter* ist hier die wörtliche Übersetzung von *LEAVE*, es handelt sich also um eine Lehnübersetzung.

Ein Grund für die Kombination französischer Verben mit englischen Partikeln könnte einerseits die Vereinfachung der Struktur sein. Der Satz (500) beispielsweise, *ça vient ON*, wäre im Standardfranzösischen wesentlich umfangreicher:

(505) ça passe à la télévision.

Andererseits ist es in anderen Kontexten, beispielsweise in Satz (501), denkbar, dass aspektuelle Tendenzen unterstrichen werden sollen, um so das Resultat einer Handlung zu betonen: Im standardfranzösischen Satz müsste hier das *OFF* weggelassen werden (*couper la tête*). Damit aber das Resultat der Handlung betont wird, wird die Partikel, die im englischen Satz steht (*TO CUT THE HEAD OFF*), eingefügt.

Keines der französischen Verben mit englischen Partikeln des Korpus existiert als englisches Verb mit englischer Partikel, d.h. beispielhaft für den letzten Satz, dass er so nicht zulässig ist:

(506) *te faire comme/CUT-er la tête OFF.

Ebenfalls existiert keines der englischen Verben mit Partikel des vorangehenden Kapitels als französisches Verb mit Partikel.

6.6 Das Verbalsyntagma

6.6.3 Die Adverbialpartikel BACK

Das englische *BACK* ist nicht nur in der akadischen Jugendsprache im Südwesten Neuschottlands, sondern auch im *Chiac* und in anderen frankokanadischen Varietäten eine sehr frequente Adverbialpartikel die zu „les marqueurs les plus caractéristiques du chiac" (Perrot 1994: 240) zählt.[227] Zum ersten Mal wird die Existenz von *BACK* in einer akadischen Varietät von Geneviève Massignon in ihrer Dissertation *Les parlers français d'Acadie*, 1962 erschienen, erwähnt:

> On rencontre aussi, chez les éléments les plus humbles de ces régions, l'usure des procédés français de dérivation, tels que la substitution, du préfixe re-, de la préposition anglaise back, dans les expressions comme: il est venu back, signifiant ‚il est revenu', et vous me le donnerez back ‚vous me le rendrez'. (Massignon 1962: 751)

Massignon führte ihre Studien in den 1940er Jahren durch, *BACK* ist also eine ältere Entlehnung, deren Verwendung die Autorin einer bestimmten soziokulturellen Schicht („les éléments les plus humbles de ces régions") zuweist.[228] Leider gibt sie nicht zu erkennen, in welcher akadischen Region sie *BACK* vernommen hat: Es ist davon auszugehen, dass die Partikel zunächst in einem Gebiet entlehnt wurde, in dem das Akadische in engem Kontakt zum Englischen stand, wie beispielsweise in der Stadt Moncton. Tatsächlich zitiert King einen persönlichen Brief einer Akadierin aus Moncton aus dem Jahr 1890, in welchem *BACK* verwendet wird (kursiv im Original):

(507) *Elle veu sa job back pui ell na pas eu de misère.*[229]

---

[227] Vgl. für einen Überblick über den Gebrauch von *BACK* in den französischen Varietäten Ontarios King (2000: 116, 2011: 116f); vgl. für das Akadische King (2008), Perrot (1995a), Roy (1979), Chevalier/Long (2005). Für einen Überblick des Gebrauchs in anderen kanadischen Regionen vgl. King (2000: 119ff.). Für eine knappe Übersicht zum Gebrauch von *BACK* in Neufundland vgl. Brasseur (2001: 38, ebd. 2000: 230).

[228] Dem stimmt auch Mougeon (2000: 31) in seinen Untersuchungen zum Französischen in Ontario zu, der die Entlehnung von *BACK* hauptsächlich der Arbeiterklasse zuschreibt: „[O]n a trouvé que ce sont surtout les locuteurs issus de la classe ouvrière qui emploient la particule BACK."

[229] Dieses von King (2011: 115) zitierte Beispiel stammt aus dem *Corpus du français familier ancien* von Martineau.

Ob *BACK* damals jedoch schon in einer ruralen Gegend wie der Baie Sainte-Marie vorzufinden war, bleibt unklar. Für Louisiana ist die Partikel für die Zeit um die Jahrhundertwende belegt (vgl. King 2011: 115). In den von Massignon genannten Beispielen steht *BACK* nicht nur an der gleichen syntaktischen Position wie in der Ursprungssprache, es behält auch seine Bedeutung aus dem Englischen, „zu einem vorhergegangenen Ort oder Zustand zurückkehren"[230], im Französischen ausgedrückt mit dem Präfix *re-*, beispielsweise bei dem Verb *revenir*.

In dem in den 1970er Jahren erstellten Korpus von Péronnet, für welches die Sprachwissenschaftlerin Studienteilnehmer ab einem Alter von 65 Jahren in frankophonen Dörfern Neubraunschweigs befragte, wird die englische Partikel für beide standardfranzösischen Bedeutungen des Präfixes *re-* verwendet: „zu einem vorhergegangenen Ort oder Zustand zurückkehren", im Englischen mit *BACK* ausgedrückt, und „etwas noch einmal tun/wiederholen", wofür im Englischen *AGAIN* steht und im Standardfranzösischen neben *re-* noch *encore une fois* beziehungsweise *de nouveau* stehen können. *BACK* folgt auch in diesem Korpus nach dem Verb (vgl. Péronnet 1989b: 234).[231]

Häufig finden sich im Korpus Péronnet ‚Dopplungen' von französischem Präfix und englischer Partikel (meine Hervorhebung):[232]

(508) A s'en a **re**venue **BACK**.
(509) La vieille, a **re**lisait **BACK**.

Überdies findet sich noch immer eine Vielzahl an französischen Verben mit Präfix *re-* im Korpus Péronnet, die ohne die Partikel *BACK* stehen.

In Roys 1979 erschienener Studie zu den Konnektoren *BUT* und *SO* im *Chiac* Monctons wird *BACK* nur am Rande erwähnt (vgl. Roy 1979: 64f.), obwohl interessanterweise im Vergleich zu Massignons Bemerkung und Péronnets Ergebnissen festgestellt werden kann, dass sich nicht mehr nur die Bedeutung von *BACK* erweitert hat – dies war schließlich bereits in Péronnets Studie der Fall. Neu ist, dass das Präfix *re-* in den meisten Fällen komplett durch die Partikel ersetzt wird (vgl. Perrot 1994: 241). Außerdem kann die Partikel in diesem Korpus auch vor das Verb gestellt werden (meine Hervorhebung):

---

[230] Der Originalwortlaut lautet „to return to a former state or place" (King 2008: 160). Beispiele aus dem Englischen sind z.B. *TO GO BACK* oder *TO DRIVE BACK*.
[231] Vgl. für eine Beschreibung des Korpus ebenfalls Flikeid/Péronnet (1989: 220)
[232] Die Beispiele sind entnommen aus Péronnet (1989b: 234f.).

6.6 Das Verbalsyntagma

(510) Elle est **BACK** sortie. (Perrot 1994: 242)

Trotzdem findet man auch bei Roy noch sowohl Verben mit Präfix *re-*, die nicht von *BACK* gefolgt werden, als auch solche, nach welchen die Partikel steht. Ferner finden sich neben beiden Bedeutungen von *BACK*, „zu einem vorhergegangenen Ort oder Zustand zurückkehren" und „etwas noch einmal tun/wiederholen", auch Periphrasen wie *de nouveau*.

Im Korpus Perrot, auf dem ihre 1995 erschienene Studie fußt, findet sich bis auf eine Ausnahme (*START-er de nouveau*) keine Periphrase des Präfixes *re-* mehr. Darüber hinaus ist auch das Präfix verloren gegangen. Im *Chiac* existiert also kein französisches Pendant zu *BACK* mehr.

Wie im Korpus Roy ist es auch hier so, dass die Partikel dem Verb voroder nachgestellt werden kann. Perrot stellt jedoch einschränkend fest, dass das Voranstellen von *BACK* nur mit zusammengesetzten Verbformen möglich ist, also dort, wo ein Hilfsverb oder ein Modalverb steht. In den beiden Beispielen stehen das *futur proche* und das *passé composé* (entnommen aus Perrot 1994: 242, meine Übersetzung und Hervorhebung):

(511) je vais **BACK** WATCH-er ces FUNNY MOVIES.
(512) I will watch these funny movies **again**.
(513) i m'a **BACK** frappé.
(514) He hit me **again**.

Bei den einfachen Zeitformen oder bei einem Imperativ wird *BACK* immer nachgestellt. Im erstgenannten Beispiel ist eine weitere Neuerung festzustellen: *BACK* kann auch ein aus dem Englischen entlehntes Verb, hier *WATCH-er*, modifizieren. Darüber hinaus bricht das *Chiac* hier nicht nur mit der Wortwahl – hier stünde, wie in den Übersetzungen angegeben, eigentlich *AGAIN* – sondern auch mit der Syntax der Ursprungssprache, in welcher die Partikel immer nachgestellt wird. Perrot formuliert diesbezüglich treffend: „La position syntaxique ainsi que le sémantisme du marqueur sont en totale rupture avec l'anglais. [...] l'on est bien loin du simple emprunt d'un verbe à particule adverbiale anglais" (Perrot 1994: 243). Die englischen Verben, die mit dieser Partikel modifiziert werden, sind hochfrequente Verben wie *WATCH-er*, *START-er* und *CALL-er* (vgl. Perrot 1994: 243).

Haben sich die bisher vorgestellten Ergebnisse vor allem auf den Gebrauch von *BACK* im *Chiac* bezogen[233] – eine Varietät, von der immer wieder behauptet wird, sie stünde in besonders engem Kontakt zum Engli-

---

[233] Vgl. für einen Überblick zu der Partikel *BACK* im *Chiac* neben Perrots Studien auch Young (2002: 202ff.).

schen – wurden innerhalb des letzten Jahrzehnts Ergebnisse von Ruth King zu der Verwendung der Partikel im Akadischen der Prinz-Edward-Insel veröffentlicht, wo *BACK* wie im *Chiac* verwendet wird (vgl. King 2000: 115ff.). In zusammengesetzten Zeiten steht es vor dem Partizip (meine Hervorhebung):

(515) ça devrait être de la misère pour ceux quand qu'ils avont **BACK** venu. (King 2008: 162)

Des Weiteren steht die Partikel im Akadischen der Prinz-Edward-Insel für die englischen Lexeme *AGAIN* und *BACK*. Im folgenden Beispiel wäre es mit *AGAIN* zu übersetzen:

(516) tu peux aller leur dire **BACK**. (King 2000: 117)

Im folgenden Abschnitt wird der Frage nachgegangen, wie sich die skizzierten Verwendungen der Partikel von den 1950er Jahren bis heute erklären und in einem Schema zusammenfassen lassen.

Zur Entwicklung von BACK in der akadischen Syntax:
Die oben skizzierte Entwicklung der Position von *BACK* in der akadischen Syntax in Neubraunschweig von Massignons Studie aus dem Jahr 1962 über Roys 1979 veröffentlichte Studie bis hin zu Perrots Studie von 1995 ist im folgenden Schema nachzuvollziehen:

Français Standard:		Massignon (1962):		Roy (1979):		Perrot (1995):
re-+Verb	→	re-+Verb	→	re-+Verb	→	Verb+BACK
	→	re-+Verb+BACK		Verb+BACK		BACK+Verb
		Verb+BACK		re-+Verb+BACK		
				BACK+Verb		
				BACK+re-+Verb		

Am Beispiel von *revenir* kann das Schema weiter veranschaulicht werden:

Français Standard:		Massignon (1962):		Roy (1979):		Perrot (1995):
revenir	→	revenir	→	revenir	→	venir BACK
		revenir BACK		revenir BACK		BACK venir
		venir BACK		venir BACK		
				BACK revenir		
				BACK venir		

6.6 Das Verbalsyntagma

BACK ersetzt das französische Präfix *re-*,[234] welches im Französischen laut Grevisse vor allem „la valeur de répétition" innehat, aber auch andere Bedeutungen haben kann (Hervorhebung im Original): „Le rôle principal de *re-* est de marquer la répétition d'une action; il indique aussi un mouvement rétrograde, le retour à un ancien état. [...] *Re-* peut servir de simple renforcement" (Grevisse [13]1993: §172). Heute hat das Präfix nur noch zwei produktive Bedeutungen, die ersten beiden von Grevisse genannten, die mit *BACK* sowie *AGAIN* ins Englische übertragen werden:

1. „Zu einem vorhergegangenen Ort oder Zustand zurückkehren", z.B. re-venir, englisch *BACK*
2. „Etwas noch einmal tun/wiederholen", z.B. repeter, englisch *AGAIN*

Re- als Verstärker wie in den Verben *remercier*, *regarder* oder *ralentir* ist heute nicht mehr produktiv, die einfachen Verben *'mercier*, *'garder*[235] und *'lentir* werden in den hexagonalen Varietäten nur noch regional gebraucht. Für Mougeon et al. hängt das Aufkommen von *BACK* maßgeblich mit dem angesprochenen Bedeutungsverlust des Präfixes *re-* zusammen, der schon mehrere Jahrhunderte andauert (vgl. Mougeon/Brent-Palmer/Bélanger/Cichocki 1980: 95, vgl. ebenso King 2008: 159f., ebd. 2011: 115, vgl. ebenfalls die Synthese von King 2000: 118).

Das englische *BACK* hat in der Ausgangssprache lediglich die Bedeutung „zu einem vorhergegangenen Ort oder Zustand zurückkehren" (z.B. *TO COME BACK, TO PUT STH. BACK*). So verwundert es nicht, dass *BACK* im akadischen Französisch zunächst wie in der Ausgangssprache fungierte: Seine Stellung im Satz und Bedeutung waren identisch mit seiner Verwendung im Englischen. Die später aufgekommenen, gedoppelten Verwendungen wie *revenir BACK* oder *retourner BACK* werden mit dem Bedeutungsverlust des Präfixes erklärt (vgl. King 2008: 160). Das akadische Französisch benötigte infolge dieses Bedeutungsverlusts ebenfalls ein Lexem, welches an die Stelle von *re-* mit der Bedeutung „etwas noch einmal tun/wiederholen" treten konnte: *BACK* wurde übergeneralisiert und von nun an ebenfalls für „etwas noch einmal tun/wiederholen" eingesetzt. Daneben übernahm es jetzt die Stellung des Präfixes und somit die Stellung des französischen Adverbs im Satz, d.h. es konnte von nun an auch vor dem Verb stehen, sodass Formen wie *BACK (re)venir* auftauchten. Das

---

[234] Vgl. auch Mougeons Studie für das Französische in Ontario (Mougeon 2000: 31): „[O]n a montré que cette particule exprime la notion de retour et fonctionne comme une variante adverbiale du préfixe *re-*."

[235] Das geläufigere Verb im vorliegenden Korpus ist *'garder*; *regarder* ist dagegen selten.

6 Moitié anglais moitié français? Der englische Einfluss

französische Präfix wurde überflüssig und fiel im Laufe der Zeit weg, sodass im *Chiac* heute lediglich Formen wie *BACK venir* oder *venir BACK* möglich sind.

BACK im vorliegenden Korpus:
Auch im Südwesten Neuschottlands ist *BACK* keine neue Entlehnung: Bereits Starets stellt in ihrer 1982 erschienenen Studie fest, dass *BACK* in allen akadischen Regionen Neuschottlands entlehnt ist und so viel wie „de nouveau", also „etwas noch einmal tun/wiederholen", bedeutet (Starets 1982: 27, ebd. 1986a: 29). Es kann vor und nach dem konjugierten Verb stehen, wie es in den beiden von Starets entnommenen Beispielen der Fall ist (meine Hervorhebung):

(517) Je nous en allions **BACK** à Chéticamp.
(518) Je nous avons jamais **BACK** parlé.

Leider geht aus der Studie nicht hervor, in welcher neuschottischen Region die beiden Beispielsätze aufgenommen wurden, d.h. wir wissen nicht, ob *BACK* zu dieser Zeit in Clare bereits vor das Verb gestellt werden konnte.[236] Die beiden Beispiele zeigen auch, dass *BACK* zu diesem Zeitpunkt bereits beide produktiven Bedeutungen des Präfixes innehatte, „zu einem vorhergegangenen Ort oder Zustand zurückkehren", übersetzt ins Englische mit *BACK* (517) sowie „etwas noch einmal tun/wiederholen", *AGAIN* (518) (meine Übersetzung):

(519) We went **back** to Chéticamp.
(520) We have never spoken to each other **again**.

Im vorliegenden Korpus tritt *BACK* vor allem mit den Verben der Bewegung, *venir* und *aller*, auf:

(521) t'sais une fois que je m'en **vienne/BACK** par icitte. (UC1)
(522) tu peux aller à la SHOP dans cinq minutes pis d'en **venir BACK** pis c'est FINE. (UC4)
(523) coumme faut pas i devriont d'y pas même/eh **venir BACK** dans/une région acadienne. (P17)
(524) i s'avont **venu BACK**. (P16)

Im Idiolekt einer Sprecherin (UC2) wird *BACK*, wie im *Chiac*, dem Verb auch vorangestellt. Man beachte jedoch hier, dass, wie im *Chiac*, das Vo-

---

[236] Aus dem ersten Satz kann jedoch geschlossen werden, dass er sehr wahrscheinlich aus Chéticamp im Nordwesten Neuschottlands stammt.

6.6 Das Verbalsyntagma

ranstellen in der Regel nur möglich ist, wenn der Infinitiv durch ein Hilfs- oder Modalverb modifiziert wird:

(525) ej veux **BACK venir** icitte. (UC2)

Comeau nennt für seinen Gebrauch vor dem konjugierten Verb unter Sprechern an der Baie Sainte-Marie das folgende Beispiel (meine Hervorhebung):

(526) J'ai **BACK amené** la tape. (Comeau 2005: 3)

BACK ersetzt in den bis zu diesem Punkt genannten Beispielen aus meinem Korpus das französische Präfix *re-* des Verbes *revenir*. *BACK* und das Präfix *re-* treten jedoch auch gedoppelt auf:

(527) ej crois faut quitter pis coumme **BACK re**venir. (UC2)

Selten ist das alleinige Auftreten des Präfixes *re-* in der akadischen Jugendsprache des Südwestens Neuschottlands:

(528) aimerais-tu de **re**venir? (UC2)
(529) ej **re**vendrais tout l'temps. (UC2)

In allen bisher genannten Beispielen steht *BACK* für „zu einem vorhergegangenen Ort oder Zustand zurückkehren". Seltener findet man im vorliegenden Korpus Beispiele zu der zweiten Bedeutung dieser englischen Partikel, „etwas noch einmal tun/wiederholen", welches im Englischen durch *AGAIN* ausgedrückt wird. Beispiele sind die folgenden:

(530) c'est la chance à/à **BACK** voir le monde. (UC2)[237]
(531) c'était mon liv' FAVOURITE mon FAVOURITE liv'/h'essaie d'lire **BACK** après ça. (P18)

Auch dieses Phänomen ist bereits in Comeaus Studie für die Baie Sainte-Marie attestiert (meine Hervorhebung):

(532) Il en a bu **BACK** l'autre WEEKEND. (Zitiert in King 2008: 162f.)

Im vorliegenden Korpus findet sich auch *AGAIN* ein Mal:[238]

---

[237] In diesem Beispiel findet sich kein zusammengesetztes Tempus, und trotzdem ist *BACK* vorangestellt. Dies könnte an dem Infinitiv *voir* liegen.

(533) ma mère a NEED-é d'aller à l'école AGAIN/après que h'étais née.
(UC5)

Die standardfranzösischen Entsprechungen *de nouveau* oder *encore une fois* finden sich hingegen nicht. Wie ähnlich ist der Gebrauch von *BACK* in der Jugendsprache an der Baie Sainte-Marie im Vergleich zum *Chiac*? In letzterem ist der Gebrauch von *BACK* bereits generalisiert und das französische Präfix *re-* wird nicht mehr verwendet. *BACK* kann sowohl vor als auch hinter dem Verb stehen und es übernimmt die beiden Bedeutungen des Präfixes *re-*, „zu einem vorhergegangenen Ort oder Zustand zurückkehren" beziehungsweise „etwas noch einmal tun/wiederholen". In Clare jedoch zeigt sich ein differenzierteres Bild, ähnlich wie in Roys Studie zum *Chiac* der 1970er Jahre, wo alle hier aufgeführten Kombinationen möglich waren:

| revenir | revenir BACK | BACK revenir | venir BACK | BACK venir |
| re+Verb | re+Verb+BACK | BACK+re+Verb | Verb+BACK | BACK+Verb |

Es ist ein Kontinuum zwischen Standardfranzösisch einerseits und *Chiac* andererseits denkbar, auf dem die hier untersuchte Varietät eine Zwischenstufe einnimmt, wobei davon auszugehen ist, dass die drei erstgenannten Formen *re + Verb*, *re + Verb + BACK* sowie *BACK + re + Verb* mit der Zeit zugunsten der Formen *Verb + BACK* und *BACK + Verb* aufgegeben werden:

Acadien Traditionnel → parler des jeunes → *Chiac*/parler des
                                           de Clare   jeunes de Moncton

Diee Sichtweise unterstützt auch King mit ihren Studien zu *BACK* auf der Prinz-Edward-Insel, die konstatiert (Hervorhebung im Original): „To summarize the discussion of *back*, then, *chiac* usage closely resembles that of other Acadian communities in close contact with English" (King 2008: 164).

---

[238] In Startes' Studie ist *BACK* für die Region um Pubnico belegt (vgl. Starets 1982: 19). *AGAIN* ist ebenfalls für Pubnico belegt (vgl. Starets 1982: 19, ebd. 1986: 7).

6.6 Das Verbalsyntagma

6.6.4 Präpositionen

Bei den Präpositionen handelt es sich um eine Wortklasse, die nur bei sehr engem Sprachkontakt Lehnwörter an die aufnehmende Sprache abgibt. Im québecer Französisch (abgesehen von einigen Varietäten im Westen dieser Provinz) werden im Gegensatz zu den meisten akadischen Varietäten keine englischen Präpositionen entlehnt (vgl. King 2008: 169, ebd. 2005: 238, Perrot 1995b: 81).
Folgende Kombinationen von Präposition und Verb sind an der Baie Sainte-Marie möglich:[239]

1. Englisches Verb + englische Präposition
2. Französisches Verb + englische Präposition
3. Englisches Verb + französische Präposition

Englische Verben mit englischem Präpositionsanschluss sind im Vergleich zu den anderen beiden Kombinationsmöglichkeiten selten. Die einzigen Beispiele im vorliegenden Korpus sind die folgenden, wobei es sich bei dem ersten Beispiel klar um einen Switch ins Englische handelt:

(534) j'pense que l'environnement c'est juste comme ANYTHING ELSE/ça va INSTYLE DON'T **WORRY ABOUT** IT. (EC11)
(535) ben quoi c'i y a à **CHAT-er ABOUT** pour une cinq minutes ? (EC11)
(536) c'était **DIRECT-é/TOWARDS**/coumme un groupe de personnes. (UC2)

Französisches Verb + *ABOUT*:
ABOUT ist eine in den akadischen Varietäten und somit auch im *Chiac* häufig entlehnte Präposition, die mehrfach in Kombination mit französischen Verben steht (vgl. Perrot 1995a: 150f., ebd. 1995b). Diese Präposition wird auch im vorliegenden Korpus am differenziertesten gebraucht. Zwölf Konstruktionen lassen sich feststellen, in denen die Präposition mit *de* ins Standardfranzösische übertragen werden könnte (vgl. Starets 1982: 17, ebd. 1986a: 1):[240]

parler ABOUT qc. (TO TALK ABOUT STH.)
(537) moi h'ai point vraiment de/**parlé ABOUT** CUBA SO peut-êt'. (UC6)

---

[239] Eine Auswahl französischer Verben mit französischer Präposition, die als *Calque* indentifiziert werden können, wird in Kapitel 6.10.5 aufgelistet.
[240] In Starets' Studie, in welcher sie in den Regionen Chéticamp, Isle Madame, Argyle und Clare die Sprache von je sechs Schulkindern untersuchte, ist *ABOUT* für Church Point, die Isle Madame und Pubnico belegt.

baraquer ABOUT qc. (TO CHAT ABOUT STH.)
(538) on **baraque à propos/ABOUT** des ch/affaires là. (UC1)

être ABOUT qc. (TO BE ABOUT STH.)
(539) **ABOUT** quoi c'que **c'était** « Les GOSSIPEUSES »? (UC3)
(540) quoi **c'était ABOUT**? (EC6)

connaître/savoir tout ABOUT qc. (TO KNOW EVERYTHING ABOUT STH.)
(541) ej **counnais touT ABOUT** la région. (UC5)
(542) tout l'monde **sait touT ABOUT**/tout l'monde. (EC3)

aimer qc. ABOUT qc. (TO LIKE STH. ABOUT STH.)
(543) c'est ça que h'**aime/ABOUT**/coumme c'te communauté-icitte. (UC5)

dire qc. ABOUT qc. (TO SAY STH. ABOUT STH.)
(544) j'sais point vraiment quoi d'aut' **dire ABOUT** not' langue. (UC6)

entendre ABOUT qc. (TO HEAR (STH.) ABOUT STH.)
(545) pis coumme **entend' ABOUT** IT. (UC6)

voir qc. ABOUT qc. (TO WATCH STH. ABOUT STH.)
(546) la WEEKEND-icitte h'**ai vu** le film « Paul »/**ABOUT** le 'tit/extraterrestre-là. (EC4)

être sûr/e ABOUT qc. (TO BE SURE ABOUT STH.)
(547) j'**suis** point troup **sûre ABOUT** ça. (EC5)

penser ABOUT qc. (TO THINK ABOUT STH.)
(548) c'est point c'que **pense ABOUT** tous les jours. (EC5)

faire qc. ABOUT qc. (TO DO STH. ABOUT STH.)
(549) qu'est-ce que tu veux que j'**fais ABOUT** IT? (P3)

apprendre ABOUT qc. (TO LEARN ABOUT STH.)
(550) tu pouvais **apprend' ABOUT**/coumme/xxx d'dehors. (P13)

Darüber hinaus steht *ABOUT* in festen Wendungen wie der folgenden:

(WHAT/HOW) ABOUT toi? (WHAT/HOW ABOUT YOU?)

Bei obiger Wendung ist interessant, dass die Fragepronomina *WHAT* beziehungsweise *HOW* weggelassen werden können.

6.6 Das Verbalsyntagma

Perrot schreibt zu *ABOUT* im *Chiac* (meine Hervorhebung): „Les emplois de tournures françaises équivalents sont très nettement minoritaires („j'avais entendu parler **de** ça"/„pense **à** l'éducation qu'i allont avoir")" (Perrot 1995a: 151, vgl. ebenfalls ebd. 1995b: 81). Dies ist für mein Korpus zumindest für die frequenten Konstruktionen wie *parler de* nicht festzustellen. Hier wird jedoch neben der Präposition *de* nicht minder häufig *à propos de* als genaue Übersetzung von *ABOUT* gebraucht:

(551) j'pourrions **parler à p/à propos de**/c'te-là. (UC2)
(552) YEAH c'est ça leur manière de leur **montrer eh/à propos d'**ta culture c'est ça/c'est GREAT. (UC1)

Im folgenden Beispiel sieht man deutlich, wie eng *ABOUT* und *à propos* im mentalen Lexikon des Sprechers zusammenhängen, da *ABOUT* nach einer kleinen Bedenkpause ‚hinterhergeschoben' wird:

(553) mais comme on **baraque à propos/ABOUT** des ch/des affares-là. (UC1)

Auch die Wendungen *ABOUT IT* und *ABOUT ça* werden ähnlich häufig verwendet, erstere sechs Mal und letzteres vier Mal.[241]

Der Grund für die Verwendung von *ABOUT* beziehungsweise *à propos de* statt *de* kann mit der Expressivität der ersten beiden Konstruktionen im Vergleich zu der schwachen Präposition *de* erklärt werden.

Der Vollständigkeit halber muss gesagt werden, dass *ABOUT* nicht nur als Präposition, sondern auch als Adverb mit der Bedeutung *alentour de, à peu près, environ* (vgl. Comeau 2005: 4) verwendet wird, wie in den folgenden Beispielen:

(554) il avait rinque deux de nous-aut' de Clare pis i y en avait tchequ' de GREENWOOD/ba/pas mal basées à/à Halifax pis le reste/**ABOUT** que coumme Cap Breton A ANTIGONISH WHATEVER. (P17)
(555) et mon père me contait même/trente/cinq ans ou/ouais trente-cinq ans passés **ABOUT**/i/i alliont/su' l'bord du TRUCK quand c'que t'en aurais yonne dans Clare qu'allait à Halifax. (P18)

Dieser Gebrauch deckt sich in der Bedeutung mit der im Englischen, jedoch gibt es Unterschiede in der Syntax, die weiter unten angesprochen werden.

---

[241] Im *Chiac* werden die beiden Wendungen ähnlich häufig verwendet, wobei auch hier *ABOUT IT* ein wenig häufiger verwendet wird als *ABOUT ça* (acht und sieben Nennungen) (vgl. Perrot 1995a: 152).

Englisches Verb + französische Präposition:
Bei englischen Verben in Kombination mit französischer Präposition ist die französische Präposition immer die exakte Übersetzung der an dieser Stelle ersetzten englischen:

MATCH-er avec (TO MATCH WITH)
    (556) la bouche/ça va point **MATCH-er avec** coumme/la face/ou ce qu'ils disent. (EC4)

FIRE-r de (TO FIRE FROM)
    (557) et là i va/va me **FIRE-r de** ma JOB. (EC3)

RUN-er sur (TO RUN ON)
    (558) i y avait des TRAIN qui **RUN-iont su'** du charbon. (P18)

LAND-er/SLAM-er/CRASH-er dans (TO LAND IN, TO SLAM INTO, TO CRASH INTO)
    (559) il a **LAND-é dans** tchequ' mode de cirque. (P13)
    (560) mon frère m'a comme/YEAH/comme m'a **SLAM-é dans** mon dos THERE. (P12)
    (561) le PILOT avait eu un/HEART ATTACK/pis il a **CRASH-é/dans** un lac. (P15)

FLY-er à travers (TO FLY THROUGH)
    (562) tu **FLY-es** rinque **à travars** du liv'. (UC1)

MOVE-r à (TO MOVE TO)
    (563) ej vas rinque **MOVE-r à** GREENWOOD c'est FRIENDLY. (P4)
    (564) pouvons tout l'temps **MOVE-r à** une place qu'i parlont français. (P16)

6.6.5 Adverbien

In der folgenden Tabelle sind die englischen Adverbien im Korpus aufgeführt, die in mindestens zwei Interviews verwendet werden:

	Adverb	Anzahl	Sprecher	Starets (1982, 1986a)
1	ACTUALLY	36	UC4, UC6, EC3, EC4, EC5, EC7, EC11, P1, P4, P12, P13, P15, P16, P17	--
2	ABOUT/'BOUT	33	UC2, UC3, UC4, UC5, UC6, EC3, EC6, EC11,	--

6.6 Das Verbalsyntagma

	Adverb	Anzahl	Sprecher	Starets (1982, 1986a)
			P4, P5, P7, P8, P13, P15, P16, P17, P18	
3	OBVIOUSLY	11	UC5, UC6, EC5, EC12, P4, P17	--
	EXACTLY	11	UC5, UC6, EC3, P1, P7	--
4	USUALLY	10	UC3, UC5, UC6, EC3, EC11, EC12, P5, P8	Pubnico
	EVER	10	UC3, UC5, UC6, EC4, P4, P7, P12	--
5	BASICALLY	5	UC3, UC6, P1	--
	EVENTUALLY	5	P14, P17	--
6	ESPECIALLY/ ESPÉCIALEMENT	4	UC3, EC4, EC6, P16	--
	EVEN	4	EC3, P15, P16	--
	HOPEFULLY	4	UC5, EC11, EC12	--
	TIGHT	4	UC3, UC6, P4	--
	THOUGH	4	UC3, UC6	--
7	PROBABLY	2	P7, P12	--

Tabelle 33: Englische Adverbien

Es ist auf einen Blick ersichtlich, dass wesentlich weniger Adverbien entlehnt werden als Worte in den anderen, bereits behandelten Wortklassen. Für einige Adverbien werden im Folgenden Beispiele und bei abweichendem Gebrauch zum Englischen Erklärungen gegeben:

ABOUT/'BOUT:
Wie bereits bei den Präpositionen angedeutet, kann *ABOUT/'BOUT* auch als Adverb verwendet werden. Bei der Verwendung als Präposition wird das initiale Schwa meist artikuliert, steht *ABOUT/'BOUT* als Adverb ist dies nicht der Fall: das Schwa fällt meist weg.
  Im folgenden Beispiel trägt es die standardfranzösische Bedeutung *à peu près* oder *environ*. Im Englischen würde *ABOUT* genauso verwendet werden:

(565) j'sais/pas quoi c'que c'est/ACTUALLY/appelé/mais l'ai lit **ABOUT** quat' cinq fois quoi. (P13)
(566) c'était **ABOUT** coumme la semaine après qu'il faisait beau. (UC4)

6 Moitié anglais moitié français? Der englische Einfluss

In den nächsten beiden Beispielen behält das Adverb seine aus dem Englischen zugewiesene Bedeutung, steht jedoch am Ende der Äußerung, wo es im Englischen nicht stehen kann:

(567) la c'est motché de son nom **'BOUT**. (P8)
*It's half of her name about.
It's about half of her name.
(568) et mon père me contait même/trente/cinq ans ou/ouais trente-cinq ans passés **ABOUT**. (P18)
*And my dad even told me that thirty-five years ago ABOUT [...].
And my dad even told me that ABOUT thirty-five years ago [...].

Es finden sich jedoch wesentlich häufiger Beispiele wie die folgenden, in denen im Englischen eher *PROBABLY* und im Standardfranzösischen *peut-être* stünde. Die syntaktische Position des Adverbs ist mit der von *PROBABLY* im Englischen identisch. In diesen Beispielen kommt es in der vorliegenden Varietät also zu einer Bedeutungserweiterung des Adverbs *ABOUT/'BOUT*:

(569) h'ai ENJOY-é « GOLDEN EYE »/ça c/ça c'était/**'BOUT** mon FAVOURITE asteure. (EC6)
(570) UC5: ANYWAY HOPEFULLY parsounne aut' a NOTIC-é ((rires)) à cause que je l'ai mis/su' beaucoup d'chemises/
UC6: i avont **'BOUT**. (UC5+UC6)
(571) EC11: c'est pus à la mode/
EC12: moi j'crois que ça va venir BACK/
EC11:**'BOUT**/ouais. (EC11+EC12)
(572) h'ai point de plans/SO h'vas **'BOUT** rester dans la région. (P8)

THOUGH:[242]
(573) une s'maine c'était rinque une semaine **THOUGH** si qu'ça aurait été plus longtemps ça aurait été. (UC3)
(574) c'est une belle langue à écrire **THOUGH**. (P11)

MUCH:[243]
(575) ej faisons tout l'temps la même affare ej faisons point **MUCH**. (UC3)
(576) ça prend point **MUCH**. (UC6)
(577) c'est point **MUCH** à dire ABOUT CUBA. (UC6)
(578) c'est de **MUCH** de monde de France. (EC4)

---

[242] *THOUGH* ist für Pubnico und die Isle Madame belegt (vgl. Starets 1982: 162, ebd. 1986: 431).
[243] *MUCH* ist bei Starets für Pubnico und Church Point belegt (vgl. 1982: 112, ebd. 1986: 267).

6.6 Das Verbalsyntagma

Einmal findet sich das synonym gebrauchte *A LOT*:

(579) h'avons **A LOT** à rire. (UC6)

EVER:
EVER findet sich im vorliegenden Korpus ähnlich häufig wie im *Chiac*[244] (10 beziehungsweise 12 Nennungen) und steht entweder in positiven Sätzen (affirmativ) oder in Fragen (interrogativ). Es sei vorweggenommen, dass immer dort, wo im Akadischen *EVER* steht, dies auch die korrekte englische Übersetzung ist, während es im Standardfranzösischen variabel übersetzt werden kann.
Zunächst richtet sich der Fokus auf einige Beispiele in affirmativen Sätzen:

(580) SO si tcheq' affare arrive **EVER** qu'tu t'FEEL-es [...]. (UC3)
(581) ehm/si **EVER** h'ai besoin d'tchequ'affare/ehm/je peux aller chez nous. (P12)

Eine standardfranzösische Übersetzung für *EVER* in beiden Beispielen wäre *n'importe quand* oder *dans l'avenir*. Im folgenden Satz, in dem *EVER* auf den Superlativ folgt, stünde im standardfranzösischen Satz *jamais*:

(582) ça c'est/le plus stupide affare qu'h'ai **EVER** entendu. (EC4)

Im *Chiac* gibt es das standardfranzösische *jamais* an dieser Position nicht mehr (vgl. Perrot 1995a: 217) – *EVER* ist hier generalisiert – auch im vorliegenden Korpus verwenden es nur die beiden Sprecher (P2 und P3), die zwar in Clare leben, jedoch in Greenwood aufgewachsen sind. Aufgrund dessen könnte davon ausgegangen werden, dass diejenigen, die ihr gesamtes Leben in der Region verbracht haben, lediglich die englischen Entsprechungen verwenden.
In den folgenden Beispielen steht *jamais*, *EVER* wird als Verstärker hinterhergeschoben. Im englischen Satz stünde anstelle von *jamais* eher *NEVER*, wobei englischsprachige Sprecher hier im mündlichen Sprachgebrauch auch *NEVER* mit *EVER* kombinieren:

(583) c'étaient touT des mouts que/i y'en avait deux h'avais même/**jamais** entendu/**EVER**. (UC5)
(584) h'ai **hamais EVER** U/US-é le mot « plafond » avant. (UC3)

---

[244] Vgl. zu *EVER* im *Chiac* Perrot (1995a: 216ff.).

Durch diese Kombination von *NEVER* mit *EVER* im gesprochenen Englisch wird das *NEVER* noch verstärkt und bedeutet *nie im Leben/nie und nimmer*. Im Standardfranzösischen existiert kein Wort, mit dem *jamais* noch verstärkt werden könnte, was die Dopplung von *jamais* und *EVER* in der vorliegenden Varietät erklärt.

In den folgenden Beispielen wird *EVER* in Fragesätzen gebraucht und kann im Standardfranzösischen mit *déjà* übersetzt werden:

(585) as-tu **EVER** été NEW YORK ? (EC4)
(586) OK ben as-tu **EVER**/as-tu EVER SKI-é ? (P7)
(587) as-tu **EVER** rencontré N ? (P4)

Im Korpus findet sich kein *déjà* in Fragesätzen,[245] sodass auch hier der Gebrauch von *EVER* als generalisiert anzusehen ist.

Im englischen Satz steht mit *EVER* das *present perfect*, welches immer dann verwendet wird, wenn man eine Handlung, die in der Vergangenheit begann und bis heute andauert, ausdrücken möchte. Diese Zeitform kann im Französischen nur mit dem *passé composé* und *déjà* ausgedrückt werden, wobei hier die Bedeutung der Dauer eines ganzen Lebens nicht genau ausgedrückt werden kann: Die oben erwähnten Beispiele (585)-(587) müssten im Englischen mit dem *present perfect* ausgedrückt werden:

(588) Have you ever been to New York? As-tu déjà été à New York?
(589) Have you ever gone skiing? As-tu déjà fait du ski?
(590) Have you ever met N? As-tu as déjà rencontré N?

Im französischen Satz ist dieser Bezug auf das gesamte Leben unklar – die Frage kann sich auch auf eine kürzere Zeitspanne beziehen – sodass er mithilfe des Kontextes erschlossen werden muss. Das Einfügen von *EVER* im akadischen Satz schafft hier Klarheit, was seine Entlehnung erklärt.

---

[245] In Aussagesätzen wird *déjà* beibehalten und kann im Englischen mit *ALREADY* übersetzt werden:
- OK h'ai **déjà** enseigné un an. (UC2)

Dieses *déjà* findet sich vielfach im Korpus, während *ALREADY* nicht gebraucht wird.

6.7 Konnektoren und Diskursmarker

Die Entlehnung[246] englischer Diskursmarker bzw. Konnektoren[247] in nordamerikanischen Varietäten des Französischen ist für nahezu jede derjenigen Varietäten attestiert, die als Minderheitensprache neben dem Englischen fungiert (vgl. für das *Chiac* u.a. Perrot 1995a, Roy 1979, für die akadischen Varietäten auf der Prinz-Edward-Insel siehe King 2008: 165ff.). Darüber hinaus sind Diskursmarker, wie die im weiteren Verlauf u.a. thematisierten *BUT, ANYWAY, YOU KNOW* oder *I MEAN*, auch in den spanischen Varietäten in den Vereinigten Staaten zu finden (vgl. Lipski 2005: 3ff.) – ihre Entlehnung ist also ein auch in anderen Kontaktvarietäten bestehendes Phänomen.

Ihre Verwendung verwundert vor allem denjenigen, der nicht mit den akadischen Varietäten vertraut ist: Sie haben eine Entsprechung im Französischen und stehen somit für ein Konzept, welches vorher mit den sprachlichen Mitteln des akadischen Französisch der Region hätte ausgedrückt werden können. Es sind also hier ausschließlich extralinguistische Faktoren wie der enge, intensive Sprachkontakt, die individuelle Zweisprachigkeit der Sprecher oder auch der hohe Status des Englischen, die zur Entlehnung dieser Elemente führten (vgl. Perrot 1995a: 234, Romaine ²2006: 50, Szlezák 2010: 238ff.). Diskursmarker werden ebenfalls nur zwischen Sprachen *geswitcht* bzw. in eine Sprache entlehnt, in denen/in der Diskursmarker vorkommen (vgl. Szlezák 2010: 237): Die akadischen Sprecher würden keine englischen Diskursmarker verwenden, wenn es keine Diskursmarker in ihrer Muttersprache gäbe.

---

[246] Diskursmarker bezeichne ich aufgrund ihrer Frequenz im Korpus als *Borrowing* und nicht als *Codeswitch* (vgl. ebenso Myers-Scotton 1993: 45, King 2000: 112): „[T]hat sentence connectors and other kinds of discourse organizers like *so* are so often reported in lists of core lexical borrowings may not be a coincidence, since these items all occur at prime switch points. We would tentatively advance the hypothesis that core lexical borrowings like *so* and other sentence connectors may start out as codeswitches (either as single words or as part of switched sentences) which by dint of repetition become loanwords." Auch Neumann-Holzschuh (2008: 471, 2009: 139) sieht Diskursmarker als lexikalische Entlehnungen, da die Diskursmarker keinen *Switch* ins Englische auslösen.

[247] Diskursmarker werden in der Fachliteratur auch häufig *Diskurspartikeln* genannt. Im Französischen findet sich u.a. *particule discursive* (vgl. für weitere französische Termini Vincent 1993: 43f.), im Englischen entsprechend *discourse markers* bzw. *discourse particles*.

6 Moitié anglais moitié français? Der englische Einfluss

In diesem Kapitel liegt der Fokus auf den englischen Diskursmarkern und – wenn vorhanden – ihren französischen Entsprechungen. Dabei wird der Blick punktuell auch auf englische Diskursmarker in anderen akadischen Varietäten gelegt.[248] Nachdem bereits geklärt wurde, wieso Diskursmarker in Situationen engen Sprachkontakts entlehnt werden, muss nun Definitionsarbeit geleistet werden. Fraser und Schiffrin liefern zwei Definitionen des Phänomens:

1) [Discourse markers are, Anm. d. Verf.] a class of lexical expressions drawn primarily from the syntactic classes of conjunctions, adverbs and prepositional phrases. With certain exceptions, they signal a relationship between the interpretation of the segment they introduce, S, and the prior segment, S1. They have a core meaning […], and their more specific interpretation is „negotiated" by the context, both linguistic and conceptual. (Fraser 1999: 931)
2) I operationally define markers as **sequentially dependent** elements which bracket units of talk. (Schiffrin 1987: 31, Hervorhebung im Original)

Frasers Definition ist insofern hilfreich, als dass er herausstellt, dass sie eine Kernbedeutung innehaben, die jedoch, sobald sie als Diskursmarker verwendet werden, je nach Position des Markers abweichen kann. Dostie bezeichnet diese Bedeutungsveränderung als „pragmaticalisation":

[U]ne unité lexicale/grammaticale peut développer des emplois où elle ne joue pas un rôle sur le plan référentiel, mais bien, sur le plan conversationnel; elle sera alors le résultat d'un processus de « pragmaticalisation ». (Dostie 2004: 27)

Sowohl Fraser als auch Schiffrin stellen heraus, dass Diskursmarker dazu dienen, Äußerungen zu strukturieren. Als Phänomen, welches hauptsächlich in der gesprochenen Sprache anzutreffen ist, dienen sie darüber hinaus dazu, den Gesprächspartner durch die Äußerung zu leiten. Vincent schreibt hierzu: „[Ils] contribuent à établir la cohérence entre les énoncés et la cohésion entre les locuteurs" (Vincent 1993: 43). Sie tragen nicht zur Bedeutungsebene bei: „[L]eur présence ou leur absence ne modifie pas, en règle générale, la valeur de vérité des énoncés auxquels ils sont joints" (Dostie 2004: 44).

---

[248] Es wird in der vorliegenden Arbeit nicht auf Diskursmarker im gesprochenen hexagonalen Französisch eingegangen. Siehe hierzu zwei ältere Arbeiten von Gülich (1970) und Hölker (1988).

6.7 Konnektoren und Diskursmarker

Die Gruppierung bzw. Klassifizierung der verschiedenen Diskursmarker erfolgt in der Literatur unterschiedlich: entweder findet die Aufteilung nach syntaktischer Position, nach Funktion oder nach ihrer Form statt (vgl. Szlezák 2010: 231).

In Roys Studie (1979: 95ff.) werden Diskursmarker nach ihrer Funktion differenziert. Sie sieht sie als Verbindung zwischen zwei Satzteilen (F1, d.h. als Konnektor), als Wiederaufnahme einer vorhergegangenen Idee (F2) bzw. als Füllelement bei Stocken, einer Unschlüssigkeit oder einer Pause (F3).

Auch bei Vincent werden Diskursmarker nach ihrer jeweiligen Funktion in drei Gruppen aufgeteilt, die „marqueurs d'interaction", die „marqueurs de structuration" und die „marqueurs de prosodie". Erstere sind vor allem bei der Interaktion wichtige Elemente, die von Vincent weiter unterteilt werden in „marqueurs d'interaction émis par le locuteur" und „marqueurs d'interaction émis par l'allocutaire" (vgl. Vincent 1993: 46ff.).

Die „marqueurs de structuration" sind für die vorliegende Studie besonders wichtig, denn hier finden sich Beispiele wie *BUT/mais* bzw. *SO/(ça) fait que*, die in den nordamerikanischen Varietäten des Französischen besonders häufig als Diskursmarker fungieren. Vincent schreibt zu den „marqueurs de structuration":

> [Ils] servent à marquer les liens entre les différentes parties du discours ou entre les différents sujets de conversation. [...] Ils proviennent principalement de conjonctions ou d'adverbes dont la fonction s'est étendue au discours; ils ne répondent plus alors à leur définition syntaxique (pour les conjonctions) ou sémantique (pour les adverbes et les locutions adverbiales) traditionnelle. (Vincent 1993: 54)

Die dritte Gruppe bilden die „marqueurs prosodiques", denen bisher in der sprachwissenschaftlichen Forschung nur wenig Aufmerksamkeit geschenkt wurde. Hier dienen Diskursmarker vor allem als Pausenfüller bei Überlegungen des Sprechers (vgl. Vincent 1993: 60) – eine Funktion, die sich mit Roys F3 deckt.

Die Einteilung eines Diskursmarkers in eine bestimmte Gruppe ist unter Umständen schwierig, wie Vincent für *ça fait que* treffend beschreibt: „[J]e dirais qu'il [*ça fait que*] est tantôt signal de structuration, tantôt marqueur d'interaction" (Vincent 1993: 55).[249]

---

[249] Vgl. für die englischen Diskursmarker in einem Korpus des Französischen in Massachusetts Szlezák (2010: 234). Sie gibt in einer tabellarischen Übersicht die verschiedenen Verwendungsmöglichkeiten der Diskursmarker an.

6 *Moitié anglais moitié français?* Der englische Einfluss

Im weiteren Verlauf der Arbeit sollen verschiedene englische Diskursmarker und ihre französischen Entsprechungen vorgestellt und kontrastiert werden. Der Fokus soll neben der Verteilung im Korpus auf dem Gebrauch der jeweiligen Marker in der akadischen Syntax liegen. Aufgrund der besseren Vergleichbarkeit der Daten mit dem von Roy beschriebenen *Chiac* basiert die verwendete Einteilung der Diskursmarker im Folgenden auf Roys Studie.

6.7.1 BUT/mais

Verteilung von *BUT* und *mais* im vorliegenden Korpus:
Roy stellt für den Gebrauch von *BUT*, *mais* und *ben*[250] in ihrer Studie fest, dass *BUT* mit den französischen Formen alterniert, wobei die englische Form überwiegt (vgl. Roy 1979: 95, Giancarli 2000: 87). In Perrots Studie ist *BUT* nahezu generalisiert (*mais* wird lediglich drei Mal verwendet).[251] Auch in Neuschottland ist *BUT* keine neue Entlehnung: Bereits Starets stellt 1982 seine Verwendung in allen akadischen Regionen der Provinz fest, wobei es für Church Point damals noch selten attestiert wurde.[252]

Zur Verteilung der Konnektoren *BUT* und *mais* in der Jugendsprache an der Baie Sainte-Marie gibt die folgende Tabelle Auskunft:

Sprecher	BUT		mais, ma'	
	Anzahl	%	Anzahl	%
Studierende	78	23,9	248	76,1
Schülerinnen und Schüler	83	26,2	234	73,8
insgesamt	164	24,9	496	75,2

Tabelle 34: ***BUT*** **und** ***mais*****: Verwendung im Gesamtkorpus**

---

[250] Vor allem *ben* ist nicht immer eindeutig als Diskursmarker identifizierbar, *ben* fungiert in vielen Fällen beispielsweise als verstärkendes Adverb („adverbe d'intensification"), z.B. in Wendungen wie „ben oui". Für detailliertere Informationen zu den weiteren Funktionen von *ben* siehe Roy (1979: 105ff.). *Ben* wird in Kapitel 6.7.3 mit *WELL* thematisiert, da es im gesprochenen hexagonalen Französisch die gleichen Funktionen innehat wie *WELL* im Englischen, von denen *BUT* und *mais* in der vorliegenden wie in anderen akadischen Varietäten jedoch ebenfalls einige übernehmen.

[251] Perrot untersucht *ben* nicht mehr, sondern stellt nur *BUT* und *mais* gegenüber (vgl. Perrot 1995a: 236).

[252] Starets gibt 1982 an, dass *BUT* in Church Point ein Mal verwendet wurde, in Pubnico bei gleicher Korpusgröße hingegen 21 Mal (vgl. Starets 1982: 40, ebd. 1986: 65).

6.7 Konnektoren und Diskursmarker

Bei der Verteilung der beiden Konnektoren im Gesamtkorpus steht *mais* in 75,2 % aller Fälle, wobei die Schülerinnen und Schüler ein wenig häufiger Gebrauch von *BUT* machen als die Studierenden (26,2 % zu 23,9 %). Ebenfalls auffällig ist, dass von 28 Studienteilnehmern eine deutliche Mehrheit, 17 Sprecher (60,7 %), beide Formen verwendet, während lediglich eine Sprecherin (EC9) *BUT* als einzigen Konnektor verwendet.[253] *Mais* wird von zehn Sprechern als einziger Konnektor verwendet (35,7 %). Neben EC9 verwenden noch drei weitere Sprecherinnen, die Studentin UC5 sowie die Schülerinnen EC12 und P4, *BUT* häufiger als *mais*. In einer Studie von Petraş aus dem Jahr 2007 wird *BUT* 19 (23,2 %) und *mais* 63 Mal (76,8 %) verwendet.[254] Diese Angaben decken sich weitestgehend mit meinen Ergebnissen.

Interessant ist die Verteilung von *BUT* und *mais* bei denjenigen Sprechern, die beide Formen in ihrem Idiolekt verwenden: Wird die englische Form im Gesamtkorpus in 24,9 % aller Fälle gebraucht, steigt ihr Gebrauch bei den Studienteilnehmern, die beide Formen gebrauchen, auf 34,5 % an.

Wurde bis zu diesem Zeitpunkt nur die absolute Verwendung des jeweiligen Konnektors betrachtet, so wird der Blick nun auf seine Satzposition und Funktion im Satz gerichtet.

Die drei Funktionen von *BUT* und *mais* nach Roy:
Roy teilt die möglichen Verwendungen der Worte *BUT*, *mais* und *ben*, aber auch der im folgenden Kapitel behandelten Konnektoren *SO* und *ça fait que* in drei Kategorien (F1, F2 und F3) ein, die im Folgenden anhand von Beispielen aus dem Korpus (alle von Sprecher UC1) erläutert werden.[255] Als Konjunktion wird *BUT* wie in der unten dargelegten Kategorie F1, in welcher der Marker zwei Satzteile verbindet, verwendet. Schiffrin gibt seine Funktion wie folgt an (Hervorhebung im Original): *BUT* „marks an upcoming unit as a **contrasting** action" (Schiffrin 1987: 152). Roy definiert die Funktion folgendermaßen: „[*BUT* sert à, Anm. d. Verf.] joindre des propositions dont un ou plusieurs termes s'opposent" bzw. „[à] marquer un rapport de restriction entre deux propositions" (Roy 1979: 95, 97). *BUT*

---

[253] EC9, eine Sprecherin mit vergleichsweise wenig Redeanteil in ihrem Interview (EC8, EC9 und EC10) verwendet allerdings nur ein Mal *BUT*, sodass *mais* auch in ihrem Idiolekt mit großer Wahrscheinlichkeit vorhanden ist.

[254] Petraş' Korpus stammt von Aufnahmen mehrerer Beiträge des *radio communautaire CIFA*. Leider gibt sie das Alter der Sprecher nicht an (vgl. Petraş 2007).

[255] Es werden an dieser Stelle lediglich die drei Kategorien wiedergegeben und mit eigenen Beispielen unterfüttert. Für eine detaillierte Herleitung und eine Vielzahl an Beispielen siehe Roy (1979: 95ff.).

6 Moitié anglais moitié français? Der englische Einfluss

und *mais* drücken also in der erstgenannten Funktion (F1) den Kontrast zwischen Satzteil 1 und Satzteil 2 aus.

F1: der Konnektor verbindet zwei Satzteile miteinander:
(591) c'est point plus de FUN que Clare **BUT** c'est différent d'Clare eh. (UC1)
(592) t'as MAR MARGAREE BAY/qu'était francophone avant/**mais** asteure/n'a parsounne qui /i y a personne qui parle français là asteure. (UC1)

In (591) wird der Kontrast zwischen Stadt- und Landleben verdeutlicht, in (592) betont der Sprecher den Unterschied bei der Sprachwahl in Margaree Bay, welches zuvor frankophone war und heute ein anglophones Dorf ist. Die beiden anderen Funktionen von *BUT* und *mais* sind, vereinfacht dargestellt, die folgenden:[256]

F2: Wiederaufnahme einer vorherigen Idee nach Unterbrechung durch den Gesprächspartner („deux énoncés séparés, non-subséquents, d'un même locuteur", Roy 1979: 99):[257]
(593) UC2: c'est coumme/c'est dommage coumme/
UC1: **mais** coumme ça s/c'est/c'est ça/**BUT**/sais-tu/tu sais ça donne ça donne des excuses à moi d'aller à Moncton les visiter zeux. (UC1+UC2)

F3: Zeichen bei Stocken/Unschlüssigkeit/Pause („marqueur de pause"/„signaux indiquant que le locuteur cède son tour de parole", Roy 1979: 102):
(594) UC1: j'essaie d'le lire coumme/pendant l'été là **BUT**/
UC2: ouais/
UC1: j'trouve c'est/ça ça venait j'avais besoin d'fare du travail. (UC1+UC2)
(595) j'crois ben que les écoles anglophones faisont ça là plus là/**mais**/ehm coumme. (UC1)

---

[256] Vgl. für eine komplexere und ausführlichere Darstellung der Diskursmarker *BUT* und *SO* im *Chiac* Roy (1979).

[257] Dies ist eine Funktion, die *mais* nach Bollée auch im hexagonalen Französisch innehat („signal d'ouverture") (vgl. Bollée 1993: 141).

6.7 Konnektoren und Diskursmarker

6.7.2 SO/ça fait que

***SO* und *ça fait que* in anderen Korpora:**
Grevisse zählt *ça fait que* in seinem Standardwerk, *Le bon usage*, zu den „conjonctions de subordination", den unterordnenden Konjunktionen. Man findet den Konnektor als Anmerkung („remarque") unter *que* (Hervorhebung im Original):

> *Ça fait que*, littéralement ‚Cela a pour résultat que', se fige dans la langue très familière; le ça n'y représente plus rien de précis, l'indicatif présent s'emploie même a propos du passé, et la locution joue le rôle d'un adverbe comme *donc, ainsi donc, alors*. (Grevisse [13]1993: 1649)

Besonders betont werden muss, dass es sich bei *ça fait que* im hexagonalen Französisch um eine umgangssprachliche Wendung handelt, die für alle Tempora gebraucht wird und in der Standardsprache mit *donc, ainsi donc* sowie *alors* übersetzt werden kann. *Ça fait que* leitet einen Grund für etwas vorher Dargelegtes ein. Im Englischen wird *SO*, ebenso wie die französischen Entsprechungen, als „marker of result" (Schiffrin 1987: 191) verwendet.

Studien zur Verwendung von *SO* und *ça fait que* in nordamerikanischen Varianten des Französischen zeigen, dass bei beiden Formen die ursprüngliche, von Grevisse für das Französische und von Schiffrin für das Englische beschriebene, die Konsequenz eines Zustandes ausdrückende Satzfunktion beibehalten wird. Ihr Gebrauch wird jedoch um weiter unten zu spezifizierende Funktionen erweitert. Diese weiteren Funktionen werden im folgenden Zitat als „vide de sens" beschrieben (Hervorhebung im Original):

> Contrairement au français de France, les trois variétés d'outre-mer [québecer Französisch, akadisches Französisch und *français louisianais*] emploient *ça fait que* en tant que particule de discours. Dans ce cas, celle-ci est plus ou moins vide de sens, elle indique simplement l'enchaînement du texte, et sert en plus de marqueur d'interaction. (Wiesmath 2000: 136, zitiert in Falkert 2006: 43)[258]

Wiesmath führt die ‚neue' Rolle von *ça fait que* in den nordamerikanischen Varietäten weiter aus:

---

[258] Das Zitat wurde der an der Universität eingereichten Version der Dissertation von Wiesmath entnommen, die überarbeitet 2006 erschien (vgl. Wiesmath 2006). In dieser Version finden sich die obigen Zitate leider nicht mehr.

6 Moitié anglais moitié français? Der englische Einfluss

Ce marqueur joue plusieurs rôles: il marque l'enchaînement du discours sans établir de rapport logique; le locuteur l'utilise également pour combler une pause (‚filled pause') ce qui lui permet de réfléchir à ce qu'il va dire ou de signaler à l'interlocuteur qu'il est prêt à céder le tour de parole. (Wiesmath 2000: 137, zitiert in Falkert 2006: 43)

Für das *Chiac* kann, basierend auf Roys 1979 erschienener Studie, festgestellt werden, dass die beiden Konnektoren *donc* und *alors* nicht verwendet werden und sowohl *SO* als auch *ça fait que* alternieren. Wie die englische Konjunktion *BUT* ist auch *SO* im *Chiac* Monctons heute generalisiert: In Perrots Korpus wird *ça fait que* nicht mehr verwendet (vgl. Perrot 1995a: 236).

Die Übernahme von *SO* in das Lexikon und die parallele Verwendung der beiden Konnektoren weist auf die bilinguale Kompetenz der Sprecher hin:

[S]uch transferts are not the result of an imperfect mastery of the French lexicon – they are used chiefly by fluent speakers of French, and their French equivalents are basic elements of the vocabulary of French – but markers of the bilingual or bicultural identity of their users. (Mougeon 1997: 298)

In Zukunft ist wohl vor diesem Hintergrund auch für die hier untersuchte Varietät damit zu rechnen, dass *SO* das französische Pendant *ça fait que* mehr und mehr verdrängen wird. Interessant bleibt es darüber hinaus zu beobachten, welchen Einfluss die standardfranzösischen Varianten *alors* und *donc*, welche im vorliegenden Korpus hauptsächlich von Schülerinnen und Schülern gebraucht werden, aufgrund der französischen Schulbildung in Neuschottland ausüben werden.

Verteilung von *SO* und *ça fait que* im vorliegenden Korpus:
Die Verwendung von *SO* für *donc* und *alors* wurde für die vorliegende Varietät bereits vor etwa dreißig Jahren von Starets belegt (vgl. Starets 1982: 149, ebd. 1986a: 391). Zur Verteilung der beiden Konnektoren an der Baie Sainte-Marie in meinem Korpus gibt die folgende Tabelle Aufschluss:

	SO		ça fait (que)	
Sprecher	Anzahl	%	Anzahl	%
Studierende	115	57,5	85	42,5
Schülerinnen und Schüler	128	90,8	13	9,2
insgesamt	246	71,5	98	28,5

Tabelle 35: *SO* und *ça fait (que)*: Verwendung im Gesamtkorpus

6.7 Konnektoren und Diskursmarker

Insgesamt wird das englische *SO* in etwas mehr als 70 % der möglichen Fälle verwendet, es ist also wesentlich frequenter als *BUT*. Wie bei dem Vergleich zwischen *BUT* und *mais* fällt auch hier auf, dass die Schüler sich häufiger als die Studierenden für die englische Variante entscheiden, wobei die Differenz zwischen den beiden Gruppen mit etwa 30 % höherem Gebrauch von *SO* auf Seiten der Schüler enorm ist. Ferner zu beachten ist, dass *SO* auch bei den Studierenden in 57,5 % der möglichen Fälle vorkommt, also bei beiden Gruppen deutlich frequenter ist als die französischen Pendants. Ebenfalls ist festzustellen, dass *SO* im Idiolekt aller Sprecher existiert.[259] *Ça fait (que)* wird lediglich von neun Sprechern verwendet, von denen es vier, die Studierenden UC1, UC3 und die Schüler EC3 und P18, häufiger als *SO* in ihrem Idiolekt verwenden.

Zwischen den einzelnen Studienteilnehmern, hier vor allem bei den Studierenden, gibt es bei der Verwendung von *SO/ça fait (que)* enorme Unterschiede: Allein UC1 verwendet den französischen Diskursmarker 56 Mal, gefolgt von UC3, die ihn 23 Mal verwendet. Daraus ergibt sich, dass die sechs übrigen Studierenden den französischen Diskursmarker insgesamt nur sechs weitere Male verwenden (5,7 % in ihren Idiolekten), *SO* jedoch 99 Mal (94,3 % in ihren Idiolekten), was der Verwendung auf Seiten der Schüler ähnelt. Bei der Verwendung von *SO* führt P4 die Liste deutlich mit 27 Nennungen an. 16 (64 %) von 25 Sprechern verwenden ausschließlich den englischen Konnektor *SO*. Kein Studienteilnehmer verwendet ausschließlich die französische Variante. Bei den neun (36 %) Sprechern, in deren Idiolekt beide Varianten zu finden sind, dominiert die französische Variante mit 98 (57,3 %) zu 73 (42,7 %) englischen Nennungen.

Die drei Funktionen von *SO* und *ça fait que*:
Wie im obigen Kapitel zu *BUT* und *mais* sollen auch hier mithilfe von Aussagen von UC1 die drei Funktionen in Anlehnung an Roys detailliertere Herleitung beschrieben werden (vgl. Roy 1979: 114ff): [260]

F1: der Konnektor verbindet zwei Satzteile miteinander:
(596) mais coumme/zeux dit « char » par/par là/**SO** je commençais rinque à dire « char » quand j'ai venu par/par icitte. (UC1)
(597) tu sais ça donne ça donne des excuses à moi d'aller à Moncton les visiter zeux/**ça fait que** c'est ALL RIGHT. (UC1)

---

[259] Zur Erinnerung: Bei dem Vergleich zwischen *BUT* und *mais* verwendeten 10 von 28 Sprechern kein *BUT*.

[260] Weitere Informationen zu *SO/ça fait que* bei Falkert (2006), Wiesmath (2006: 94f.). Vgl. für F1 und F2 in den spanischen Varietäten in den Vereinigten Staaten Lipski (2005: 10).

6 Moitié anglais moitié français? Der englische Einfluss

F2: Wiederaufnahme einer vorherigen Idee nach Unterbrechung durch den Gesprächspartner:
(598) UC2: pis asteure coumme/faut presque/avoir des/des/des emplois gouvernementales i faut qu'tu seyes bilingue/
UC1: c'est ça/
UC2: **SO** coumme/finalement il y a un avantage. (UC1+UC2)
(599) UC1: j'fais un bac en éducation/
UC2: OK/
UC1: **ça fait que**/comme/pas mal de monde fait déjà itou là. (UC1+UC2)

F3: Zeichen bei Stocken/Unschlüssigkeit/Pause:
(600) UC2: i étiont comme « OH/OK »/a comprend manière **SO**/
UC1: ouais/
UC2: eh/h'étais vraiment fiare de pouvoir/ [Themenwechsel]. (UC2)
(601) UC1: ej crois ben qu'Montréal c'est de de de coumme de ANYTHING là **ça fait que**/
UC2: mais on dit ça vient [...]/ [Themenwechsel] (UC1)

Im Akadischen des Südwestens Neuschottlands kann das *que* wie im Louisianafranzösischen sowie im Akadischen Neubraunschweigs auch weggelassen werden (vgl. Wiesmath 2006: 91f.).[261] Man erhält so die Kurzform *ça fait*:

(602) ben le français d'ici ej trouve que/c'est une miette différent que les aut' français parce que/c'est acadien/pis ça était développé par les comme/premières personnes qu'étiont icitte coumme les Indiens **ça fait**/c'est manière. (EC3)
(603) ben tout l'monde parle bien/tous les langues sont différents **ça fait**/c'est point coumme si qu'i y en a une qu'est meilleure que l'aut'/cause que/ça c'est/c'est différent. (EC3)
(604) c'étaient beaucoup des IndioN itou/qui veniont d'là/**ça fait** h'en ai beaucoup d'ça itou dans moi/ehm/du bord à mon père. (P18)
(605) ouais **ça fait** tout l'monde de Clare vraiment est PROUD. (UC4)

Die standardfranzösischen Entsprechungen *alors* und *donc* werden aufgrund ihrer geringen Frequenz – sie werden nur vereinzelt von Schülerinnen und Schülern verwendet[262] (die Ausnahme ist EC12 mit 17 Nennungen

---

[261] Dem entgegengesetzt kann im in Montréal gesprochenen Französisch *ça* weggelassen werden (vgl. Wiesmath 2006: 92).

[262] Die Verwendung der standardfranzösischen Äquivalente auf Seiten der Schülerinnen und Schüler lässt vor allem deswegen auf den Einfluss des Standardfranzösischen schließen, da die meisten Interviews im Schulgebäu-

6.7 Konnektoren und Diskursmarker

von *donc*) – in diesem Kapitel nicht behandelt. *Donc* und *alors* sind im *Chiac* nicht (mehr) zu finden (vgl. Roy 1979: 114).

Zwischenfazit: *BUT/mais* und *SO/ça fait que* in den akadischen Varietäten:
Zusammenfassend kann für die Übernahme von *BUT* und *SO* in die akadische Jugendsprache in Moncton (vgl. Perrot 1995a: 235, Roy 1979: 169) sowie in der vorliegenden Varietät Folgendes gesagt werden:

1) Englische Konjunktionen/Diskursmarker werden in die französische Matrixsprache übernommen, ohne ihre Struktur zu ändern.
2) Englische Konjunktionen/Diskursmarker übernehmen innerhalb der Matrixsprache dieselben Funktionen wie ihre französischen Entsprechungen.

Wenn eine englische Konjunktion in die akadische Matrixsprache aufgenommen wird, kommt es zunächst zu einer Phase, in welcher beide Formen parallel verwendet werden. Nach dieser Transitionsphase kommt es nach und nach zu einer Ersetzung der akadischen Varianten, die im *Chiac* bereits vollzogen ist:

> Il s'agit de changements dans ce sens que des conjonctions anglaises alternent avec des conjonctions françaises qu'elles tendent à supplanter. Cette tendance apparaît dans la comparaison des groupes d'âge où l'on constate que les jeunes, par rapport aux vieux, accélèrent l'introduction des formes anglaises au détriment des formes françaises. (Roy 1979: 162)

Diejenigen Sprecher, die ausschließlich das Französische zu Hause sprechen, ziehen nach Mougeon *ça fait que* vor, diejenigen, die beide Sprachen zu Hause sprechen, verwenden *SO* häufiger (Hervorhebung im Original):

> En effet, on a trouvé que, chez les Acadiens de Moncton, les individus qui emploient le français et l'anglais au foyer utilisent presque toujours *SO*. Par contraste, ceux qui emploient toujours ou presque toujours le français en ce lieu utilisent l'équivalent français *ça fait que* plus souvent que *SO*. (Mougeon 2000: 31)

Darüber hinaus beschreibt Mougeon, dass die „bilingues équilibrés", also diejenigen, die beide Sprachen in ihrem Alltag verwenden, die englischen Konnektoren am häufigsten verwenden:

---

de durchgeführt wurden. Es ist davon auszugehen, dass *donc* und *alors* außerhalb der Institution Schule eine noch geringere Rolle spielen.

6 Moitié anglais moitié français? Der englische Einfluss

> Pour ce qui est des Franco-Ontariens, on a trouvé que, dans la communauté francophone fortement majoritaire de Hawkesbury, on fait un usage très marginal de *SO*, alors que, dans les communautés francophones minoritaires, on utilise souvent cette conjonction. Toutefois, on a aussi constaté que, dans ces dernières communautés, ce sont les locuteurs qui communiquent presque aussi souvent en français qu'en anglais (la plupart étant des bilingues équilibrés) qui de loin emploient le plus souvent *SO*. Par contraste, les locuteurs qui communiquent surtout en français (bilingues franco-dominants) et ceux qui communiquent surtout en anglais (bilingues anglo-dominants) emploient de préférence la locution *ça fait que* ou la conjonction *alors* […]. (Mougeon 2000: 31)

Dies deckt sich mit meinen Ergebnissen, die gezeigt haben, dass die Studierenden, also diejenigen, die dem Französischen in ihrem Alltag wesentlich mehr ausgesetzt sind als die Schüler, im Durchschnitt wesentlich weniger englische Formen verwenden als die Schüler. In den meisten der von Schülern aufgenommenen Idiolekte findet sich die französische Form nicht.

6.7.3 WELL/ben

Dem Diskursmarker *WELL* wird vor allem für die neuschottischen Varietäten des Akadischen erst seit relativ kurzer Zeit Aufmerksamkeit geschenkt: Chevalier verweist in ihrem im Jahr 2000 veröffentlichten Aufsatz zu diesem Diskursmarker und seiner Verwendung in Dieppe im Südosten Neubraunschweigs darauf, dass er in den anderen akadischen Varietäten nur selten verwendet werde (vgl. Chevalier 2000: 89).

Im Englischen, wie auch im Akadischen, wie weiter unten gezeigt werden wird, ist *WELL* ein „marker of response" (Schiffrin 1987: 102), er tritt also hauptsächlich zu Beginn einer Äußerung auf, die sich auf eine vorangegangene Äußerung des Gegenübers bezieht.[263]

Im Korpus Péronnet, im Rahmen dessen Sprecher ab einem Alter von 65 Jahren im Südosten der Provinz befragt wurden, von denen die meisten einsprachig frankophon waren, ist *WELL* der mit Abstand am häufigsten entlehnte Anglizismus (vgl. Chevalier 2000: 89). Bemerkenswert ist auch, dass die häufige Verwendung von *WELL* im Korpus nicht mit einer vermehrten Verwendung anderer Anglizismen korreliert, wie Chevalier angibt (Hervorhebung im Original): „[L]es plus grands utilisateurs de *well*

---

[263] Für einen Forschungsüberblick über den Diskursmarker und Verwendungsbeispiel im Englischen vgl. Schiffrin (1987: 102ff.).

6.7 Konnektoren und Diskursmarker

n'étaient pas non plus les plus grands utilisateurs de mots anglais [...]" (Chevalier 2000: 89).

Sie verweist weiter darauf, dass *WELL* aufgrund der hohen Anglisierung der Sprecher dieser Region Eingang in deren Sprache gefunden habe, und dass „l'emprunt n'est pas récent et qu'il n'est pas le fait d'une habitude langagière propre aux adolescents" (Chevalier 2000: 90). Starets belegt 1982 den Gebrauch in Pubnico und Chéticamp (vgl. Starets 1982: 176, ebd. 1986a: 469). Es kann also für die Provinz Neuschottland darauf hingewiesen werden, dass es sich bei *WELL* auch hier, ebenso wie in Neubraunschweig, nicht um eine neue Entlehnung handelt, und dass dieser Diskursmarker sehr wahrscheinlich von Sprechern aller Altersgruppen verwendet wird.

WELL sowie sein Äquivalent *ben* sind klar der *langue familière* zuzuordnen: Im Korpus Péronnet-Kasparian (vgl. Péronnet/Kasparian 1998), für welchen leitende Angestellte an ihrem Arbeitsplatz interviewt wurden, wird *WELL* nicht verwendet (vgl. Chevalier 2000: 90). Auch in dieser Studie war jedoch das Akadische um Moncton Hauptuntersuchungsgegenstand.

Im vorliegenden Korpus ist der Diskursmarker *WELL* ein fester Bestandteil. Von den Jugendlichen der Baie Sainte-Marie verwenden ihn 18 Sprecher, wobei die Aussprache im Vergleich zum Englischen differiert: Chevalier beschreibt die phonetischen Besonderheiten von *WELL* in ihrem Korpus, die für diese Studie bestätigt werden können: Während [w] und [ɛ] wie im Englischen ausgesprochen werden, ist der finale Laut im Akadischen häufig apikodental, [l], und nicht, wie im Englischen, lateral [ɫ] (vgl. Chevalier 2000: 88).

Der Vollständigkeit halber sei noch angemerkt, dass auch in diesem Korpus *WELL* nicht als Adverb (*YOU SING WELL/*tu chantes WELL*), als Verstärker (*WELL AHEAD OF TIME/*WELL à l'avance*) oder als Teil eines Kompositums (*WELL-DONE/*WELL-cuit*) gebraucht wird (Beispiele entnommen aus: Chevalier 2000: 90). Zur Verteilung des Diskursmarkers und seines französischen Pendants *ben* gibt die Tabelle Aufschluss:

	WELL		ben	
Sprecher	Anzahl	%	Anzahl	%
Studierende	44	40	66	60
Schülerinnen und Schüler	40	26,7	110	73,3
insgesamt	84	31,7	181	68,3

Tabelle 36: *WELL* und *ben*: Verwendung im Gesamtkorpus

WELL wird in etwa einem Drittel (31,7 %) der möglichen Fälle gebraucht. *Ben* dominiert bei allen Sprechergruppen deutlich. Auffällig ist aber auch, dass *WELL* unter den Studierenden in 40 % aller Fälle gebraucht wird. Hier sind es vor allem die Sprecherinnen UC5 und UC6, die den englischen Diskursmarker überdurchschnittlich häufig verwenden (10 beziehungsweise 17 Mal), während die übrigen sechs Studierenden *WELL* insgesamt 19 Mal verwenden. Bei den Schülerinnen und Schülern sind es P8 und EC5, die *WELL* häufiger als das französischen Pendant verwenden. *Ben* wird von UC1 (48 Mal), EC3 (16 Mal), EC4 (21 Mal) sowie P4 (21 Mal) überdurchschnittlich häufig verwendet.

Neben der Variation von *WELL* und *ben* im Gesamtkorpus ist auch die Variation im Gebrauch einzelner Sprecher interessant: Drei Sprecher (11,1 %) verwenden ausschließlich *WELL*, zehn (37%) ausschließlich *ben*, die Mehrheit, vierzehn Sprecher (51,9 %), verwendet beide Diskursmarker, wobei bei ihnen *WELL* etwas häufiger verwendet wird als im Gesamtkorpus (36,9 % zu 31,7 %).

Was die Satzposition des Diskursmarkers angeht, so ist festzustellen, dass *WELL* ebenso wie in Chevaliers Studie verwendet wird: Sie stellt in ihrem Korpus fest, dass *WELL* zumeist von einem französischen Element gefolgt wird und in lediglich 10 von 86 vorkommenden Fällen mit einem englischen Wort zusammen steht (Chevalier 2000: 88f.). Im vorliegenden Korpus steht der Diskursmarker in 11 von 85 Fällen mit einem englischen Element. Dies ist in den meisten Fällen (8 Fälle) ein weiterer Diskursmarker, wie in den folgenden Beispielen:

(606) **WELL/I MEAN**/pas mal/pis là après ça/français c'est rinque/c c/français ou l'espagnol ou chinois **WHATEVER** c'est rinque un aut'/aide. (P17)
(607) **WELL I GUESS** coumme parler bien/c'est vu coumme/le français standard. (UC6)
(608) **WELL YOU KNOW**/avec l'école. (P7)
(609) ehm/**WELL/WELL I DON'T KNOW** i y a/i y a beaucoup de/coumme/histoires/dans les Acadiens. (EC5)
(610) NOW **WELL ANYWAYS** coumme/si que un film en fra/en français que voulais regarder. (EC5)

In einem Fall folgt die Konjunktion *UNLESS*, es könnte sich hier jedoch auch um einen *Switch* handeln:

(611) P16: i y a point de secret/
P15: **WELL UNLESS**/
P16: UNLESS tu l'dis point à personne/pis tu l'gardes à toi. (P15+P16)

6.7 Konnektoren und Diskursmarker

Daneben steht einmal ein bejahendes *YEAH* – ebenfalls ein Diskursmarker – und einmal folgt ein angefangener englischer Satz, der im Französischen fortgeführt wird:

(612) ej crois qu'ça va/rester/pour/longtemps ou/**WELL/YEAH**/tant qu'à moi ça va rester vraiment longtemps. (P5)
(613) à CUBA avec vous-aut' h'étais comme **WELL/CHANCES ARE** que h'étais rinque une chance/à aller/en Europe. (UC5)

Ebenfalls steht der Konnektor *SO*, in diesem Beispiel als Diskursmarker gebraucht, in einer Äußerung hinter *WELL*:

(614) coumme i n'en avait BACK **WELL** SO/GREENWOOD vient-tu rinque visiter. (P4)

Innerhalb einer Äußerung können *WELL* und *ben*, ebenso wie die als Diskursmarker verwendeten Konnektoren *BUT* und *SO*, verschiedene Positionen einnehmen, von denen die wichtigsten vorgestellt werden. Verwendungsunterschiede zwischen *ben* und *WELL* konnten nicht festgestellt werden.

WELL und *ben* am Anfang einer Äußerung:
1. Als einleitendes Wort beim Beantworten einer Frage (vgl. auch Neumann-Holzschuh 2008: 477, ebd. 2009: 146):
   (615) UC2: quoi c'que/tu veux fare après ?/
   UC1: **WELL**/moi/c'est ça j'suis parti à un bac en/j'fais un bac en éducation. (UC1+UC2)
   (616) UC1: ça fait qu'en avais-tu une question que/t'a plus intéressée ?/
   UC2: **ben** ehm/c'te-là par eh/vraiment d'haut. (UC1+UC2)

2. Bei Reaktion auf ein vom Gesprächspartner eingeleitetes Thema beziehungsweise bei einem Rückbezug auf ein vorher erwähntes Thema:
   (617) P8: OH avec l'/h'étais coumme/CAUSE j'suis encore pas mal PATHETIC/
   P7: **WELL**/du tout t'es PATHETIC tu/tu WANNA/I DONT KNOW quoi c'moi j'suis. (P7+P8)
   (618) P15: SO moi j'dis YEAH/mais si j'peux faire en anglais/
   P16: **WELL**/la/si la langue française est tant important c'est à cause que/c'est depuis/WHATEVER/quand on le dit. (P15+16)
   (619) UC3: quand c'tu sors des portes des écoles ou des/c'est touT est de l'anglais/
   UC4: **ben**/N FOUND OUT l'aut' jour de/que […]. (UC3+UC4)

3. Zu Beginn der direkten Rede:
   (620) c'est ça i n'en avait trois d'mes amis/eh/un gars qui portait une chemise bleue/un gars qui portait un chemise blanc/une chemise/pis là une/une chemise rouge pis un étoile itou/c'est/c'est rinque par hasard là/SO j'ai pensé « **WELL**/ça ça ferait CUTE là/ça je vais mett' ça »/pis/ouais. (UC1)
   (621) et pis/elle m'a répondu « **WELL**/SPEAK FRENCH ». (UC2)
   (622) j'suis comme/« **ben**/j'suis français acadienne ». (UC2)

4. Beim Einleiten eines neuen Themas:
   (623) **WELL** nous-aut' on est/on est CHUM avec les parsonnes sur l'éc/l'équipe de hockey. (UC4)
   (624) **WELL** moi/quand ce qu'h'avais/hm/quat' ou cinq h'ai pris un voyage à/au Californie. (EC5)
   (625) UC2: ej veux vraiment voyager pis/
   UC1: **ben** coumme tu sais j'pense tu sais coumme/un bac en éducation ça vaudra peut-êt' point grand chose icitte à cause t'as point trop d'emplois. (UC1+UC2)

WELL und *ben* in der Mitte einer Äußerung:
1. Zur Einleitung einer Veranschaulichung eines vorher angesprochenen Aspektes:
   (626) pour un film/**WELL** h'en ai WATCH-é en masse. (EC3)
   (627) asteure ils avont rinque fait/la dcharre/en/**WELL** plus de dcharre qu'il n'y avait avant. (P5)
   (628) SO parler/ej veux dire la langue français/c'est-tu important pour moi ?/moi j'crois que ça y est/à cause/**WELL** c'est une partie de nous-aut'. (P8)
   (629) pis moi j'vois ça à cause **ben**/yonne quand c'que j'vas dans les écoles comme/ej sais/i parlent/les élèves parlent mois français. (UC3)

2. Zur Überbrückung von Redepausen (vgl. Neumann-Holzschuh 2008: 478, ebd. 2009: 148):
   (630) oh **WELL**/oh **WELL**/i y a rien qu'on peut fare. (UC3)
   (631) j'pense qu'une/SUPER bounne place à RAISE-r/tes enfants/et pis/ehm/**WELL**/là OBVIOUSLY coumme/a rioN à fare. (UC6)
   (632) i disiont tout l'temps que/comme/**ben** OBVIOUSLY/j'ai eh/comme/j'enseignais ehm/culture acadienne. (UC5)

6.7 Konnektoren und Diskursmarker

WELL und *ben* am Ende einer Äußerung:
1. Zur Überbrückung von Redepausen beziehungsweise zur Schließung einer Äußerung:[264]

(633) j'sais point si qu'on peut l'dire/unilangue/ou si qu't'as rinque une langue que/si qu'tu vas à tchequ' part c'est point/ça la langue/parlée **WELL**. (UC2)
(634) SO WHATEVER qu'arrive arrive/c'est comme/mh/**WELL**. (EC3)
(635) t'sais que j'veux dire là c'est un différente/ben/j'sais pas ben un différent système édu/d'éducation j'crois **ben**. (UC1)

Neben diesen Beispielen kann *WELL* auch als Einzeläußerung während Redepausen stehen, wo es ein Nachdenken seitens des Sprechers signalisiert:

(636) P4: c'est BARRINGTON qui START-e OK ?/**ben**/
P3: WELL/
P4: ben/BUT coumme [...]. (P3+P4)

Die syntaktische Position betreffende Unterschiede bei der Verwendung von *WELL* und *ben* wurden nicht festgestellt. *Ben* kann in dieser Varietät alle Positionen einnehmen, die oben für *WELL* beschrieben wurden. Ebenfalls kann *WELL/ben* in einigen der genannten Fälle die Funktionen einnehmen, die auch *BUT/mais* beziehungsweise *SO/ça fait que* innehaben, wenn diese als Diskursmarker verwendet werden.

6.7.4 YOU KNOW/tu sais *und* I KNOW/je sais

Ein im Englischen frequenter Diskursmarker ist *YOU KNOW*, der in dieser Sprache wie folgt verwendet wird (Hervorhebung im Original):

> The literal meaning of the expression ‚you know' suggests the function of *y'know* in information states. *You* is a second person pronoun (singular or plural) and it is also used as an indefinite general pronoun similar to *one* (or in some of its uses, *they*); *know* refers to the cognitive state in which one ‚has information about something'. These component meanings suggest that *y'know* has two possible composite meanings: (1) information X is available to the recipient(s) of talk, (2) information X is generally available. (Schiffrin 1987: 267)

---

[264] Neumann-Holzschuh (2009: 148) gibt an, dass *ben* nicht an dieser Position stehen kann.

Bei Starets wird dieser Diskursmarker lediglich ein Mal in Pubnico gebraucht (vgl. Starets 1982: 178, ebd. 1986a: 477), für den Gebrauch an der Baie Sainte-Marie gibt es also zu diesem Zeitpunkt noch keine Hinweise, was natürlich nicht bedeutet, dass er nicht verwendet wurde. Im vorliegenden Korpus wird er lediglich zwei Mal verwendet (UC1 und P7). Das französische Äquivalent, *tu sais*, wird 162 Mal verwendet. Die beiden Nennungen im Korpus sind die folgenden:

(637) P7: ej vas SNOWBOARD-er mais si qu'allais à l'école/CAUSE j'suis/
P8: à l'école?/
P7: WELL **YOU KNOW**/avec l'école. (P7+P8)
(638) moi j'travaille avec le tourisme/au Nouveau-Brunswick c'est ça que j'fais coumme j'suis avec les touristes pis là t'as touT c'te moundeicitte/pis là i commencent à même parler en anglais RIGHT c'est coumme eh/« DO YOU RATHER I SPEAK EH »/**YOU KNOW**. (UC1)

In den beiden Beispielsätzen ist die vom Sprecher übermittelte Information dem Gegenüber bekannt, was mit *YOU KNOW* bekräftigt wird. In (637) wird die Gesprächspartnerin P8, der die Information kurzzeitig entfallen zu sein scheint, von P7 daran erinnert. In (638) dient der Diskursmarker als Schlusssignal und als Bekräftigung des Gesagten.[265]

Tu sais wird ebenfalls als Schlusssignal sowie als Bekräftigung des Gesagten verwendet:

(639) coumme quand c'moi h'étais en France/i y a point d'façon qu'ils alliont/me comprendre si j'leur parlais/**tu sais**. (UC5)
(640) asteure c'est comme beaucoup de violence pis touT ça dans les/SHOW mais/**tu sais**. (EC7)
(641) h'aimerais coumme/maintenir la culture acadienne OBVIOUSLY/pis/**tu sais** si tu restes en ville/tu peux point vraiment fare ça/coumme/aussi/aisément. (UC6)
(642) parler bien/ehm/j'sais point/WELL/ça dépend coumme/tu sais qu'en grandissant/i nous avont tout l'temps dit que j'pouvions point/parler boN/**tu sais**/à cause que not' français était comme/différent/unique. (UC6)
(643) tu vas/parler/de la façon que t'as été élevé à parler/ehm/tu sais tu vas apprend' la langue/de là c'que t'as grandi coumme/c'est/**tu sais** pis tu préserves c'te langue-là. (P12)

---

[265] Vgl. zu *tu sais* als Öffnungssignal und Schlusssignal („signal d'ouverture"; „signal de clôture") im Québecfranzösischen Bollée (1993: 141).

6.7 Konnektoren und Diskursmarker

6.7.5 I MEAN/I GUESS/je pense/je crois

Die englischen Diskursmarker *I MEAN* und *I GUESS* werden ebenso wie *I KNOW* als lexikalische Einheit entlehnt.[266] Zur Verteilung der Diskursmarker *I MEAN*, *I GUESS*, *je pense* und *je crois* im Korpus:

Sprecher	I MEAN	I GUESS	je pense	je crois	engl. Formen	frz. Formen
Studierende	22/ 16,8 %	15/ 11,5 %	9/ 6,9 %	85/ 64,9 %	37/ 28,2 %	94/ 71,8 %
Schüler	4/ 3,5 %	18/ 15,9 %	24/ 21,2 %	67/ 59,3 %	22/ 19,5 %	91/ 80,5 %
insgesamt	26/ 10,3 %	33/ 13 %	33/ 13,1 %	161/ 63,6 %	59/ 23,3 %	194/ 76,7 %

Tabelle 37: *I MEAN, I GUESS, je pense, je crois*: Variation im Gesamtkorpus

Wie im vorangegangenen Unterkapitel zu den Diskursmarkern *WELL* und *ben* überwiegen die englischen Formen auch hier wieder bei den Studierenden (28,2 % zu 19,5 %). Darüber hinaus gibt es bei der Wahl der Diskursmarker signifikante Unterschiede zwischen Studierenden und Schülern: *I MEAN* sowie *I GUESS* erreichen im Durchschnitt bei den Studierenden mehr als 10 % der Nennungen (16,8 % respektive 11,5 %), bei den Schülerinnen und Schülern wird *I MEAN* jedoch kaum gebraucht. Bei den französischen Formen wird *je crois* im Gesamtkorpus deutlich häufiger verwendet als *je pense* (63,6 % zu 13 %).

Auch hier konnten keine Verwendungsunterschiede zwischen den einzelnen Diskursmarkern festgestellt werden. Es muss jedoch erwähnt werden, dass *I GUESS* mit dem Anschluss *que* in die Matrix integriert werden kann, *I MEAN* jedoch nicht mit diesem Anschluss steht:

(644) **I GUESS que**/tous les écoles/tous les élèves dans l'école parlont anglais même qu'en avant des profs. (UC4)

---

[266] Bei Schiffrin (1987) findet sich *I GUESS* nicht. Zur Funktion von *I MEAN* schreibt sie (Hervorhebung im Original): „*I mean* focuses on the speaker's **own** adjustments in the **production** of his/her own talk" (Schiffrin 1987: 309).

6.7.6 ANYWAY/ANYWAYS

Der Diskursmarker *ANYWAY* ist bereits in Starets' Studie für alle akadischen Regionen Neuschottlands belegt (vgl. Starets 1982: 22, ebd. 1986a: 15)[267] und findet sich, neben der im Englischen nicht üblichen Form *ANYWAYS*, auch im vorliegenden Korpus.

Ebenso wie die oben genannten Diskursmarker kann auch *ANYWAY/ANYWAYS* in initialer, mittiger oder finaler Position verwendet werden, wobei die mittige Position selten ist. In initialer Position dient der Diskursmarker vor allem der Wiederaufnahme eines vorangegangenen Aspektes, wie im folgenden Beispiel (645). Dies ist auch bei der mittigen Position die Funktion des Diskursmarkers (646). In finaler Position dient er als *turn taking*-Signal für den Gesprächspartner, da der Sprecher seine Äußerung nun beendet hat und eine Redepause einlegen wird (647):

(645) EC11: c'est ADVERTIS-é comme/VEGGIE PATTY/ça t'goûte comme des légumes/c'est bon/
EC12: I DON'T KNOW/
EC11: **ANYWAY** j'ai ça/et pis/des/des raisins/et des framboises. (EC11+EC12)
(646) i voulont t'aider/i voulont comme/fare/tu sais **ANYWAY** i sont WELCOMING. (UC5)
(647) on a des anglicismes absolument partout pis on se rend pas compte/jusqu'à tant quelqu'un nous dit « ah tu peux pas parler français ça c'est anglais »/**ANYWAY**. (EC11)

Auch zur Überbrückung von Redepausen wird *ANYWAY/ANYWAYS* verwendet:

(648) UC5⎫
           ((rires))
UC6⎭ Halifax c'est le plus loin que j'veux aller/   rinque cause que

UC5⎫   ((rires))   **ANYWAY**/
UC6⎭ j'manquerais ma mère/((rires)) YEAH/   SO/ (UC5+UC6)

---

[267] Vgl. für Neufundland Brasseur (2000: 231).

6.7 Konnektoren und Diskursmarker

6.7.7 RIGHT

Der Diskursmarker *RIGHT* ist im Idiolekt von elf Sprecherinnen und Sprechern anzutreffen.[268] Er dient in der vorliegenden Varietät erstens dazu, sich bei seinem Gesprächspartner zu vergewissern, ob dieser der Unterhaltung folgen kann:

> (649) une fois/ehm/ej travaillais pour immersion **RIGHT**. (UC5)
> (650) BUT il [Batman, Anm. d. Verf.] a pas ACTUALLY de POWER **RIGHT** c'est des GADGET. (EC11)

Zweitens dient er der Bekräftigung des Gesprächpartners bei dessen Unsicherheit bezüglich des Gesagten. Ein standardfranzösisches Äquivalent, welches sich auch im Korpus findet, wäre *exactement*:

> (651) EC8: c'était pas « THE BLIND SIDE » c'est « REMEMBER THE TITANS »/
> EC9: **RIGHT**. (EC8+EC9)

Ebenso wie die Kurzantwort *RIGHT* findet man *t'es RIGHT* (P8), übertragen aus dem englischen *YOU'RE RIGHT*, im Korpus. Drittens wird *RIGHT* im Sinne von *n'est-ce pas* verwendet:

> (652) c'est quand même important qu'ils essaient d'parler de français itou **RIGHT**. (UC1)
> (653) la plupart des Acadiens coumme l'en a qui pouvont/point/ lire ou écrire/dans n'imp/NOT EITHER langue **RIGHT**. (UC6)

Das standardfranzösische Äquivalent *n'est-ce pas* wird ebenfalls vier Mal im Korpus verwendet (UC3 verwendet es drei Mal, UC6 ein Mal).

6.7.8 Weitere Konnektoren

Neben den oben genannten Konnektoren, die alle als Diskursmarker fungieren können, findet man weitere englische Konnektoren in den verschiedenen akadischen Varietäten und so auch in der in dieser Arbeit untersuch-

---

[268] *RIGHT* wird von UC1, UC2, UC3, UC5, UC6, EC3, EC5, EC9, EC11, P4 und P17 verwendet.

ten. Im *Chiac* Monctons werden die folgenden fünf Konnektoren zum Teil mit dem Anschluss *que*[269] in die Matrix integriert (vgl. Perrot 1995a: 245):

SINCE, AS LONG (que), UNLESS (que), IN CASE que, EXCEPT (que)[270]

Auch an der Baie Sainte-Marie werden einige Konnektoren mit dem Anschluss *que* integriert, andere stehen ohne, wie im Folgenden aufgezeigt werden wird. In der in dieser Arbeit untersuchten Varietät werden mehr englische Konnektoren gefunden als in dem als hoch anglisiert angesehenen *Chiac*. In der vorliegenden Varietät finden sich:

EVEN THOUGH que, WHETHER que, SINCE (que)[271], UNLESS (que), ALTHOUGH, EXCEPT (pour), AS...AS, AS ... que

Es fällt bereits hier eine Parallele zum *Chiac* auf: Einige Konnektoren werden mit *que* in das Akadische eingebunden, andere können mit oder ohne diesen Anschluss stehen, wieder andere stehen ohne *que*. Die Konjunktionen werden im Folgenden in die Beispielsätze eingebunden präsentiert. Mit *que* stehen *EVEN THOUGH que* und *WHETHER que*:

(654) UC5: toute ma famille vent d'icitte/**EVEN THOUGH que**/la motché d'ma famille vent/
UC6: de Par-en-/
UC5: Par-en-Bas. (UC5+UC6)
(655) des Anglais quand c'que zeux parlont/avec leurs accents d'TEXAS ou **WHETHER/qu'**i parlont avec leurs accent/de l'Angletarre/c'est point mieux ou mal SO moi j'crois pas que/not' français est mieux/ou mal. (P17)

Ohne *que* steht *ALTHOUGH*:

---

[269] *Que* wird in der vorliegenden Varietät nicht nur zur Eingliederung der englischen Elemente verwendet, sondern es kann im akadischen Französisch ebenfalls häufig mit Konnektoren verbunden werden, beispielsweise bei *à cause que* oder *si que* (vgl. Wiesmath 2002: 397). Bei dieser Verwendung handelt es sich darüber hinaus um ein Charakteristikum des *français populaire* (vgl. Gadet ²1997: 98, ebd. 2003: 47).

[270] Steht kein *que* hinter dem Konnektor, wird es nicht gesetzt. Steht *que* ohne Klammer, wird es immer gesetzt. Steht es in Klammern, finden sich beide Varianten, mit oder ohne *que*.

[271] SINCE *que* findet sich auch in dem von Wiesmath untersuchten *acadien traditionnel* in Neubraunschweig (vgl. Wiesmath 2002: 399).

6.7 Konnektoren und Diskursmarker

(656) j'pourrais m'sauver d'l'arhent pis j'sais pas/ça ferait/mieux de travailler/**ALTHOUGH** si que j'/si h'ai besoin de grouiller/eh/aller à tchequ' part d'aut' ça m'/ça m'fait point vraiment d'différence. (UC3)

(657) h'ai hamais lit un livre français aut' que quand h'étais forcée à l'école coumme **ALTHOUGH** j'lis pas d'liv' ANYWAYS BUT comme [...]. (UC3)

Sowohl mit als auch ohne *que* können *SINCE (que)* und *UNLESS (que)* stehen:

(658) droit asteure **SINCE que** j'vais êt' un enseignant/tu sais comme/si ej voudrais par exemp' enseigner dans une école anglaise/i y a des CUTBACKS/tu sais comme. (UC5)

(659) SO pour toi ça ferait WAY/comme **SINCE** t'as vu la ville/pis **SINCE** t'as vu. (UC5)

(660) SO i y a si tant/coumme/part de tous les villes/on te met si tant de TRASH dans l'air que/c'est vraiment/pas/pas une différence **UNLESS qu'**on va fare une différence coumme/au GLOBE c'qu'/BROADSCALE. (EC4)

(661) tu WATCH-es le TV/pis c'est en anglais/t'écoutes la RADIO/**UNLESS** c'est Cifa/pis c'est en anglais. (UC6)

Der englische Konnektor *AS...AS* wird entweder komplett in das akadische Französisch der Baie Sainte-Marie entlehnt, oder aber als *AS...que*, wie auch im *Chiac*, übernommen:

(662) CUBA c'était point **AS AMAZING AS** ta TRIP/BUT/coumme c'est A DIFFERENT CULTURE/une différente culture/SO ça c'était intéressant. (UC6)

(663) c'était un voyage qu'était/AWESOME/tu sais **AS MUCH que** h'aurais [...]. (UC5)

Auch in Pubnico (Argyle) ist *AS...que* bekannt:

(664) dans not' village/tout l'monde s'intéresse juste à parler l'anglais à cause c'est plus facile à parler à tout le monde en anglais/ehm on voit encore des jeunes qui parlent/ehm en acadien parmi leurs amis BUT/**AS SOON que**/qu'un Anglais/ou un Anglophone ent' dans la chamb' i faut changer/eh/la façon qu'on parle/i faut ch/parler en anglais sinon c'est/ehm/l'Anglophone va pas comprend'. (UP2)

(665) **AS LONG que**/tu peux communiquer avec quelqu'un/tu parles bien/bon français. (EP3)

6 Moitié anglais moitié français? Der englische Einfluss

EXCEPT kann, wie oben angegeben, im *Chiac* alleine stehen oder mit *que* verbunden werden. An der Baie Sainte-Marie findet man es verbunden mit *pour*, als direkte Übertragung des englischen *EXCEPT FOR*:

(666) la tab' est long c'est c/OBVIOUSLY plus long qu'ça/pis coumme/là/là/c'est plus NICE/**EXCEPT**/la bibliothèque coumme droit à côté. (P4)

(667) mais tout l'monde français peut parler anglais/WELL la majorité/peut parler coumme les deux/SO ça c'est/**EXCEPT pour**/certains dans l'Québec/pis certains en France. (UC6)

In der folgenden Tabelle erfolgt ein Vergleich der Konnektoren im Englischen, Französischen und im Akadischen der Baie Sainte-Marie:

Englisch	Französisch	Akadisches Französisch Baie Sainte-Marie
ALTHOUGH	bien que	ALTHOUGH
AS...AS	aussi...que	AS...AS/ AS...que/ aussi...que
EVEN THOUGH	bien que	EVEN THOUGH que/ bien que
EXCEPT that/for	sauf que	EXCEPT (pour)/ sauf...que
SINCE	puisque	SINCE (que)
UNLESS	à moins que	UNLESS (que)
WHETHER	si	WHETHER que/si (que)

Tabelle 38: Englische Konnektoren an der Baie Sainte-Marie

Nicht unerwähnt bleiben darf an dieser Stelle auch, dass die standardfranzösischen Konnektoren *bien que* sowie *à moins que* mit Subjunktivanschluss stehen, hinter den englischen Varianten dieser Konnektoren, *EVEN THOUGH que)* und *UNLESS (que)*, im Akadischen der Baie Sainte-Marie jedoch in allen Fällen der Indikativ steht.

Von den in der Tabelle genannten französischen Konnektoren werden vier, *bien que, aussi...que, sauf...que* und *si*, in der vorliegenden Varietät verwendet. Zwei davon, *bien que* und *sauf que*, werden lediglich jeweils ein Mal im Korpus geäußert: ein Mal von EC11, die sich im ersten Viertel des Interviews sehr um eine Annäherung an die Standardsprache bemüht, was im Beispiel (668) vor allem auch durch die Verwendung des *subjonctif* verdeutlicht wird, und P11, dessen Idiolekt zu den am wenigsten anglisierten Idiolekten des Korpus gehört:

6.7 Konnektoren und Diskursmarker

(668) comparé à l'anglais j'pense que l'français est pas mal facile parce que/**bien qu'**i ait des exceptions/i y en a beaucoup moins. (EC11)
(669) le français est vraiment compliqué/les eh/les eh/i y a tous les e/les exceptions/les cd/les compliments directs/les compliments indirects les verbes/touT s'accorde c'est/plus ou moins touT s'accorde/quand/**sauf que** quand c'qu'il y a des exceptions pis i y en a beaucoup. (P11)

Der Konnektor *aussi...que* wird insgesamt fünf Mal verwendet:

(670) l'anglais est touT **aussi bon que** le français. (EC11)
(671) l'anglais est **aussi tant difficile que** l'français. (P17)
(672) qu'on comparait tout l'temps/ehm/même yelle/le faisait itou SO je crois qu'yelle était intéressée **aussi tant qu'**moi. (UC2)
(673) pis h'étais à Vancouver pis à Vancouver le monde était point **aussi** coumme/i souriaient point **aussi tant/que** dans la Nouvelle-Écosse pis à/la seconde qu'on a arrivé à Nouvelle-Écosse/c'est coumme « WOW ». (EC4)

In den Konstruktionen (671) bis (673) wird ein *tant* eingefügt, welches im hexagonalen Französisch an dieser Stelle nicht steht und welches den Konnektor *aussi...que* verstärkt. In diesen Beispielen stünde im hexagonalen Französisch das Adverb *autant que*, welches sich nicht im Korpus findet.

Ruth King hat für das Akadische auf der Prinz-Edward-Insel festgestellt, dass alle englischen Konnektoren mit *que* in die Matrix integriert werden (vgl. King 1991, Perrot 1995a: 247), während das *Chiac* Monctons der von mir untersuchten Varietät insofern ähnelt, dass einige Konnektoren mit *que*, andere jedoch ohne *que*, und wieder weitere mit oder ohne *que* stehen können. Es ist an dieser Stelle Perrot zuzustimmen, die erklärt, dass alle englischen Konnektoren zunächst im Sinne der maximal möglichen Integrierung („intégration maximale") mit *que* in die Matrix eingebunden wurden, und nun im Laufe der Zeit und mit Häufung des Gebrauches in der Zielsprache sozusagen „autonomer" im Satz stehen können („désyntaxisation"): „L'hésitation entre l'intégration maximale et la désyntaxisation [...] pourrait cependant être symptomatique d'une écolution allant dans le sens de la disparition des outils d'ancrage syntaxique [...] à mesure que le connecteur gagne en autonomie" (Perrot 1995a: 248f.).

Das Akadische auf der Prinz-Edward-Insel scheint dementsprechend im Jahr 1991 noch nicht so lange englische Konnektoren einzugliedern wie das *Chiac* zu Beginn der 1990er Jahre oder die vorliegende Varietät heute.

6.8 Verstärkungspartikeln

RIGHT/RIGHT NOW:
Bei den Verstärkungspartikeln findet sich in der Jugendsprache in Neuschottland vor allem ein interessantes, unerwartetes Ergebnis: *RIGHT*, eine im *Chiac* mehr als einhundert Mal vorkommende, typische Partikel (vgl. Perrot 1995a: 264ff.),[272] findet sich lediglich ein einziges Mal im vorliegenden Korpus:

(674) des fois j'suis rinque comme/« ej suis/ej/FEEL-e **RIGHT** pas coumme le/penser à ». (P1)

Ein Mal findet sich dort, wo im Englischen *RIGHT* stünde, *droit*:

(675) parce que tchiq'un à Saint-Albart pis il y a coumme quarante-neuf KID/pis là **droit** à côté d'ça i y a un/un grous école/ehm/anglaise de PORT MAITLAND I MEAN. (P17)

Die Wendung *RIGHT NOW* findet sich im vorliegenden Korpus nicht. Lediglich vier Sprecher (P4, P12, UC5, UC6) verwenden *droit asteure*, die wörtliche Übersetzung von *RIGHT NOW*:

(676) crois-tu ta cousine a l'FUN à CUBA **droit asteure** ? (P4)
(677) **droit asteure** j'crois point qu'le français est en péril. (P12)
(678) [être bilingue est important, Anm. d. Verf.] **droit asteure** SINCE que j'vais êt' un enseignant. (UC5)
(679) h'étais comme « OK ej vas toucher l'EIFFEL TOWER **droit asteure** ». (UC6)

Nicht von Perrot thematisierte, aber in auffälliger Anzahl vorkommende Verstärkungspartikeln aus dem Englischen sind *WAY*, *MEGA* sowie auch *SUPER* (englische Aussprache), die im Folgenden angesprochen werden. Darauf folgend werden *PRETTY (MUCH)* und *THAT (MUCH)*, beide auch im *Chiac* vorkommend, beschrieben.

WAY:
WAY steht in der vorliegenden Varietät entweder für *beaucoup* oder *beaucoup plus*. Steht es für *beaucoup*, folgt in fast allen Fällen *plus*:

---

[272] *RIGHT* ist die mit Abstand am häufigsten gebrauchte Verstärkungspartikel, die vor den verschiedensten Wortarten stehen kann. Zu der Häufigkeit und der Verwendung von *RIGHT* im *Chiac* siehe Perrot (1995a: 254ff.). Vgl. zu *RIGHT* im *Chiac* ebenso Chevalier/Hudson (2005).

6.8 Verstärkungspartikeln

WAY → beaucoup

(680) pour moi c'est [die französische Sprache, Anm. d. Verf.] **WAY plus** aisé que l'anglais. (UC3)
(681) coumme/t'as **WAY plus** de chances à avoir des JOB. (UC6)
(682) ça donne **WAY plus** d'avantages êt'/anglais et français. (P5)
(683) c'était **WAY plus** de misare à même écrire en français/pour moi. (UC5)
(684) tes SNEAK sont/noirs/i sont trop noirs/i sont **WAY** trop noirs. (P4)
(685) tu comprends **WAY** mieux l'anglais que le français. (P16)

WAY → beaucoup plus

(686) français c'est not' langue maternelle mais nous aut' c'est l'français/acadien pis on coummence tout l'temps par l'oral SO/h'avons coummencé à parler **WAY** longtemps avant coummencer écrire. (UC3)
(687) j'faisons du STUFF qu'est **WAY** différent qu'tout l'monde aut'. (UC3)

MEGA:
Der Verstärker MEGA steht für *très* beziehungsweise *beaucoup*:

(688) asteure qu'la Francophonie et/et êt' francophone c'est **MEGA** poussé à travars/la/du pays/I MEAN. (UC3)
(689) depuis ça tout l'monde était/enrahé/ils étiont **MEGA** enrahés que il aurait fait ça. (UC3)
(690) i sont **MEGA** PISSED i t'baillont des mines de boule. (UC3)
(691) c'est **MEGA** d'la misare. (UC3)

SUPER:
Wie *MEGA*, so steht auch *SUPER* für *très*:

(692) j'pense qu'une **SUPER** bounne place à RAISE-r/tes enfants. (UC6)
(693) la famille est coumme **SUPER** important pour moi. (UC6)
(694) h'avons si tant comme une RICH HISTORY/CAUSE ça t'fait coumme/êt' **SUPER** PROUD d'êtr' AcadioN. (UC6)
(695) faut que tu parles comme/**SUPER** SLOW. (P13)
(696) i m'en faut qu'j'me force **SUPER**/fort pour point/avoir c'te/problème-là. (P17)

TIGHT:
TIGHT bedeutet in der vorliegenden Varietät *beaucoup, énormément* beziehungsweise *vraiment*. Im Englischen kann *TIGHT* nicht wie in den fol-

253

genden Beispielen verwendet werden. Es könnte hier mit *REALLY* oder *A LOT* ins Englische übertragen werden:[273]

(697) ça m'fatigue **TIGHT**. (UC3)
(698) ça nous CONFUS-ait **TIGHT**. (UC3)

In Comeaus 1990 aufgenommenem Korpus wird *TIGHT* nur von Sprechern verwendet, die das dreißigste Lebensjahr noch nicht überschritten haben (vgl. Comeau 2005: 9). Im vorliegenden Korpus ist es mit vier Nennungen (UC3, UC6, P4) selten.

PRETTY (MUCH)/ THAT (MUCH):
Für die Verwendung von *PRETTY (MUCH)* stellen Perrot (1995a: 271) und Starets (1982: 131, 1986a: 333) fest, dass diese Wendung wie *pas mal* gebraucht wird. Bei Perrot taucht *PRETTY (MUCH)* jedoch deutlich häufiger auf als in meinem Korpus (36 zu 4 Vorkommen bei ähnlicher Korpuslänge). Aufgrund der Tatsache, dass *PRETTY* in Starets' Arbeit für Church Point belegt ist, kann von einer älteren Entlehnung ausgegangen werden.

Auch *PRETTY* + *Adjektiv* findet sich sowohl bei Perrot (vier Mal) als auch in meinem Korpus (lediglich ein Mal):

(699) h'ai pris une CLASS à l'école pis c'était/**PRETTY COOL**. (P4)

Während die Wendung *PRETTY* + *Adjektiv* beziehungsweise *PRETTY* + *MUCH* bei Perrot „dans de nombreux passages [...] présente un degré d'intégration syntaxique moindre et constitue un simple commentaire isolé (c'est-à dire non inséré dans l'énonce) portant sur l'énoncé précédent" (Perrot 1995a: 271), ist dies in meinem Korpus nicht der Fall: Die Wendung ist immer in den Satz integriert:

(700) **PRETTY MUCH** partout dans l'mounde/français est presque universel. (UC6)

---

[273] Während *TIGHT* in den hier erwähnten Beispielen die gleiche syntaktische Position einnimmt wie die französischen Äquivalente, nennt Comeau in seiner Studie Fälle, in welchen dies nicht der Fall ist (vgl. Comeau 2005: 7). *TIGHT* steht bei zusammengesetzten Zeiten immer nach dem Infinitiv, während *beaucoup* davor steht (Beispiele entnommen aus: Comeau 2005: 7):
1. Ça va beaucoup la gâter.
2. *Ça va TIGHT la gâter.
3. Ça va la gâter TIGHT.

6.8 Verstärkungspartikeln

(701) h'aime **PRETTY MUCH** coumme tous ses chansons parce que/h'aime rinque/sa voix. (EC3)
(702) ça veut dire **PRETTY MUCH** y'où-c'que viens de. (EC6)
(703) ils en WAIL-ont touT/tout l'mounde qu'était anglais/i vouliont qu'i sortiont si point iriont et coumme **PRETTY MUCH** les tuer. (P18)

Zum Vergleich zwei Äußerungen aus Perrots Korpus (1995a: 272, meine Hervorhebung):[274]

(704) YEAH je suis plus un PREP OK/WE'RE PREPS ALL THE WAY/as-tu entendu ça/**PRETTY COOL** hein. (Perrot E 64)
(705) je peux tout le temps bien m'habiller je veux dire/ma mère pi mon père i allont tout le temps ben me tcheindre/je m'habillerais pareil je veux dire/**PRETTY MUCH** ANYWAYS. (Perrot F 76)

Die Wendung *THAT (MUCH)*, die im *Chiac* seit den 1990er Jahren generalisiert ist, jedoch in den 1970er Jahren noch parallel zu seinem akadischen Pendant *si (tant)...(que ça)* verwendet wurde (vgl. Perrot 1995a: 266), liegt in meinem Korpus vier Mal vor. Verwendungsbeispiele sind die folgenden:

(706) l'année passée ou même deux ans passés/i y avait toutes sortes de chemises qui sortaient comme « OH GREEN IS COOL »/« GLOBAL WARMING IT'S SO NOT GOOD »/pis c'était vraiment la STYLE/tu sais/BUT asteure/c'est pus **THAT MUCH** pis j'pense que le mounde/va commencer/à s'en soucier beaucoup moins parce que/ouais c'est pus à la mode. (EC11)
(707) j'savais quoi c'qu'a parlait de ça fait qu'/WHATEVER/mais c'était point **THAT BAD**. (UC3)
(708) c'est même point **THAT luN** [...] c'est point **THAT luN** non plus. (UC6)

---

[274] Bei Perrot sind die englischen Elemente kursiv gedruckt. Sie wurden hier der einfacheren Vergleichbarkeit halber mit den vorliegenden Daten meiner Transkriptionsweise angepasst.

6 *Moitié anglais moitié français? Der englische Einfluss*

6.9 WHICH *que* und die Struktur *WH-ever*

6.9.1 WHICH que

Die Verwendung englischer Relativpronomen ist ein relativ neues Phänomen im akadischen Französisch, erwähnte doch Roy in ihrer Studie, dass im *Chiac* der 1970er Jahre noch keine englischen Relativpronomen vorgefunden wurden (vgl. King 1008: 168).[275]
Im vorliegenden Korpus wird *WHICH* entlehnt und immer mit *que* in die Matrix integriert – ein allein stehendes *WHICH* findet sich nicht:

> (709) i n'y avait un/une personne de BARRINGTON/**WHICH qu'**est/un heure et demie d'icitte. (UC2)
> (710) mes loisirs c'est comme/pas mal n'importe quoi c'qui a à fare avec la musique **WHICH qu'**est coumme chanter apprend' le GUITAR pis l'PIANO/ehm/dessiner/écrire. (P5)
> (711) le gouvernement/eh/donne rinque pour même c'te école-icitte eh/troiscent bourses/par été/pour app/d'EXPLORE pour apprend' le français/**WHICH que**/moi j'trouve/ça c'est/ça c'est vraiment. (UC2)

WHICH que kann sich nur auf unbelebte Gegenstände beziehen (vgl. King 2000: 159). *WHO* wird nicht entlehnt.

6.9.2 Die Struktur WH-ever

Im Französischen der Prinz-Edward-Insel finden sich *WHATEVER*, *WHOEVER*, *WHEREVER*, *WHICHEVER* und *WHENEVER*, d.h. bis auf *HOWEVER* und *WHYEVER* wurden alle englischen WH-Wörter entlehnt (vgl. King 2000: 151ff., ebd. 2012: 107f.). Im vorliegenden Korpus wird lediglich *WHATEVER* verwendet (32 Mal). In Beispiel (717) wird es mit *que* integriert:

> (712) c'est évident dans les dernières trente années ou **WHAT WHATEVER** c'était que le le français a définitivement baissé. (UC1)
> (713) coumme par icitte on dit rinque coumme une une/ben moi j'dis « un voiture » là/j'sais pas si tu dis « CAR » ou **WHATEVER**. (UC1)

---

[275] *WHICH que* wird auch im Französischen der Prinz-Edward-Insel verwendet (vgl. King 2000: 151, 159f., ebd. 1991: 66). Zudem findet es sich auch in dem von Wiesmath untersuchten *acadien traditionnel* in Neubraunschweig (vgl. Wiesmath 2002: 399).

(714) tout l'mounde d'aut' est comme/« OH **WHATEVER** j'suis GONE à Sainte-Anne ça fait point d'différence ». (EC11)
(715) c'est avec « BRADLEY COOPER » et pis/ce qu'i fait c'est/ehm/il est coumme un WASHED UP/ARTIST ou **WHATEVER** coumme/il a un WRITERS' BLOG. (EC5)
(716) si qu'on ferait point dans/NOVA SCOTIA **WHATEVER** on avait point de râpure. (P15)
(717) coumme ça vaudra/coumme trois fois plus d'admission qu'aller au club « 1657 » ou **WHATEVER qu'**est l'club-là eh. (UC1)

6.10 Calques

Péronnet bezeichnet 1995 die *Calques*, d.h. Wort-für-Wort-Übersetzungen aus dem Englischen in die akadischen Varietäten, als neueres Phänomen (Hervorhebung im Original):

> Plus récemment, certaines constructions traduites littéralement de l'anglais se sont introduites dans le français acadien. Par exemple *Tu peux toujours appliquer pour des bourses* (Tu peux toujours faire une demande de bourses – *apply for* en anglais). Les prépositions sont souvent calquées sur l'usage anglais, par exemple *I peuvent aller su des voyages* (Ils peuvent partir en voyage – *go on trips* en anglais). (Péronnet 1995: 421)

Diese Wort-für-Wort-Übersetzungen, in denen bei einigen die komplette englische Syntax in die Matrixsprache übernommen wird, sind typisch für Regionen mit intensivem Sprachkontakt (vgl. Myers-Scotton 1993: 31). Im vorliegenden Korpus finden sich ebenfalls solche Konstruktionen, von denen im Folgenden eine Auswahl vorgestellt wird.

Es soll mit einem im Laufe der Arbeit bereits mehrfach angedeuteten Phänomen, welches in den akadischen Varietäten ähnlich wie im Englischen verwendet wird, begonnen werden: dem *preposition stranding* (frz. *prépositions orphelines)*, d.h. mit dem Anhängen der Präposition an das Ende der Äußerung.

6.10.1 Preposition stranding/prépositions orphelines

Ein für das Englische bekanntes Phänomen ist das so genannte *preposition stranding*, bei welchem beispielsweise bei der *wh-Frage*, aber auch bei Relativkonstruktionen, eine Präposition am Ende der Äußerung steht:

(718) Who are you talking **to**?

(719) What are you talking **about**?
(720) The boy that I spoke **to** was nice.
(721) The coworker that I've been to the cinema **with** is thirty years old.

Im Standardfranzösischen ist dieses Phänomen bei der Frage unbekannt. Im vorliegenden Korpus, aber auch in anderen akadischen Regionen[276] sowie im Québecfranzösischen (Lefebvre/Fournier 1978: 275ff.) ist dieses Phänomen geläufig. Außerdem handelt es sich hier keinesfalls um ein neuartiges Phänomen, denn schon Roy erwähnt es in ihrer Studie Ende der 1970er Jahre (vgl. Roy 1979: 59f., meine Übersetzung und Hervorhebung):

(722) C'est la chose que je veux vous parler **de**.
(723) It is the thing that I want to tell you **about**.
(724) Si que la personne j'ai adressé ... je m'ai adressé **à** peut pas me comprendre ...
(725) If the person I spoke **to** cannot understand me...

Es wurde bewusst die englische Übersetzung der Beispiele angegeben, denn der englische Einfluss scheint hier, zumindest auf den ersten Blick, offensichtlich.

Das hier in den Fokus gerückte Phänomen scheint zumindest einigen Akadiern bewusst zu sein, denn ein Studienteilnehmer äußert sich wie folgt:

(726) quand c't'écris en français c'est point la même affare que quand c'tu parles à cause tu peux point dire/« quoi c'tu parles de »/tu peux point écrire « quoi c'tu parles de »/faut qu'tu mettes « de quoi c'tu parles »/coumme pour qu'ça faise d'la suite/pourquoi que t'as une préposition à la fin RIGHT ? (UC1)

Im vorliegenden Korpus betrifft *preposition stranding* die Präpositionen *de, à, avec, dedans* und *dessus*. Anhand der im Korpus vorgefundenen Beispiele können zwei Kategorien angeführt werden, bei denen das

---

[276] King ist meines Wissens die erste Sprachwissenschaftlerin, die dieses Phänomen detailliert für das Akadische beschrieben hat. In ihren Studien beschreibt und kontrastiert sie zwei akadische Varietäten der Prinz-Edward-Insel, Abram Village (*Évangéline region*) und Saint-Louis (*Tignish region*) (vgl. King 2000, 2005, 2008, 2012). Vgl. für einen Überblick über das Phänomen in anderen frankokanadischen Varietäten ebenfalls King (2000: 136ff.). In Louisiana scheinen *à* und *de* nicht am Ende der Verbalphrase zu stehen (vgl. King 2005: 248).

6.10 Calques

preposition stranding im akadischen Satz exakt ins Englische übertragen werden könnte:

1. Wh-Fragen:
   (727) la WAITRESS voN pis a dit eh/« **y'où-c'que** vous venez **de** ? » (P17)

2. Relativkonstruktionen:
   (728) et d'quoi d'aut' **que** moi/j'suis une vraiment BIG FAN **de** c'est/le manger. (UC5)
   (729) je pense qu'il est très intéressant à écouter et/ehm découvrir **où** les mots viennent **de**. (EC2)
   (730) ej vas m'adapter à la situation pis à la parsounne **que** je parle **à**. (UC3)

Im von Péronnet und Kasparian beschriebenen *français standard acadien* kann die Präposition bei den Relativkonstruktionen auch wegfallen, wie in den folgenden aus dem Aufsatz entnommenen Beispielen (Péronnet/Kasparian 1998: 256):[277]

   (731) Y a des personnes que tu vas avoir des conflits ø.
   (732) ...donner quelque chose au public que ils ont besoin ø.

Diese Beispiele könnten jedoch genauso im *français populaire* stehen, wie das folgende Beispiel zeigt, in welchem im Standardfranzösischen *dont* beziehungsweise *duquel* stehen müsste (meine Hervorhebung):

   (733) Tu m'as envoyé le colis **que** tu me parlais **ø**. (Guiraud [2]1969: 46)

Auch im vorliegenden Korpus finden sich solche Beispiele, in welchen *que* für die komplexeren Relativpronomina wie *dont* oder *duquel* steht. Sie wurden in Kapitel 5.3 angesprochen.

Während die gezeigten Beispiele in den beiden genannten Kategorien im Englischen ebenso gebildet werden, kann die Präposition in der dritten Kategorie nicht eins zu eins ins Englische übertragen werden, sondern es muss ein Pronomen, *IT*, hinzugefügt werden:

3. *avec* → *WITH IT*; *dessus* → *ON IT*:
   (734) mon argent/peux faire c'que je veux **avec**. (P16)
         my money, I can do what I want **with it**.

---

[277] Vgl. für das Québecfranzösische in Montréal Bouchard (1982: 103ff.). Hier ist es laut Bouchard so, dass die schwachen Präpositionen *de* und *à* wegfallen, während die starken Präpositionen wie *dessus* oder *avec* eher stehenbleiben. Vgl. auch Poplack/Zentz/Dion (2012: 208).

(735) faut que vous ajoutez ça icitte ça icitte ça icitte/pis h'allons vous REWAR/ROR/vous REWARD-er **avec**. (P17)
we are going to reward you **with it**.
(736) c'est d'la misare à croire que/du plastique/su' l'bord d'la BEACH/[...] coumme quand c'que tu penses i y a des animaux qui s'faisont des maisons **avec**. (P18)
there are animals that build houses **with it**.
(737) i voulont point faire tr/travail **dessus** ? (UC6)
they didn't want to work **on it**?

Während die unter 3. gezeigten akadischen Sätze von der englischen Konstruktion abweichen und so auch in anderen gesprochenen Varietäten des Französischen stehen können,[278] scheinen die unter 1. (*Wh*-Fragen) und 2. (Relativsätze) aufgeführten Beispiele auf den ersten Blick *Calques* der englischen Konstruktion zu sein. Diese Annahme weist jedoch u.a. Péronnet zurück.[279] Sie kritisiert die mangelnde Kenntnis der Entwicklung der französischen Syntax, wo ähnliche Formen in einem älteren Sprachstand nicht fremd waren (Hervorhebung im Original):

> Une connaissance insuffisante des formes syntaxiques traditionnelles peut conduire à des erreurs d'analyse. Par exemple, la structure *la fille que je sors avec* (la fille avec qui je sors – la fille que je fréquente) est trop souvent interprétée comme un simple *Calque* de l'anglais *the girl that I go out with*, alors qu'il s'agit en réalité d'une convergence entre une structure traditionnelle du français populaire et la structure anglaise courante. (Péronnet 1995: 422)[280]

Relativkonstruktionen wie *la fille que je sors avec* seien also nicht als Einfluss des Englischen zu bewerten, sondern als älteres Sprachgut des Fran-

---

[278] Vgl. für Beispiele Zribi-Hertz (1984).
[279] Siehe hierzu auch Appel/Muysken (2005: 160): „First of all, we find similar constructions already in the French of the fourteenth century. Second, several modern popular dialects in France, far away from English influence, also show the phenomenon of stranding." Die beiden Autoren vergleichen das Englische mit dem Québecfranzösischen und stellen fest, dass in letzterem einige Präpositionen, darunter *à*, nicht *gestrandet* werden können. Dies ist jedoch, wie u.a. meine Beispiele zeigen, im akadischen Französisch möglich.
[280] Vgl. für einen ähnlichen Standpunkt auch King (2000: 47); vgl. für Beispiele Zribi-Hertz (1984), Bouchard (1982); Poplack/Zentz/Dion geben für das Korpus *Ottawa-Hull* an, dass das „que passe-partout" in 51 % der möglichen Fälle steht. *Preposition stranding* findet sich hingegen lediglich in 12 % der Fälle (vgl. Poplack/Zentz/Dion 2012: 209).

6.10 Calques

zösischen.[281] Arrighi stützt diese Annahme mit der Angabe, dass die Syntax in der Regel nur wenig durchlässig für Sprachkontaktphänomene ist:

> Cependant, en plus du fait que plusieurs chercheurs ont montré que la syntaxe est très peu perméable aux échanges entre grammaires, un certain nombre de constructions avec prépositions orphelines courantes en anglais sont impossibles en français acadien et inversement. (Arrighi 2005: 243)

Ferner untermauert sie die Theorie, das *preposition stranding* sei als Relikt eines älteren Sprachstandes zu bewerten, mit einigen Beispielen des akadischen Französisch, welche im Englischen nicht mit *preposition stranding* ausgedrückt werden würden. Eines der Beispiele ist das folgende, (vgl. Arrighi 2005: 244)[282] welches sich mit den oben unter 3. genannten Beispielen deckt, in welchen *avec* mit *WITH IT* übersetzt werden muss (meine Hervorhebung):

> (738) Tu as des lunettes? Oui, je travaille toujours **avec**. → *Yes, I always work **with**. (Yes, I always work *with* **them**).

Sie argumentiert auf Basis des *Bon Usage*, dass diese Präpositionen im Französischen die Rolle eines Adverbs einnehmen können, wenn das auf die Präposition folgende Wort implizit mitschwingt, wie im obigen Beispiel *les lunettes*.[283] Dies konstatiert man jedoch wesentlich häufiger bei solchen Präpositionen, die Arrighi als „prépositions ‚pleines' sémantiquement" (Arrighi 2005: 244) bezeichnet, wie beispielsweise *avec* oder *sans*. Selten nur könne man das Phänomen im Standardfranzösischen bei den in den akadischen Varietäten weitaus häufiger *gestrandeten* Präpositionen *de* oder *à* feststellen. Dies deckt sich mit den Beispielen zum *preposition stranding*, welche aus dem Québecfranzösischen bekannt sind, hier ent-

---

[281] Diese Relativkonstruktionen mit *dedans*, *dessus* und *avec* am Ende der Äußerung finden sich ebenfalls im *français populaire*. Für Beispiele siehe Guiraud ([2]1969: 46), Bauche (1928: 141, 155) Auger (1993: 22f.), Blanche-Benveniste (1997: 103).

[282] Vgl. für ein ähnliches Beispiel Zribi-Hertz (1984: 7).

[283] Vgl. hierzu Brunot/Bruneau (1949: 431, zitiert in Arrighi 2005: 245, Hervorhebung im Original): „*Avec* [...] jouait en ancien français le double rôle d'adverbe et de préposition [et il ajoute] que dans le langage familier et dans le Nord et l'Est on dit « Viens-tu avec ? » [et que] *avec*, en dépit des puristes, reste employé comme adverbe [durant toute l'époque classique]."

nommen aus Lefebvre und Fournier (1978: 275ff., meine Hervorhebung):[284]

(739) c'est une revue qu'il y a aucune annonce **dedans**.
(740) c'est un conducteur que je me fierais plus **dessus**.
(741) la compagnie que je travaille **pour**, c'était Donely.

Im Québecfranzösischen können, zumindest nach den Beispielen dieser beiden Autoren, die Präpositionen *dedans*, *dessus* sowie *pour* angeschlossen werden. *À* oder *de* sucht man auch hier vergeblich.[285] Es kann also angenommen werden, dass das Phänomen zumindest im Québecfranzösischen nicht, oder zumindest nicht ausschließlich, auf den Einfluss des Englischen zurückzuführen ist.[286]

Was kann nun für den Ursprung des Phänomens in der vorliegenden Varietät beziehungsweise in den akadischen Varietäten insgesamt angenommen werden? Es ist Arrighi zuzustimmen, die trotz der Existenz des Phänomens auch im Standardfranzösischen die Rolle des Englischen als „catalyseur" nicht zu leugnen vermag:

[C]omme on ne peut tout de même pas occulter la présence de l'anglais (et donc, forcément une certaine influence), on peut envisager un rôle cataly-

---

[284] Vgl. für weitere Beispiele im gesprochenen Französisch mit den Präpositionen *par-dessus*, *derrière* und *devant*: Zribi-Hertz (1984: 3f.).

[285] Vgl. hierzu Zribi-Hertz (1984: 2), die die folgenden Beispiele für die ihr bekannten Varietäten des Französischen als ungrammatikalisch bezeichnet:
1. *Qui as-tu pris des photos de ?
2. *Qui as-tu tiré profit de ?
Poplack/Zentz/Dion geben für das Korpus *Ottawa-Hull* an, dass *à* nicht an das Ende der Äußerung gesetzt werden kann. *De* steht im Korpus lediglich zwei Mal am Ende der Äußerung. Als Vergleich: *avec* steht 64 Mal, *dessus* sogar 100 Mal (vgl. Poplack/Zentz/Dion 2012: 210).

[286] Vgl. zum Ursprung des Phänomens im Québecfranzösischen Léard (1995: 103), der einen Einfluss des Englischen auf diese Varietät ausschließt (Hervorhebung im Original): „La position postverbale de la préposition est souvent considérée comme un anglicisme syntaxique. Les linguistes, toutes théories confondues, contestent cette analyse pour trois raisons. La première est le caractère ancien du phénomène (XVIe siècle) et son existence en F[rançais] P[opulaire]. La seconde est que l'anglais place après le verbe les prépositions ‚légères' non autonomes (*at*, *of*, *about*, *from*), qui ne peuvent être déplacées en Q[ébécois] ni en FP. Enfin, la séparation de la préposition et du pronom interrogatif est interdite en Q et en FP, alors qu'elle se fait en anglais."

6.10 Calques

seur tel que présenté par Chaudenson avec toutes les précautions qu'il faut prendre avant d'invoquer l'influence d'une langue autre comme modifiant le système de la langue première. (Arrighi 2005: 245)

Sie schlussfolgert daraufhin (Hervorhebung im Original): „Ainsi, [...] il est toujours très ardu de faire la part des choses, et il semble plus prudent de tester plusieurs ressorts explicatifs, la validité de l'un n'excluant pas *a priori* l'autre, que d'invoquer l'influence exclusive d'une autre langue, fût-elle dominante" (Arrighi 2005: 245). Aufgrund der Datenlage und des Vergleichs mit dem *preposition stranding* im Québecfranzösischen kann der Einfluss des Englischen nicht geleugnet werden, vor allem dann nicht, wenn schwache Präpositionen wie *de* oder *à* an das Ende der Verbalphrase gesetzt werden können. Dies ist beispielsweise in der folgenden Äußerung der Fall, in welcher das Englische *CARE ABOUT* als *CARE de* in die Matrix integriert wird:

(742) je vais point être AROUND pourquoi c'que CARE **de** ? (P15)

Wäre das Setzen dieses *de* ans Ende der Verbalphrase in der Matrixsprache abwegig, würde man hier wohl eher *ABOUT* antreffen – immerhin wird die Präposition *ABOUT* im Akadischen der Baie Sainte-Marie häufig verwendet (vgl. Kapitel. 6.6.4).

Trotz des möglichen englischen Einflusses muss im Hinterkopf behalten werden, dass das Phänomen mit Präpositionen wie beispielsweise *avec* auch in anderen Varietäten des Französischen vorgefunden wird. Es ist an dieser Stelle wichtig, beide Ansätze in Betracht zu ziehen. Auch King setzt sich gegen das Englische als einzigen Grund für dieses Phänomen im akadischen Französisch ein, wenn sie schreibt „the assertion of (uniquely) English influence is suspect" (King 2000: 47).

6.10.2 comme/LIKE

Eine weitere syntaktische Entlehnung in der vorliegenden Varietät ist die Verwendung von *comme*, für die Chevalier annimmt, dass sie seit den 1990er Jahren im *Chiac* existiert.[287] Von allen Jugendlichen überaus häufig verwendet, folgen nun zwei Korpusausschnitte, die die besonders exzessive Verwendung von *comme* veranschaulichen:

---

[287] Chevalier gibt für das *Chiac* an, dass die Verwendung von *comme* ein „tic" der Jugendlichen sei, der mit zunehmendem Alter aufgegeben wird (vgl. Chevalier 2001: 13).

6 Moitié anglais moitié français? Der englische Einfluss

(743) ben c'est ça/**coumme** moi/moi personnellement **coumme**/dans c'te cas-là/c'te gars-là/t'sais le le gars quand i/qu'a fait c'te/**coumme** il le regret pour sûr/pis c'est pour ça/j'sais pas/il devrait faire au moins du/**coumme** /du COMMUNITY SERVICE/du/de quoi d'même là/CAUSE/c'est **coumme** /c'est dans les mêmes lignes que ça qu'a arrivé/dans/dans la Vallée lorsque le gars était en prison par exemp'/c'est c'est l'même/moi j'suis **coumme** c'est l'même/**coumme** un HATE CRIME je crois ben j'suis pas sûr/**coumme** [...]. (UC1)

(744) I GUESS **coumme** à cause h'avons si tant/h'avons passé à travers d'si tant/**coumme** avec la déportation/et pis/**coumme**/ehm/ah/**coumme** assimilation/**coumme** ils avont essayé d'nous assimiler/et pis **coumme** tout l'STUFF icitte h'avons si tant **comme** une RICH/HISTORY/que ça t'fait **coumme**/êt' SUPER PROUD d'êtr' Acadion/CAUSE j'sons/icitte à cause de quoi/**coumme**/nos/ANCESTORS avont fait pour nous-aut'/**coumme**/i s'avont sauvé/THEY LIKE/SET UP FOR THEMSELVES. (UC6)

Die Korpusausschnitte zeigen die übermäßige, auf den ersten Blick willkürlich erscheinende Verwendung von *comme* in der akadischen Jugendsprache an der Baie Sainte-Marie, die sich von seiner Verwendung im hexagonalen Französisch unterscheidet.

Comme im hexagonalen Französisch:

Comme erfüllt im hexagonalen Französisch verschiedene Funktionen, von denen im Folgenden die vier wichtigsten vorgestellt werden: Es kann erstens dazu verwendet werden, einen Ausruf einzuleiten, es fungiert so als „mot exclamatif" (Grevisse [13]1993: §394)/„adverbe exclamatif" (§958) (im Folgenden meine Hervorhebungen):

(745) **Comme** il est beau!
(746) Tu ne comprends pas **comme** je suis triste!

Zweitens ist es eine unterordnende Konjunktion (§1024), welche einen Grund für einen bestimmten Zustand einleiten kann und synonym mit *parce que* oder *puisque* verwendet wird (§1083):

(747) **Comme** je suis malade, je ne peux pas venir au travail.

Als unterordnende Konjunktion kann *comme* darüber hinaus drittens die Art und Weise/einen Vergleich einleiten, also die Frage „Wie?" beantworten (§1085):

(748) Il m'a parlé **comme** il parle normalement à son père.

6.10 Calques

Viertens wird *comme* zur näheren Bestimmung des Substantivs durch ein Attribut gebraucht (§301):

(749) J'avais Mme Morand **comme** professeur de français.

Comme im akadischen Französisch:
Wie bereits festgestellt, wird *comme* im akadischen Französisch häufiger verwendet als im hexagonalen Französisch. Neben Chevalier war es vor allem Perrot, die sich schon seit Ende der 1980er Jahren mit *comme* im *Chiac* beschäftigte (vgl. Chevalier 2001, Perrot 1992).

Der häufige Gebrauch dieses Wortes und vor allem der vom hexagonalen Französisch abweichende Gebrauch sind Charakteristika, welche dem orts- und varietätsfremden Zuhörer im Gespräch mit den Bewohnern der Baie Sainte-Marie auffallen. Für diese Region fehlt bis heute eine Studie, die den Gebrauch von *comme* beschreibt, sodass unklar ist, seit wann *comme* vermehrt im akadischen Französisch in Clare verwendet wird.

Wie kommt es zu dieser ‚Proliferation' von *comme*? Perrot gibt eine naheliegende Antwortmöglichkeit (Hervorhebung im Original):

Ces emplois de *comme* nous semblent être calqués sur certains emplois de *like* en anglais parlé. Nous pensons notamment à son rôle de „remplisseur" (pauses, hésitations dans le discours), au *like* métadiscursif (proche de „*I mean*"), ou modalisateur (correspondant peut-être à des marqueurs tels que „genre" ou „style" en français parlé). (Perrot 1992: 28f.)

Auch Chevalier sieht das Englische als „source présumée de sa vogue dans la communauté acadienne de Moncton" (Chevalier 2001: 36). Péronnet gibt jedoch zu bedenken, dass es sich hier auch um eine semantische Bedeutungserweiterung handeln könnte (vgl. Péronnet 1995: 422). Wenn dem so wäre, müsste jedoch hinterfragt werden, wieso es bisher nur in denjenigen Gebieten zu einer Bedeutungserweiterung kam, in denen das Französische in engem Kontakt zum Englischen steht, und wieso die Verwendung in den akadischen Varietäten derjenigen im Englischen so ähnlich ist.

LIKE selbst wird im vorliegenden Korpus nur in englischen Sätzen verwendet. Im *Chiac* wird es in mehrheitlich französischen Sätzen verwendet, wenn auch nur selten. Die Verwendung von *LIKE* im *Chiac* stellt man vor allem in Dialogen mit hohem Anglisierungsgrad fest, wobei in diesen Dialogen *LIKE* ebenso wie *comme* verwendet wird (vgl. Perrot 1992: 29).

Chevalier beschreibt die Funktionen von *comme* im *Chiac* Monctons, die im Folgenden übernommen werden, da *comme* in der vorliegenden Varietät gleichermaßen verwendet wird (vgl. Chevalier 2001: 19ff.). Die angegebenen Beispiele stammen aus dem dieser Arbeit zugrundeliegenden Korpus:

1. *Comme* als Vergleich:
Als unterordnende Konjunktion kann *comme* im akadischen Französisch, ebenso wie im hexagonalen Französisch, einen Vergleich einleiten (vgl. für das *Chiac* Chevalier/Cossette 2002: 74):

> (750) après le trois quatrième gobelet/touT/ça goutait **coumme** de l'eau. (UC3)
> (751) tu peux point dire « non tu parles point boN à cause tu parles pas **coumme** moi […] ». (UC3)

2. *Comme* als Approximation:
Eine weitere wichtige Funktion von *comme* im akadischen Französisch ist die der Approximation (vgl. Chevalier/Cossette 2002: 75), wobei *comme* hier vor den verschiedensten Wortarten stehen kann:[288]

> (752) c'était ABOUT **coumme** la semaine après qu'il faisait beau. (UC4)
> (753) h'ai besoin d'penser pour **coumme** dix minutes avant d'écrire quoi c'que j'pense coumment c'qu'on écrit ça. (UC4)
> (754) h'aimerais **coumme**/maintenir la culture acadienne OBVIOUSLY/pis/tu sais si tu restes en ville/tu peux point vraiment fare ça/coumme/aussi/aisément. (UC6)
> (755) là ils étiont **coumme** intéressés à cause qu'ils aviont appris le français standard. (UC2)

Chevalier zählt die für das akadische Französisch so wichtige Einleitung der direkten Rede mit *comme* unter diesen Punkt (vgl. Chevalier 2001: 21),[289] der im nächsten Kapitel ausführlicher analysiert wird, weshalb hier zunächst kein Beispiel angeführt wird.

3. *Comme* als Veranschaulichung:
Nach *comme* stehen in den folgenden Korpusauszügen Beispiele für etwas vorher Angesprochenes:

---

[288] Vgl. für die von *LIKE* im Englischen gefolgten Wortarten Andersen (1998: 152). Die Verwendung im Englischen deckt sich mit der in der vorliegenden Varietät.

[289] Auch in Andersens Liste findet sich die Einleitung der direkten Rede mit *LIKE* an dieser Stelle (vgl. Andersen 1998: 154).

6.10 Calques

(756) dans les écoles francophones tu fais point des/c'est pas souvent qu'i faisont des/des/des voyages/**coumme** dans des régions anglophones **coumme** Angleterre des places de même là. (UC1)

(757) touT de nous-aut' est entouré d'anglais BUT/i y a encore/**comme**/« feutchaque ». (UC3)

4. *Comme* als Ausruf:
Wie im hexagonalen Französisch findet man auch im *Acadjonne de Clare comme* als einleitendes Wort bei einem Ausruf:

(758) **comme** ej DRIV-ais dans un tour de Clare et pis ej pense **comme** je suis fiare que j'suis icitte. (UC4)

5. Vom Standardfranzösischen abweichende Verwendung von *comme*:
Ebenso wie in Chevaliers Studie zur Verwendung von *comme* im *Chiac* (vgl. Chevalier 2001: 27) scheint sein Gebrauch im vorliegenden Korpus oft redundant. Zur Veranschaulichung soll hier noch einmal das eingangs verwendete Beispiel herangezogen werden, wobei *comme* nun nummeriert wurde:

(759) ben c'est ça/ (1) **coumme** moi/moi personnellement (2) **coumme**/dans c'te cas-là/c'te gars-là/t'sais le le gars quand i/qu'a fait c'te/(3) **coumme** il le regret pour sûr/pis c'est pour ça/j'sais pas/il devrait faire au moins du/ (4) **coumme**/du COMMUNITY SERVICE/du/de quoi d'même là/CAUSE/c'est (5) **coumme**/c'est dans les mêmes lignes que ça qu'a arrivé/dans/dans la Vallée lorsque le gars était en prison par exemp'/c'est c'est l'même/moi j'suis (6) **coumme** c'est l'même/ (7) **comme** un HATE CRIME je crois ben j'suis pas sûr/ (8) **comme**. (UC1)

Hier erneut das Beispiel, in welchem die scheinbar redundanten Nennungen von *comme* weggelassen wurden:

(760) ben c'est ça/(1) moi/moi personnellement (2)/dans c'te cas-là/c'te gars-là/t'sais le le gars quand i/qu'a fait c'te/(3) il le regret pour sûr/pis c'est pour ça/j'sais pas/il devrait faire au moins du/(4) du COMMUNITY SERVICE/du/de quoi d'même là/CAUSE/c'est (5)/c'est dans les mêmes lignes que ça qu'a arrivé/dans/dans la Vallée lorsque le gars était en prison par exemp'/c'est c'est l'même/moi j'suis (6) **coumme** c'est l'même/(7) un HATE CRIME je crois ben j'suis pas sûr/ (8).

6 Moitié anglais moitié français? Der englische Einfluss

Im obigen Beispiel kann *comme* in den meisten Fällen weggelassen werden, ohne dass sich die Grundbedeutung der Äußerung ändert. Lediglich *comme* (6) kann nicht einfach wegfallen. Es leitet einen eigenen Gedanken des Sprechers ein („autocitation") und die Konstruktion *moi j'suis comme* könnte mit dem standardfranzösischen *moi je pense que/moi je dis que/moi je suis d'avis que* ersetzt werden. (4), (5) und (7) könnten als „Approximanten" beschrieben werden. Standardfranzösische Formen wie die im hexagonalen Französisch gebrauchten Adverbien sowie Wendungen *environ, à peu près, disons, peut-être, une espèce de, une sorte de, un peu* oder *un genre de* (Beispiele entnommen aus: Chevalier 2001: 27f.) fehlen im vorliegenden Korpus.

Obwohl *comme*, wie gezeigt wurde, in vielen Beispielen redundant scheint, so hat es doch eine Funktion: die Strukturierung der Äußerung, die den Gesprächspartner ‚lenkt' (Hervorhebung im Original):

> L'effacement n'entraîne ni agrammaticalité ni distortion, mais il en résulte une construction parataxique. Même si le passage se comprend aisément après l'effacement de *comme*, le marqueur remplit une fonction, celle de guider l'interlocuteur dans son interprétation. Il aide ainsi à réduire la charge cognitive imposée par le traitement d'unités de contenu enchâssées les unes dans les autres. (Chevalier/Cossette 2002: 79f.)

Auch wenn es bei einigen Nennungen so scheint, ist *comme* in diesen Fällen keinesfalls „vide de sens" (Chevalier/Cossette 2002: 65), wie aufgrund der Häufigkeit seiner Verwendung hätte angenommen werden können. Perrot fasst die Verwendung von *comme* zusammen (Hervorhebung im Original):

> Dans notre corpus, *comme* peut être employé selon les règles du français standard, dans d'autres contextes. L'influence de l'anglais permet au marqueur, en plus de toutes ses possibilités d'emploi originelles, d'en acquérir d'autres dérivées de l'anglais. Ainsi, l'emploi de *comme* en „chiac" s'inscrit à la fois dans un mouvement d'extension (le marqueur français acquiert des valeurs de l'anglais) et de „lissage" ou d'„homogénéisation" (un seul marqueur réunissant les valeurs du marqueur français et certaines valeurs du marqueur anglais). (Perrot 1992: 29f.)

6.10 Calques

6.10.3 Die Einleitung der direkten Rede mit être comme *und* aller

Im vorliegenden Korpus findet sich die Einleitung der direkten Rede mit der Konstruktion *être comme*, sowohl zum Zitieren Dritter als auch als „autocitation" (Chevalier 2001: 21), in welcher der Sprecher beziehungsweise die Sprecherin sich selbst zitiert, besonders häufig. Hier zwei Korpusauszüge:

> (761) **elle est coumme**/« YAH GOOD GIRL GOOD GIRL » là **les ehm/femmes en charge sont coumme**/« eh THAT'S NOT HOW YOU/TAKE AN EPIPEN » pis **j'suis comme** « SHE TOLD ME TO RUB IT IN/SO I RUBBED IT IN ». (EC12)
>
> (762) **j'suis coumme**/« eh non moi j'suis j'suis déjà randu en Nouvelle-Écosse »/et **il est coumme** « OK j'étais vraiment point sûr si t'avais à retourner au collège au Nouveau-Brunswick eh/j'étais au Nouveau-Brunswick l'année dernière »/ouais ça fait qu'c'est/c'est ça/eh/pis là **il est comme** eh/« oh ben ça c'est OK »/pis là **il est comme** « SO j'vas te/j'vas te revoir eh l'été prochain »/pis **j'suis coumme**/« eh/ALL RIGHT ». (UC1)

Wie die exzessive Verwendung von *comme*, so ist auch dieser Gebrauch von *être comme* ein auf dem Englischen basierender *Calque*, weshalb die Rolle von *BE LIKE* im Englischen an dieser Stelle kurz angeschnitten werden soll.

Seit den 1980er Jahren, zunächst als „white American teenager phenomenon" (Golato 2000: 32) betitelt, wurde *BE LIKE* im Englischen zunächst hauptsächlich im Präsens und der ersten Person Singular verwendet (*I AM LIKE*), heute ist es auch im *past tense* geläufig und alle Personen können Subjekt der Nominalphrase sein (vgl. Golato 2000: 32f.). Auch ist es heute nicht mehr nur im amerikanischen Englisch zu finden, sondern neben dem kanadischen auch im britischen und australischen Englisch belegt (vgl. Barbieri 2009: 70). Bei den Geschlechtern sind es vor allem die unter 16-jährigen Mädchen, die *BE LIKE* exzessiv verwenden sollen (vgl. Barbieri 2009: 80).

Lange Zeit wurde angenommen, dass *BE LIKE* vor allem bei Jugendlichen verbreitet sei und dass seine Verwendung nach dem Jugendalter abnehme (vgl. Barbieri 2009: 71, 74f.).[290] In jüngster Zeit konnte jedoch herausgefunden werden, dass – zumindest im amerikanischen Englisch – *BE LIKE* in der älteren Generation nicht nur beibehalten wird, sondern dass sein Gebrauch sogar noch ausgeweitet wurde, sodass es nun bei den unter

---

[290] Vgl. hierzu darüber hinaus der Aufsatz von Blyth/Recktenwald/Wang (1990: 219).

40-jährigen die beliebteste Form ist, mit der die direkte Rede eingeleitet wird (Hervorhebung im Original):

> [I]n American English, quotative *be like* has now become the quotative of choice for all speakers below age 40 – regardless of sex – in spontaneous conversation. […] This effectively means that men and women who were teen- or college-aged in the mid-1990s have not only **maintained**, but considerably **increased** the use of quotative *be like* over the past ten years or so. (Barbieri 2009: 86)

Nach diesem kurzen Exkurs zu *BE LIKE* im Englischen nun zurück zum Akadischen der Baie Sainte-Marie. Hier kann bei der direkten Rede mit *être comme* das Verb, *être*, in einigen wenigen Fällen weggelassen werden:

(763) « SO MUM tu REALISE-s quoi c'qu'tu viens rinque de dire ? » **alle coumme**/« h'ai dit qu'h'étais point intéressée de quoi c'que l'houmme me parle ». (P1)
(764) GREENWOOD vient-tu rinque visiter/**j'coumme**/« ouais ». (P4)

Wie im Englischen kann das Verb auch in der vorliegenden Varietät in den Vergangenheitstempora – hier im *imparfait* – stehen:

(765) pis **h'étais comme** « oh/t'es bête ». (UC5)
(766) **i étiont coumme** « OH/OK ». (UC2)
(767) le DUDE s'est PISS-é OFF/pis **il était comme**/« moi j'vas bruler un drapeau ». (P1)

Darüber hinaus findet sich die Konstruktion ein Mal im *plus-que-parfait* und zwei Mal im *futur proche*:

(768) comme je l'ai vu l'aut' jour à la SHOP/pis/qu'**a avait été comme** « YES/quoi c'qui s'passe icitte ? ». (UC5)
(769) **j'vas êt' comme**/« heh ». (P4)
(770) ils avont rien cont' le monde des États BUT **ils allont point êt' comme** « YEY ». (UC5)

Neben der Einleitung mit *être comme* wird die direkte Rede ebenfalls – wenn auch seltener – mit standardfranzösischen Konstruktionen wie *dire*, *demander* oder *repondre* eingeleitet:

(771) **i disaient** « OH c'est la/c'est la fra c'est l'français standard bla bla bla bla bla bla ». (P4)
(772) j'ai hésité une miette pis **h'ai dit**/« eh/CAN I/eh/j'peux-tu avoir un billet de ceci ? ». (UC2)

6.10 Calques

(773) **elle m'a répondu** « WELL/SPEAK FRENCH ». (UC2)
(774) **i m'aviont demandée** « THERE'S NOT A LOT OF/eh/ASIANS DOWN WHERE YOU LIVE ? ». (UC2)
(775) i y a **une fille** qui **nous a demandée**/en bon français/« c'est quelle mode de fra/c'est quelle langue que vous parlez ». (P18)

Beobachten lassen sich darüber hinaus Konstruktionen wie in (776), in welchen die standardfranzösische Konstruktion zwar steht, nach einer Redepause jedoch trotzdem *comme* eingefügt wird:

(776) l'aut' jour j'parlais à une femme pis/**alle a dit qu'**/ouais/**comme**/« toi t'allais comprenir ». (UC3)

Die Verteilung von *être comme* und seinen standardfranzösischen Synonymen im Korpus ist wie folgt:

Sprecher	être comme	standardfranzösische Konstruktionen
Studierende	52 (71,2 %)	21 (28,8 %)
Schülerinnen und Schüler	59 (76,6 %)	18 (23,4 %)
insgesamt	111 (74 %)	39 (26 %)

Tabelle 39: Einleitende Konstruktion bei der direkten Rede

Im Gesamtkorpus wird die direkte Rede in 74 % der Fälle mit *être comme*, in 26 % mit standardfranzösischen Konstruktionen eingeleitet. Die Schülerinnen und Schüler verwenden *être comme* etwas häufiger (76,6 % zu 71,2 %) als die Studierenden.

Es lässt sich für dieses Phänomen ein Kontinuum von Sprecher zu Sprecher beziehungsweise auch von Interview zu Interview feststellen: UC1 und UC2 verwenden in 32 Fällen *être comme* und in neun Fällen standardfranzösische Konstruktionen (78 % zu 22 %). Bei UC5 und UC6 ist das Verhältnis 17 zu eins (94,4 % zu 5,6 %). Sprecherin P1 alleine verwendet *être comme* 31 Mal, es findet sich in ihrem Idiolekt nur eine einzige standardfranzösische Form (96,9 % zu 3,1 %).

Interessant ist nun die Frage, bei welchen Tempora *être comme* einer standardfranzösischen Konstruktion vorgezogen wird: Die Konstruktion wird überdurchschnittlich häufig im Präsens (83,5 %) und Imperfekt (85 %) verwendet, während bei der Verwendung des *passé composé* immer standardfranzösische Varianten gewählt werden.

Auch das in der Verbalphrase verwendete Subjekt gibt Aufschluss über die Verwendung von *être comme* und seinen standardfranzösischen Varianten: *Être comme* wird, neben der Konstruktion *c'est comme* – eine Entsprechung des Englischen *IT'S LIKE*, welche im Standardfranzösischen keine direkte Entsprechung hat, – vor allem mit dem Personalpronomen der ersten Person Singular, *je*, verwendet. Leider ist das Korpus nicht groß genug, um verlässliche Angaben zu den weiteren Tempora und Subjekten bei der direkten Rede zu machen. Dies könnte im Rahmen einer Studie, die auf einem größeren Korpus fußt, tiefergehend untersucht werden.

Zuletzt darf nicht unerwähnt bleiben, dass die direkte Rede auch mit *aller* eingeleitet werden kann, nach dem Vorbild des Englischen *TO GO* (vgl. Golato 2000: 33, Blyth/Recktenwald/Wang 1990: 215). Dies ist jedoch noch ein Randphänomen, welches nur bei vier Studienteilnehmern (P3, P4, P8 und P17) festgestellt werden konnte. Zwei Korpusauszüge zur Veranschaulichung sind die folgenden:

(777) une principale/le principe voN pis comme/**i va**/« xxx Monsieur N t'as pas d'projecteur là que xxx » « non »/SO **i va**/« h'ai d'envie de mett' des FLAT SCREEN TV à la place »/[...] BUT c'est/ehm/**N qui va**/« ben j'vas hâler cinquante-deux eh/eh i n'ont à cinquante-quat' chez nous que j'peux voir FINE ». (P4)

(778) tout d'un coup **ej vas**/« h'allons vous l'dire/quand c'est trop tard/pis asteure faut que vous nous all/faut que vous ajoutez ça icitte ça icitte ça icitte/pis h'allons vous REWAR/ROR/vous REWARD-er avec ». (P17)

In (779) wird *aller* mit *comme* verbunden. Auch das Englische kennt *TO GO LIKE*:

(779) a **allait** rinque **comme** « ouais [...] ». (P8)

Das vorangegangene Beispiel zeigt darüber hinaus, dass die Konstruktion auch im *imparfait* verwendet werden kann.

6.10.4 manière (de)/KIND OF

Die Verwendung von *manière (de)* im Akadischen an der Baie Sainte-Marie ist bereits von Starets belegt, die es mit *en quelque sorte* ins Standardfranzösische überträgt (vgl. Starets 1982: 106, ebd. 1986a: 247). *Manière (de)* überwiegt im Untersuchungskorpus klar: Es wird 44 Mal verwendet (25 Mal von sieben Studierenden und 19 Mal von zehn Schülerinnen und Schüler), während *KIND OF* nur fünf Mal, in drei Idiolekten, Verwendung findet. Während bei *manière (de)* die Präposition in einigen

6.10 Calques

unten zu bestimmenden Satzpositionen weggelassen werden kann, steht *KIND OF* immer als Einheit. Im Folgenden stehen die verschiedenen Satzpositionen im Mittelpunkt, an denen sowohl *manière (de)* als auch *KIND OF* in der akadischen Jugendsprache an der Baie Sainte-Marie stehen können. *Manière de* kann an der Baie Sainte-Marie vor einem Verb stehen, wobei die Präposition *de* hier immer gesetzt wird:

>   (780) eh/ça fait **manière de** rire à cause l'a du mounde dans la classe ça qu'on est comme/« zeux allont point s'en souvenir d'la s'maine là ». (P4)
>   (781) ej crois qu'EVENTUALLY tout le monde va rinque/ehm/coumme **manière d'**convertir à l'anglais. (P17)
>   (782) moi/j'suis **manière de**/WORRY-é un 'tit pour la planète et ça avec le GLOBAL WARMING. (P18)

Auch *KIND OF* findet sich an der Baie Sainte-Marie vor einem Verb:

>   (783) SO/YEAH SHE **KIND OF** disputait pour que les hoummes puissent d'êt' là. (P7)

Daneben können sowohl *manière de* als auch *KIND OF* vor einem Adjektiv stehen. Auch hier wird die Präposition *de* bei *manière* immer gesetzt:

>   (784) il faisait **manière d'**frette. (UC3)
>   (785) le français c'est/c'est **manière de** difficile. (EC5)
>   (786) ej pouvons pas m'le croire/comme/comben ce qu'c'était HUGE pis comben c'que c'était encore **KIND OF** PRESERVED. (UC5)

Sowohl in (783) als auch in (786) steht *KIND OF* jedoch in unmittelbarem Kontakt zu anderen englischen Elementen im Satz, sodass es sich hier höchstwahrscheinlich um einen *Switch* handelt. Dies kann umso mehr der Fall sein, als dass der *Switch* an einem Punkt in der akadischen Syntax geschieht, der weder mit den Regeln der Matrixsprache noch mit denen des Englischen bricht.

Neben den bereits genannten Fällen steht *manière* ohne die Präposition *de*. Im Englischen kann *OF* nicht wegfallen:

>   (787) pour moi c'est [être Acadien, Anm. d. Verf.]/êt' **manière** dans une/communauté ou un groupe que i aimont touT la même affare pis i sont touT coumme toi pis h'avont de quoi en commun avec tout l'mounde/qu'est/acadjonne ou/et tout ça. (P5)
>   (788) Clare [...] c'est **manière** y'où-c'qu'on a resté su' not' vie. (P17)

In den folgenden Fällen wird *manière* ohne seine Präposition nachgestellt, um die vorhergegangene Aussage zu relativieren:

(789) OK hav'/c'est comme un expression/eh/pour la jeunesse/on dit „hav'/hav'-toi icitte"/SO/« COME HERE NOW »/**manière**. (P4)
(790) YEAH/I DON'T KNOW/eh/et pis c'est coumme un/un honneur d'êt' Acadien/I GUESS/**manière**. (EC5)
(791) ehm h'aime la vie dans not' région/eh à cause que/ben tout l'mounde se counnaît **manière**. (P6)
(792) moi/oh/ah ben/moi j'trouve qu'i y a du/i y a comme beaucoup d'mounde/ben j'crois pas l'école va changer de/d'apprend'/en français parce que c'est coumme/obligatoire **manière**/à c'te hour-icitte à cause ça change si tant vite. (EC3)

Kind OF kann ebenso am Ende einer Äußerung stehen:

(793) ça c'est coumme c'est GREAT/c'est à cause/tu c'est à cause/tu counnais/tu counnais **KIND OF**. (UC1)

6.10.5 Weitere Calques

Zum Kapitelabschluss folgt eine Auflistung weiterer Lehnübersetzungen, die mit Beispielen aus dem Korpus unterfüttert werden. Die Auflistung erhebt keinen Anspruch auf Vollständigkeit, es handelt sich lediglich um eine Auswahl.

FOR SURE/pour sûr
(794) pour moi/c'est **pour sûr** un avantage. (UC5)
(795) elle est **pour sûr** différente que tous le aut'/comme/langues. (UC5)
(796) comme il le regret **pour sûr**/pis c'est pour ça/j'sais pas/il devrait faire au moins du/coumme/du COMMUNITY SERVICE. (UC1)
(797) après l'université/j'aimerais de/**pour sûr**/de rester dans ma région/ehm j'aimerais de travailler. (UC4)

FOR FREE/être gratuit, gratuitement
(798) alle est coumme/« moi h'ai payé vingt-mille pias' pour apprend' une langue que toi t'as dès ta YOUTH/ toute ta vie/pis j/que/t'as eu **pour gratuit** ». (UC2)

TO MAKE SURE/assurer
(799) si t'es GONE au PARK faut que tu **fais sûr** qu'i y a pas des CREEP là. (P13)

6.10 Calques

(800) i faut juste **faire sûr** que ces écoles acadiennes deviennent pas juste de l'immersion. (P2)

TO WORK OUT/aller bien, se passer bien (vgl. Starets 1982: 166, ebd. 1986a: 445)
(801) pis si ça **ça travaille pas**/je pourrais toujours aller dans la police RIGHT. (P3)
(802) si ça **ça travaille point**/bac en sociologie. (P4)
(803) OK mets coumme/du WHITE OUT/sur tes lacets/mets du xxx/xxx/HEY/ça **ça travaillerait**. (P4)

WHEN IT COMES TO STH./quand il faut, on doit
(804) c'est point vraiment acceptable quand **ça vient** à l'écrit. (UC3)
(805) si t'es rinque après le parler c'est facile BUT **quand c'que ça vient** coumme/le français que t'apprends en classe juste la grammaire pis tout ça/là c'est vraiment d'la misare. (P1)

TO TAKE *[+ Zeitangabe]*/durer
(806) yonne ou deux hours/**ça m'prend** pour lire un liv'/[…] coumme si que h'ai la WHOLE hournée à lire/**ça m'prend** la journée. (P16)

Die meisten Lehnübersetzungen sind solche, in welchen eine englische Präposition eins zu eins in das Französische übertragen wird:

TO BE ON THE BEACH/être à la plage
(807) h'étions **sur** la BEACH. (UC3)
(808) tu vas eh/**su'** la BEACH pis i n'y a du plastique partout. (P18)

TO BE ON TV, THE RADIO/passer à la television, à la radio
(809) je pense si qu'ils parleriont/moins vite **sur** la télé francophone. (EC1)
(810) les/émissons anglophones **su'** la télé ben. (P5)
(811) i WATCH-e un MOVIE en français si c'est **su'** l'TV. (P18)
(812) les émissions que n'y a **sur** la station francophone c'est souvent les NEWS ou des/MOVIE qui sont traduits de l'anglais. (EC12)
(813) EC11: ça qu'i jouont **su'** la radio est/
EC12: c'est touT ABOUT la même affaire. (EC11+EC12)

TO BE ON A TEAM/être dans une équipe
(814) i y a d'aut'/filles/**sur** mon équipe qui vient comme de l'Île-du-Prince-Édouard. (UC2)
(815) WELL nous-aut' on est/ on est CHUM avec les parsonnes **sur** l'éc/l'équipe de hockey. (UC4)

TO DEPEND ON STH./dépendre de qc.
   (816) le vieux mounde/qui sont/qui qui **dépendaient su'** c'te bureau-là. (UC1)
   (817) ça **dépend sur** qu'est-ce que tu l'bases vraiment. (P11)

TO PARTICIPATE IN STH./participer à qc.
   (818) **j'ai** jamais **participé dedans**. (UC1)

TO WAIT FOR STH., SB./attendre qc.
   (819) **j'attends** encore **pour** son appel. (UC1)

TO ASK FOR STH./demander qc.
   (820) c'était presque comme être pardu pis eh/point pouvoir **demander pour** des directions. (P11)

TO HAVE AN INFLUENCE ON STH./exercer une influence sur qc.
   (821) ça a 't-êt' une **influence dessus** itou. (UC6)

TO BELIEVE IN STH./croire en qc.
   (822) moi **j'crois** point **dans** leur façon/pis j'crois point qu'HEALTH CARE devrait coûter/un mille piasses. (UC6)[291]

---

[291] Siehe in diesem Beispiel auch die Verwendung von *un mille*, Lehnübersetzung des englischen *ONE THOUSAND*.

7 Zusammenfassung und Ausblick

Das Ziel der vorliegenden Arbeit war die Beschreibung der akadischen Jugendsprache an der Baie Sainte-Marie unter besonderer Berücksichtigung morphosyntaktischer und lexikalischer Aspekte. Im Zentrum der Arbeit standen dabei die Analyse ausgewählter englisch-französischer Sprachkontaktphänomene und der punktuelle Vergleich mit dem *Chiac* sowie mit anderen französischen Varietäten Nordamerikas. Es war mir dabei ein Anliegen, auch die soziolinguistische Situation der Sprecher nicht außer Acht zu lassen.

Zunächst erfolgte die Vorstellung der akadischen Regionen Neuschottlands und der neuschottischen Frankophonie insgesamt (Kapitel 2: Soziolinguistische Situation der Akadier in Neuschottland). Es wurde gezeigt, dass der Anteil der frankophonen Sprecher in der Provinz mehr und mehr abnimmt: 1931 gaben 7,6 % der Gesamtbevölkerung an, das Französische als Muttersprache zu sprechen. 2011 hingegen waren von 910.615 Einwohnern nur noch 3,6 % französische Muttersprachler (31.110 Personen). Mit einer Assimilationsrate von zuletzt 48,8 % sprechen von diesen Menschen nur noch 1,8 % (15.994 Personen) eine französische Varietät zu Hause.

Die Baie Sainte-Marie ist (noch) eine mehrheitlich akadische Region: 2006 sprachen von den 8.650 Einwohnern 65,8 % (5.690 Personen) das Französische als alleinige Muttersprache, 62,8 % nannten es als alleinige Familiensprache (5.430 Personen). Die Mehrheit der Bevölkerung beherrscht neben dem Französischen auch das Englische: Nur 2,8 % der Menschen in der Region gaben an, kein Englisch zu sprechen. Die hier untersuchte Region ist die einzige der Provinz, in der die frankophonen Einwohner die Bevölkerungsmehrheit bilden. In den vier anderen vorgestellten Regionen – Pubnico (Argyle), Chéticamp, Isle Madame sowie Pomquet – ist der Sprachtod wesentlich weiter fortgeschritten.

Auf die Vorstellung der Methodik (Kapitel 3: Erhebungsmethode und Untersuchungskorpus) folgte die Beschreibung der soziolinguistischen Situation der Jugendlichen an der Baie Sainte-Marie (Kapitel 4: Die Jugendlichen der Baie Sainte-Marie und ihre Sprache(n)). Die wichtigsten Ergebnisse sind die folgenden:

Die Jugendlichen definieren ihre kulturelle Identität in hohem Maße über das Sprechen des akadischen Französisch sowie über ihre akadischen

Vorfahren (jeweils 90 % Zustimmung). Fast liebevoll sprechen sie von *notre langue*, was den besonderen Bezug zu ihrer Sprache offenlegt.

Die in der Vergangenheit lange vorherrschende Diglossiesituation, im Rahmen derer das akadische Französisch zu Hause als Familiensprache sowie in der Heimatregion gesprochen wurde und das Englische als Distanzsprache fungierte, ist mittlerweile aufgebrochen: Die Grenzen der Verwendungsbereiche der beiden Sprachen sind verwischt, wobei das Englische in die Domänen des akadischen Französisch vordringt. Dies äußert sich im Alltag der Jugendlichen vor allem darin, dass akadische Kinder und Jugendliche auch Englisch untereinander sprechen, beispielsweise während der Pausen in der Schule. Aufgrund des Einzugs des Standardfranzösischen in die akadischen Schulen kann heute von einer Triglossiesituation gesprochen werden, deren Auswirkung auf die akadischen Varietäten Neuschottlands in Zukunft weiter zu untersuchen sein wird.

Für den Sprachgebrauch im Nähebereich konnte festgestellt werden, dass die Jugendlichen zwar in einem mehrheitlich frankophonen Milieu leben, mit älteren Familienmitgliedern jedoch häufiger Französisch sprechen als mit ihren Geschwistern. Dies deckt sich mit der Feststellung, dass die traditionellen Domänen des akadischen Französisch und des Englischen heute aufgebrochen sind, denn auch zu Hause greifen viele Jugendliche auf das Englische zurück. In den Medien spielt das Französische für die Jugendlichen kaum eine Rolle. Als Gründe werden mangelnde Verständlichkeit der verwendeten Varietät (oft das Québecfranzösische) und ein fehlendes Angebot an geeigneten Filmen, Büchern oder Musik angegeben.

Die Jugendlichen wehren sich vehement gegen das Konzept eines *guten* und dem gegenüber gestellt eines *schlechten* Französisch. *Parler bien* bedeutet für sie mehrheitlich, sich verständlich machen zu können. Trotzdem finden sich auch in der vorliegenden Studie pejorative Einschätzungen gegenüber der eigenen Sprache (*h'avons **seulement** not' prop' façon de parler*; *h'allons encore parler not' **SLANG***; *not' seul **défis** c'est le français acadien*). Ebenso gibt ein Großteil der Jugendlichen an, dass mit *bon français* nur das Französische Québecs oder Frankreichs gemeint sein kann. Bei der Untersuchung der sprachlichen Unsicherheit hat sich beim Vergleich der Ergebnisse der Schülerinnen und Schüler mit denen der Studierenden gezeigt, dass ein längerer Verbleib im frankophonen Bildungssystem die sprachliche Unsicherheit und die damit einhergehende Vermeidungshaltung bei der Verwendung des Französischen reduzieren kann.

Die Zukunftsprognosen, die die Jugendlichen für ihre Sprache anstellen, sehen mehrheitlich düster aus: Zwar sehen sie die Bemühungen um das *fait français* in der Provinz (genannt werden hier u.a. die bestehenden Immersionsprogramme für anglophone Jugendliche), jedoch ist die junge Generation sich sicher, dass die Anzahl derer, die die Varietät als Mutterspra-

7 Zusammenfassung und Ausblick

che spricht, abnehmen wird. Einige sehen in Zukunft das Französische lediglich als in Immersionsprogrammen gelehrte und gelernte Fremdsprache.

Auf diese Analyse der ethnolinguistischen Vitalität folgte die Beschreibung ausgewählter Akadianismen im Untersuchungkorpus und ein Vergleich der Ergebnisse mit den Charakteristika anderer akadischer Varietäten (Kapitel 5: *Une variété archaïque? Ausgewählte morphosyntaktische und lexikalische Charakteristika*). Leitfragen in diesem Kapitel waren, ob der Zugang zu französischsprachiger Bildung einerseits sowie ein längerer Verbleib im französischsprachigen Bildungssystem andererseits zum Verlust akadischer Charakteristika wie dem *je collectif*, dem Negator *point* oder der Verwendung der Verbalendung der dritten Person Plural, *-ont*, beiträgt.

Es konnte mithilfe eines diachronen Vergleichs herausgestellt werden, dass die Verwendung des *je collectif* tatsächlich abgenommen hat: In Flikeids Korpus der 1980er Jahre wurde es in 64 % der möglichen Fälle verwendet, in meinem Korpus nur noch in 36,4 %. Die beiden anderen Charakteristika werden jedoch auch zwanzig Jahre nach Flikeids Vergleichsstudie noch immer ähnlich häufig verwendet: Der Negator *point* wird in 69,5 %, die Verbalendung *-ont* in 72,3 % der möglichen Fälle gebraucht.

Ferner konnte die These, dass ein längerer Verbleib im französischen Bildungssystem zu einer vermehrten Verwendung standardfranzösischer Charakteristika führe, durch einen Vergleich der Sprache der Schülerinnen und Schüler auf der einen und der Studierenden auf der anderen Seite verworfen werden: Die Studierenden der *Université Sainte-Anne* verwenden alle untersuchten Akadianismen deutlich häufiger als die Vergleichsgruppe. Bei dem *je collectif* ist die Differenz zwischen den Gruppen am größten (53,4 % Verwendung bei den Studierenden und 18,6 % bei den Schülern). Dieses Ergebnis wurde vor dem Hintergrund der in Kapitel 4 herausgearbeiteten Ergebnisse interpretiert: Ein größerer Sprachstolz auf Seiten der Studierenden führt zu einer vermehrten Verwendung der Akadianismen, während die pejorative Haltung vieler Schülerinnen und Schüler zu einem Rückgriff auf die im Bildungssystem vermittelten standardfranzösischen Formen führt.

Obwohl das *Acadjonne de Clare* in vielerlei Hinsicht die konservativste der akadischen Varietäten ist, konnte doch eine Vielzahl an Gemeinsamkeiten mit anderen akadischen, aber auch weiteren nordamerikanischen Varietäten des Französischen und dem *français populaire* festgestellt werden. Zu nennen sind hier Besonderheiten bei den Pronomina, den doppelten Negatoren, den Formen des *subjonctif* oder der Verwendung der Auxiliare *avoir* und *être*. Das *passé simple* wurde, obwohl es für die Region belegt ist, nur

7 Zusammenfassung und Ausblick

noch drei Mal im Gesamtkorpus verwendet. Eine Betrachtung ausgewählter lexikalischer Elemente im Korpus rundete das Kapitel ab.

Im sechsten Kapitel der Arbeit (Kapitel 6: *Moitié anglais moitié français? Der englische Einfluss*) wurden ausgewählte englisch-französische Sprachkontaktphänomene in das Zentrum des Interesses gerückt.

Es wurde u.a. festgestellt, dass der Großteil der aus dem Englischen entlehnten Wörter aller untersuchten Wortklassen auch im *Chiac* und z.T. in anderen nordamerikanischen Varietäten des Französischen existiert. Die meisten Lehnwörter sind phonetisch und morphosyntaktisch in die Matrixsprache integriert: Den Substantiven wird ein französisches Genus zugewiesen, welches in den meisten Fällen stabil bleibt. Bei einigen Substantiven, bei denen der Artikelgebrauch schwankt, wurde festgestellt, dass der mehrheitlich verwendete Artikel von dem im *Chiac* zugewiesenen Artikel abweichen kann.

Die englischen Substantive werden darüber hinaus zumeist mit dem französischen Artikel in die Matrix integriert. Ausnahmen sind bei Aufzählungen und vor Toponymen möglich: Hier steht in den meisten Fällen der Nullartikel ø. Das englische, hörbare Plural -*s* verstummt üblicherweise. Die Ausnahme bilden Substantive, die in der Ausgangssprache nur im Plural existieren (*NEWS*).

Die englischen Adjektive stehen in der Regel – wie im Englischen – vor dem Substantiv. Partizipial gebildete Adjektive stehen mit den französischen Endungen (-*é*, -*ée*, -*és*, -*ées*) oder mit der englischen (-*ED*) wobei die englische Endung häufiger verwendet wird.

Die englischen Verben werden immer in die Gruppe der Verben auf -*er* eingeordnet (*WATCH-er*, *CALL-er*). Auch im Englischen unregelmäßige Partizipien werden meist regelmäßig in die Matrix integriert (z.B. *DRIV-é* statt *DROVE*). Ausnahme ist, wie im *Chiac*, das Partizip *GONE*.

Verben mit Adverbialpartikeln wie *FILL-er IN* oder *(se) PISS-er OFF* werden als Einheit in die Matrix integriert, die im Gegensatz zum Englischen, bei dem das Einschieben eines Objekts zwischen Verb und Partikel möglich ist, nicht aufgebrochen werden kann.

Ein in der Forschungsliteratur häufig angesprochenes Charakteristikum der akadischen Varietäten, die Verwendung französischer und englischer Konnektoren wie *mais – BUT*, *ça fait que – SO* oder *ben – WELL* als Diskursmarker, findet sich auch in der vorliegenden Varietät. Die französische und die englische Entsprechung werden in der Regel synonym verwendet.

Als Kapitelabschluss wurde eine Auswahl an Lehnübersetzungen vorgestellt, von denen *comme* die wichtigste ist: Die Lehnübersetzung des englischen *LIKE* dient, neben den Funktionen, die sie im Standardfranzösischen innehat, vor allem zur Strukturierung der Aussage, denn *comme* lenkt

7 Zusammenfassung und Ausblick

den Zuhörer sozusagen durch den Diskurs. Daneben leitet *être comme* (im Englischen *BE LIKE*) 74 % aller Aussagen in der direkten Rede ein. Hauptsächlich wird die Konstruktion im *présent* und *imparfait* genutzt (83,5 % und 85 %) sowie mit dem Personalpronomen *je* verbunden (79,6 %). *Être comme* steht ferner nie im *passé composé* – hier werden standardfranzösische Konstruktionen vorgezogen.

Im Vergleich zum *Chiac* konnten neben den bereits angesprochenen eine Vielzahl weiterer ähnlicher Merkmale festgestellt werden. Dennoch ist das Akadische der Baie Sainte-Marie **kein** *Chiac*. Zunächst gibt es wichtige Unterschiede zwischen den beiden Varietäten: Genannt seien hier exemplarisch die Artikel derjenigen entlehnten Substantive, die zwischen zwei Genera schwanken: *FUN* und *RAP* sind im *Chiac* in der Regel feminin, in der vorliegenden Varietät, wie im Québecfranzösischen, sind sie maskulin. Gegenteilig verhält es sich bei *CAR*. Daneben finden sich im *Chiac* englische Elemente, die in der vorliegenden Varietät nicht gefunden wurden. Hier sind unter anderem das Adverb *STILL* oder der Konnektor *BECAUSE que* zu nennen.

Darüber hinaus kann der Großteil der Sprachkontaktphänomene im Akadischen der Baie-Sainte-Marie mit den Regeln des Französischen oder des Englischen erklärt werden, während das *Chiac* in vielen Bereichen ein von den Ursprungssprachen autonomes System ist. Als Beispiel sei hier die Integration der Substantive in die beiden Varietäten angeführt: Während im vorliegenden Korpus der Nullartikel in der Regel nur dann gesetzt wird, wenn er auch im Englischen stünde, ist dies im *Chiac* nicht mehr der Fall.

Autonomie in Bezug auf das Englische und das Französische ist in der vorliegenden Varietät hauptsächlich bei der Betrachtung der Adverbialpartikel *BACK* festzustellen: Wie im *Chiac* oder in den auf der Prinz-Edward-Insel gesprochenen Varietäten bricht die Verwendung hier sowohl mit dem Englischen *BACK* als auch mit der Verwendung des standardfranzösischen Präfixes *re-*. Die Entwicklung von *BACK* ist im *Chiac* jedoch wesentlich weiter fortgeschritten als an der Baie Sainte-Marie, wo sich noch eine Vielzahl an Verb-Partikel-Kombinationen findet (z.B. *venir BACK*, *BACK venir*, *revenir BACK*, *BACK revenir* sowie das standardfranzösische *revenir*). Im *Chiac* findet sich der französische Präfix *re-* nicht mehr.

Das *Acadjonne de Clare* ist eine Varietät im Umbruch: Sie befindet sich zwischen drei Polen, dem akadischen Französisch, dem Englischen und dem Standardfranzösischen. Obwohl sich die Varietät in Richtung des englischen Pols zu bewegen scheint, werden akadische Charakteristika vor allem von denjenigen beibehalten, die sich in besonderem Maße mit der Varietät verbunden fühlen. Interessant wird in Zukunft darüber hinaus der Einfluss des Standardfranzösischen und anderer nordamerikanischer beziehungsweise akadischer Varietäten auf die hier untersuchte Varietät sein.

7 Zusammenfassung und Ausblick

Die vorliegende Arbeit ist seit mehr als zwanzig Jahren die erste, die eine synchrone Beschreibung der an der Baie Sainte-Marie gesprochenen Varietät anstellt und die erste größere Arbeit überhaupt, die den englisch-französischen Sprachkontakt in dieser ruralen Gegend in den Mittelpunkt rückt. In Zukunft können und sollen die Ergebnisse dieser Arbeit als Basis für diachrone Analysen dienen.

Anhang A: Fragebögen

A.1 Mündlicher Fragebogen

Tout d'abord je te remercie de ta participation à mon projet. Dans cette partie, je te demande simplement d'entretenir une discussion avec une autre personne à partir des questions présentées ci-dessous pendant 20 minutes. Tu n'as pas besoin de répondre à toutes les questions. Il est important que chaque personne ait la chance d'exprimer son opinion.

a) Qu'est-ce que tu veux faire après l'école secondaire/l'université ? Est-ce que tu veux rester dans la région ? Pourquoi ? Pourquoi pas ?
b) Est-ce que la langue française est importante pour toi ?
c) Comment est, selon toi, le français d'ici ?
d) Qu'est-ce que « parler bien » signifie ? Est-ce que tu crois que tu « parles bien » ? Pourquoi ? Pourquoi pas ?
e) Raconte un voyage qui t'a plu et/ou un voyage que tu aimerais faire.
f) « L'Acadie » et « être Acadien », qu'est-ce que c'est pour toi ?
g) Est-ce que tu es fier/fière d'être Acadien/ne ? Canadien/ne ? Francophone ? Anglophone ? Pourquoi ? Pourquoi pas ?
h) Est-ce que tu penses qu'il y aura toujours du monde en Nouvelle-Écosse qui parle le français ? Est-ce que le français est en péril dans ta région ? Justifie ta réponse.
i) Est-ce que tu crois que le français est une langue facile ou difficile ? Donne des exemples.
j) Récemment, lors d'un match de hockey à l'Université Sainte-Anne, un adhérent de l'équipe adverse a brûlé le drapeau acadien. Qu'est-ce que tu en penses ?
k) Est-ce que tu es content/e avec les émissions qui passent à la télévision ou est-ce que tu as des critiques à faire ? Qu'est-ce que tu penses de la télé francophone ? anglophone ?
l) Quelle est ta musique préférée ? Quel chanteur/quelle chanteuse/quel groupe est-ce tu aimes et pourquoi ?
m) Raconte un film ou un livre que tu aimes beaucoup.
n) Est-ce que tu es inquiet/inquiète pour l'avenir de la planète ? Justifie ta réponse.
o) Est-ce que tu aimes la vie dans la région ? Pourquoi ? Pourquoi pas ? Qu'est-ce qu'il faudrait améliorer ?
p) Quels sont tes loisirs ? Qu'est-ce que tu fais pendant ton temps libre ?

Anhang A: Fragebögen

A.2 Schriftlicher Fragebogen

Numéro de l'informateur: _____

A) Questions préliminaires

1. Quel est ton sexe ?	2. Quel âge as-tu ?
❏ f ❏ m	
3. Dans quelle région est-ce que tu as passé la plus grande partie de ta vie ? Si la réponse est autre, indique le nom de la région et la province.	4. Si tu n'as pas passé la plus grande partie de sa vie au sud-ouest de la Nouvelle-Écosse, en quelle année es-tu venu/e t'établir ici ?
❏ a) Clare ❏ b) Argyle ❏ c) autre → à préciser (région et province) :	
5a. Est-ce que tu as déjà fréquenté une école anglophone ?	5b. Si oui, pendant combien d'années?
❏ a) oui ❏ b) non	
6. Quelle est ta langue maternelle (la première langue apprise et encore comprise)?	
7. Quelle est la langue maternelle de tes parents ?	
a) père	
b) mère	
8. De quelle région et de quelle province (ou territoire) est-ce que tes parents sont originaires ? S'ils sont d'un autre pays, indique leur pays d'origine.	
a) père	
b) mère	
9. Si tes parents n'ont pas passé toute leur vie au sud-ouest de la Nouvelle-Écosse, en quelle année est-ce qu'ils sont venus s'établir ici ? Estime si tu ne sais pas l'année exacte.	
c) père	
d) mère	

Anhang A: Fragebögen

10. Quel est le niveau de scolarité le plus élevé atteint par tes parents?	
a) père	❏ a) Moins de sept ans ❏ b) École intermédiaire (7e, 8e ou 9e année) ❏ c) Partie du secondaire terminée (10e ou 11e) ❏ d) École secondaire terminée ❏ e) Études collégiales (ex. collège communautaire), cours spécialisés non universitaires, études universitaires partielles ❏ f) Études universitaires terminées (baccalauréat) ❏ g) Études de cycles supérieurs (maîtrise ou doctorat)
b) mère	❏ a) Moins de sept ans ❏ b) École intermédiaire (7e, 8e ou 9e année) ❏ c) Partie du secondaire terminée (10e ou 11e) ❏ d) École secondaire terminée ❏ e) Études collégiales (ex. collège communautaire), cours spécialisés non universitaires, études universitaires partielles ❏ f) Études universitaires terminées (baccalauréat) ❏ g) Études de cycles supérieurs (maîtrise ou doctorat)

11. Quelle était la langue de scolarisation de tes parents ? Réponds pour tous les niveaux qui s'appliquent à chacun de tes parents en faisant un X dans la case qui correspond à la meilleure réponse.

Père

	École élémentaire	École secondaire	Collège	Université
a) français *(tous les cours en français sauf le cours d'anglais)*				
b) anglais et français				
c) anglais *(tous les cours en anglais sauf le cours de français)*				
d) autre				

Mère

	École élémentaire	École secondaire	Collège	Université
a) français *(tous les cours en français sauf le cours d'anglais)*				
b) anglais et français				
c) anglais *(tous les cours en anglais sauf le cours de français)*				
d) autre				

Anhang A: Fragebögen

B) Langues parlées et usage linguistique

1. A quelle fréquence est-ce que tu emploies le français et l'anglais dans les situations mentionnées ci-dessous ? Encercle le numéro (1 à 7) qui représente le mieux ton degré d'utilisation relatif de chacune des langues en te référant à l'échelle suivante :

Toujours en anglais	Beaucoup plus souvent en anglais	Plus souvent en anglais	Dans les deux langues également	Plus souvent en français	Beaucoup plus souvent en français	Toujours en français
1	2	3	4	5	6	7

a) Avec mon père, je parle …	1	2	3	4	5	6	7
b) Avec ma mère, je parle …	1	2	3	4	5	6	7
c) Avec mes frères et sœurs, je parle …	1	2	3	4	5	6	7
d) Avec mes grands-parents paternels, je parle …	1	2	3	4	5	6	7
e) Avec mes grands-parents maternels, je parle …	1	2	3	4	5	6	7
f) Avec mes amis et amies anglophones, je parle …	1	2	3	4	5	6	7
g) Avec mes amis et amies francophones, je parle …	1	2	3	4	5	6	7
h) Au dépanneur ou au magasin du coin, je parle …	1	2	3	4	5	6	7
i) Lorsque j'utilise les services du milieu (banque, bureau de poste, etc.), je parle …	1	2	3	4	5	6	7
j) Les émissions que je regarde sont …	1	2	3	4	5	6	7
k) Les films que je regarde sont …	1	2	3	4	5	6	7
l) Les livres que je lis sont (à part mes travaux scolaires) …	1	2	3	4	5	6	7
m) Les magazines/revues que je lis sont …	1	2	3	4	5	6	7
n) La musique que j'écoute est …	1	2	3	4	5	6	7
o) Les sites Internet que je consulte sont …	1	2	3	4	5	6	7
p) Dans les réseaux sociaux comme Facebook, Twitter, MySpace j'emploie …	1	2	3	4	5	6	7

Anhang A: Fragebögen

2a. Imagine que tu parles d'un sujet précis en français avec un copain/une copine. Dans cette situation, combien souvent est-ce qu'il t'arrive d'employer des mots anglais ?

☐ a) très souvent ☐ b) souvent ☐ c) régulièrement ☐ d) de temps en temps
☐ e) rarement ☐ f) presque jamais ☐ g) jamais

Si tu as répondu g) jamais à la question 3, autrement réponds aux questions 2b, 2c et 2d.

2b. Tu as dit que tu emploies des mots anglais quand tu parles français. Dans quelles situations est-ce que tu emploies le plus souvent des mots anglais en parlant en français ?

2c. Dans quelles situations est-ce que tu emploies le moins souvent des mots en anglais en parlant en français ?

2d. Pourquoi est-ce que tu emploies des mots anglais quand tu parles français ?

3a. Est-ce qu'il t'arrive de changer complètement de langue quand tu changes le sujet de la conversation ?

☐ a) très souvent ☐ b) régulièrement ☐ c) souvent ☐ d) de temps en temps
☐ e) rarement ☐ f) presque jamais ☐ g) jamais

Si tu as répondu g) jamais à la question 4, autrement réponds aux questions 3b, 3c et 3d.

3b. Si oui, quels sont les sujets desquels tu préfères parler en français ?

3c. Et quels sont les sujets desquels tu préfères parler en anglais ?

3d. Pourquoi est-ce qu'il t'arrive de changer complètement de langue quand tu changes le sujet de la conversation ?

Anhang A: Fragebögen

4. Imagine que tu rencontres a) un francophone venant de Paris/France et b) un anglophone venant de Londres/Angleterre. Évalue ton degré de facilité à te faire comprendre dans chacune des tâches décrites ci-dessous (a – h), en français avec le Francophone et en anglais avec l'Anglophone.				
Impossible	Très difficile	Difficile	Facile	Très facile
0	1	2	3	4
Sujet de conversation			a) Francophone de Paris/France	b) Anglophone de Londres/Angleterre
a) Compter jusqu'à dix, nommer les jours de la semaine et donner la date (mois et année).			0 1 2 3 4	0 1 2 3 4
b) Commander un repas dans un restaurant.			0 1 2 3 4	0 1 2 3 4
c) Donner des informations concernant ma biographie (date de naissance, informations biographiques, mes loisirs …).			0 1 2 3 4	0 1 2 3 4
d) Décrire mes loisirs en détail en utilisant un vocabulaire approprié.			0 1 2 3 4	0 1 2 3 4
e) Décrire mes études, mon emploi, mes principales activités sociales en détail.			0 1 2 3 4	0 1 2 3 4
f) Parler d'un évènement dans le passé en utilisant les temps du passé.			0 1 2 3 4	0 1 2 3 4
g) Décrire ce que j'aimerais atteindre pendant les cinq années à venir en utilisant les temps du futur.			0 1 2 3 4	0 1 2 3 4
h) Donner mon opinion d'un sujet controversé comme l'avortement, la religion, la pollution, la sécurité nucléaire.			0 1 2 3 4	0 1 2 3 4

C) <u>Identité, Croyances, Attitudes</u>

1a. Est-ce qu'il y a, selon toi, un lieu (p. ex. une ville/une région/une province/un pays) où l'on parle le meilleur français ?
❑ oui   ❑ non
1b. Si oui, où est ce lieu ?

2a. Est-ce qu'il y a, selon toi, un lieu (p. ex. une ville/une région/une province) en Acadie où l'on parle le meilleur français ?
❑ oui   ❑ non

Anhang A: Fragebögen

2b. Si oui, où est ce lieu ?

3a. Est-ce que tu crois que le français est en train de disparaître dans ta région ? ❒ oui ❒ non

3b. Si oui, qu'est-ce que tu en penses ?

4. Quel est ton avis quant aux affirmations suivantes ? Encercle le numéro (1 à 7) qui représente le mieux ton opinion en te référant à l'échelle suivante :

Pas du tout d'accord	Très peu d'accord	Peu d'accord	Modérément d'accord	Fortement d'accord	Très fortement d'accord	Entièrement d'accord
1	2	3	4	5	6	7

a)	Chaque Canadien devrait parler l'anglais et le français.	1	2	3	4	5	6	7
b)	Chaque Anglophone devrait faire un effort pour apprendre le français.	1	2	3	4	5	6	7
c)	La sauvegarde de la langue française en Nouvelle-Écosse est importante.	1	2	3	4	5	6	7
d)	Le gouvernement provincial devrait faire plus pour aider à préserver la langue française en Nouvelle-Écosse.	1	2	3	4	5	6	7
e)	À part la langue, la façon de vivre dans ma région est très semblable à celle dans les régions anglophones qui l'entourent.	1	2	3	4	5	6	7
f)	La façon de penser/la mentalité des personnes de ma région est très semblable de celle des personnes des régions anglophones qui l'entourent.	1	2	3	4	5	6	7
g)	Je parle un « bon français ».	1	2	3	4	5	6	7
h)	Le français parlé ici est un « bon français ».	1	2	3	4	5	6	7
i)	Je suis fier/fière de parler le français.	1	2	3	4	5	6	7
j)	Je suis fier/fière de parler l'anglais.	1	2	3	4	5	6	7
k)	Je me sens confortable quand je parle un « français standard ».	1	2	3	4	5	6	7
l)	J'ai peur qu'on se moque de moi à cause de mon accent quand je parle en français.	1	2	3	4	5	6	7

m) Je suis confiant/e de bien me faire comprendre quand je parle un « français standard ».	1	2	3	4	5	6	7
n) J'ai peur d'être ridiculisé/e pour la forme de français que je parle.	1	2	3	4	5	6	7
o) Le français que je parle est semblable au « français standard ».	1	2	3	4	5	6	7
p) J'ai honte de la façon que je parle le français.	1	2	3	4	5	6	7
q) J'essaie d'éviter les situations où je dois parler le « français standard ».	1	2	3	4	5	6	7
r) Je deviens nerveux/se quand j'ai à parler un « français standard ».	1	2	3	4	5	6	7
s) Lorsque je rencontre un francophone venant d'ailleurs, je me sens plus à l'aise de lui parler en anglais qu'en français.	1	2	3	4	5	6	7
t) Quand je parle « mon français » à un francophone venant d'ailleurs, je suis confiant/e d'être bien compris/e.	1	2	3	4	5	6	7

5. Décris comment tu te vois en fonction des identités acadienne et canadienne ainsi qu'en fonction des identités francophone et anglophone. Tu fais ceci en plaçant un X dans la case qui, selon toi, décrit le mieux où tu te situes en fonction des deux pôles.

Acadien/ne	☐	☐	☐	☐	☐	☐	☐	Canadien/ne
Francophone	☐	☐	☐	☐	☐	☐	☐	Anglophone

6. Maintenant je te demande de me décrire ce que « Être Acadien » signifie. Tu peux répondre en cochant « oui » ou « non » pour chacune des caractéristiques ci-dessous … (plusieurs réponses possibles).

a) Parler le français acadien : ☐ oui ☐ non
b) Parler une variété de français : ☐ oui ☐ non
c) Avoir des ancêtres acadiens : ☐ oui ☐ non
d) Avoir des parents ou des grands-parents qui parlent le français acadien : ☐ oui ☐ non
e) Habiter en Acadie : ☐ oui ☐ non

f) Autre préciser : _____

_____

Commentaires:
Merci beaucoup!

Anhang B: Alter, Geschlecht und Muttersprache(n) der StudienteilnehmerInnen

Sprecher	Alter	Geschlecht	Muttersprache	Muttersprache Vater	Muttersprache Mutter
UC1	19	männlich	Französisch	Französisch	Französisch
UC2	23	weiblich	Französisch	Französisch	Französisch
UC3	23	weiblich	Französisch	Französisch	Französisch
UC4	23	weiblich	Französisch	Französisch	Französisch
UC5	22	weiblich	Französisch	Französisch	Französisch
UC6	22	weiblich	Französisch	Französisch	Französisch
EC1	15	weiblich	Französisch	Französisch	Französisch
EC2	15	weiblich	Französisch	Französisch	Englisch
EC3	17	weiblich	Französisch	Französisch/Englisch	Französisch
EC4	17	männlich	Englisch	Englisch	Französisch
EC5	17	weiblich	Englisch	Französisch	Englisch
EC6	18	männlich	Französisch	Französisch	Französisch
EC7	16	weiblich	Englisch	Französisch	Englisch
EC8	16	weiblich	Französisch	Französisch	Französisch
EC9	15	weiblich	Englisch	Englisch	Französisch
EC10	18	männlich	Französisch	Französisch	Spanisch
EC11	17	weiblich	Englisch/Französisch	Französisch	Englisch
EC12	17	weiblich	Französisch	Französisch	Französisch
P1	16	weiblich	Französisch	Französisch	Französisch
P2	16	männlich	Englisch/Französisch	Englisch	Französisch
P3	16	männlich	Englisch/Französisch	Französisch	Englisch
P4	16	weiblich	Französisch	Französisch	Französisch
P5	14	weiblich	Französisch	Französisch	Französisch
P6	14	weiblich	Französisch	Französisch	Französisch
P7	14	weiblich	Französisch	Französisch	Französisch
P8	14	weiblich	Französisch	Englisch	Französisch
P9	15	weiblich	Englisch	Englisch	Französisch
P10	14	männlich	Französisch	Französisch	Französisch
P11	17	männlich	Französisch	Französisch	Französisch
P12	19	männlich	Französisch	Französisch	Französisch

Anhang B: Alter, Geschlecht und Muttersprache(n)

P13	26	weiblich	Französisch	Französisch	Französisch
P14	18	weiblich	Französisch	Französisch	Französisch
P15	17	weiblich	Französisch/ Englisch	Französisch/ Englisch	Französisch/ Englisch
P16	17	weiblich	Französisch	Französisch	Französisch
P17	19	weiblich	Englisch	Französisch	Englisch
P18	18	männlich	Französisch	Französisch	Französisch
UP1	18	männlich	Französisch	Englisch	Französisch
UP2	20	weiblich	Englisch/ Französisch	Englisch	Französisch
EP1	18	männlich	Französisch	Französisch	Französisch
EP2	16	weiblich	Französisch/ Englisch	Englisch	Französisch
EP3	15	männlich	Französisch	Französisch	Französisch
EP4	16	weiblich	Englisch	Englisch	Englisch
EP5	17	männlich	Französisch/ Englisch	Französisch/ Englisch	Englisch
EP6	16	männlich	Französisch/ Englisch	Englisch	Französisch/ Englisch

Anhang C: Detaillierte Studienergebnisse

C.1 Schriftlicher Fragebogen: Einschätzung der eigenen Sprachkompetenz, Französisch

0 = impossible, 1 = très difficile, 2 = difficile, 3 = facile, 4 = très facile

Sujet de conversation	ø insgesamt	ø Schülerinnen und Schüler	ø Studierende
a) Compter jusqu'à dix, nommer les jours de la semaine et donner la date (mois et année).	3,6	3,5	3,8
b) Commander un repas dans un restaurant.	3,3	3,4	3,1
c) Donner des informations concernant ma biographie (date de naissance, informations biographiques, mes loisirs …).	3,2	3,1	3,3
d) Décrire mes loisirs en détail en utilisant un vocabulaire approprié.	2,7	2,7	2,6
e) Décrire mes études, mon emploi, mes principales activités sociales en détail.	2,9	3	2,9
f) Parler d'un évènement dans le passé en utilisant les temps du passé.	2,8	2,8	2,9
g) Décrire ce que j'aimerais atteindre pendant les cinq années à venir en utilisant les temps du futur.	3	3	3
h) Donner mon opinion d'un sujet controversé comme l'avortement, la religion, la pollution, la sécurité nucléaire.	2,7	2,8	2,8

Anhang C: Detaillierte Studienergebnisse

C.2 Schriftlicher Fragebogen: Einschätzung der eigenen Sprachkompetenz, Englisch

0 = impossible, 1 = très difficile, 2 = difficile, 3 = facile, 4 = très facile

Sujet de conversation	ø insgesamt	ø Schülerinnen und Schüler	ø Studierende
a) Compter jusqu'à dix, nommer les jours de la semaine et donner la date (mois et année).	3,9	3,8	4
b) Commander un repas dans un restaurant.	3,7	3,7	3,9
c) Donner des informations concernant ma biographie (date de naissance, informations biographiques, mes loisirs …).	3,6	3,6	3,6
d) Décrire mes loisirs en détail en utilisant un vocabulaire approprié.	3,5	3,5	3,5
e) Décrire mes études, mon emploi, mes principales activités sociales en détail.	3,4	3,5	3,4
f) Parler d'un évènement dans le passé en utilisant les temps du passé.	3,3	3,3	3,4
g) Décrire ce que j'aimerais atteindre pendant les cinq années à venir en utilisant les temps du futur.	3,6	3,6	3,6
h) Donner mon opinion d'un sujet controversé comme l'avortement, la religion, la pollution, la sécurité nucléaire.	3,4	3,4	3,3

Anhang C: Detaillierte Studienergebnisse

C.3 Einfachnennungen englischer Substantive

BSM = Baie Sainte-Marie, P = Pubnico, IM = Isle Madame, CH = Chéticamp[292]

Sprecher	Substantive
UC1	BIG BOSS (m.), COMMUNITY SERVICE (m.), CROSS (f.), GROUP (m.), HOUSE PARTY (?), POOL/FUßBALL TABLE (f.), SETTING (m.), TABLE SOCCER (?), WAR (?)
UC2	ADVERTISING (m.), ENTERTAINMENT (?), GOSSIP (?), PUCK (m.), YOUTH (f.)
UC3	BASE (f.), CITY LIFE (f.), DRINK (?), FUSS (f.), LIGHT (?) *BSM*[293], LUCK (?), PIZZA (m.), SLOW MODE (f.), SOUND (Pl.), TOWN (f.)
UC4	DRINK (?), DUMP (f.) *BSM*, STREET LIGHTS (?), TRACK (?), TRAY (f.) *CH*[294], QUILT (m.)
UC5	BEAN (?), BONUS POINT (?), COLLOSSEUM (m.), COWORKER (?), CUBICLE (m.), CUTBACKS (Pl.), DIALECT (?), EIFFEL TOWER (m.), EXCEPTION (?), FENCE (?), FUND RAISER (?), GLADIATOR (?), ICON (?), MEETING (f.), OPPORTUNITY (?), SURVEY (?), TEAPOT (m.), TROUBLE MAKER (?)
UC6	ADVANTAGE (?), ANCESTORS (Pl.), BENEFIT (?), BREED (?), CHAPERONE (f.), COLLOSSEUM (m.), GROCERY STORE (f.), HEALTH CARE (?), HONEYMOON (f.), HISTORY BUFF (f.), HISTORY (f.), HURRICANE (?), ICESTORM (?), MEANING (f.), PASSPORT (m.), PHONE (m.), TORNADO (?), TROUBLE MAKER (?), VACATION (f.)
EC1	BADMINTON (?)
EC2	BOOB (?), OZON LAYER (f.)
EC3	DAY (f.), VIEW (?)
EC4	COMEDY (?), FOG (m.), GARBAGE (?), GLOBE (m.), TRASH (?), VIEWS (Pl.), VOICE OVER (m.), WASTE (?)
EC5	ARTIST (m.), BLOG (m.), BLOOD (m.), CONVERSATION (?), STARTER (?), DISRESPECT (?), LANGUAGE (m.), MICMAC (m.), PILL (m.) *IM*[295]
EC6	GENOCIDE (?)

---

[292] Findet sich das englische Lexem in Starets' Studien (1982, 1986) in einer der akadischen Regionen, so ist dies mit den hier angegebenen Abkürzungen kenntlich gemacht.
[293] Bei Starets (1982: 102) ist in Church Point für *LIGHT* der Artikel *la* belegt.
[294] *TRAY* ist für Chéticamp mit dem Artikel *le* belegt (vgl. Starets 1982: 167).
[295] *PILL* ist bei Starets für die Isle Madame mit dem Artikel *la* angegeben (vgl. Starets 1982: 126).

Anhang C: Detaillierte Studienergebnisse

Sprecher	Substantive
EC7	ADJECTIVE (m.), DISRESPECT (m.), FIGHTING PLANE (m.), HYPE (m.), OPTION (?), SPORTS (Pl.)
EC11	ANAPHYLICTIC SHOCK (?), BUNCH (m.), CHICKEN (f.), COOLANT (m.), COOLING (m.), COOLMENT (m.), CRACKER (m.), FLAVOR (?), GOSSIP-age (?), GADGET (?), NUCLEAR REACTOR (?), POWER (?), SELF ESTEEM (?), SOY MILK (m.), TRACTOR (?), VEGGIE BURGER (m.), VEGGIE PATTY (?), WEBSITE (m.)
EC12	ACTION (?), ANAPHYLICTIC SHOCK (?), ASIDE (?), BRAIN (f.), CABLE (?), DEATH STAR CI-FI (?), DIABETES (?), DRUG DEALING (?), EPIPEN (m.), GAS (f.) *CH*, IDOL (m.), INSULINE (f.), INSULINE SHOCK (?), INVENTORY (?), MINISKIRT (m.), NATIONALS (m.), NERVOUS BREAKDOWN (m.), NUCLEAR REACTOR (m.), ROOMIE (f.), SIROP (m.), SOY MILK (m.), SPELL (?), STICK (m.), TOWEL (?), TRACTOR (?), VICTIM (m.), WAFFLE (f.), YOGHURT (m.)
P1	CAKE (m.), CROWD (?), DUDE (m.), EYE CONTACT (m.), FROSTING (f.), NATIONAL ANTHEM (m.), SEASIDE (f.), TERROR (m.)
P4	ALCOHOL (m.), BAR (m.), CAMPER (m.), GASP (m.), GUY (m.), HIGHLIGHTER (m.), LEADER (?) *P*, *CH*, MATCH (la, le), NEW YEAR'S (?), ORGAN (?), RACOON (le, la), RIOT (?), SENSOR (?), MATTRESS (?) *IM*, SNEAKS (Pl.) *BSM*, SPOT (m.), SPECTATOR (m.), TENT (f.), WHITE OUT (m.)
P5	GUITAR (m.), NOVEL (?), PIANO (m.), TRANSLATOR (?), RIGHT (?)
P6	CARTOON (?)
P7	AIRSPACE ENGINEER (m.) *BSM*, BEGINNER (?), BOY (m.), CURVE (?), LAID BACK (?), MARCH BREAK (m.), MOOD (m.), MOUNTAIN (f.), SNOWBOARD (f.), SNOWBOARDING (?),
P8	CAM (m.), PLAN (m.), VIDEO CAMERA (m.)
P10	FISHERY OFFICER (m.), GAME WARDEN (m.)
P11	SUNSCREEN (?)
P12	ASS (m.), LIFE GUARD (f.), REPLIKA (?), ROOT (?), WAX MUSEUM (?)
P13	BACKYARD (f.), CHARACTER (m.), COMMUNITY (?), CREEP (?), HILLBILLY CATTLE (?), LAWN (m.) *BSM*, MARK (f.) *CH*, MASONRY (m.), MUMBO JUMBO (?), PARK (m.), REALITY (?), REMOTE CONTROL (m.), SHOTGUN (?), SLANG (?), WALL (m.) *IM*

Anhang C: Detaillierte Studienergebnisse

Sprecher	Substantive
P14	PITCHFORK (?)
P15	APPLE PIE (m.), APPLE SAUCE (m.), BAKER (m.), BELT (m.), BLUEGRASS (m.), COOK (m.), CULINARY ARTS (?), HEART ATTACK (m.) *IM*, HOUSE (f.), ICE CREAM (?) *CH*[296], MIC (m.), OPPONENT (?), PILOT (m.), SCOUT (?)
P16	APPLE SAUCE (m.), BLACK HOLE (m.), BLUEGRASS (?), DOWNSIDE (f.), HEART ATTACK (m.), LAPTOP (m.), SCOUT (?)
P17	FOOTBALL (?), FOOTBALL PLAYER (?), GOALIE (?) *P*, IGLOO (?), JERSEY (m.), JOY (m.), LEVEL (m.), MAGAZINE (?), MAIN ROAD (m.), MAP (f.) *CH*, MASCOT (m.), MINUS (?), OVERLOAD (m.), PARKING LOT (?), PAPARAZZI (?), PLUS (?), STAND (?), TERRORIST ATTACK (?), TIME-euse (f.), TIMING (?), WAITRESS (f.)[297]
P18	CANOE (?), CD (m.), DIRTBIKE (?), DRUMSET (m.), FIREFIGHTER (?), FOURWHEELER (?), KEYBOARD (f.), OPERA (?), RAFT (m.), TECHNO (?), TIMING (?), TRAIN (?), TRUCK (m.), TWIST (m.)

---

[296] Belegt für Chéticamp mit dem Artikel *la* (vgl. Starets 1982: 93).
[297] *WAITRESS* ist im *Dictionnaire historique du français québécois* (1998: 519) attestiert.

Anhang C: Detaillierte Studienergebnisse

C.4 Einfachnennungen englischer Adjektive

BSM = Baie Sainte-Marie, P = Pubnico, IM = Isle Madame, CH = Chéticamp[298]

Sprecher	Adjektive
UC1	INSECURE, OLD SCHOOL
UC3	OBVIOUS, TRICKY, TIGHT
UC4	AWARE, EXPECTED, FORGIVING
UC5	ACTUAL, HARD, IMRESSED, PRESERVED, STRESSFUL, WELCOMING
UC6	AMAZING, CHARG-é, COMMUNIST, DIFFERENT, HOLLOW, INSTANT, RICH, RUDE, SATISFIED, SKETCHY, TOUGH
EC5	SMOOTH *(BSM, P)*, FLUID, FUNNY, WASHED UP
EC6	ENTERTAINING
EC7	AMERICAN, CANADIAN, GLAD
EC11	ADVERTIS-é, ADDICTING, CRUSHED, FAKE *(BSM)*, GAY, RELATED, SWEET, WORRIED
EC12	BACKSTANDING, FROST BITE, FUCKED UP, GAY
P1	BORED, CLEAN, INTENSE, SUPPOSÉ, TRIBAL MASKED
P4	AIMLESS, HAPPY, HOT, RIPP-é OFF, TRUE, WIDE OUT
P5	FAIR *(CH, IM)*, SCARY
P7	HUMORISTIC, SILLY, LAY BACK, PATHETIC, RIGHT
P8	PATHETIC
P12	FUCKING, SHAGGENING, USEFUL
P13	FLAT OUT, UPRIGHT, ZERO
P14	FAT
P15	ANNOYING, GIANT, HANDHELD, ILLEGAL, JEALOUS, LITERARY, PUBLIC, RETARDED
P16	UNFAIR
P17	JAPANESE, LUCKY, REWARDING, WORSE
P18	GREEN, TOXIC

---

[298] Findet sich das englische Lexem in Starets' Studien (1982, 1986) in einer der akadischen Regionen, so ist dies mit den hier angegebenen Abkürzungen kenntlich gemacht.

Anhang C: Detaillierte Studienergebnisse

C.5 Einfachnennungen englischer Verben

BSM = Baie Sainte-Marie, P = Pubnico, IM = Isle Madame, CH = Chéticamp[299]

Sprecher	Verben
UC1	EXPECT-er, FLY-er *(BSM, P)*, KNOW-er
UC2	CLUB-er, BARBECUE-r
UC3	BURST-er, CONFUSE-r DECIDE-r, HANDLE-r *(BSM)*, NAME-r, PROMOTE-r
UC4	FIND-er OUT, AFFORD-er
UC5	BREAK-er DOWN, CHARGE-r, OVERCHARGE-r, PICK-er *(BSM, P)*, RUB-er OFF, TRUCK-er, WAIT (Imperativ)
UC6	BASH-er, BELONG-er, FILL-er IN, GUESS-er *(P, BSM, IM)*, KEEP-er, PICK-er, RAID-er, RAISE-r, SNEAK-er, STAMP-er, SWITCH-er *(BSM)*
EC3	FIND-er OUT, FIRE-r, SHAME-r, WAKE-r UP
EC4	BEAT-er *(P)*
EC5	TRUST-er, WASTE-r
EC6	AVERAGE-r OUT
EC7	BACKPACK-er, SHARE-r, WASTE-r
EC9	TWITTER-er (Imperativ)
EC11	ACT-er *(BSM, CH)*, CHAT-er, DUMP-er, FAIL-er *(BSM, P, CH, IM)*, FLUCTUATE-r, FREAK-er (OUT), GET-er, OVERHEAT-er
EC12	DUMP-er, JAB-er, NAG-er, SETTLE-r
P1	BLINK-er, ENTERTAIN-er, se FIGHT-er, OWN-er *(BSM, CH)*, REALISE-r
P4	BEEP-er, BLABBER-er, CAMP-er, FIT-er *(BSM, P, IM)*, MURDER-er, PASS-er OUT REQUIRE-r, TEXT-er, SHOOT-er
P7	BRAKE-r, LOOK-er (Imperativ), SNOWBOARD-er, SKI-er, STRESS-er
P8	BRAKE-r, PLAN-er, SKI-er, STEAL-er
P11	DROP-er OFF
P12	ADMIT-er, DROP-er OFF, DROWN-er, s'EXPRESS-er, SLAM-er *(BSM)*
P13	ABUSE-r, BUGGY-er, BREAK-er, WAIT-er (Imperativ)
P14	BLOW-er UP *(BSM)*, BUGGY-er, (YOU-)TUBE-r
P15	CRASH-er *(BSM)*, PRONOUNCE-r, REMIND-er, SAIL-er OUT, SURVIVE-r, WATCH-er OUT

---

[299] Findet sich das englische Lexem in Starets' Studien (1982, 1986) in einer der akadischen Regionen, so ist dies mit den hier angegebenen Abkürzungen kenntlich gemacht.

Anhang C: Detaillierte Studienergebnisse

Sprecher	Verben
P16	ARREST-er, CHECK-er, DEPART-er, DISCRIBE-r, EXPLODE-r *(P)*, HATE-r, SQUAW-er
P17	ADD-er (UP), IDLE-r, KAYAK-er, REWARD-er, SLACK-er
P18	CANOE-r, DESERVE-r, EXPERIENCE-r, HIDE-r, RUN-er, SPRAY-er

C.6 Einfachnennungen englischer Adverbien

Sprecher	Adverbien
UC5	AGAIN, FINALLY, HONESTLY
UC6	AGGRESSIVELY, AUTOMATICALLY, COMPLETELY, PERSONALLY
EC12	WILLINGLY
P1	ACCIDENTALLY
P4	APPARENTLY, CLEARLY, QUITE
P8	SO FAR
P13	OVERLY
P15	AIMLESSLY
P16	DAILY

8 Tabellenverzeichnis

Tabelle 1: Zensus 2006: Französisch in Neuschottland ... 23

Tabelle 2: Zensus 2011: Französisch in Neuschottland ... 24

Tabelle 3: Muttersprache und Familiensprache Französisch in Neuschottland, 1931-2011 ... 25

Tabelle 4: Schulen des *CSAP* an der Baie Sainte-Marie ... 42

Tabelle 5: Zensus 2006: Baie Sainte-Marie ... 44

Tabelle 6: Schulen des *CSAP* in Pubnico (Argyle) ... 46

Tabelle 7: Zensus 2006: Argyle (Municipal District) ... 46

Tabelle 8: Zensus 2006: Chéticamp (Inverness, Subd. A) ... 48

Tabelle 9: Zensus 2006: Isle Madame (Richmond, Subd. C) ... 49

Tabelle 10: Schriftlicher Fragebogen: Bedeutung des Akadier-Seins für die Jugendlichen ... 64

Tabelle 11: Die vier Kombinationsmöglichkeiten von Diglossie und Bilingualismus nach Fishman ... 71

Tabelle 12: Schriftlicher Fragebogen: Sprachgebrauch im Nähebereich ... 75

Tabelle 13: Schriftlicher Fragebogen: Sprache und Mediennutzung ... 77

Tabelle 14: Schriftlicher Fragebogen: Zur Rolle des Französischen in Kanada und Neuschottland ... 81

Tabelle 15: Schriftlicher Fragebogen: Einschätzung der Sprachqualität ... 89

Tabelle 16: Schriftlicher Fragebogen: Sprachstolz ... 89

Tabelle 17: Schriftlicher Fragebogen: *Insécurité linguistique* ... 93

Tabelle 18: Die Personalpronomen der ersten Person Plural: *je* und *on* ... 109

Tabelle 19: Die Negatoren *point* und *pas* ... 120

Tabelle 20: Die Verbalphrasen *je sais point* und *je sais pas* ... 122

Tabelle 21: Die Endung *-ont*, alle Tempora ... 125

Tabelle 22: Die Endung *-ont*, *présent* ... 126

Tabelle 23: Die Endung *-ont*, *imparfait* ... 127

Tabellenverzeichnis

Tabelle 24: *avoir*, *aller* und *faire*: Verwendung standardfranzösischer und akadischer Formen, *présent* 128

Tabelle 25: Englische Substantive 171

Tabelle 26: Englische Substantive mit zwei Genera 179

Tabelle 27: Artikulation des finalen -s bei englischen Substantiven 181

Tabelle 28: Artikulation des finalen -s bei englischen allein stehenden Substantiven 182

Tabelle 29: Englische Adjektive 187

Tabelle 30: Englische Verben 194

Tabelle 31: Englische Verben und Verwendung französischer Synonyme 197

Tabelle 32: Integration der englischen Verben in die akadische Matrix: Konjugationstabelle *WATCH-er* 198

Tabelle 33: Englische Adverbien 223

Tabelle 34: *BUT* und *mais*: Verwendung im Gesamtkorpus 230

Tabelle 35: *SO* und *ça fait (que)*: Verwendung im Gesamtkorpus 234

Tabelle 36: *WELL* und *ben*: Verwendung im Gesamtkorpus 239

Tabelle 37: *I MEAN*, *I GUESS*, *je pense*, *je crois*: Variation im Gesamtkorpus 245

Tabelle 38: Englische Konnektoren an der Baie Sainte-Marie 250

Tabelle 39: Einleitende Konstruktion bei der direkten Rede 271

9 Bibliographie

9.1 Sekundärliteratur

Allard, Réal & Landry, Rodrigue. „Étude des relations entre les croyances envers la vitalité ethnolinguistique et le comportement langagier en milieu minoritaire francophone", in: Théberge, Raymond & Lafontant, Jean (Hgg.). *Demain, la francophonie en milieu minoritaire?* Saint-Boniface: Centre de Recherche du Collège de Saint-Boniface, 1987, 15-41.

Ammon, Ulrich & Dittmar, Norbert & Mattheier, Klaus J. & Trudgill, Peter (Hgg.). *Sociolinguistics. Soziolinguistik.* An International Handbook of the Science of Language and Society. Ein internationals Handbuch zur Wissenschaft von Sprache und Gesellschaft. Bd. 1. Berlin/New York: Walter de Gruyter, ^{2}2006 (Handbücher zur Sprach- und Kommunikationswissenschaft; 3.1).

Andersen, Gisèle. „The Pragmatic Marker *like* from a Relevance-theoretic Perspective", in: Jucker, Andreas H. & Ziv, Yael (Hgg.). *Discourse Markers.* Amsterdam/Philadelphia: John Benjamins, 1998, 147-170.

Appel, René & Muysken, Pieter. *Language Contact and Bilingualism.* Amsterdam: Amsterdam Academic Archive, 2005.

Arrighi, Laurence. „Des prépositions dans un corpus acadien: Évolution du système linguistique français, archaïsmes et/ou *Calques* de l'anglais?", in: Brasseur & Falkert 2005, 239-247.

Arsenault, Bona. *Histoire des Acadiens.* Québec: Fides, 1994.

Auger, Julie. „On the history of relative clauses in French and some of its dialects", in: Andersen, Henning (Hg.). *Historical Linguistics 1993. Selected Papers from the 11th International Conference on Historical Linguistics, Los Angeles, 16-20 August 1993.* Amsterdam/New York: John Benjamins, 1993, 19-32 (Current Issues in Linguistic Theory; 124).

Babitch, Rose Mary. „*Chiac*: The Hybrid Vernacular of Moncton Acadian Teenagers", in: *LACUS FORUM*, 23, 1996, 455-460.

Bagola, Beatrice (Hg.). *Français du Canada – Français de France. Actes du huitième Colloque international de Trèves du 12 au 15 avril 2007.* Tübingen: Niemeyer, 2009 (Canadiana Romanica; 23).

Barbieri, Federica. „Quotative *be like* in American English: Ephemeral or here to stay?", in: *English World-Wide*, 30, 2009, 68-90.

Bibliographie

Bauche, Henri. *Le langage populaire. Grammaire, syntaxe et dictionnaire du français tel qu'on le parle dans le peuple de Paris, avec tous les termes d'argot usuel.* Paris: Payot, 1928.

Beaulieu, Louise. „‚*Qui se ressemble s'assemble' et à s'assembler on finit par se ressembler*: une analyse sociolinguistique de la variable *si/si que* en français acadien du nord-est du Nouveau-Brunswick", in: Boudreau & Dubois 1996, 91-111.

Beaulieu, Louise & Balcom, Patricia. „Le statut des pronoms personnels sujets en français acadien du nord-est du Nouveau-Brunswick", in: *Linguistica atlantica*, 20, 1998, 1-27.

Beaulieu, Louise & Cichocki, Wladyslaw. „La flexion postverbale -ont en français acadien: une analyse sociolinguistique", in: *Canadian Journal of Linguistics/Revue canadienne de linguistique*, 53, 2008, 35-62.

Blanche-Benveniste, Claire & Jeanjean, Colette. *Le français parlé. Transcription et édition.* Paris: Didier érudition, 1987.

Blanche-Benveniste, Claire. *Approches de la langue parlée en français.* Paris: Ophrys, 1997.

Blyth, Carl Jr. & Recktenwald, Sigrid & Wang, Jenny. „I'm like, „say what?!": A New Quotative in American Oral Narrative", in: *American Speech*, 65, 1990, 215-227.

Bollée, Annegret. „Français parlé au Québec – français parlé en France", in: Niederehe, Hans-Josef & Wolf, Lothar (Hgg.). *Français du Canada – Français de France. Actes du troisième Colloque international d'Augsbourg du 13 au 17 mai 1991.* Tübingen: Niemeyer, 1993, 139-152 (Canadiana Romanica; 7).

Bouchard, Denis. „Les constructions relatives en français vernaculaire et en français standard: étude d'un paramètre", in: Lefebvre, Claire (Hg.). *La syntaxe comparée du français standard et populaire: approches formelle et fonctionnelle.* Bd. 1. Québec: Office de la langue française, 1982, 103-133.

Boudreau, Annette. „La perception des écarts linguistiques par rapport à la norme en milieu diglossique", in: Martel, Pierre & Maurais, Jacques (Hgg.). *Langues et sociétés en contact. Mélanges offerts à Jean-Claude Corbeil.* Tübingen: Niemeyer, 1994, 341-350 (Canadiana Romanica; 8).

Boudreau, Annette. „La langue française en Acadie du Nouveau-Brunswick, symbole d'appartenance, mais pas seulement …", in: Langlois, Simon (Hg.). *Identité et cultures nationales: L'Amérique française en mutation.* Sainte-Foy: Les Presses de l'Université Laval, 1995, 135-150.

Boudreau, Annette & Dubois, Lise (Hgg.). *Les Acadiens et leur(s) langue(s): quand le français est minoritaire. Colloque du Centre de recherche en linguistique appliquée de l'Université de Moncton, 19-21 août 1994.* Moncton: Centre de recherche en linguistique appliquée, 1996.

Boudreau, Annette & Dubois, Lise. „L'insécurité linguistique comme entrave à l'apprentissage du français", in: *Bulletin de l'ACLA/Bulletin of the CAAL*, 13, 1991, 37-50.

Bibliographie

Boudreau, Annette & Dubois, Lise. „,J'parle pas comme les français de France, ben c'est du français pareil; j'ai ma *own* petite langue", in: *Cahiers de l'Institut Linguistique de Louvain, Actes du colloque: „L'insécurité linguistique dans les communautés francophones périphériques", Université de Louvain-la-Neuve, 10-11 novembre 1993*, 19, 1993, 147-168.

Boudreau, Annette & Dubois, Lise. „Langues minoritaires et espaces publiques: le cas de l'Acadie du Nouveau-Brunswick", in: *Estudios de Sociolingüística*, 2, 2001, 37-60.

Boudreau, Annette & Dubois, Lise. „Le français à Parkton: de la *back yard* au centre d'appel", in: *Francophonies d'Amériques*, 14, 2002, 29-36.

Brasseur, Patrice. *Dictionnaire des régionalismes du français de Terre-Neuve.* Tübingen: Niemeyer, 2001 (Canadiana Romanica; 15).

Brasseur, Patrice (Hg.). *Français d'Amérique: Variation, créolisation, normalisation: Actes du colloque: „Les français d'Amérique du Nord en situation minoritaire", Université d'Avignon, 8-11 octobre 1996.* Avignon: Centre d'études canadiennes, 1998.

Brasseur, Patrice & Falkert, Anika (Hgg.). *Français d'Amérique: approches morphosyntaxiques. Actes du colloque international Grammaire comparée des variétés de français d'Amérique (Université d'Avignon, 17-20 mai 2004).* Paris: L'Harmattan, 2005.

Brasseur, Patrice. „De l'ellipse du pronom personnel aux formes verbales non marquées dans les parlers acadiens", in: Ebd. 1998, 75-91.

Brasseur, Patrice. „Les anglicismes formels en franco-terre-neuvien", in: Simoni-Aurembou, Marie-Rose (Hg.). *Français du Canada – Français de France. Actes du cinquième Colloque international de Bellême du 5 au 7 juin 1997.* Tübingen: Niemeyer, 2000, 227-240 (Canadiana Romanica; 13).

Bretegnier, Aude. „L'insécurité linguistique: objet insécurisé? Essai de synthèse et perspectives", in: Robillard & Beniamino 1996, 903-923.

Brunot, Ferdinand. *Histoire de la langue française des origines à nos jours. Tome X. La langue classique dans la tourmente. Première Partie.* Paris: Armand Colin, 1968.

Calvet, Jean-Louis. *La Sociolinguistique.* Paris: Presses Universitaires de France, ^{7}2011.

Cardinal, Linda & Lapointe, Jean & Thériault, J.-Yvon. *État de la recherche sur les communautés francophones hors Québec: 1980-1990.* Ottawa: Centre de recherche en civilisation canadienne-française, 1994.

Charpentier, Jean-Michel. „Le français acadien de sa mixité originale à sa complexité actuelle", in: *Études canadiennes/Canadian Studies*, 37, 1994, 197-209.

Chaudenson, Robert. *Créoles et enseignement du français: Français, créolisation, créoles et français marginaux: problèmes d'apprentissage, d'enseignement des langues et d'aménagement linguistique dans les espaces créolophones.* Paris: L'Harmattan, 1989.

Bibliographie

Chevalier, Gisèle. „Description lexicographique de l'emprunt *well* dans une variété de français parlé du sud-est du Nouveau-Brunswick", in: Latin & Poirier 2000, 85-95.

Chevalier, Gisèle. „Comment *comme* fonctionne d'une génération à l'autre", in: *Revue québécoise de linguistique*, 30, 2001, 13-40.

Chevalier, Lise. „La concurrence entre ‚ben' et ‚well' en chiac du sud-est du Nouveau-Brunswick (Canada)", in: *Cahiers de sociolinguistique de Rennes 7: Langues en contact*, 2003, 65-81.

Chevalier, Gisèle & Cossette, Isabelle. „*COMME*, tic ou marqueur d'oralité?", in: *Port Acadie, Revue interdisciplinairre en études acadiennes/An Interdisciplinary Review in Acadian Studies*, 3, 2002, 65-87.

Chevalier, Gisèle & Hudson, Chantal. „Deux cousins en français québécois et en chiac de Moncton: *right* and *full*", in: Brasseur & Falkert 2005, 288-302.

Chevalier, Gisèle & Long, Michael. „*Finder out, pour qu'on les frig pas up, comment c'qu'i workont out:* les verbes à particules en chiac", in: Brasseur & Falkert 2005, 201-211.

Chiasson, Anselme. *Chéticamp: History and Acadian Traditions.* St. John's, Newfoundland: Breakwater, 1986.

Clark, Andrew Hill. *Acadia: The Geography of Early Nova Scotia to 1760.* Madison: University of Wisconsin Press, 1968.

Commissariat aux Langues Officielles/Office of the Commissioner of Official Languages. *Nos deux langues officielles au fil des ans/Our two official languages over time.* Ottawa, 1990.

Connors, Kathleen. „L'effacement du *que* – règle syntaxique", in: *Recherches linguistiques de Montréal*, 4, 1975, 17-33.

Conrick, Maeve & Regan, Vera. *French in Canada: Language Issues.* Oxford: Lang, 2007 (Modern French Identities; 28).

Cormier, Yves. *Dictionnaire du français acadien.* Québec: Fides, 1999.

Coulombe, Pierre A. *Language Rights in French Canada.* New York: Lang, 1995.

D'Entremont, Clarence-Joseph. *Brève histoire de Pubnico 2.* Pubnico-Ouest: Privat, 1984.

Deveau, J. Alphonse. *Clare ou La ville française. Tome 1: Les premiers cent ans.* Pointe-de-l'Église: Imprimerie de l'Université Sainte-Anne, 1983.

Deveau, J. Alphonse. *Clare ou La ville française. Tome 2: Les derniers cent ans.* Pointe-de-l'Église: Imprimerie de l'Université Sainte-Anne, 1985.

Deveau, Kenneth & Clarke, Paul & Landry, Rodrigue. „Écoles secondaires de langue française en Nouvelle-Écosse: des opinions divergentes", in: *Francophonies d'Amérique*, 18, 2004, 93-105.

Dil, Anwar S. (Hg.). *Language in Social Groups: Essays by John J. Gumperz.* Stanford: Stanford University Press, 1971.

Bibliographie

Dostie, Gaétane. *Pragmaticalisation et marqueurs discursifs. Analyse sémantique et traitement lexicographique.* Brüssel: Éditions Duculot.

Doussinet, Raymond. *Grammaire Saintongeaise: Étude des structures d'un parler régional.* La Rochelle: Éditions Rupella, 1971.

Dubois, Sylvie. „Field Method in Four Cajun Communities in Louisiana", in: Valdman 1997, 47-70.

Dubois, Sylvie. „La configuration dynamique des communautés cadiennes en Louisiane", in: Brasseur 1998, 325-348.

Dubois, Sylvie & Melançon, Megan. „Cajun is dead – long live Cajun", in: *Journal of Sociolinguistics,* 1, 1997, 63-93.

Dubois, Sylvie & Noetzel, Sibylle & Salmon, Carole. „L'usage des pratiques bilingues dans la communauté cadienne", in: *Revue canadienne de linguistique appliquée/Canadian Journal of Applied Linguistics,* 9, 2006, 207-219.

Dupuis, Jacinthe. „Étude sociolinguistique de quelques caractéristiques des emprunts à l'anglais par des franco-américains du Massachussetts", in: *Revue québécoise de linguistique,* 25, 1997, 35-61.

Edwards, John. *Language, Society and Identity.* Oxford/New York: Basil Blackwell, 1985.

Ehlich, Konrad & Rehbein, Jochen. „Halbinterpretative Arbeitstranskriptionen (HIAT)", in: *Linguistische Berichte,* 45, 1976, 21-41.

Falkert, Anika. *Le français acadien des Îles-de-la-Madeleine: Étude de la variation phonétique.* Paris: L'Harmattan, 2010.

Falkert, Anika. „La mutation achevée du connecteur *ça fait que* dans le français acadien des Îles-de-la-Madeleine", in: *Revue canadienne de linguistique appliquée/Canadian Journal of Applied Linguistics,* 9, 2006, 39-53.

Ferguson, Charles A. „Diglossia (1959)", in: Dil, Anwar S. (Hg.). *Language Structure and Language Use: Essays by Charles A. Ferguson.* Stanford: Stanford University Press, 1971, 1-26.

Fishman, Joshua A. *Sociolinguistics: A Brief Introduction.* Rowley: Newbury House Publishers, ²1971.

Fishman, Joshua A. *The Sociology of Language: An Interdisciplinary Social Science Approach to Language in Society.* Rowley: Newbury House Publishers, 1972.

Fishman, Joshua A. *Language and Ethnicity in Minority Sociolinguistic Perspective.* Clevedon: Multilingual Matters, 1989.

Fishman, Joshua A. „Bilingualism with and without diglossia: diglossia with and without bilingualism", in: *Journal of Social Issues,* 23, 1967, 29-38.

Bibliographie

Flikeid, Karin. „'Moitié anglais, moitié français?' Emprunts et alternance de langues dans les communautés acadiennes de la Nouvelle-Écosse", in: *Revue québécoise de linguistique théorique et appliquée*, 8, 177-228. (= Flikeid 1989a)

Flikeid, Karin. „Recherches sociolinguistiques sur les parlers acadiens du Nouveau-Brunswick et de la Nouvelle-Écosse", in: Mougeon & Béniak 1989, 183-199. (= Flikeid 1989b)

Flikeid, Karin. „Origines et évolution du français acadien à la lumière de la diversité contemporaine", in: Mougeon, Raymond & Béniak, Édouard (Hgg.). *Les origines du français québécois*. Sainte-Foy: Les presses de l'Université Laval, 1991, 275-326.

Flikeid, Karin. „Exploitation d'un corpus sociolinguistique acadien à des fins de recherches lexicales", in: Lavoie 1996, 307-320.

Flikeid, Karin. „Structural Aspects and Current Sociolinguistic Situation of Acadian French", in: Valdman 1997, 255-286.

Flikeid, Karin & Péronnet, Louise. „'N'est-ce pas vrai qu'il faut dire: j'avons été?' Divergences régionales en acadien", in: *Le français moderne*, 57, 1989, 219-242.

Fraser, Bruce. „What are discourse markers?", in: *Journal of Pragmatics*, 31, 1999, 931-952.

Fuchs-Heinritz, Werner et al. (Hgg.). *Lexikon zur Soziologie*. Wiesbaden: VS Verlag für Sozialwissenschaften, ^{4}2007.

Gadet, Françoise. *Le français populaire*. Paris: Presses Universitaires de France, ^{2}1997.

Gadet, Françoise. *La variation sociale en français*. Gap: Orphys, 2003.

Gardner-Chloros, Penelope. *Code-switching*. Cambridge: Cambridge University Press, 2009.

Gauvin, Karine. „L'impact des mots du vocabulaire maritime sur l'environnement linguistique global du français acadien: l'exemple de *haler*", in: *Revue canadienne de linguistique appliquée/Canadian Journal of Applied Linguistics*, 9, 2006, 21-37.

Gérin, Pierre M. *Marichette: Lettres acadiennes 1985-1898*. Sherbrooke: Éditions Naaman, 1982.

Gesner, B. Edward. *Étude morphosyntaxique du parler acadien de la Baie Sainte-Marie, Nouvelle-Écosse (Canada)*. Québec: CIRB/ICRB, 1979. (= Gesner 1979a)

Gesner, B. Edward. „Le passé simple en acadien", in: *Cahier de linguistique*, 9, 123-130, 1979. (= Gesner 1979b)

Gesner, B. Edward. *Description de la morphologie verbale du parler acadien de Pubnico (Nouvelle-Écosse) et comparaison avec le français standard*. Québec: CIRB/ICRB, 1985.

Bibliographie

Gesner, B. Edward. „Recherches sur les parlers franco-acadiens de la Nouvelle-Écosse: état de la question", in: Mougeon & Béniak 1989, 171-182.

Giancarli, Pierre-Don. „Les coordonnants adversatifs *ben-mais-but* en acadien traditionnel et en chiac du sud-est du Nouveau-Brunswick, Canada", in: Chuquet, Jean (Hg.). *Complexité syntaxique et sémantique. Études de corpus.* Poitiers: Université de Poitiers (U.F.R. Langues et Littératures), 2000, 85-113.

Giancarli, Pierre-Don. „Ben/mais/but: pluralité organisée de coordonnants adversatifs en acadien traditionnel et en chiac du sud-est du Nouveau-Brunswick", in: Magord 2003, 229-266.

Golato, Andrea. „An innovative German quotative for reporting on embodied actions: *Und ich so/und er so* ‚and I'm like/and he's like'", in: *Journal of Pragmatics*, 32, 2000, 29-54.

Grevisse, Maurice. *Le bon usage: Grammaire française.* Paris/Louvain-la-Neuve, ^{13}1993.

Griffiths, Naomi. *The Contexts of Acadian History, 1686-1784.* Montreal: McGill-Queen's University Press, 1992.

Guiraud, Pierre. *Le français populaire.* Paris: Presses Universitaires de France, ^{2}1969.

Gülich, Elisabeth. *Makrosyntax der Gliederungssignale im gesprochenen Französisch.* München: Wilhelm Fink, 1970 (Structura; 2).

Gumperz, John J. *Discourse Strategies.* Cambridge: Cambridge University Press, 1982 (Studies in Interactional Sociolinguistics; 1).

Gumperz, John J. „Types of Linguistic Communities (1962)", in: Dil 1971, 97-113. (= Gumperz 1971a)

Gumperz, John J. „The Speech Community (1968)", in: Dil 1971, 114-128. (= Gumperz 1971b)

Haugen, Einar. *Blessings of Babel: Bilingualism and Language Planning: Problems and Pleasures.* Berlin: Mouton de Gruyter, 1987 (Contributions to the Sociology of Language; 46).

Hennemann, Julia. *Le parler acadien de l'Isle Madame/Nouvelle-Écosse/Canada: Cadre sociolinguistique et spécificités morphosyntaxiques.* Berlin: Erich Schmidt, 2014 (Studienreihe Romania; 28).

Hölker, Klaus. *Zur Analyse von Markern: Korrektur- und Schlußmarker des Französischen.* Stuttgart: Steiner, 1988 (Beihefte zur Zeitschrift für französische Sprache und Literatur; 15).

Holtus, Günter et al. (Hgg.). *Lexikon der romanistischen Linguistik. V, 1: Französisch.* Tübingen: Niemeyer, 1990.

Jagueneau, Liliane & Péronnet, Louise. „Lexique acadien et lexique poitevin-saintongeais: étude synchrone d'une ‚parenté'", in: Magord 2003, 189-227.

Bibliographie

Joy, Richard J. *Languages in Conflict.* Toronto: McClelland and Steward Limited, 1972 (The Carleton Library; 61).

Joy, Richard J. *Canada's official languages.* Toronto: University of Toronto Press, 1992.

King, Ruth. *The Lexical Basis of Grammatical Borrowing: A Prince Edward Island French Case Study.* Amsterdam/Philadelphia: John Benjamins, 2000 (Amsterdam Studies in the Theory and History of Linguistic Science, Series IV – Current Issues in Linguistic Theory; 209).

King, Ruth. *Acadian French in Time and Space: A Study in Morphosyntax and Comparative Sociolinguistics,* Publication of the American Dialect Society, 97, 2012.

King, Ruth. „WH-Words, WH-Questions and Relative Clauses in Prince Edward Island Acadian French", in: *Canadian Journal of Linguistics/Revue canadienne de linguistique*, 36, 1991, 65-85.

King, Ruth. „Crossing Grammatical Borders: Tracing the Path of Contact-Induced linguistic Change", in: Filppula, Markku & Klemola, Juhani & Palander, Marjatta & Penttilä, Esa (Hgg.). *Dialects across borders. Selected papers from the 11th International Conference on Methods in Dialectology (Methods XI), Joensuu, August 2002.* Amsterdam/Philadelphia: John Benjamins, 2005, 233-251 (Current Issues in Linguistic Theory; 273).

King, Ruth. „*Chiac* in context: Overview and evaluation of Acadie's *joual*", in: Meyerhoff, Miriam & Nagy, Naomi (Hgg.). *Social Lives in Language – Sociolinguistics and multilingual speech communities. Celebrating the work of Gillian Sankoff.* Amsterdam/Philadelphia: John Benjamins, 2008, 137-178 (IMPACT: Studies in Language and Society; 24).

King, Ruth. „Back to *Back*: The Trajectory of an Old Borrowing", in: *U. Penn Working Papers in Linguistics*, 2011, 115-123.

Koch, Peter & Oesterreicher, Wulf. *Gesprochene Sprache in der Romania: Französisch, Italienisch, Spanisch.* Tübingen: Niemeyer, 1990 (Romanistische Arbeitshefte; 31).

Kolboom, Ingo. „Die Akadier – Frankreichs vergessene Kinder. Der lange Weg zu einer Nation ohne Grenzen", in: Ebd. & Mann 2005, 1-322.

Kolboom, Ingo & Mann, Roberto (Hgg.). *Akadien: ein französischer Traum in Amerika: Vier Jahrhunderte Geschichte und Literatur der Akadier.* Heidelberg: Synchron, 2005.

Labov, William. *Sociolinguistique.* Paris: Les Éditions de Minuit, 1976.

Latin, Danièle & Poirier, Claude (Hgg.). *Contacts de langues et identités culturelles. Perspectives Lexicographiques. Actes des quatrièmes Journées scientifiques du réseau « Étude du français en francophonie ».* Québec: Les Presses de l'Université Laval, 2000.

Bibliographie

Lauvrière, Émile. *La tragédie d'un peuple: Histoire du peuple acadien de ses origines à nos jours.* Bd. 2. Paris: Librairie Henry Goulet, 1924.

Lavoie, Thomas (Hg.). *Français du Canada – Français de France. Actes du quatrième Colloque international de Chicoutimi, Québec, du 21 au 24 septembre 1994.* Tübingen: Niemeyer, 1996 (Canadiana Romanica; 12).

Léard, Jean-Marcel. *Grammaire québécoise d'aujourd'hui: comprendre les québécismes.* Sherbrooke: Guérin Universitaire, 1995.

Lefebvre, Claire & Fournier, Robert. „Les relatives en français de Montréal", in: *Cahier de linguistique*, 8, 1978, 273-294.

Lipski, John. „Code Switching or Borrowing: No sé so no puedo decir, *you know*", in: Sayahi, Lotfi & Westmoreland, Maurice (Hgg.). *Selected Proceedings of the Second Workshop on Spanish Sociolinguistics.* Somerville, MA: Cascadilla Proceedings Project, 2005, 1-15.

Louis-Jaray, Gabriel. *L'empire français d'Amérique (1534-1803).* Paris: Armand Colin, 1938.

Lucci, Vincent. *Phonologie de l'Acadien (Parler de la région de Moncton, Nouveau Brunswick, Canada).* Montréal: Didier, 1972 (Studia Phonetica; VII).

Lüdi, Georges. „Französisch: Diglossie und Polyglossie", in: Holtus et al. 1990, 307-334.

Magord, André (Hg.). *L'Acadie plurielle: Dynamiques identitaires collectives et développement au sein des réalités acadiennes.* Moncton: Centre d'études acadiennes, 2003.

Martineau, France. „Rection forte et rection faible des verbes: l'ellipse de *que* en français du Québec et de l'Ontario", in: *Francophonies d'Amérique*, 3, 1993, 79-90.

Massignon, Geneviève. *Les parlers français d'Acadie: Enquête linguistique.* 2 Bde. Paris: Klincksieck, 1962.

Maurois, André. *Die Geschichte Amerikas.* Zürich: Rascher, 1947.

Meisenburg, Trudel. „Überlegungen zum Diglossiebegriff", in: Stehl, Thomas (Hg.). *Dialektgenerationen, Dialektfunktionen, Sprachwandel.* Tübingen: Narr, 1999, 19-35 (Tübinger Beiträge zur Linguistik; 411).

Moïse, Claudine. „Insécurité linguistique et construction identitaire", in: Brasseur 1998, 309-323.

Mougeon, Raymond. „Sociolinguistic Heterogeneity: The Franco-Ontarians", in: Valdman 1997, 287-313.

Mougeon, Raymond. „Les emprunts au vocabulaire de base de l'anglais en français ontarien", in: Latin & Poirier 2000, 29-43.

Mougeon, Raymond & Brent-Palmer, Cora & Bélanger, Monique & Cichocki, Wladyslaw. *Le français parlé en situation minoritaire, Volume I, Emploi et maîtrise du français parlé par les élèves des écoles de langue française dans les communautés franco-ontariennes minoritaires.* Toronto: Ministère de l'Éducation de l'Ontario, 1980.

Mougeon, Raymond & Béniak, Édouard (Hgg.). *Le français canadien parlé hors Québec: aperçu sociolinguistique*. Sainte-Foy: Les presses de l'Université Laval, 1989.

Myers-Scotton, Carol. *Contact Linguistics: Bilingual Encounters and Grammatical Outcomes*. Oxford: Oxford University Press, 2002.

Myers-Scotton, Carol. *Duelling Languages: Grammatical Structure in Codeswitching*. Oxford: Claredon Press, ²2005.

Myers-Scotton, Carol. „Codeswitching as a socially-motivated performance meets structurally motivated constraints", in: Pütz, Martin (Hg.). *Thirty Years of Linguistic Evolution. Studies in Honour of René Dirven on the Occasion of his Sixtieth Birthday*. Amsterdam/ Philadelphia: John Benjamins, 1992, 417-428.

Myers-Scotton, Carol. „Codeswitching as a mechanism of deep borrowing, language shift, and language death", in: Brenzinger, Matthias (Hg.). *Language Death: Factual and Theoretical Explorations with Special Reference to East Africa*. Berlin: Mouton de Gruyter, 1993, 31-58.

Neuland, Eva. *Jugendsprache. Eine Einführung*. Tübingen: A. Francke, 2008.

Neumann, Ingrid. *Le créole de Breaux Bridge, Louisiane. Étude morphosyntaxique – textes – vocabulaire*. Hamburg: Buske, 1985 (Kreolische Bibliothek; 7).

Neumann-Holzschuh, Ingrid. „,Nous autres on parle peut-être pas bien français,…mais…' – Untersuchungen zur Morphosyntax des français québécois parlé", in: Stein, Peter (Hg.). *Frankophone Sprachvarietäten/Variétés linguistiques francophones: Hommage à Daniel Baggioni de la part de ses ,dalons'*. Tübingen: Stauffenburg, 2000, 251-274.

Neumann-Holzschuh, Ingrid. „Le subjonctif en français acadien", in: Brasseur & Falkert 2005, 125-144. (= Neumann-Holzschuh 2005a)

Neumann-Holzschuh, Ingrid. „Si la langue disparaît … Das akadische Französisch in Kanada und Louisiana", in: Kolboom & Mann 2005, 795-821. (= Neumann-Holzschuh 2005b)

Neumann-Holzschuh, Ingrid. „Das Französische in Nordamerika", in: Kolboom, Ingo & Kotschi, Thomas & Reichel, Edward (Hgg.). *Handbuch Französisch: Sprache, Literatur, Kultur, Gesellschaft*. Berlin: Erich Schmidt, ²2008, 109-119.

Neumann-Holzschuh, Ingrid. „*Oui YEAH!* Zu Syntax und Pragmatik ,gedoppelter' Diskursmarker im Louisiana-Französischen", in: Stark & Schmidt-Riese & Stoll 2008, 469-485.

Neumann-Holzschuh, Ingrid. „Les marqueurs discursifs ,redoublés' dans les variétés du français acadien", in: Bagola 2009, 137-155.

Neumann-Holzschuh, Ingrid & Bollée, Annegret. „Français marginaux et créoles", in: Brasseur 1998, 181-203.

Neumann-Holzschuh, Ingrid & Wiesmath, Raphaële. „Les parlers acadiens: un continuum discontinu", in: *Revue canadienne de linguistique appliquée/Canadian Journal of Applied Linguistics*, 9, 2006, 233-249.

Bibliographie

Papen, Robert A. & Rottet, Kevin J. „A Structural Sketch of the Cajun French Spoken in Lafourche and Terrebonne Parishes", in: Valdman 1997, 71-108.

Pelletier, Réjean. „Les espoirs constitutionnels", in: Conseil supérieur de la langue française (Hg.). *Le français au Québec: 400 ans d'histoire et de vie.* Québec: Fides, 2003, 362-365.

Péronnet, Louise. *Le parler acadien du Sud-Est du Nouveau-Brunswick. Éléments grammaticaux et lexicaux.* New York: Lang, 1989 (American University Studies, Series VI: Foreign Language Studies; 8). (= Péronnet 1989a)

Péronnet, Louise. „Analyse des emprunts dans un corpus acadien", in: *Revue québécoise de linguistique théorique et appliquée*, 8, 1989, 229-251. (= Péronnet 1989b)

Péronnet, Louise. „Système des conjugaisons verbales dans le parler acadien du sud-est du Nouveau-Brunswick", in: *Journal of the Atlantic Provinces Linguistic Association/Revue de l'Association de Linguistique des Provinces Atlantiques*, 12, 1990, 81-115.

Péronnet, Louise. „La situation du français en Acadie: de la survivance à la lutte ouverte", in: Robillard & Beniamino 1993, 101-118.

Péronnet, Louise. „Le français acadien", in: Gauthier, Pierre & Lavoie, Thomas (Hgg.). *Français de France et Français du Canada.* Lyon: Centre d'études linguistiques Jacques Goudet (Série dialectologie; 3), 1995, 399-449.

Péronnet, Louise. „Temps forts de la lexicologie acadienne", in: Lavoie 1996, 287-293.

Péronnet, Louise & Kasparian, Sylvia. „Vers une description du ‚français standard acadien'", in: Brasseur 1998, 249-259.

Perrot, Marie-Ève. *Aspects fondamentaux du métissage français/anglais dans le chiac de Moncton (Nouveau-Brunswick, Canada).* Thèse de doctorat. Paris: Université de la Sorbonne, 1995. (= Perrot 1995a)

Perrot, Marie-Ève. „Fonctionnement de *comme* à partir d'un corpus „chiac" (Région de Moncton, Canada)", in: Perrin, Isabelle (Hg.). *Approches énonciatives de l'énoncé complexe.* Louvain/Paris: Peeters, 1992, 21-30.

Perrot, Marie-Ève. „Le chiac ou…whatever: Le vernaculaire des jeunes d'une école secondaire francophone de Moncton", in: *Études Canadiennes/Canadian Studies*, 37, 1994, 237-246.

Perrot, Marie-Ève. „Tu worries about ça, toi? Métissage et restructurations dans le chiac de Moncton", in: *LINX*, 33, 1995, 79-85. (= Perrot 1995b)

Perrot, Marie-Ève. „Ordre des mots et restructurations dans le chiac de Moncton: l'exemple du syntagme nominal", in: Canut, Cécile (Hg.). *Comment les langues se mélangent, code-switching en Francophonie.* Paris: L'Harmattan, 2001, 49-58.

Perrot, Marie-Ève. „Le français acadien en contact avec l'anglais: analyse de situations distinctes", in: Magord 2003, 267-279.

Petraş, Cristina. „Alternance des marqueurs discursifs *but* et *mais* dans un corpus acadien de la Nouvelle-Écosse: double emploi ou spécialisation sémantique/pragmatique?", in: Bates, Catherine & Huggan, Graham & Markinova, Milena & Orr, Jeffrey (Hgg.). *Visions of Canada/Visions du Canada*. Brno: The Central European Association for Canadian Studies 2007, 87-102 (Canadian Studies in Europe/Études Canadiennes en Europe; 6).

Picone, Michael D. „Code-Switching and Loss of Inflection in Louisiana French", in: Bernstein, Cynthia & Nunnally, Thomas & Sabino, Robin (Hgg.). *Language Variety in the South Revisited*. Tuscaloosa: University of Alabama Press, 1997, 152-162.

Picone, Michael D. & LaFleur, Amanda. „La néologie et les anglicismes par tranches d'âge en français louisianais", in: Latin & Poirier 2000, 15-27.

Poirier, Claude (Dir.). *Dictionnaire du français québécois*. Volume de présentation. Québec: Les Presses de l'Université Laval, 1985.

Poirier, Claude (Dir.). *Dictionnaire historique du français québécois. Monographies lexicographiques de québécismes*. Sainte-Foy: Presses de l'Université Laval, 1998.

Poirier, Claude. „Les causes de la variation géolinguistique du français", in: Ebd. (Hg.). *Langue, espace, société. Les variétés du français en Amérique du Nord*. Sainte-Foy: Les Presses de l'Université Laval, 1994, 69-95.

Poirier, Pascal. *Le parler franco-acadien et ses origines*. Québec: Imprimerie Franciscaine Missionnaire, 1928.

Poirier, Pascal. *Le glossaire acadien*. Edition critique établie par Pierre M. Gérin. Moncton: Éditions d'Acadie, 1927/1993.

Poplack, Shana. „Contrasting patterns of code-switching in two communities", in: Heller, Monica (Hg.). *Codeswitching: Anthropological and Sociolinguistic Perspectives*. Berlin: Mouton de Gruyter, 1988, 215-244 (Contributions to the Sociology of Language; 48).

Poplack, Shana. „The Care and Handling of a Megacorpus: The Ottawa-Hull French Project", in: Fasold, Ralph & Schiffrin, Deborah (Hgg.). *Language Change and Variation*. Amsterdam/Philadelphia: John Benjamins, 1989, 411-451.

Poplack, Shana. „Variation Theory and Language Contact", in: Preston, Dennis (Hg.). *American Dialect Research*. Amsterdam/Philadelphia: John Benjamins, 1993, 251-286.

Poplack, Shana. „Code-Switching (Linguistic)", in: Smelser, Neil J. & Baltes, Paul B. (Hgg.). *International Encyclopedia of Social & Behavioral Sciences*. Oxford: Pergamon Press, 2001, 2062-2065.

Poplack, Shana. „Code-Switching/Sprachwechsel", in: Ammon & Dittmar & Mattheier & Trudgill ^{2}2006, 589-596.

Poplack, Shana & Zentz, Lauren & Dion, Nathalie. „Phrase-final prepositions in Québec French: An empirical study of contact, code-switching and resistance to convergence", in: *Bilingualism: Language and Cognition*, 15, 2012, 203-225.

Bibliographie

Pusch, Claus. „L'expression de la progressivité dans les français d'Amérique", in: Brasseur & Falkert 2005, 159-170.

Rawlyk, George A. & Hafter, Ruth. *Acadian Education in Nova Scotia: An Historical Survey to 1965.* Ottawa: Information Canada, 1970 (Studies of the Royal Commission on Bilingualism and Biculturalism; 11).

Robillard, Didier de & Beniamino, Michel (Hgg.). *Le français dans l'espace francophone: Description linguistique et sociolinguistique de la langue française.* Bd. 2. Paris: Honoré Champion, 1996, 903-923 (Politique Linguistique; 6).

Romaine, Suzanne. *Bilingualism.* Oxford: Basil Blackwell, 1989 (Language in Society; 13).

Romaine, Suzanne. „Language-Contact Studies/Sprachkontaktstudien", in: Ammon & Dittmar & Mattheier & Trudgill [2]2006, 49-58.

Ross, Sally. *Les écoles acadiennes en Nouvelle-Écosse, 1758-2000.* Moncton: Centre d'études acadiennes, 2001.

Ross, Sally & Deveau, J. Alphonse. *Les Acadiens de la Nouvelle-Écosse: hier et aujourd'hui.* Halifax: Nimbus, 1995.

Rottet, Kevin J. „Évolution différente de deux traits de contact interdialectal en français louisianais: le cas de *quoi* et *j'avons*", in: *Revue canadienne de linguistique appliquée/Canadian Journal of Applied Linguistics*, 9, 2006, 173-206.

Rottet, Kevin J. & Golembeski, Dan. „Vers une étude comparée des lexiques français d'Amérique du Nord: l'influence lexicale anglaise en français canadien et en français cadien", in: Latin & Poirier 2000, 99-112.

Roy, Marie-Marthe. *Les conjonctions anglaises BUT et SO dans le français de Moncton.* Thèse de maîtrise. Montréal: Université du Québec, 1979.

Roy, Muriel K. „Démographie et démolinguistique en Acadie, 1871-1991", in: Daigle, Jean (Hg.). *Acadia of the Maritimes: Thematic Studies from the Beginning to the Present.* Moncton: Chaire d'études acadiennes, 1995, 141-206.

Ryan, Robert W. *Une analyse phonologique d'un parler acadien de la Nouvelle-Écosse (Canada): (Région de la Baie Sainte Marie).* Québec: Les Presses de l'Université Laval, 1981.

Ryan, Robert W. *Analyse morphologique du groupe verbal du parler franco-acadien de la région de la baie Sainte-Marie, Nouvelle-Écosse (Canada).* Québec: CIRB/ICRB, 1982.

Ryan, Robert W. „Économie, régularité et différenciation formelles: cas des pronoms personnels sujets acadiens", in: Mougeon & Béniak 1989, 201-212.

Ryan, Robert W. „Des manifestations d'économie formelle et sémantique observées au sein du système adverbial du parler franco-acadien de la Baie Sainte-Marie", in: Brasseur 1998, 93-104.

Saint-Jacques, Bernard. *Aspects sociolinguistiques du bilinguisme canadien.* Québec: CIRB/ICRB, 1976.

Bibliographie

Sauvageot, Aurélien. *Français écrit, français parlé*. Paris: Larousse, 1962.

Schafroth, Elmar. „Anglizismen im Französischen Frankreichs und Kanadas: Frequenz, Integration, Akzeptanz und lexikographische Bewertung", in: Schultze, Rainer-Olaf (Hg.). *Aus der Werkstatt der Augsburger Kanadistik: Analysen – Berichte – Dokumentation*. Bochum: Universitätsverlag Dr. N. Brockmeyer, 1996, 35-56 (Kanada-Studien, im Auftrag des Instituts für Kanada-Studien der Universität Augsburg; 23).

Schiffrin, Deborah. *Discourse markers*. Cambridge: Cambridge University Press, 1987 (Studies in Interactional Sociolinguistics; 5).

Schmid, Carol L. *The Politics of Language: Conflict, Identity, and Cultural Pluralism in Comparative Perspective*. Oxford: Oxford University Press, 2001.

Söll, Ludwig & Hausmann, Franz Josef. *Gesprochenes und geschriebenes Französisch*. Berlin: Erich Schmidt, ³1985 (Grundlagen der Romanistik; 6).

Stäbler, Cynthia K. *Entwicklung mündlicher romanischer Syntax. Das français acadien in Louisiana*. Tübingen: Narr, 1995 (ScriptOralia; 78). (= Stäbler 1995a)

Stäbler, Cynthia K. *La vie dans le temps et asteur. Ein Korpus von Gesprächen mit Cadiens in Louisiana*. Tübingen: Narr, 1995 (ScriptOralia; 79). (= Stäbler 1995b)

Starets, Moshé. *Étude lexicale comparée du français acadien néo-écossais et du français standard*. Québec: CIRB/ICRB, 1982.

Starets, Moshé. *Description des écarts lexicaux, morphologiques et syntaxiques entre le français acadien des enfants acadiens néo-écossais et le français standard*. Québec: CIRB/ICRB, 1986. (= Starets 1986a)

Starets, Moshé. *Les attitudes des élèves acadiens néo-écossais à l'égard du français et de l'anglais au Canada*. Québec: Centre international de recherche en aménagement linguistique, 1991.

Starets, Moshé. „Les attitudes des parents acadiens à l'égard du français et de l'anglais", in: *The Canadian Modern Language Review/La revue canadienne des langues vivantes*, 42, 1986, 792-805. (= Starets 1986b)

Stark, Elisabeth & Schmidt-Riese, Roland & Stoll, Eva (Hgg.). *Romanische Syntax im Wandel*. Tübingen: Narr, 2008.

Stubbs, Michael. *Discourse Analysis. The Sociolinguistic Analysis of Natural Language*. Oxford: Basil Blackwell, 1983 (Language in Society; 4).

Szlezák, Edith. *Franco-Americans in Massachusetts: „No French no mo' 'round here"*. Tübingen: Narr, 2010 (Language in Performance; 40).

Szlezák, Edith. „Les insécurities linguistiques chez les Franco-Américains du Massachusetts", in: Bagola 2009, 243-253.

Thibault, André. „Un code hybride français/anglais? Le *chiac* acadien dans une chanson du groupe Radio Radio", in: *Zeitschrift für französische Sprache und Literatur*, 121, 2011, 39-65.

Bibliographie

Thibodeau, Félix E. *Le parler de la Baie Sainte-Marie (Nouvelle Écosse).* Yarmouth: Les Éditions Lescarbot, 1988.

Thomason, Sarah G. *Language Contact: An Introduction.* Edinburgh: Edinburgh University Press, ⁴2007.

Tremblay, Marc-Adélard. „Les acadiens de la baie française: l'histoire d'une survivance", in: *Revue d'histoire de l'Amérique française,* 15, 1962, 526-555.

Valdman, Albert (Hg.). *French and Creole in Louisiana.* New York/London: Plenum Press, 1997.

Valdman, Albert. „Language planning in diglossic situations: two case studies", in: Spillner, Bernd (Hg.). *Sprache und Politik: Kongreßbeiträge zur 19. Jahrestagung der Gesellschaft für Angewandte Linguistik GAL e.V.* Frankfurt a.M.: Lang, 1990, 22-39.

Vincent, Diane. *Les ponctuants de la langue et autres mots du discours.* Québec: Nuit Blanche Éditeur, 1993.

Vollmer, Helmut J. (Hg.). *Multikulturelle Gesellschaft und Minderheiten: Kanada und USA.* Augsburg: AV, 1992 (Beiträge zur Kanadistik; 3).

Wardhaugh, Ronald. *Languages in Competition: Dominance, Diversity, and Decline.* Oxford: Basil Blackwell, 1987.

Weinreich, Uriel. *Languages in Contact.* Mouton: The Hague, ⁷1970.

Wiesmath, Raphaële. *Le français acadien: Analyse syntaxique d'un corpus oral recueilli au Nouveau-Brunswick/Canada.* Paris: L'Harmattan, 2006.

Wiesmath, Raphaële. „Présence et absence du relatif et conjonctif *que* dans le français acadien: tendances contradictoires?", in: Pusch, Claus D. & Raible, Wolfgang (Hgg.). *Romanistische Korpuslinguistik: Korpora und gesprochene Sprache/Romance Corpus Linguistics: Corpora and Spoken Language.* Tübingen: Narr, 2002, 393-408 (ScriptOralia; 126).

Wiesmath, Raphaële. „Les périphrases verbales en français acadien", in: Brasseur & Falkert 2005, 145-158.

Wolf, Lothar. *Französische Sprache in Kanada.* München: Ernst Vögel, 1987 (Schriften der Philosophischen Fakultäten der Universität Augsburg; 32).

Young, Hillary. *„C'est either que tu parles français, c'est either que tu parles anglais": A Cognitive Approach of Chiac as a Contact Language.* PHD-Dissertation, Houston: 2002, 9.

Zimmermann, Klaus. „Französisch: Sprache und Generationen", in: Holtus et al. 1990, 238-247.

Zribi-Hertz, Anne. *Orphan Prepositions in French and the Concept of ‚Null Pronoun'.* Bloomington: The Indiana University Linguistics Club, 1984.

Bibliographie

9.2 Internetquellen

Centre Culturel La Picasse, Isle Madame:
http://www.lapicasse.ca/la_picasse/index.cfm [letzter Zugriff am 07.10.2012].

Comeau, Philip. *The integration of words of English origin in Baie Sainte-Marie Acadian French*, 2005.
http://westernlinguistics.ca/Publications/CLA2006/Comeau.pdf [letzter Zugriff am 18.11.2012].

Comeau, Philip. „*Pas vs. Point*: Variation in Baie Sainte-Marie French", Vortrag im Rahmen des *New Ways of Analyzing Variation 36*, Philadelphia, 12.10.2007.
http://www.ling.upenn.edu/nwav/abstracts/nwav36_comeau.pdf [letzter Zugriff am 20.01.2014].

Conseil Scolaire Acadien Provincial (CSAP):
http://csap.ednet.ns.ca/ [letzter Zugriff am 27.12.2014].

Nova Scotia Directory of Public Schools:
http://ns-schools.ednet.ns.ca/pdf/directory_of_public_schools_NS.pdf [letzter Zugriff am 03.03.2011].

Radio CIFA, Clare und Argyle:
http://cifafm.com/ [letzter Zugriff am 07.10.2012].

Radio CKJM, Chéticamp:
http://www.ckjm.ca/francais/home/index.cfm [letzter Zugriff am 07.10.2012].

Radio Radio:
http://www.laradioradio.com/[letzter Zugriff am 30.12.2012].

Rottet, Kevin. *Les verbes à particule en français louisianais*, Vortrag im Rahmen des 27. Congrès International de Linguistique et de Philologie Romanes, Nancy, 17.07.2013.
http://www.atilf.fr/cilpr2013/programme/resumes/4fc5c612412dcccb39871bc22 23d1c83.pdf [letzter Zugriff am 20.01.2014].

Statistics Canada/Statistique Canada:
http://www.statcan.gc.ca/ [letzter Zugriff am 30.08.2013].

Université Sainte-Anne:
https://www.usainteanne.ca/nos-5-campus [letzter Zugriff am 07.10.2012].

USITO, Les Éditions Delisme:
https://www.usito.com/dictio/ [letzter Zugriff am 27.12.2014].